歌乐年华

献给西南政法大学

张建田 著

法律出版社
LAW PRESS · CHINA

西南政法大学

博學
篤行
厚德
重法

西政之歌

周应德 高绍先 词
孟 庆 云 曲

西政赋

邱钦沛

巍巍乎！一山竦峙，二水回环，煌煌学府，雄踞西南！

东连湖广，西望川滇，镇巴渝之宝地，翔华夏之高天。烈士墓前，碑铭肃肃，嘉陵江上，涛浪阗阗。噫！灵乎此地，美哉斯园。

亭影流青，因日月之盈昃；湖光凝碧，历洪荒之变迁。楼台隐隐兮，和风煦矣；獬豸昂昂兮，正气浩然！

更有新区之胜景，堪比老校之旧观。君不见，迎法府之春晖，桃樱竞艳；沐文津之秋雨，杨柳堆烟。蛱蝶作蹁跹之舞，莺鹂尽啼啭之欢。

遥忆庚寅之岁，国家甫建，革大方兴。后三载，以一家之名义，汇五校之精英。

筚路蓝缕，斩棘披荆，荣光渐显，大道初成。奈何十年动乱，趋晦避明。虽名号之犹在，实教学之已停。改革开放，重现天光，大潮滚滚，巨浪汤汤。

傲视群雄，荣膺法律黄埔之美誉；独入重点，大谱西南现象之华章。昨日之白衣，抱经纶而栖一隅；今朝之巨擘，施才略以济四方。半百之际，一度彷徨。部市共建，再启雄芒。

西政之卓立于世，所赖者何？盖心怀天下，而自强不息。非笃行无以集美，无博学焉能致知？

莘莘学子，济济良师，法府上下，一以贯之。侃侃而谈者，科条律例；朗朗而诵者，经史子集。

论辩文化，在无问处发问；怀疑精神，于不疑处有疑。既索为学之奥义，复窥治世之玄机。究天地之无穷，物我兼忘；悟生涯之有限，知行合一。

嗟夫！雄图须奋取，王业不偏安。

扶青云而直上，步曲径而高攀。

虚怀若谷，乃江河归下；浩气凌霄，而功业复元。

宜高歌而猛进，奚惆怅而盘桓？乘部市共建之长风，铸法政同昌之美谈。

指点江山，毓高官而谋善政；激扬文字，培巨匠而施美椽。

壮乎哉！我西南政法，政商之乐土，学术之摇篮。大乎哉！我西南政法，领文明之先列，步时代之前沿。颂曰：凭歌乐，立嘉陵，两江春色来天地；踞西南，驰华夏，数代豪情铄古今！

张建田

江苏省盱眙县人，1956 年 10 月出生于福建省大田县。1974 年 6 月高中毕业后，先后在农村、工厂当过社员、工人，1976 年 12 月应征入伍，1978 年考入西南政法学院(大学)政法专业。大学毕业后，先后在陆军 29 军、21 军和解放军军事法院等单位担任排长、审判员、团副政委等职务。1988 年至 2011 年在中央军委法制局任法制员，大校军衔。现为中国政法大学、中国人民武装警察部队学院、武警政治学院等院校教授、研究员。1999 年被北京市法学会评为优秀中青年法学家，同年获第二届全国杰出中青年法学家提名奖。2005 年入选《当代中国法学名家》。先后参与《中华人民共和国刑法》《中华人民共和国国防教育法》《武器装备质量管理条例》《武器装备科研生产许可管理条例》等 100 多部法律、法规的起草、修改和审查工作。

2016年12月7日,西南政法大学党委书记樊伟听取作者关于《歌乐年华》一书写作情况的介绍

2016年4月25日,在西南政法大学校友会办公室听取当年七八级部分老师对《歌乐年华》一书的写作意见

1982年6月15日,作者所在的西南政法学院法律系七八级九班同学毕业留影

1998年10月2日,西南政法学院法律系七八级九班部分同学在东山大楼前留影

1996年11月3日,西南政法学院七八级部分同学与家属、子女在北京市劳动人民文化宫合影

1996年11月3日,西南政法学院七八级部分同学在北京市劳动人民文化宫合影

1997年3月5日,西南政法学院七八级部分同学与家属、子女在北京饭店合影

2001年8月11日,西南政法学院七八级部分同学在黄山狮林大酒店前合影

2008年10月4日,作者与西政七八级九班同学裘显鼎（中）、杨忠明（左）在新校区笃行楼前留影

2016年4月27日,作者在西南政法大学校友会办公室收集相关资料

2016年12月5日,作者在西南政法大学校友会办公室与黄廷孝老师讨论《歌乐年华》书稿

2016年12月6日,作者回西南政法大学老校区时在重庆歌乐山烈士陵园前留影

为“西政精神”鼓与呼

——写在《歌乐年华》出版前夕

对于建田师兄写作西政七八级的这部书，我一直在关注与期盼中。

对西政七八级师兄师姐们，我一直心怀景仰。我于 1981 年 9 月入学，有幸与他们同了一年教室、共了一年食堂。今天，合上这部厚厚的书稿，那段历史便生动起来，记忆渐渐清晰，而泪眼却开始模糊。

回眸七八峥嵘年华，抒发西政学子情怀。这部书正是那个年代西政校史的真实记录，也是西政“东山”再起、浴火重生的真实写照。这部书洋洋 50 万言，有 40 章、百余幅珍贵的历史照片，是作者走访老师、同学、校友并查阅大量档案资料的辛勤成果和心血之作，可谓素材盆满钵满，内容丰富翔实。

公元 1978 年 10 月，在金风送爽、丹桂飘香的季节，有一群参加刚刚恢复的全国统一高考的青年学子，从祖国的四面八方来到了山城，走进了西政，开始圆他们的大学梦。而当时宿舍拥挤，校园泥泞，甚至开学典礼的会场都是在废弃的游泳池场地举行……他们眼中的大学校园，只能用“失望”、“震惊”、“茫然”、“稀烂”、“工地”等词汇来形容。然而，在那样一个艰难但又充满希望的火红年代，这样一群学子啃着发酸的玉米糕，就着两分钱一块的豆腐乳，喝着飘着几片菜叶的洗锅汤，穿着高筒雨鞋，行走在教室、宿舍、食堂“三点一线”的泥路上……他们度过了没有图书馆、没有运动场的 4 年寒窗，也度过了快乐而又充实的 4 年大学生涯。他们与当代中国最伟大的改革开放时代一同起步，与加强社会主义民主法制的进程一路前行，与凤凰涅槃后的西政恢复重建休戚与共，他们演绎着精彩，取得了整体性成功，创造了“七八级神话”！

西政建校66年来，西政人一直在锻造着自己的精神——“西政精神”。今天凝炼的以“心系天下、自强不息、和衷共济、严谨求实”为主要内涵的“西政精神”，应该是包括七八级在内的20万西政人共同铸就的。每当听到社会上议论“西政现象”、“西政精神”时，不由地会想到群星闪耀的七八级，并总思考这样一个问题：七八级的师兄师姐们的“歌乐岁月、青春年华”，究竟给我们留下了一些什么有益的启示呢？

一是心系天下，志存高远。有志者博学而笃志，切问面近思。梁启超先生在著名的《少年中国说》中深情地写道：“今日之责任，不在他人，而全在少年。”上个世纪70年代后期直到80年代前期的大学生活，至今还被许多人所怀念的正是那时年轻人的志存高远。只有志存高远，才能够承受艰苦考验，才能够忍受枯燥和相对单调的学习生活。西政七八级423位学生都有一个共同特点：经历过“文革”的磨砺。人生就是这样，失之东隅，收之桑榆，每一条道路都会有美丽的风景。七八级绝大多数同学上大学之前，都已在农村、工厂、军营等基层单位经历过大风大浪的考验，他们对中国的国情尤其是基层百姓的生活现状有着深切的了解，他们怀着“天下兴亡，匹夫有责”的远大抱负和“以天下为已任”的使命感和责任感而考进西政。特殊的成长经历，使他们有着对国家命运的深深忧患意识，具有独立思考、求真务实的可贵品格。七八级同学在校期间，正是一个思想解放的狂飙时代，也是党和国家恢复和健全社会主义民主法制的开端。尽管当时许多人的文化基础参杂不齐，家庭背景和社会阅历不尽相同，但心中都有相当高远的理想，因此，在人文荟萃、理想升腾的校园里，同学们言必称国事、天下事，行必谈反思、论改革。对社会积弊、历史谬误，敢于指点江山，激扬文字。大家自由结对讨论案例、自办刊物、创办法律顾问处，义务出庭辩护代理、为社会上的群众提供法律服务等等，迅速而成功地投入到伟大的改革开放洪流中。无论是对张志新、蒋爱珍、“林、江两审”等案件的探讨，还是食堂红砖墙上的大字报及宿舍外的报刊栏、宿舍内的“卧谈会”，都高度关注党和国家的前途命运，高度关注社会主义民主法制建设。他们热爱专业，利用各种机会深入社会实际，紧密结合课堂学习，使知识不断得到扩充，理想不断得到升华。正是有着坚强的理想信念作支撑，有过艰苦卓绝的成长历程，才有了今日“母校以你为荣”的无上荣耀。

二是博学广识，与书为友。七八级绝大多数同学在上大学之前，没有赶上读书的好时光，但在西政 4 年的学习中，他们始终如饥似渴地博览群书。在建田师兄这部书中的“我们的读书生活”、“学外语轶事”、“课程内外”等章节中，我们看到了无论是已经结婚生子的 30 多岁的爸爸，还是十五六岁的应届高中生，他们的学习热情空前高涨，他们学外语背单词，珍惜分秒，不敢懈怠，甚至烈士墓、歌乐山、铁路旁，无一不是他们学习的课堂。建田师兄书中记载，全年级最终的唯一“全优生”，竟然是政法专业 9 班的朱孝清，而他当年的入学年龄已近 30 岁的“高龄”段，这位“学霸”级的师兄后来能够走上最高人民检察院副检察长、国家大检察官一职，正是应了“天道酬勤、厚积薄发”的至理名言。4 年寒窗苦，正是他们的勤奋思考、勤奋读书，才使弹丸之地的西政校园，培育出一拨优秀学子，酿造了奋发读书的精神底蕴，有了后来神话般的传说。建田师兄书中有一位七八级同学说：“在西政读书的日子里，每天早上起床后，总会沿着校门口左右两侧的蜿蜒小道去跑步，回来后自然就拐入烈士墓广场的小松林中去读书，许许多多的法律条文、英语单词都是在那里背会的。每次再到重庆，总要情不自禁地来这里看看，缅怀先烈们的功绩，追寻晨读的足迹。假如时间能够倒流，我一定会再到这块净土来读书！”在任何时代、任何地方，大学生的学习肯定是主业，师弟师妹应该学习他们刻苦读书和勇于承担的责任。因为在青春年华只有经历艰苦的学习，生命才可能成熟，生活才会有希望，世界才会更加灿烂，人生才更有意义和价值。

三是恩师情厚，如父如母。西政一直有尊师爱教、师生关系融洽的优良传统。建田师兄这部书的许多章节描写了师生感情真挚的故事和场景，无不让人感动，甚至潸然泪下。2008 年 10 月，在庆祝西政恢复招生 30 年纪念大会上，回校的 300 多位七八级同学全体起立，向老师们致敬。特别是李连宁师兄发言时，向近在眼前、远在天堂的老师们所说的那一番话，让在场者无不唏嘘。当年许多西政老师，风华正茂的黄金时代已经被滚滚"运动风浪"冲走，面对如饥似渴的学子们，发愿以只争朝夕的精神，一定把失去的宝贵时间夺回来！老师们虽身居斗室，但工作热情像火山爆发，抗酷暑、战严寒，日以继夜，查资料、写讲稿，翻箱倒柜，一切为了重新站好西政三尺讲台。当时，教学用的是三段式模式：启发——指导——讨论，由此学生和老师之间形成了浓厚的学术讨论氛围，甚至连课间 10 分钟老师都会细心解答学生的提问。为了对学生负责，学校还建立了一套严格的教师上岗制度，一律按照先辅导、后听课、再试讲的程序运行。老师们不仅是知识的布道者，还是学生人生的领路人。在传授知识的同时，更以一颗慈父慈母般的心，给予学生无限关爱。重庆是著名的"火炉"，盛夏炎热时，老师们会给参加期末考试的学生们带去冰棍和自己亲手做的绿豆汤。"绿豆汤"，如今已经成了七八级同学最为熟悉的一个表达西政师生情的代名词了。每逢周末、节假日，学生围坐在老师家里读书讨论，"蹭饭"也成了家常习惯。实习时，两个老师会亲自带领一个班的学生到实习单位，既是老师也是保姆般地照顾同学们。特殊的经历，培育了特殊的感情，也化作了一种特有的西政传统：教师爱护学生，学生尊敬教师。有个同学说得好："我们这个学校啊，也许是地处重庆、受本地民风影响的缘故，老师跟学生的关系啊，简直是没得比的了，没有哪个学校能做到这样！"

四是学术开明，思想活跃。治学严谨、厚德重法、生生不息，是当时校园学习环境的真实写照。有人说,七八级就读的时间就是“西政精神”奠基的时期,甚至有人将“西政精神”称为“七八级精神”。这种结论是否贴切姑且不论,但从建田师兄的这部书中可以看到,在当时的西政校园里,思潮激荡、风起云涌,百花齐放、百家争鸣,从反省“文革”、反省“极左”、反省“阶级斗争为纲”,到重新评价毛泽东的功与过,到人生观问题的大讨论,对民主与法制道路的探索,对“林、江两案”的审判等等,无不畅所欲言、热闹非凡。也许正是从西政七八级开始,西政人就表现出一种具有独特气质的精神。他们没钱坐车,却步行到重庆的解放碑书店里,用东借西凑来的钱,购回了一摞摞厚重的中外经典名著。当代著名的法律文化学者、西政七八级梁治平师兄说过:“同今天的许多大学相比,我的大学简陋、残破和狭小得不宜称为大学,但那确确实实是我的大学。我这样说,并不只是因为我曾经把一段青春留在了那里,也不单是因为她一直被人们叫作大学,更不是因为我认为大学就应如此。我的大学之所以无愧于大学之名,是因为她保有一种开放、自由和平等的精神,我曾经在这样一种精神氛围中学习和生活,在其中成长,了解世界,认识自己。”

毋庸置疑,在新中国成立以来特别是改革开放以来的法学教育史上,西政占据着极为重要的位置。正是一代代西政师生的不懈努力、自强不息和奋力拼搏,才有了我们今天的新西政!校党委书记樊伟同志说过:“校友们对学校浓浓的情谊,是基于过去求学时留下的青春印记。西政人不仅要重现当年的辉煌,更要传承好校友们留下来的文化以及血脉。沙坪坝校区是西政学子们的‘根’和‘魂’,我们要把‘根’留住,把‘魂’守住,在建设好新校区的同时,把老校区的风貌保留下来,让老校区的人气兴旺起来,让校友回母校后有‘根’可寻,有‘忆’可回。我们要与广大校友们一道,为学校的发展注入强劲动力,共同办好西南政法大学。”我们希望,有更多的校友们像建田师兄这样,拿起笔来,把自己在西政的青春时光记录下来,正如渝北校区的一块石碑上所刻:母校是青春一直生长的地方,无论我们有怎样的迁移，这些叶子、花与果将长久地把我们的爱记载在这里！

据我所知，建田师兄早在当年上大学期间，就“乐为母校鼓与呼”。在校时，他就曾经在中央和地方级报刊上发表了大量反映西政七八级校园生活的通讯报道和文章。院刊曾以《他是战士》为题，报道了张建田大学四年除每门功课成绩优良外，还写了100多篇稿件，其中被院内外10多家报刊杂志刊用40多篇！这一次，建田师兄以他自己多年来的积累、采访和艰苦细致的写作工作，在占有大量历史资料的基础上，本着“为七八立碑、为母校立传”的信念，呕心沥血、殚精竭虑，终于给我们大家奉献出了这部好书。建田师兄记录着温润的西政历史，也记录着温情的西政故事，更记录着温暖的西政力量。在此，向他表示深深的感佩，表达浓浓的谢意！

我希望，手捧《歌乐年华》这部书的西政人以及西政人的朋友们，能够通过本书进一步全面、深刻地了解西政七八级那一代学子的所思所想，进一步全面、深刻地了解西政不寻常的历史。

我相信，那些老去的故事、那些泛黄的记忆，那些品质、那些精神，会永远感染、永远激励着所有的西政人以及西政人的朋友们。

向建田师兄致敬！

向七八级致敬！

向西政人致敬！

向“西政精神”致敬！

公元2016年岁末

敬书于山城重庆

CONTENTS ≫

目　录

西政七八级学生——这群拥有时代使命感的人，曾经手荷锄镐与肩挑烈日，也曾手握钢枪与铁钳！入学之前，他们在矿山、在农田、在工厂、在兵营，把青春和汗水浇注在了祖国的山川河泽、南疆塞北。1978 年那场改变命运的高考，他们汇入 610 多万高考大军的滚滚洪流，涌上狭窄的录取独木桥上。最终金榜题名，每个人的高考经历如今听来富有传奇而有趣。

“公元 1978 年 10 月，中国法学界第一批新生力量，带着高考后的惊喜、入校时的彷徨，把童年时代七彩斑斓的梦幻，熔入简陋而又富饶的矿床。”正值金风送爽，丹桂飘香的季节，一群通过参加恢复后的全国首次统一高考，怀着报效国家、改变自己人生命运的青年学子们，从祖国的四面八方涌向美丽的山城，走进西政，开始圆他们的大学梦想……

“两根铁轨，几根钢筋，半个圆弧，撑起锈迹斑斑、摇摇晃晃的郭沫若手书‘西南政法学院’，这就是当年西政衰败的门脸”。每当回忆起当年学校的这一情景，不论是张怡、李卓玉、杨遂全，还是袁其国、柯汉民、李玫、霍宪丹等，无不用“失望”、“震惊”、“茫然”、“稀烂工地”等词汇形容她。

从 1963 年正式落成算起，东山大楼历经沧桑数十载，仍然巍巍矗立。作为一个多愁善感的建筑物，她既见证了风风雨雨的过去，也见证了东山再起之后七八级

上世纪七十年代末八十年代初，正是《庐山恋》等影片热映之时。尽管学校不提倡学生谈恋爱，但是，爱情是不可抑制的。虽然占据七八级同学脑海的大多是如何要把失去的时间夺回来，但他们并非草木，不食人间烟火，也有美好的情感在校园里萌芽，并开花结果……

女生李卓玉不无得意地说："因为是女生，所以备受老师们的厚爱和呵护，受到男同学的谦逊和礼让；因为是女生，所以感觉良好，校园里昂首挺胸，豪情万丈，风摆杨柳，旁若无人。"莫小觑了这群七八级女生，她们人数虽少，但无论在学校还是走出社会，其表现可圈可点，让人叹服。

西政七八级的校园文化生活虽然不能说精彩纷呈，但也是有板有眼。学校除了定期在西山废旧的操场上播放影片外，跳交谊舞、歌咏比赛、听流行乐曲，声援李谷一的"靡靡之音"……所有的这一切都构成了当年一道道靓丽的艺苑风景线。

昔日西政的体育教学和设施可谓惨不忍睹，没有任何可供上课和锻炼的体育场地，跑道一圈不足200米的运动场地也是杂草丛生，煤渣跑道上坎坷不平，四处堆满了预制板、水泥墩子、沙子等建筑材

七八级法律专业分为甲乙两个大班。甲大班包括一至五班,共有学生182人,其中1班36人,2班36人,3班37人,四班36人,5班37人,包括女生20人。忆当年,甲大班人才济济;看如今,风采更胜当年。一班的“李青天”、二班的“马理论”、三班的“第一思想家”、四班的“大行山上”、五班的“法官班”,无不让人抚今追昔,遥想当年。

七八级法律专业乙大班包括6至10班。共有学生182人,其中6班37人,7班37人,8班36人,9班35人,10班37人,包括女生22人。相对甲大班厚积薄发、争当人杰的气势一点不减。六班的“知耻与后勇”、七班的师生情谊、八班的“考试风波”、九班的“朱学霸”、十班的“民族大家庭”,无不留下美好的记忆和故事传说。

西政七八级师资班共有59人,其中哲学专业30人,共运史专业29人,共计59人,其包括女生8人。曾几何时,法律专业一些同学还有些自卑,毕竟别人都有着师资的素质和底蕴,有着哲学家的大脑,更有着共产主义运动史的正反两方面的历史知识积淀。著名法学家张志铭、邓正来还会告诉你“78级11班”故事的来龙去脉。

有人将西南政法学院称为新中国法学教育的“西南联大”。“物无妄然,必有其理。”时隔多年,蓦然发现与西政中皆有“西南”二字且时隔七十多年前的西南联大,也创造了中国教育史上的奇迹,两校无论是从学校的地理位置、校园境况、办学理念、师资素质、优秀生源、育才成就等诸多方面,都有着许多惊人的相似之处,也给人们有益的启示。

有人将西政七八级大学生与现在诸多法学院的本科学生的际遇和状态作了对比,感到忧虑而郁闷。如今许多法科学子也把自己的未来,形容为“玻璃窗上的苍蝇”——“前途是光明的,道路是没有的”。现行的法学教育存在的现状和问题主要症结究竟在何处?如今的大学生不是普遍有问题,但有问题的肯定本领不足是主因,而本领不足则来源于学习不足……

进入21世纪以后,当中国的法学教育以“大跃进”的速度突飞猛进发展之中,改革开放之初的3所大学开设法律系,已增至今天的730多所法律院校(系),其数量增加了155倍!喜耶?忧耶?扩招推动和繁荣了我国的法学教育,为国家培养了数量众多的法律人才,但也不可避免地给法学教育带来

写在前面的话

上个世纪七八十年代末，歌乐山下，烈士墓旁，坐落着一所普通高等院校——西南政法学院（1995 年更名为西南政法大学，简称西政）。改革开放之初的 1978 年秋天，这所全国当时唯一的重点政法高校恢复招生，首次以“绝密专业”招收的来自全国 22 个省、市、自治区和部队各军兵种的 423 位学子来到此地就读。四年寒暑、朝朝暮暮、同窗苦读，来自四面八方的学子们特立独行、个性卓异、指点江山、激扬文字，理想与追求相伴，才华与激情四溢。不知从何时起，有了一个新中国法学教育领域的传奇故事，有了一个与“西南联大”、“清华现象”等名气一样，让人所津津乐道的“西政七八现象”。

这本书，渗透着特定的历史背景和一系列深邃省察：西政当年的教学相长、学术自由、思想独立、崇敬法治、勇于实践、追求真理，这些宝贵的精神资源是如何形成的？在当年历史的动荡中，西政的师生们复校前经历了什么样的诡异命运？在思想解放的道路上，如何克服各种困难，坚定而无怨无悔地选择教书育人、读书成才？在改革开放的浪潮中，如何在“稀烂”不堪的校园里，在短暂的四年学习光阴中，正确选择专业志向，努力探索学习与思考的关系，从而夯实了事业和生活的基础？于是，歌乐年华在这里绽放异彩，人生之舟在这里扬帆起航，“西政七八”的许多人后来成为新时期中国法治建设的一股力量，许多学生成为师弟师妹们乃至法科学生们仰慕的明星、大家，充分感悟人生命运的波澜起伏和那个年代的社会风云。作者作为七八学子的一员，本书的记述真实、可信，充满青春的激情和强烈的感染力。

本书通过大量的资料史实和个人回忆与诉说，真实、全面地描述了1978年至1982年西政七八级的学生们在歌乐山下校园里的生活，从日常教学、课堂讨论、毕业实习、论文写作到衣食住行、吹拉弹跳、喜怒哀乐，记载学子们当年的轶事，让我们看到何谓青春勃发、人格独立，何谓富有反思和批判精神的铮铮风骨，何谓弦歌不绝、为人师表、一身正气的泱泱风范，何谓沉潜专注、甘于奉献、光风霁月的谦谦风度。书中一个个生动而深刻的人物和故事，告诉人们大学生活应该怎样度过才富有意义。是剪烛西窗，东读万卷？还是蹉跎年华，碌碌无为？作为新中国的青年应当通过勤奋好学，不懈探索，使自己的青春无愧于伟大的时代，无愧于伟大的祖国。

西政七八级学子们的四年大学生活，既有头悬锥刺、秉烛苦读，指点江山、激扬文字，也有茶余饭后，偶弄风月，议论环肥燕瘦、红袖添香。400多名同学藏龙卧虎、趣闻迭出，不少轶事既能让人捧腹开怀，也能让人深思琢磨。1982年6月，西南政法学院胡光院长，曾为毕业的七八级同学题词寄语："四年寒窗友，今朝难分手，好自为革命，但愿人长久。"如今，三十多年过去了，让已逝的胡光院长感到欣慰的是，昔日同学册上的众多学生名字逐一念来，足以叩响中国政法界、法学界的传奇之音。

愿西政七八级同学的缘分天长地久。

愿西政七八级的故事传说源远流长。

CHAPTER 01 ≫

第一章
引　言

歌乐山翠霭浓密，遇风雨万籁齐鸣，丛林清呼。古人会意，称之为歌乐山。这座山，虽地貌平平，但在中国革命史上，它却是一座沉甸甸的山，这座山属于历史，更属于人民共和国的历史。

在改革开放的 1978 年金秋时节，它迎来了新的一拨学子，歌乐山从此又多了一分灵性，又有了一段故事传说。

秋色如梦。沙坪坝的石阶，烈士墓的松柏，东山大楼脚下的推土机轧过大地，辗碎多雾的晨曦，震撼着简陋的校舍、饭堂，也震撼着初入校门的 423 名莘莘学子。

冬季如铁。在红岩村，在白公馆、渣滓洞前，阅读历史，阅读今天，阅读自己，使我们懂得肩负的历史重任，懂得怎样面对人生。

春季如金。长江、嘉陵江畔春潮涌动，青年圆舞曲伴着春风荡漾校园。在南温泉、北温泉、大足石刻、华蓥山……我们在风景中痴心眷念，舒缓紧张的学习生活。

夏季如火。四年寒窗，酝酿着成熟，也酝酿着激情。在朝天门、在火车站、在菜园坝，我们告别山城、告别母校、告别同窗……

这就是西政七八级学子们当年生活的真实印记，也是被人誉为“西政黄埔第一期”问世的地方。

从人们使用该词的语境和表达意蕴来看，近些年人们热议的“西政七八现象”，便是指地处西南偏隅的一所法科高校，培养的一届学生在我国法学界、实务界有着相当大的影响力。这一现象让人似乎有悖常理，令人惊诧不已：地处经济文化不发达的地区，也并非名牌大学的西南政法学院，在拨乱反正、百废待举的年代里，在极端艰苦的环境下何以培养出一大批优秀的人才？屈指数来，无论是“全国十大中青年法学家”评选的中青年法学家，还是新世纪之初中国首次实行大法官、大检察官制度以来涌现的诸多大法官、大检察官，不乏西政七八级的背景和光环。一大批七八级学子，在中国当今司法界、法学界和实务界形成某一领域群体性的独特影响，给人们一种玉盘落珠、群星璀璨的强烈感觉。

21 世纪之初，西政七八级朱苏人的弟弟、北京大学法学院教授朱苏力在其所著《从法学引注看中国法学的现状》一书中，曾经开出一张国内法学学者“大名单”——近乎一半出身西政，其中源自西政七八级的居首。

2006 年初，中国校友会网发布我国首个反映 1952 年(含)以来中国高校杰出人才培养状况的调查报告，依此推出了“中国高校杰出校友榜”，西南政法大学以法学人才培养方面的杰出表现超过北京大学，夺得“青年法学家校友榜”的第一名，其中七八级的学子数量最多，影响力最大。

2008 年 10 月，在西政七八级校友入校 30 周年纪念活动之际，一组统计数字表明，这届学生中任省部级领导职务的有 14 人(后增至 21 人)、厅局级领导约 100 余人，知名的法学学者近 100 人。这或许是新中国成立以来，在众多高等院校中任何一届学生恐怕都难以比拟的数字！

正是这一届七八级西政人，后来成为西南政法大学引以为豪的骄傲，他们当中诞生了后来在中国政界、法学界、实务界一连串如雷贯耳的名字，在中国现当代法治建设领域里极具典型性和代表性的人物。

有学者评价说，西政的“新三届”(1978～1980 级)是中国法学教育的成功典范。尤其是七八级作为“文革”后的第一届学生，被认为是法学教育的一个品牌，他们的学术或政治成就对中国法学产生了重大影响！

有人断言说，七八级法律本科是一个神话，前无古人，后无来者。

前无古人似乎已经是事实，但对于后无来者——许多人还有期待，抑或将来还会出现类似的神话？

著名刑法学者、同是西政七八级一分子的陈泽宪坦然回答："时代背景无法重拟，学生群体特点难以再现，相同的奇迹自然不再。"

全国首届十大杰出中青年法学家顾培东秉持类似的观点："西政七八级的辉煌——那是历史的际遇，可一而不可再。"

"西政七八现象"在我国法学界、法律界具有较高的知名度，成为我国法律教育中一道独特的风景。在当今法律院校数量众多，学法律的后来者不屑"就业难"的诟病，依然趋之若鹜，络绎不绝地涌入各象牙塔内就学的情况下，探究西政七八级当时的历史成因、文化背景、人文精神以及大学生活，对法学教育和法律文化的发展与改革，无疑有着借鉴的价值。

让我们一起听听西政七八级——一个不是传说的"神话"故事吧，去体验他们当年如饥似渴的就学经历、丰富多彩的校园生活吧……

CHAPTER 02 ≫

第二章

高考风云录

2009年问世的国产影片《高考1977年》以恢复高考这一重大历史事件为背景，讲述了30多年前，一群在黑龙江农场插队落户8年的知青如何立志赶考，继而改变自己命运的感人故事。有评论家认为："影片风格激情澎湃、荡气回肠，不仅真实还原了当年知青生活的历史风貌，更通过曲折的故事情节、巧妙的人物关系设置、纯真质朴的情感表达，准确地展现了那个年代鲜明的时代特征和普通人的内心世界，让一代人在银幕上重拾自己的青春记忆，重新凝聚生活的勇气和力量，进而完成一次属于整个中华民族的集体精神追忆。"看过该影片的我们，清晰记得影片的结尾曾出现这样一段令人印象深刻的画面和对白：

隆冬季节，地处塞北黑土地的知青农场风寒料峭，知青宿舍内大伙屏息静气，正在听门外高悬的大喇叭里传出的由著名演员孙海英扮演的"第一把手"老迟宣布高考录取名单："陈琼，北京大学数学系；张国强，强子，西南政法学院，法律系。""这小子，还学法律呢，哈，哈，哈……"

高考，这是改变无数人人生命运的重要时刻！虽然影片反映的故事与现实有些出入，毕竟1977年西南政法学院并未招生，但从电影披露录取院校的一串名单中，凸显了西南政法学院在复办当年的影响力和社会知名度。

追忆新中国坎坷的高考之路，令人心潮起伏——

1949 年,新中国刚成立时,全国在校高中生仅 7.1 万人,1952 年高中生人数达到 14.1 万人,全国每万人中高中学生人数仅为 55 人。这样低的比例,必然使大学招生计划受到极大的限制。在那个年代因大学生源不足,高中生 95% 以上都能通过高考顺利升入大学。加上当时的高等教育实行的是苏联式的精英教育,大学生的素质普遍较高。

然而,由于历史的原因,各大学的学生比例中,来自"劳动人民家庭"子弟所占数量较少。这一问题,引起了毛泽东等领导人的警觉和关注。1957 年,在省、市、自治区党委书记会议上,毛泽东不无忧虑地说道:"我们高校的学生,据北京市的调查,大多数是地主、富家、资产阶级以及富裕中农的子弟,工人阶级、贫下中农出身的还不到 20% 。全国恐怕也差不多。这种情况应当改变。"

从 1958 年起,通过高考和增加调干生数量等渠道,在校大学生中工农兵的比例迅速上升,一度占到 50% ~60% 。全国高校的数量也由 1957 年的 229 所增加到 1960 年的 1289 所。由于 1961 年教育界开始贯彻"调整、巩固、充实、提高"的八字方针和《高教 60 条》,大中小学的入学率严重下降,其中高校学生的数量又回落到 1955 年左右的水平。

上个世纪 60 年代初至中期,国家遇到连续几年的大饥荒,使整个国民经济受到重创,高校改革一并受挫。1964 年,毛泽东开始酝酿教育领域的"文化大革命",在当年年初发表的春节讲话中,他明确提出教育部门应当缩短学制,课程内容可以砍掉三分之一,云云,这为后来"文革"取消高考制度埋下了伏笔。

"文革"爆发前夕,"山雨欲来风满楼"。北京四中高三(五)班同学在团支部书记、中共预备党员孔丹带领下,联名给毛泽东写信,情绪激昂地要求废除"封建高考制度的桎梏"。无独有偶。此前北京女一中的同学已经先行一步,写了主张废除高考的"致毛主席的信",为废除高考制度营造舆论氛围。1966 年 4 月 6 日至 14 日全国召开的高等学校招生工作座谈会上，有些人对统一高考制度进行了猛烈的抨击。

1966 年 6 月 13 日，中共中央、国务院发出《关于高等学校招生工作推迟半年进行的通知》。同年 6 月 18 日，《人民日报》第一版以《中共中央、国务院决定改革高等学校招生办法》为题，同时将北京女一中和北京四中的两封致毛泽东主席的信全文发表，并发表长篇社论，宣布废止现行的高等学校招生考试办法，并提出推荐选拔的新办法。这一年，全国大、中、小学基本陷于停课状态，将近百万的应届高中考生痛失了高考的机会。

1966 年 7 月 24 日，中共中央、国务院发出《关于改革高等学校招生工作的通知》，明确提出："从本年起，高等学校招生工作下放到省、市、自治区办理。高等学校取消考试，采取推荐与选拔相结合的办法。"但是，当时大、中学生普遍成立红卫兵组织，进行"大串联"、"破四旧"、搞"武斗"等，高校正常教学秩序已经混乱不堪，高考工作根本

1976 年驻清华大学工宣队与工农兵学员"深入学习毛主席的一系列重要指示，反击修正主义教育路线回潮"

无法进行。

1967 年 10 月 14 日，中共中央、国务院、中央军委、“中央文革小组”联合发出《关于大、中、小学校复课闹革命的通知》后，大部分中小学生陆续回到课堂，但大学校园依然普遍沉寂，死水一潭。各地在“打、砸、抢、烧、杀”之风盛行之际，各省、市、自治区无法按照常规办理招生工作，绝大多数高等学校在 1966 年至 1971 年期间实际上已停止招生，一“停”便是令人难以置信的 11 年！

1968 年 7 月 22 日，《人民日报》刊载了题为“从上海机床厂看培养工程技术人员的道路”的调查报告，同时，配发毛泽东亲自写的一段编者按：“大学还是要办的，我这里主要说的是理工科大学还要办，但学制要缩短，教育要革命……要从有实践经验的工人农民中间选拔学生，到学校学几年以后，又回到生产实践中去。”后来人们把毛泽东这段话称为“七二一指示”。“七二一指示”的发表，构成了毛泽东培养大学生的两个相互结合的方针：一是高校毕业生毕业后到基层接受工农兵再教育；二是从工农兵中选拔大学生，到学校学几年后再回到生产实践中去。这就是毛泽东当年设想的“教育革命”的方向。

1970 年 5 月 27 日，北大、清华两所大学提交《北京大学、清华大学招生（试点）具体意见（修改稿）》，确定的思路和建议是：恢复开办的大专院校，学制要缩短，要从工农兵中选拔、推荐学生。

一个月后，中共中央批转《关于北京大学、清华大学招生（试点）的请示报告》。报告明确指出，经过三年的“文化大革命”，北京大学、清华大学已经具备了招生条件，计划于本年下半年开始招生。招生办法实行群众推荐、领导批准和学校复审相结合。

根据这一报告，在高考制度被废除 6 年之后，无须任何文化考试的推荐、选拔的大学生招生制度开始实行，由单位推荐上大学的风潮由此生成。于是，中国出现了一种前无古人，也许也不会有后来者的特殊教育模式的“产品”——“工农兵大学生”。

1970 年 9 月 1 日，北京大学为第一届工农兵学员举行了隆重的开学典礼，典礼由8341部队政委兼北大党委书记杨德中主持。据统计，1970年当年，共有41870名年轻人未经高考而被推荐走进了大学校园。

从1972年起到1976年，大部分高等学校陆续恢复“推荐与选拔相结合”的招生制度，通过“自愿报名、群众推荐、领导批准、学校复审”的“十六字方针”，招收了数十万计“工农兵大学生”。在教育荒芜、知识空白的年代里，他们得到了难得的学习机会，相对于当时的年轻人来说，他们无疑是非常幸运的。

1976年10月，以粉碎“四人帮”为标志，在拨乱反正的进程中，也牵动起高考制度的反思和恢复的问题。

1977年上半年，我国面临的是一个政治僵化、经济解体、教育断层、百废待兴的局面。同年7月，中共十届三中全会通过决议，恢复邓小平党、政、军领导职务。第三次复出工作的邓小平自告奋勇主抓教育和科技工作，很快得到中央同意。

北京大学理科七二届部分工农兵学员交流心得体会

1977 年 8 月 2 日至 8 日，邓小平在北京主持召开了科学与教育工作座谈会，这是他复出以后第一次公开参加的重要活动。这次座谈会，无论对于邓小平本人还是对于灾难深重的科学和教育战线来说，都是具有历史意义的。会议根据邓小平的建议，从科学院系统和教育部所属大学，各挑选 15 名科学家和教师代表与会。会议在人民大会堂四川厅举行。

此次会议，与会人员一致建议以恢复高等招生考试制度为全面改革的突破口，变“文革”中的“自愿报名、群众推荐、领导批准、学校复审”的十六字招生办法为“文革”前的“统一考试、择优录取”，同时可以放宽年龄和职业要求，并决定在当年年底就举行“文革”后的第一次高考。主持会议的邓小平问道：“今年是不是来不及改了？”大家说：“今年改还来得及，最多晚一点。”邓小平听罢明确表态：“既然大家要求，那就改过来。”接着，他不仅要求在场的教育部负责人把送出去的报告追回来，而且还语气坚定地说：“今年就要下决心恢复从高

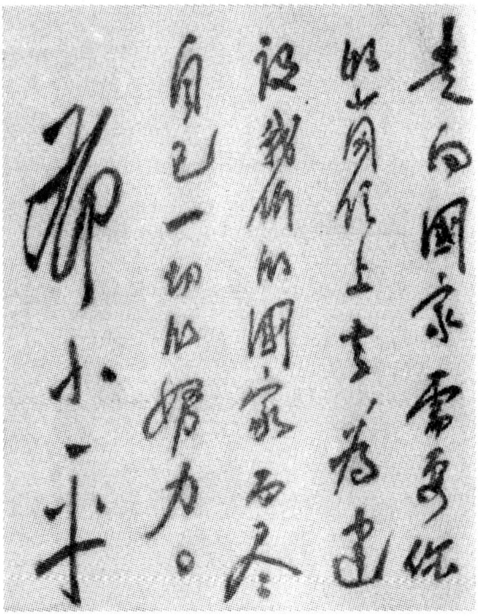

上世纪 50 年代初邓小平
为西南人民革命大学题词

中毕业生中直接招考学生，不要再搞群众推荐了。”

据时任教育部高等教育司长刘道玉回忆，8 月 5 日上午，武汉大学的一位代表发言时谈道，从武汉大学招生 5 年的情况看，按照“自愿报名、群众推荐、领导批准、学校复审”的“十六字方针”招收的工农兵大学生，文化基础相差悬殊，质量没有保证。所谓的“十六字方针”，实际就是四个字“领导批准”，其余都徒有虚名，有的甚至连过场也不走。有的群众说，解放前上大学靠钱，“文革”前十七年上大学靠分，现在上大学靠权。“学好数理化，不如有个好爸爸。”因此，“十六字方针”不推倒，招生质量得不到保证，走后门上大学的不正之风不刹住，党风不能端正，读书无用论的社会风气不可能扭转。他的一席慷慨激昂的讲话，不仅使与会代表全神贯注，也引起了邓小平的高度重视。邓小平当即表态：“‘十六字方针’必须推倒，恢复统一高考从今年开始。”时任教育部部长的刘西尧面带难色：“今年恢复高考来不及了，招生工作会议已开过了。”

邓小平大手一挥：“今年就改，看准了的，不能等，无非再召开一次招生会议就是了。”就这样，一个阻碍高等教育拨乱反正的拦路虎被铲除了，座谈会以启动停滞十年之久高考制度的成果载入史册！

后来，外界只知道恢复了高考，七七级新生推迟到 1978 年春季入学，人们并不知道在人民大会堂这次会议围绕着推倒“十六字方针”所发生的这个背景故事。

1977 年 8 月 13 日至 9 月 25 日，教育部根据邓小平指示，破例在一年内第二次召开全国高等学校招生工作会议，同时组织恢复高考的命题班子。这是新中国成立以来最长的一次“马拉松”式招生工作会议，历时 44 天。在会议期间的 9 月 19 日，邓小平与教育部的主要负责人进行了关于“教育战线拨乱反正问题”的重要谈话，他希望教育部门的同志大胆解放思想，争取主动，立即恢复高考。对于招生的指导思想，邓小平具体指出主要抓两条：“第一本人表现好，第二择优录取。”

邓小平的谈话精神很快风传全国各地广大城乡，适考青年无不欣喜若狂，翘首以待。1977 年 10 月 5 日，中央政治局讨论通过了招生工作文件，邓小平、叶剑英等领导同志接见了招生工作会议代表。恢复高考的消息开始在社会上正式传播开来，大家都感到这回可能真是“有戏了”。

1977 年 10 月 12 日，国务院批转教育部《关于 1977 年高等学校招生工作的意见》和《关于高等学校招收研究生的意见》两个文件，正式恢复高等学校招生统一考试的制度。文件规定的招生对象为：凡是工人、农民、上山下乡和回乡知识青年（包括按政策留城而未分配工作的）、复员军人、干部和应届高中毕业生，年龄 20 岁左右，不超过 25 周岁，未婚。对实践经验比较丰富，并钻研出成绩或确有专长的，年龄可放宽到 30 周岁，婚否不限。

1977 年 10 月 21 日，《人民日报》第一版发布了恢复高考的消息。第二天，中央人民广播电台和首都各大报纸，将这一重大消息公布于众。社会顿时为之沸腾，高考报名人数空前踊跃，虽然此时临近考期不足 40 天，但所有报名的人无不意气风发，摩拳擦掌，对理想和前途充满希望和信心！因为时间非常紧迫，全国统一出试卷来不及，当时全国也没有统一的复习大纲、统编的教材，实行全国统考很不现实，只能暂定由各省、直辖市、自治区自行组织考试。

1977 年的冬天，曾经被关闭了 11 年之久的考场之门终于打开了！报考人数远远超出预期，其中有 1966 年至 1977 年的高中生，有历届初中毕业生以同等学力报考，还有允许在读的 1978 届优秀高中生提前报考，总数竟然高达 2000 余万人！由于教育管理部门的准备过于仓促，加上高考废止十多年，一时间物资和心理准备都难以应对这场规模空前的高考大军，因而有了太多的“破例”：第一次破例在冬天高考，第一次破例为解决考卷用纸，调用印刷《毛泽东选集》第五卷的纸张……

这是自 1949 年以来报考人数与录取比例相差最大的一次高考，

许多省市只得采取先行初试的方法,逐步淘汰一批人。初试合格才允许参加正式高考。有的省市的初试以县市为单位出题,层层筛选,最后统计,当年经过多轮淘汰能够走上考场的“精兵强将”最终确定人数为570万。1977年高考过后,共录取大学本科18万人,大专生3万多人,中专生5万余人,合计人数27万人,录取率为4.7%,比例为21∶1。

事后,有关部门觉得分多次考试有悖公平。1977年冬,国家教育部统一组织制定了高考复习大纲,这个复习大纲印发下去后,成为各地考生复习的依据,也成为第二年即1978年高考命题的依据。

需要指出的是,“文革”初期,法律院校和法律专业被迫纷纷关闭或者停办,1975年,全国法律本科在校生(工农兵学员)总共只有229人。1977年恢复高考并招收大学法律专业学生的全国高等院校,实际上只有北京大学、吉林大学和湖北财经学院,三所院校开设法律系共3个班,学生总数不足160人。

时光进入难忘的1978年,高考迎来第二个春天。

1978年6月14日,《人民日报》发表标题为“逐步完善招生制度切实选拔优秀青年”的新华社消息。其中指出:“全国高等学校招生工作会议决定今年起招生实行全国统一命题,考生的各科考试成绩全部公布。”消息传来,求知若渴的青年人无不奔走相告,再次激起了石破天惊的强烈反响。“报名!我要报名!”成了当年广大应考青年的强烈呼声。

6月间,国家教育部在北京召开了全国高等学校招生工作会议,提出了1978年高等学校招生工作的意见,使1978年在招生对象、考试评卷以及招生办法等方面,都有进一步的改进。其中,打破常规选拔人才,使1978年高考制度亮点频频:

——明确高等学校主要招收20岁左右的青年,一般不超过25周岁(1953年1月1日后出生)。同时,26岁至30周岁的高中毕业生和具有高中毕业文化水平的优秀青年,以及六六、六七届高中毕业生,仍可参加报考。

——从1978年起，在各省、市、自治区举办的高中应届毕业生和在校学生的学科学习竞赛中，凡是成绩特别优秀的青年，结合其他学科在原校的学习情况，经政治审查和体格健康检查合格，可以不参加全国统一的高考，直接分配到有关院校。

——任何单位或个人如发现学习勤奋、成绩卓著、有特殊才能的优秀人才，可向当地招生委员会（或教育部门）推荐，由有关高等学校单独考核，经省、市、自治区招生委员会（或教育部门）批准，随时录取。有特殊专长、技术革新或发明创造的优秀人才，可不受年龄、婚否的限制。

——1978年将继续试行招收走读生。为解决扩大招生带来的学生食宿困难的问题，允许凡是家在被录取院校所在地的新生，具备走读条件的可以实行走读。各地交通、商业等部门和学校应为走读生提供方便。

与此同时，这次会议对考生政治审查和健康检查问题进行了讨论，并且制定了相应的文件。文件强调指出，对考生进行政治审查时，主要应看本人的政治表现。要全面地、正确地贯彻执行党的“有成分论，不唯成份论，重在政治表现”的政策。要求各有关方面要积极支持符合条件的广大青年报考大学，不应刁难和压制。切实做好考生的思想政治工作，要求考生做到“一颗红心，两种准备”，坚决服从分配。全国各高等院校要宣传介绍本校的专业情况，各地要指导考生填写升学志愿。必须坚决杜绝徇私舞弊和“走后门”等不正之风，对其中情节恶劣的必须予以处分，直至开除党籍，依法惩处。

会议和文件明确指出，共产主义劳动大学、“七·二一”工人大学、“五·七”大学，脱产和半脱产学制在二年以上的在校学生，不能报考。中等专业学校和技工学校的在校生、应届毕业生不能报考，参加工作满两年以上的可以报考对口院校或专业。在校高中学生，个别学习成绩特别优秀，确实能够跳级升大学的，经本人申请，学校审查，县（区）招生委员会批准，可以报考。应该上山下乡而不去的知识青年（包括户口已转农村而本人未去的）不能报考。因病留城和病退满一年以上的知识青年，经县级以上医院检查，确已痊愈的，才能报考。1978年已被高等学校录取而拒不服从调剂分配的，下一年不准报考。为了稳定教师队伍，以利于提高中小学的教学质量，中小学公办教师一般只限于报考师范院校。

1978年高考与1977年高考最大的区别就是全国实行统一考试。从1978年开始只举行一次考试，高考试题由全国统一命题，由省、市、自治区组织考试、评卷。考试分文、理两科。文科（含哲学、外语专业）考政治、语文、数学、历史、地理、外语；理工科（含医学、农业专业）考政治、语文、数学、物理、化学、外语。外语考试的语种分别为英、俄、法、德、日、西班牙、阿拉伯等七种。外语考试的成绩暂不记入总分，作为录取时参考。没有学过上述语种的可以免试。报考外语院校或专业的，必须进行口试；外语笔试成绩记入总分，数学为参考分。1978年全国统一考试定于当年7月20日至23日举行。考生较多的省、市、自治区，在全国统一考试前是否进行初试，由各地根据实际情况自行决定。新生定于当年9月下旬入学。

需要说明的是，七七级与七八级是有所区别的。恢复高考后的首批大学生于1977年冬考试，1978年春季入学，1982年初毕业后，当年夏天又有七八级大学生毕业，结果两届学生严格说来都是1978年入学，1982年毕业。社会上对这两届学生的评价虽有“金七七、银七八”的说法，但作为中国高等教育史上十分特殊的一个群体，基本上都是在同一年度内完成入学、毕业，同属“七八”的范畴，只是在考试组织、时间、内容、出题单位、填报志愿、政审等有所区别。例如，七七级学生考试时间是1977年11月至12月，因各省自行出卷，考试时间不尽一致。北京市、福建省等地，考试时间为当年12月10日至12日，由各省、市自行命题，文理科考试各考五门四张卷，文科依次为政治、语文、数学、地理历史一张卷，理科依次为政治、语文、数学、化学物理一张卷。

七七级考生由三部分人组成：第一部分是成绩、体检、政审都合格者，于 1978 年 2 月底 3 月初入学；第二部分是扩大招收的本科生和专科生，5 月份入学；第三部分数量稀少，与第一部分人入校时间相同，从历届优秀中学生中选拔，无须参加高考，采用与“工农兵学员”相同的推荐入学路径，当初曾以此对比到底哪一种方式录取的高考生更为优秀可取。过去称七七级也好，八一届也罢，实际上是指这一批考生，在给考生确定序列时，称谓曾经比较混乱，最终国家教育部门统一规定，入学之年称“级”，毕业之年称“届”。为此，将恢复高考后首批入学的学生定为“七七级”“八一届”。

20 世纪 70 年代末，是中国历史上一个划时代的转折标志。刚刚结束“文革”动荡的中国，正逢确立改革开放的治国纲领之际，集聚在中国人心中被压抑的激情，犹如沉睡多年的火山开始喷发，人们关注国家，关注政治，关注自己的命运，但更加关注一个正常社会秩序的恢复与重建。

北京大学七七级学生在图书馆认真看书学习

从1978年7月开始,大学首次实行全国统一试卷开考,各高等院校开始有了"重点"和"非重点"之分,再无推荐录取学生之说,国家公布高考分数,让考生首次知道自己入学分数并可借助查分制度查询,显示了公正、公平,同时"政治审查"也大大放松,"级"、"届"序列真正做到名实相符,实至名归了。

1977年至1978年对于西政而言,注定也是不平凡的一年。这一年,改革开放的热潮在中华大地上风起云涌,历经磨难的各行各业迸发出前所未有的生机。这两年,西南政法学院在一片欢呼声中重新恢复了活力,经过磨难重重、凄风苦雨的十年后,开始了她劫后重生、柳暗花明的岁月。其中最显著的标志就是1977年5月中央批准学院复办后,院党委号召全院同志加倍努力,克服困难,一年准备,1978年招生。1977年9月,院核心小组公布了全院科以上单位的负责人名单,包括16个教研室的正副主任陆续到位。全院教职员工有了相应的安排和分工,每位教师则确定了自己从事的学科和承担的教学任务,并立即投入备课、编写教材等紧张工作。同时,抽调一部分骨干教师到北京、上海等地的高校和政法部门调查走访,为1978年秋季的恢复招生作好各项必要的准备。

曾经在国家司法部掌管多年法学教育管理工作的七八级学生霍宪丹告诉我们,"文革"结束时,中国经济和社会已经濒临崩溃的边缘,然而进入新时期的最大危机却来自教育,因为缺少人才的社会是无法复兴和发展的。因此,邓小平果断拍板做出的恢复高考的决定,不仅给千万人的命运带来了转折,更为重要的是,它给国家和民族的前途带来了深远的影响,实质上也改变了一个民族的命运。有鉴于此,在他看来,中国改革并非始于农村,而是源于党的十一届三中全会召开之前的恢复高考!

CHAPTER 03 ≫

第三章 1978 年的高考故事

西政七八级学生——这些拥有同样时代命运的人，入学之前，有的曾经手荷锄镐、肩挑烈日，有的曾手握钢枪、臂抡铁锤钢钳。他们大多在矿山、在农田、在工厂、在兵营，他们把青春和汗水浇注在了祖国的山川河泽、南疆塞北。正是 1978 年那场改变命运的高考，使他们随同 610 多万高考大军，挤入狭窄的录取独木桥，最终收获理想，金榜题名。每个人回忆起来都有自己一段难以忘怀的高考故事。

上世纪 60 年代参军入伍、70 年代退伍回到南昌电子管厂当支部书记兼车间主任的邓文定，正在工厂大显身手的时候，恢复高考的消息突然传来，是继续留在工厂当官并拿着稳定的工资收入？还是抛开眼前利益圆十几年前的大学梦？毕竟当时的他已经过了而立之年，况且家中还有一双嗷嗷待哺的儿女。在经历反复的选择之后，邓文定毅然选择了后者，白天上班，晚上温课，一个月后，靠着高中扎实的知识功底，他沉着冷静进入考场，最终以超出西南地区高校录取分数线上百分的优异成绩考入西政，并成为法律专业十个班级的总班长！

1978 年考上西政之前，现任最高人民检察院副检察长的柯汉民在湖北老家就已经有一份相当风光的工作——担任县委刘书记的秘书。在他看来，如果继续跟着领导走，既安逸也体面，但是跨进大学校门一直是他心中的梦想。1977 年恢复高考时，他考上华中师范大学中文系，由于不是自己喜爱的法律和新闻专业，于是，他毅然选择了放弃。1978 年，在刘书记的鼓励和支持下，他又投入了紧张的复习，填写志愿时，他首次看到了西政的招生简章后，顿时觉得眼前一亮，便义无反顾地“相”中了她。高考结束一个多月后，一封邮局挂号信寄到了他的手中，拆开一看，正是他朝思暮想的西政录取通知书。三天之后的一个深夜，当时年仅 23 岁的他，肩挑背扛着行李，独自一人在黑灯瞎火中，离开了家乡，走上了改变他命运的人生之路。

从报纸上看到恢复高考的消息后，在宁夏平吉堡国营农场当电影放映员的袁其国因没有心理准备，1977 年高考他没有报名。1978 年得知全国统一命题后，他毫不犹豫地报名参加考试。那年是先填写志愿再考试。当年才 21 岁的他考前被招生办门口的招生广告“西南政法学院、绝密专业”这些字样吸引住了，至于学法律是干什么的，根本就没有去多想。在他看来，只要考上大学，什么专业无所谓。那年高考共考 5 门课，虽然考题现在看来十分简单，但是毕竟那时的考生普遍文化基础不牢，特别是他连一天的地理、历史等课本都没有正式

1978 年 7 月作者在福建省莆田县以军人身份参加全国统考的准考证

系统学习过。好在“水涨船高”，当年宁夏的录取分数线是 230 多分，他考了 380 多分。一个多月过后，他惊喜地收到了西政的录取通知书。

高考之后，王云海便扛着锄头跟着家人重新回到地里收割玉米，在酷热的原野上，在葱绿的苞谷地间，他头顶着烈日不断地忙碌着，两只手臂和大腿被锯齿类的玉米叶子割得鲜血淋漓，但是，一心盼着中榜的他不以为然。终于忐忑不安地熬过了蝉鸣的夏日，迎来了收获的金秋。当听到村里的大喇叭呼叫着他去县中学取信件时，他竟然猜到准是大学的录取通知书。于是，他扔下手中的农活，蹿上地头，欣喜若狂地狂奔几十里地，一路冲向城里的学校，天快黑时见到同他一样高兴的老师，接过了印有“西南政法学院”红色大字的信封，心想从今以后可以告别常年日晒雨打、风吹雪冻的日子，再也不会被牢牢拴在这一望无际的土地时，兴奋的心情难以言表。

在河北永年农村插队已经两年多的任贵月，在经过一段自嘲是“故弄玄虚的煤油灯下的苦读”后，感到有点儿底气的他毅然参加了县里组织的高考复习班，初见黑压压的一屋子稚气的考生，暗地扳指数着录取率极低的机遇，不免一度心灰意冷。但在高考前填报志愿时，为了圆一个少年时代曾经崇仰的福尔摩斯的梦，他鬼使神差地填报了西南政法学院，尔后他自嘲迷迷糊糊地进了考场，糊里糊涂地答完了卷，当众多考生兴高采烈地走出考场时，感觉自己就像从前落榜的秀才一样，耷拉着脑袋，灰头土脸地回到了村里，走进了稻谷扬花吐穗的地里，再也不敢抬起头来。那年的夏天，对他而言似乎显得格外地热，格外地长……

任贵月记忆犹深的是一个清晨，他穿着有数十块伤湿止痛膏粘贴的白色破褂子，戴上一顶破旧的草帽，在生产队那口明代老钟声的呼唤下，磨磨蹭蹭地来到村口的老槐村下，静待队长派活。往常要等到社员下地后才能见到的邮递员，竟然一大早就出现在村头。几位知青一窝蜂地涌向邮递员争抢报纸信件。由于他反应慢了半拍，报纸信件已经攥在他人手里，正当他无可奈何地转身要走时，一位知青狂喊一声："任哥，看镖！"一封用牛皮纸糊成的信封，似箭一般地朝他掷了过来。

"啥东西？"只见他眼明手快，跃向晴空，用一个武术中的高难动作，在信件快要落地时接到了手中。当他不经意地看了一眼发信人的地址时，却不由地怔住了："西南政法学院！"几个暗红色的大字令他瞠目结舌，难以置信，他按捺着内心的激动与不安，悄悄地背向人群，溜到一边，拆开了信封……

"我被录取了！"他的一阵狂呼乱叫，让周围的人们困惑不解。在片刻的混乱和沉寂过后，当大家明白任哥疯狂之举的原委后，一群知青上前对着他就是一顿"拳打脚踢"，有的径直奔到地里摘菜，有的狂奔着冲到村头商铺沽酒，当天大家用最简单而又最喜悦的酒宴，为从"武夫"变"秀才"的任贵月庆贺"新生"……那一天任贵月喝得酩酊大醉，被人抬回家里，那是他来到人世间21年来的第一次醉酒！

与任贵月一同在永年县城一中一起参加高考补习班的黄藏勇（黄永维），是西政七八级年龄最小的考生。1978年开春，他与任贵月以兄弟相称，在一条青草铺垫的土坑上厉兵秣马三个月，两人一同走进考场，一起填报志愿。高考之后，当听到一个又一个人幸运跳跃龙门的喜讯后，小黄坐不住了，他心烦意乱，整日茫然不知所措。

这一天，任哥找上门来，约他一起启程共赴山城就学时，他瞠目结舌，出自喜爱恶作剧的老哥口中的这一消息令他真假难辨，没有收到录取通知书的现实更让他不敢贸然得意忘形。当确信任老兄神色不像开玩笑后，他马上赶到邯郸地区教育局，从李局长那里得到确认录取的消息后，再也不敢懈怠，催促父亲连夜赶赴石家庄，在省教育局的录取名册中再次得到证实后，查实本人录取通知书确实没有收到，工作人员热情地为其出具证明信，他又连夜赶回农村家里，父子俩一同再次来到地区教育局查证核实，见到录取名单确实准确无误后，小黄拿着李局长赠送的笔记本，怀揣着介绍信和父亲给的几十元钱，以一种兴奋而又惶然不安的复杂心情踏上 9 次特快列车，向山城重庆报到。事后方知，小黄的录取通知书连同一堆报纸信件被人混同放在平时鲜有人至的村里办公室的橱柜顶上。当年以介绍信取代录取通知书的经历，着实让刚满 15 周岁的小黄虚惊一场。

1978 年 6 月，蝉鸣声声，书声朗朗。在陕北延安某公社办公室，作为回乡优秀青年的“高干事”——高宽众正在窑洞内一边忙于工作，一边悄悄地复习功课，迎接高考。高考当时是农民子弟彻底改变命运的机遇，也是许多乡村青年无法跨越的一道天堑。在他的记忆中，高考试题至今依稀记得。例如，语文考题出乎大家意料，不是命题作文，而是让考生把一篇千字左右的短文，缩写为 600 字以下的短文，分数高达 30 分，经常在公社舞文弄墨的他，毫不费事就压缩完毕。地理题考的是理解能力，其中一道 15 分的题目是：有人在冬至时，从阿根廷首都布宜诺斯艾利斯出发，正好三个月后到达位于赤道上的厄瓜多尔首都基多，正好又三个月后到达美国首都华盛顿。试问：他

河南省1978年普通高等学校招生

准考证

姓名 尹向兵

报考专业类别 文史类

考试何种外语

加试科目

报名号（试场坐号） 1789

尹向兵同学参加河南省1978年普通高等学校招生的准考证

出发时，布宜诺斯艾利斯是什么季节？为什么？他到达基多时，布宜诺斯艾利斯、基多、华盛顿的昼夜长短如何？为什么？他到达华盛顿时，华盛顿是什么季节？为什么？一连串的“为什么”并没有难倒擅长理解的“高干事”，紧张的两天高考完后，已经疲惫不堪的他，回家对父母充满自信地说：我今年肯定能考上了！

一个多月后的一天傍晚，当镇邮递所的邮递员老贾骑车将一封印有“西南政法学院”字样的信封挂号信送到他的手里时，霎时间公社大院里一片欢腾，上到公社领导下至炊事员都纷纷向他祝贺，他至今依然记得公社团书记周士状笑呵呵地对他说的令他陶醉许久的一句话：“好小子，你中状元了！”事后知道，他高中 100 多位同学，考上大学的只有 3 位，在西政七八级 400 多学生中，只有他一个是地道的陕北农村人。

来自安徽安庆的阮齐林告诉我们，1977 年秋，听说高考恢复后，他顿觉人生转机来了，但踌躇满志进考场，却铩羽而归。第二年再战夏季高考，得 364 分，当年安徽文科大本录取线 300 分，重点大学录取

1978 年 10 月考上西南政法学院的阮齐林

线350分。由于西政在安徽招录20人,名额不少,于是,他为了求稳填报了西政。精打细算的他仍然心有不甘,第一志愿又填报了中国人民大学法律系,第二志愿报了厦门考古系,第三志愿才是西南政法学院。他的稳中求好的如意算盘有了还算圆满的结果,成为复校后的西政“黄埔一期”大学生,落户法律专业九班。

1977年已在部队服役3年届满的广东籍退伍兵邓标伦回到家乡,适逢恢复高考,在没有任何准备的情况下,他仓促参加了当年高考,结果名落孙山。得知落榜的消息后,心高气盛的老兵顿觉脸面无光,为避开别人的讥讽,一气之下便同村里的年轻人跑进岭南大山深处当上了石匠,每天抡锤采石,立誓不再参加高考。1978年春天,邓标伦的中学班主任老师得知他准备放弃高考,并在山里采石头,连夜进山找到标伦,强行将他拉回学校,并安排在化学试验室里住下。在高考前的两个月,他睡在实验室的地板上,夜以继日复习功课准备高考,最终以全县最高分数考进了西南政法学院。

1977年高中毕业的贺卫方当年正逢国家恢复高考,他应试报考了,但数学只得了4分,自然连“孙山”的影子都看不见。落榜对他是一次沉重打击,后悔数学没好好学,对自己的高考之路一度丧失了信心,自信可以通过走文学之路改变命运。后在家庭父母的逼迫下,最终又参加了1978年的高考,这次他对数学下了较大功夫,成绩居然达到了40多分,总成绩也超过了山东省的重点分数线。但是,在报志愿时却有些犯难,因文科考生的选择余地实在太少,为了保险起见,他报了一家师范类非重点院校,不料最后录取到了当年刚刚恢复招生的西南政法学院,于是,阴差阳错地走上了法学这条路。

祖籍四川乐山,却在贵州参加高考的刘竹冬,1973年上山下乡来到贵阳南郊布衣山寨插队,眼瞅前途无望,一度破罐破摔,成日游手好闲,有时消费赊账不付费,与生产队干部顶撞,最后动静弄大了,被焦虑的父母送回四川老家农村继续“劳动改造”。在“以观后效”期间,公社来了招兵、招干,他有自知之明,另辟蹊径选择进工厂当一学徒电工。1977 年首次参加恢复高考制度后的第一次考试,虽然因基础不济自然落榜,但从书本中似乎看到一缕改变命运的曙光。1978 年初夏,他到湖南湘潭发电厂实习期间,师傅对他格外关照,派活不多不说,上夜班还常带他躲到坑道深处睡觉,安逸之余小徒弟心里琢磨不能这样虚度年华,便重操起书本悄悄备考,立志成才。这让文化知识不多的师傅看在眼里,喜在心头,上班期间睁一眼闭一眼任其翻看书本,工余间隙让他到驻地一公园温习功课,知恩图报的刘竹东再次走进考场如愿以偿,当他将榜上有名的喜讯告知师傅时,老师傅热泪纵横,感叹不已,指着他的头嗔怒说:"你小子真有福啊,我都不敢想象若上不了大学,你的命运不知是怎样结果?!"

被三班同学称为"扎卡"的上海知青刘希贵,为了高考还险些"擦枪起火"。高考前夕,曾在云南边疆插队 8 年之久的他,与同样经历后来一起考入西政的钱永华已经是当地法院干警,两人在西双版纳法院边办案边复习功课,正摩拳擦掌地准备迎接命运的挑战。然而,当高考临近时,法院领导突然通知刘希贵去几十公里之外的某地办案,出差时间恰好是高考当日。"这不明摆着刁难人吗?"刘希贵闻知愤怒异常,挥臂甩掌,不仅拍烂了办公桌的玻璃,而且还示威似的拍了拍身上佩戴的五四式手枪!这阵势把领导吓得够呛,连连摆手:"不至于嘛,不至于嘛……"第二天,取消出差任务的刘希贵和钱永华一同上了考场,结果是当地法院少了两名年轻干警,西政七八级多了两名享受工资薪金待遇的在校学生。

1977 年底,张智辉作为部队赴青海省土族自治县支农的解放军战士,借住在一家藏民家里,主人有个哥哥是县里一所中学的监考老师,他将高考后的试卷拿回弟弟家里,张智辉偶然发现自己不仅会做这些题目,而且还清晰地记得那一年青海省的高考录取线的分数。于是,一个强烈的念头促使这个入伍近 6 年的连队文书,不顾一切地找到部队首长坚决要求退役。尽管当时部队对他的提干政审已经通过,有的首长还为他前程考虑说退役可以选择去国营石油管理局工作，但23岁的张智辉执意要求退役回家乡陕西武功县农村，却没跟部队首长讲明是想考大学。退伍回到农村的张智辉一边复习功课，一边干农活儿，直到参加1978年高考前，他还在地里帮助家里割麦子。当年高考之后没有把考分通告考生个人，而是在县城张榜公布。高考之后有一天，张智辉在县城工作的堂兄跑来告诉他考上大学啦，而且还是县里文科状元。其实张智辉对录取已经心中有数，心想家距离县城有十几华里远，既然考上了就没有必要管他考多少分了。收到西南政法学院的录取通知书后，他就如同在部队当兵调动似的，简单收拾行装便向重庆进发了。

20岁的安徽无为回乡青年谢朝华拿到西南政法学院的录取通知书时，曾疑惑良久。因为自己报的是家乡安徽周围的几所学校，却不经意被西政这样的重点院校录取，学的还是自己一点都不懂的法律专业，但疑惑很快被当大学生的兴奋感所代替，当村里要好的同学给他送来一个笔记本子表示相当隆重的祝贺时，他才欣喜获知自己是全班68个文科生中飞出的唯一的一只“金凤凰”。

多年后，谢朝华的中学同学每当提起往事，仍不住啧啧感叹，以谢朝华当时的用功劲头，这个大学生不是他谢朝华又能是谁呢？谢朝华家境贫寒，初中毕业时，父母就不许他继续读书，经谢朝华的老师苦口婆心作工作，才为他争得了继续学习的机会。从此，谢朝华上学期间每周要回家干两天农活，时常因专注读书掉入田里。高考前的半年，谢朝华每晚在教室里看书直至油灯燃尽后，仍然跑到操场上借着月光苦读。

从河南考入的尹向兵收到学校的录取通知书并非通过邮寄方式，而是由当地招生办将通知书送到他干活所在的工厂。当厂领导和工人师傅敲锣打鼓以送喜报的方式，将那张令其癫狂惊喜的“中榜单”交到他的手里时，他还清晰地记得，工间小组长抽出了信封中随附的西南政法学院团委的欢迎信，高声念道：“尹向兵同学，在华主席率领我们进行伟大的新长征中，根据你的志愿，学校同意录取你。为此，向你表示祝贺，并表示热烈的欢迎。”他形容自己当时的心情简直是乐晕得找不到北了！

一心想考四川大学的李力上大学之路可谓一波三折。未曾想，当她考上大学的消息已经传得沸沸扬扬时，接到的成绩通知单却是匪夷所思的80多分！这一下把当知青的她给吓懵了，在去县里查分数的路上，翻过一个高坡时，她的膝盖几乎瘫软得无力支撑。虽然最终得到的确切成绩令她感到虚惊一场，但此后接到录取通知书的那一天，又让她大吃一惊！她收到的竟然是自己没有填报、甚至没有听说过的西南政法学院。作为“黑五类”的子女，李力在此前断然没有听说，也没有那个胆量敢报考带着绝密色彩的政法院校。“我一直对工科比较感兴趣，从没有想过学法律，当时的感觉恐怕这辈子也说不清，但是，学校的招生简章对我还是有一种神秘而美好的感觉。”多年之后，李力这样说道。

大学毕业后在司法部教育司工作的霍宪丹回忆自己第一志愿报的是考古和建筑专业，第二志愿才是法律。由于当时西政是绝密专业，又是重点院校；可以提前录取，于是他来到了西南政法学院，成为西政七八级学生中的一员。

安徽考生白泉民虽然取得了不错的高考成绩，但在填报志愿时，沉稳有余的他对北大、清华等名校感到可望不可即，便草草填报了几所军校和省内大学。志愿上报之后，他发现西南政法学院的简介，顿时后悔自己没有填报。未曾想到，没过几天便收到了西南政法学院的录取通知书。原来因第一志愿填报西政的考生不多，招生的老师向当地招生办提出要一批成绩较高但因各种原因未报西政的考生档案材料，招生办大力支持，白泉民被幸运选中，无意中弥补了自己的过失，圆了到西政学习的梦想。

在西藏军区司令部管理处当招待员的成都籍士兵温建鸣经过自己一番努力，总算有幸被部队推荐参加高考。当年是先体检再报名，先填志愿后高考。怎么选专业？怎么报名？温建鸣一脸茫然。父亲顾虑他去北方生活不习惯，来信强烈要求他只选四川的院校。当时在拉萨招生的四川高校文科专业只有四川大学和西南政法学院。川大是哲学系，西政是政法专业，温建鸣对前者没有兴趣，后者又没有听说过，考虑重庆离家较远，为了方便回家，他的第一志愿选择了川大，第二志愿才填报了西政。事后知道川大也准备录取他，然而，西政因“绝密专业”提前录取。

回想自己 1978 年高考的事儿，仍然让我激动不已。

1976 年 12 月，我应征入伍不久，随着“四人帮”的垮台，国家恢复高考制度的消息不胫而走。当我得知曾经与我一道在农村战天斗地的知青们，纷纷跨进大学校门赶上“工农兵大学生”的末班车后，心里懊悔至极。1978 年 5 月的一天，我在基层连队当兵时，得知团机关有一个报考高校的名额因故被他人放弃后，当即赶到团政治处。在我死缠硬磨之下，团政治处领导总算给我一个高考机会。在高考复习的那段时间里，我每天凌晨 5 点多起床，跑步到营区外的荔枝树林里背诵课文，白天训练间隙也抓紧一切时间翻书做题。每当连队熄灯号吹过后，我便蹑手蹑脚地溜到连队厕所旁，借着昏暗的灯光看书。在“人生能有几回搏”的信念支撑下，终于迎来了 1978 年 7 月 20 日全国首次实行统考的这一天。

我的考点在福建莆田西天尾中学，考场的三天“拼博”表现亦喜亦忧。政治考了 93 分，题型大多是自己熟悉的批判分析题，得了高分。语文考试有一道“缩写”题 30 分，我未理解题意即自以为是地“改写”了，基本没有得分。数学考试用上了在高中学的解析几何等基本知识，得到了 57.5 分。最终一门考试考外语，明知不计入总分，我也强打精神，装模作样进考场一趟，在考卷上填写了自己名字后就昏昏沉沉地走出考场。那一年福建省的录取程序十分繁杂和怪异，考生是先填报志愿再通知成绩尔后体检，再补报志愿。我第一志愿报了上海复旦大学新闻系，第二志愿看到西政在福建招生十余人，且属于绝密专业，考虑自身政治条件尚好，且政治分数不低，便果断报了第二志愿。为了留有余地，确保万无一失，还在是否服从调剂一栏中，老老实实地填报了“坚决服从”。

那一年全国评卷需要统一平衡和协调，因此考生等待录取消息的日子真难熬。高考之后，得知我参加考试的部队官兵见面开头语便是“大学生，你何时走啊？”虽然嘴上心虚胆怯地称“考不好，走不成”，但每当晚上回到宿舍，熄灯号响过，在闷热的蚊帐里总是辗转难眠，反复估摸着自己的分数，估高了没有底气，估低了垂头丧气心情时好时坏。更令人烦恼的是，部队干部猜测你可能马上要远走高飞，让你出公差勤务的次数陡然增多，出操、正课时间允许你视情参加，明眼人一瞅就知道把你列编外人员看待了。

不久，团领导又指派连队让我外出公差，此时正逢高考录取通知期间，在途经父亲所在的县城时，得知我参加高考的消息后，一些熟知的叔叔阿姨为我设宴送行，不仅把遇事沉稳的父亲吓得够呛，也把我整得胆颤心惊。“万一没有录取，岂不无脸见人？”那几天，每当父亲把周围某某人的子女录取的讯息不断透露给我，我都惶然不安，只得“三十六计走为上策，”匆忙告别父亲，提前搭乘便车赶回部队。一

1978 年 10 月作者在西南政法学院校门口的留影

路上心情烦躁地猜测着自己的前程和命运。车子一到部队大门口，正在操场上操练的战士告诉我有所大学的信封搁在我桌子的抽屉里，此时我完全顾不上拿上行李，撒腿便向几里外的部队营区宿舍跑去。当从抽屉见到印有西南政法学院字样的信封时，拆开一看正是录取通知书时，我异常激动，两手发颤。

事后方知，1978 年夏天全国共有 610 万考生报考高校，最后被 300 多所高等院校录取 40.2 万人，录取比例不足 7%。

当年，参加 1978 年高考的同学们拿到录取通知书后，也许对这张西政印制的、简明扼要的招生简章留下深刻印象：

西南政法学院是一所新型的政法高等学校。培养目标是：有社会主义觉悟，掌握马列主义、毛泽东思想基本原理，具有鲜明的无产阶级立场、观点、方法，掌握政法专业基础知识和基本技能，德、智、体全面发展，又红又专的政法专门人才。

在全国招生，毕业后由国家统一分配。

本科学历暂定四年。开设的课程是：党史、哲学、政治经济学、国际共产主义运动史、国家与法的理论、法制史、中华人民共和国宪法、公务业务、刑法、民法、诉讼法、国际法、语文、体育等课。

今年招生 300 名。按绝密专业、按国家规定的招生条件，择优录取。

地址在四川重庆。

如今，每当西政七八级同学谈及自己参加 1978 年高考的往事，无不心潮澎湃，出言铿锵有力：高考之梦，不可阻拦！高考之仗，志在必得！

四班朱屹拿到母校的录取通知书，心情激动，思绪万千，遂赋诗一首《七律·七八抒怀》：

门东流水照桃花，吾亦曾是书香家。从前多存杨雄赋，如今空余张旭札。

有心握笔慕李杜，无力泛舟游天涯。飞鹏万里缘风起，明月一轮自腾达。

“雨过初晴丽天高，孺子人生独木桥。科试一博分高下，还待金榜飞捷报！”被誉为七八级“诗仙”的侯建刚写的这首诗，表达了七八级学子当年高考经历的艰辛与欢欣！

对于中国而言，1978 年是个特殊的年份，这一年后来被认为根本转变了整个国家经济发展的方向。对于中国的法律界而言，1978 年是个特殊的年份，恢复高考后进入大学攻读法律的这一届学生，后来高密度地诞生了一大批对中国法治建设影响深远的人物。

“那一年的高考，对于西政七八级的每个人而言，乃至全国数百万考生而言，堪称一次‘诺曼底登陆’！”《法律与生活》2008 年第 7 期在介绍“七八西政现象”时，用了这样一个醒目的标题。

何谓诺曼底登陆？这是“二战”后期发生在 1944 年 6 月法国海岸边的一次历史性战役，将血腥的战场与 1978 年高考相比是否恰当姑且不论，但是从这场难忘的战斗从此开辟欧洲第二战场，进而加速德国法西斯灭亡的意义而言，1978 年，当数百万年轻人经过多年人生积淀，历经艰苦复习，义无反顾地走进考场，去迎接胜利与失利的选择和命运相隔的人生挑战而言，二者确实有着某种相似之处。

那一年，那么多不同经历，不同年龄的人，怀着同样的梦想在这一时光聚集，“文革”的压抑，上山下乡的艰辛，终于在这一刻被彻底抛诸脑后，他们摩拳擦掌，豪情万丈，像冲上层层砦刺、攻入城堡的战士，迅速冲向属于自己的高地。

那一年，历史翻腾，劲风拂面，面朝黄土背朝天的我们呵，扬天一吼，燃起了生命的火焰，以笔为矛，开创全新的人生旅程，秉烛苦读，重拾昨日的梦想！

时至今日，西政七八级的学子们无一不为自己的命运与国家改革开放的新机遇如此息息相关庆幸不已，对改变自己人生之路、圆了大学梦的 1978 年永怀感激之情！

CHAPTER 04 ≫

第四章
向山城集结

“公元一九七八年十月，中国法学界第一批新生力量，带着高考后的惊喜、入校时的彷徨，把童年时代七彩斑斓的梦幻，熔入这简陋而又富饶的矿床。”

这是师资班谢良敏为母校恢复招生暨七八级入校20周年而作的一首诗中的一段文字。

1978年的秋天，通过参加首次恢复的全国统一高考改变命运的青年学子们，从祖国的四面八方来到了山城，走进了歌乐山下的西政，开始了他们的大学生涯。

西政七八级同学对那张褚红色信封里的录取通知书印象深刻，对一并夹带着的那张以学校团委名义印发的欢迎信过目难忘。

这是七八级同学尹向兵保留至今用粉红色小4A纸油印的那张欢迎信的全文：

欢　迎　信

尹向兵同学：

在华主席率领我们进行伟大的新长征中，根据您的志愿，学校同意录取您，为此，向您致以祝贺，并表示热烈的欢迎。

您是在文化大革命胜利结束之后，进入我校的第一批大学生。过去，林彪、“四人帮”在政法战线推行“两个否定，一个砸烂”和教育路线推行“两个估计”双重精神的枷锁的危害，致使我院长期停办。以英明领袖华主席为首的党中央，一举粉碎了“四人帮”，拯救了革命，挽救了党，我院也重新获得了新生，并列为全国重点院校。喜看今朝政法战线的大好形势，我们深深感到任重道远，前途光明。

您是我院的新鲜血液，也是未来政法部门的生力军，代表了祖国的未来，人民的希望。为了不辜负党的殷切期望，完成时代赋予的光荣使命，摆在您面前的首要任务是勤奋学习，勇攀科学高峰。希望您一定要认真学习马列主义、毛泽东思想，学好理论，提高认识，联系实际，改造思想；养成学科学、爱科学、讲科学、用科学的好风气，树雄心、立壮志，奋发图强，尽快掌握政法专业知识，永远沿着又红又专的道路前进！其次，要发扬艰苦奋斗的光荣传统，发扬抗大的革命精神。我院停办多年，今年才开始招生。因此，必然会给您在学习、生活等方面带来一些困难。克服这些困难，要靠全院教职员工的共同努力，艰苦奋斗，勤俭建校；第三，要努力锻炼身体。身体是搞好工作的条件，要成为体魄健壮的接班人，一定要积极参加文娱活动，坚持锻炼身体，认真做好身体好，学习好，工作好。

同学们，我们要牢记英明领袖华主席“学习，学习，再学习，团结，团结，再团结”的教导，奋发努力，早日使自己成为具有社会主义觉悟，掌握政法专业基础知识，德、智、体全面发展，又红又专的政法人才；把自己的全部青春和力量，贡献给祖国，贡献给人民。

让我们尽快把我国建设成为社会主义现代化强国而共同奋斗吧！

此致

敬礼

共青团西南政法学院委员会

一九七八年九月二十九日

1978 年国庆节过后的几日内，一列列汽笛轰鸣的绿皮蒸汽列车，一艘艘劈波斩浪的江轮，将掩不住激情与喜悦的数百名年轻人，从祖国四面八方的田间、工厂、部队、机关送到了山城重庆，向歌乐山下的西南政法学院汇集，这是“文革”后全国恢复统考后进入校园里的首批法律专业的大学生。

当问起七八级同学到学校报到的情形时，每个同学至今都记忆犹新，恍若昨日。请听一听他们是怎么说的：

叶安民：接到大学录取通知书后，背负简单行装，坐了三天三夜火车，从数千公里外的安徽来到西南政法学院。在独立谋生 8 年，离开校门 12 年后，竟然上了大学，这真是做梦也不敢想象的事情。“文革”中少量的大学招生，都是靠推荐入学的，怎么也轮不上我们这样的贫家子弟啊！真的谢谢邓小平先生！

陆绮：那一年的 10 月 3 日，我从苏州出发，上海转车，一路折腾达 72 小时之多，4 日夜晚在重庆菜园坝下火车。5 日上午醒来，睡意未消，隐约中听走廊过道有人催促报到的声音，迷糊之中来到东山大楼楼下南侧一溜桌子前交录取通知书、户籍证明等，办理入学手续。

韦绍英：从广西家乡到重庆走了五天时间。第一天，从地处黔桂

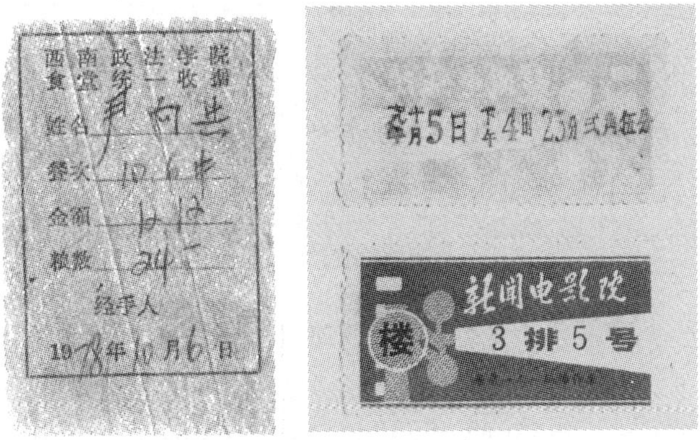

尹向兵入校后看第一场电影的票根和交伙食费的收据

交界的凌云县山区到百色，乘坐班车途经 94 公里沙土路；第二天，百色到河池东兰，继续乘坐班车近 200 公里，有土路也有柏油路；第三天，继续乘坐班车到河池金城江火车站转火车，当晚在火车站过夜；第四天到贵阳，再中转火车；第五天早上到达重庆。

孙林：9 月 30 日从江苏建湖坐船到镇江，从镇江坐铁路货运敞蓬车到上海，从上海换乘 91 次列车，到重庆已经是 5 日晚上了，前后旅程五天五夜。

孙虹：10 月 4 日至 5 日报到，接待报到处设在东山大楼底层，人不多，有点冷清，随后两天，大批新生陆续来到，大楼里面人气渐旺。

在西藏自治区公安局工作的三班杨遂全怀着对西南政法学院的憧憬，接到入学通知书后，由于考虑路途遥远，当天急不可耐地踏上旅途，从拉萨坐了汽车又坐火车，辗转十几天提前半个月赶到了学校。到校那一天，学生科廖科长带他到招待所住下。当天下午，胡光院长就到招待所看望他，笑呵呵地对他说："你是复办后第一个报到的学生。"

接到大学录取通知书的龙宗智，刚被调到北京总部某学院担任军事技术教员，在一个新单位屁股还没有焐热就要离职上学，龙宗智心事重重，不好意思开口，最后还是想上大学的强烈愿望促使他向组织上坦诚相告，终于得到学院领导理解而获得批准，同意他退回原部队上大学。从北京返回四川的列车上，当车过秦岭入川，他顿时有一种"轻舟已过万重山"的如释重负之感。回部队后，办理调动、上学手续，使他到西政报到时已经是当年 12 月中旬，晚了两个多月，按规定属于放弃入学资格，已经不能入学了。然而，学校了解了他的原因后，很快为他办好了入学手续，使他成为最后一个入学的七八级学生。

贺剑强清楚地记得，1978 年 10 月 4 日是他第一次走进母校的日子。"10 月 3 日早晨 8 点多钟从家里(湖南益阳)出发，先后使用了 6 种交通工具，历时近 40 多个小时才到学校。首先是驱动'11 号车'

(步行)从家里启程20华里到县城,从县城乘坐狭窄铁轨的小火车行程10公里到柘溪水电站,乘船溯资江而上约30公里到达湘黔线上的坪口车站。当晚8时左右搭乘上海至重庆的91次快车,列车运行约26个小时,于10月4日晚10时(正点应为21时34分)到达重庆菜园坝火车站。由于未见接待新生招牌,晕头转向中只能打听到学校的路线后,花5分钱乘坐缆车到两路口,接着乘17路公交车到童家桥,自己步行进入学校,将近深夜12点。"

"这是我人生20多年首次出远门,此前只去过省城长沙参观毛泽东故居,整个行程充其量不过200来公里。此次赴校报到,途经湘、黔、川三省,行程1600多公里。当年的车票不贵,凭录取通知书买学生票仅为16元多,车上供应的盒饭3角,硬座车厢人员并不拥挤,一人一座绰绰有余,列车员热情、主动,手上拎着铁壳水壶到处送水,车厢整洁干净,列车广播播放着优美的音乐,白天可见窗外风景如画,山高入云端,加上录取后的心情格外激动,入校之前的列车旅程十分惬意而愉快。但从此之后,随着改革开放,人口流动增多,车厢越来越拥挤,再也没有遇到过舒适安逸的乘车环境了。有一年暑假回校,在坪口站挤上车后,不仅没有座位,连站立的地方也找不到,只能一只脚落地,一只脚搁在行李架上,两只脚轮流替换、倒腾作战,'金鸡独立'10多个钟头后,一直站到贵州境内的凯里站才找到双脚可以坦然落地的空隙。"回忆起当年的乘车情景,贺剑强感慨万千。

王云海对此也深有同感。1978年10月4日,他生平第一次坐上了南下的绿皮火车,离开了生活了18年的河北村庄。火车风驰电掣般地奔驰不停,他的心也像车轮般地来回晃动,心里为车上如何解决衣食住行、吃喝拉撒这类问题而惶恐不安。出发前几天,母亲为他烙了30张大饼,父亲跑到数里外的苹果园买了一大袋苹果,作为儿子在路上的食物。虽然吃饭的问题不用担心了,可是火车能上厕所吗?他事先实在不好意思对人开口,一直闷在心里,好在上火车没过多久他惊喜地发现,车上不仅有男女性别不分的厕位,而且上厕所的问题解决起来似乎并不太难。由于自己购买的是中途上车的车票，票上没有指定座位，于是，尽管有诸多空座位但他不敢坦然坐下，从石家庄上车一直傻乎乎地站到郑州站，前后竟然站了8个多小时！过了郑州站后，有位中年女士疑惑不解地问他为何有空座位不坐时，这位初出远门的大学新生才支支吾吾地道出原委，让女士大笑不止，示意让他坐下这才敢坐下。事后，每当想起首次乘车经历时，王云海都为自己当年的无知而感到面红耳赤。乘车后的第三天上午，火车终于到达了山城重庆，开始了难忘的大学生活。

姬敬武对初到山城的印象极为深刻而清晰：经过40多个小时的颠簸，列车终于驶进了重庆站。从山西临猗县的一个偏远小村来到心仪已久的山城重庆后出火车站，乘吱吱作响的上行缆车，踏上牛角沱。目光中，山城一片云雾蒙蒙，弯弯街路起伏不平且泥泞，路旁建筑并无想象中的高楼大厦，三五层的商厦和低矮的民房相拥而立，肩扛扁担的男人和背着孩子的女人擦肩而过……

1978年10月考入西南政法学院的“小字辈”——纪佃澎和韦绍英合影

韩德云在自己的一篇回忆文章中写道："1978 年 10 月，一个从来没有走出方圆 50 公里距离，也没有见过火车的 15 岁中学毕业生，从他的老家四川乐山坐火车来到 400 公里之外的重庆，开始了他的少年时代，也是他的大学时代。在他简单的行装中，报考大学的报名表底稿上填写的第一志愿是四川大学中文系。原本酷爱历史和文学的我，并不知道'政法'为何物，更不知道'绝密专业'的玄机意味着什么，历史老人跟我开了一个小玩笑，让我的人生座标从此定位在当年的政法干部，现如今的法律人圈内。"

收到西政录取通知书的袁其国按照学校的要求，带着一堆被褥、脸盆等之类的行李，形容自己跟难民似的从大西北转战大西南，马不停蹄，一路兼程。他先从宁夏农场坐卡车到银川火车站，当天晚上抵达兰州，再从兰州坐了一天一夜的绿皮火车到了成都，再从成都买票换车到重庆，历时四天。到达重庆之时，疲惫不堪的他迎着淅淅沥沥的细雨，乘坐一部敞篷卡车一路颠簸来到了让人失望至极的校园。报到不久，素不相识的赖达清老师把心境不佳的袁其国找去，坦然地告诉袁其国，是本人把袁挑来的，并说："你的高考成绩相当好，完全可以上北大法律系，不过你第一志愿既然报的是我们西政，我们十分尊重你的志愿！"赖老师的一席话好似一盆冷水，把情绪本来就不高的袁其国浇得心里更加透凉。开学后的头几个月里，每当想起赖老师的那番话，袁其国总是辗转反侧，夜不能寐，他琢磨不透不知是应该感谢还是应当记恨这位可敬的赖老师。

心细的九班尹向兵，将当年入学的支出记了一个流水账：火车票共计 16.50 元（特快列车坐票），托运行李费 3.6 元（被子、枕头和一件棉衣重 20 公斤），工厂发给的 10 月生活费 21 元，粮食补贴 1 元（公函证明）。10 月 6 日报到时，交食堂伙食费 12.12 元，全国通用粮票 24 斤，讲义费 6 元（学校收据）。入校后，尹向兵本想申请助学金，但看到班上的农村同学较多，没敢吱声，其结果，大学四年下来，他每个月几乎透支或靠借钱度日。

1978年到学校报到所经历的遭遇，同学们各有叙述，感触不一。其中，江必新所经历的遭遇，在别人眼里是一个无辜被宰的“冤大头”，而在他看来就是“一堂生动的法治课”。那一年他挑着父亲花了好几天为他准备的铺盖卷、洗脸盆等生活用品和学习用具，怀揣着祖母和母亲给他东凑西借的40元钱，沿长江逆水而上，到了重庆江岸，汇入下船上岸的拥挤人流，登上朝天门码头的阶梯。可能是轮船晚点，他张大双眼，仍然未找到西南政法学院的接待站点。正在一筹莫展之际，两个手持楠竹杠的中年汉子热情主动上前，不容分说地将他的行李一把夺了过去。他感动得一时不知说什么好，信步随着两人步行100来米路程来到了公共汽车站。正当他掏出两元钱作为答谢时，两个汉子脸色瞬变，阴沉沉地用重庆方言说：“平常我们一趟收钱50元，看你不像坏人，打个折，一人20元！”江必新不解地说：“你们刚才为什么不讲清楚呀？”“你并没有问我们多少钱呀？快点给，不然你今天别想到学校啦！”两个人一唱一和，软硬相逼，脸色越来越阴嗓门越来越高，江必新只能狠狠地咬了咬牙，从贴身衣服裤兜里掏出包裹了好几层布的40元钱，痛苦万分且很不情愿地给了两位敲竹杠的“棒棒军”。这事虽然过去多年，但江必新每当回忆起来，就认为这件事成了他用之不竭且享受终身的“难忘第一课”！

现任最高人民法院院长的周强，录取当年正逢18岁，他从湖北老家黄梅县出发，结束了在独山公社周边大队的两年知青生活，从鄂东农村来到山城重庆，进入了西南政法学院法律系学习。

那一年，与龙宗智、江必新、杨遂全、李力、周强等人陆续向山城进发的还有梁治平、夏勇、贺卫方、王卫国、蒋庆、顾培东、王敏远、陈泽宪、阮齐林、张穹、于安……他们来自祖国各地，虽然身份、年龄不同，但是目的地都是一致的，歌乐山下，烈士墓旁——重庆西南政法学院！

有的同学形容说，复办之初的西南政法学院，真好比当年的革命圣地延安。1978年的金秋时节，在经历了社会的动荡和风雨洗礼之后重新恢复面向社会招生，一群风华正茂但又历经坎坷的年轻人怀着不同的心情，带着各自的故事，踌躇满志地迈进了这所坐落在西南重镇的政法院校的大门。

那么，从全国四面八方走进西南政法学院校门的七八级同学有多少？其成分构成和特点如何？

入学时来自山东即墨的十班纪佃澎为此查阅了七八级同学当年的资料，作过一个相对全面的统计：

全年级法律专业（系）共设 10 个班级，共有学生 365 人，其中一班 36 人，二班 36 人，三班 37 人，四班 36 人，五班 37 人，六班 37 人，七班 37 人，八班 36 人，九班 35 人，十班 37 人。对此，贺卫方曾形象地比喻，当年学法的同学与一年的日子数字相差无几。此外，七八级还设有师资班，其中哲学班 30 人，共运班 29 人。法律系同学 365 人，其中女生 42 人；师资班同学 59 人，女生 8 人，全年级同学合计 424 人（退学一人，实为 423 人），其中女生 50 人。

1979 年 2 月作者在重庆南温泉的留影

在423名同学中,最大年龄的为1947年出生的,最小的为1963年出生的,年龄相差达16岁之多!其中1947年出生的2人,1948年出生的10人,1949年出生的10人,1950年出生的10人,1951年出生的9人,1952年出生的11人,1953年出生的30人,1954年出生的62人,1955年出生的47人,1956年出生的72人,1957年出生的46人,1958年出生的25人,1960年出生的30人,1961年出生的13人,1962年出生的11人,1963年出生的2人。尤以1956年出生的同学最多,1947年和1963年出生的最少,分别为2人;1954年至1957年四年间出生的同学合计227人,占年级同学比例60%以上。有的人戏谑说,1956年生辰属相为猴,所以,西政七八级的喜蹦爱跳,性格开朗的"猴子"居多。

上述年龄统计与当今大学本科学生入学平均18周岁相比,整整超越4个年头,当年七八级同学的平均入学年龄与现在在校硕士研究生入学年龄基本相当。

经历了"文革"10年断层之后而满怀迎新喜悦心情的老师们惊喜地发现,来自祖国各地的这一拨衣着简陋、性格各异、目光热切的年轻人可谓藏龙卧虎,底蕴十足,见多识广,心气甚高。

据三班阎欣统计,西政七八级同学有"四多":入学党员多,有110多人,占总人数的26%;参加工作的多,有216人,其中5年以上工龄带工资的有102人,占总人数的24%;下乡和回乡知青多,有115人,占总人数的27%;以同等学历参加高考的人多,约占总人数的四分之一。

据黄建中统计,这支400多人的团队里,入学时中共党员就约占了三分之一,从各行各业带薪就读的占了三分之一;从部队入学或转业、退伍的约占三分之一,这支平均年龄在25岁左右的年轻团队,蕴含着并将释放出巨大的青春潜能。

2016年4月底,笔者为撰写本书,专程回到母校进行采访,专门核实一些相关数据。当年在七八级年级办负责学生工作的张作之老师热心地给我提供了一份 1978 年 10 月 13 日学校制作的《1978 级本科学员名册》。其中对考生类别有着详细的记载：干部 59 人，工人 121 人，职工 23 人，回乡知青 115 人，下乡知青 114 人，留城青年 10 人，应届高中生 46 人，军人 15 人，以及其他（教师、复员军人等）人员统计数字。这些统计数字有较高的可信度，但亦存在统计项目重复、差误之处，只能大致反映当年七八级学生入学前各自的身份情况。

其中，有几组数字有较高的权威性。一是城镇下乡知青和回家务农的知青，不含插队后选调进城当工人、干部和当兵的人员在内，合计近 230 人，其数量超出七八级学生的一半多。二是在法律专业 365 人中，党员（含预备党员）98 人，团员 233 人，非党团人员（群众）41 人；师资班 59 人中，党员（含预备党员）11 人，团员 40 人，非党团人员（群众）10 人。二者合计党员（含预备党员）109 人，团员 273 人，非党团人员（群众）51 人，这个数字由于每个人都有姓名、性别、年龄、籍贯、民族、本人成分、文化程度、婚否、考生类别、工龄等一连串信息予以佐证支撑，可信度较高。三是在婚姻状况的一栏中，填写已婚的就有邓文定、王树高、于玉才、张自民、王策来、赵长生、唐基权、钱永华、李晓平、张豫生、张志愿、夏根、黄广雨、洪绍泉、成光海、李化德等人，在那个年代，婚否非同儿戏，造假概率几无可能。

在学员花名册中，可见当时七八级同学里，除有运动员、军人（陆、海、空三军，军种绝对齐全）、医生、农民（种庄稼的），还有专业技术人员（木匠、石匠、铁匠、泥水匠）、干部、演员（跳舞的、唱歌、搞音乐的），家庭成分五花八门，职业特点各不相同。

仔细查看学生的名单中，发现不少人有明确记载的一些特长和经历。如一班的齐文远会“汽车驾驶”，宋晓辉和慕亚平擅长“摄影、绘画和文艺创作”；二班的孙小迎是“优秀播音员”，同班吴跃章是“公社团委副书记”，李春是“学校团支部副书记”，王莹文除了有“团委常委”这块不知哪个级别的招牌外，还兼有“新闻写作、摄影”之擅长；三班的李连宁担任过中学的“革委会副主任”；四班的陈泽宪是福建古田的"闽剧演员";五班的江必新"任过大队支书";八班的孙虹"爱唱歌",伍在阳"喜美术、无线电";九班的现役军人王凡"会医务",来自洪泽湖畔的许江"写作能力很强",著名作家陆文夫的女儿陆琦"长于绘画";十班的黄松有"有戏曲专长",下乡知青的赵科是"文艺宣传队队委"。在师资班的每个人的专长一栏里,透露的信息更五彩斑斓:现任最高人民检察院常务副检察长的胡泽君入学前,身上就披挂着"三好学生、重庆市青年积极分子,曾出席省地县各级知识青年先进分子代表大会"等一串"金丝缎带",黄平"爱好小提琴和作曲",另外,写有"爱好文学创作、音乐、舞蹈、体育"等之类的同学就更多了,显示师资生源的底蕴深厚。

俗话说,林子大了,什么鸟都有。

西政七八级年龄构成之悬殊、成色之复杂,自然引出许多趣闻。

中国政法大学教授阮齐林说,在我们这一届里,当时的同学多数是20多岁,也有好些30多岁的,"大大小小、五颜六色的我们那些人凑在一起,势必滋生很多好玩的事儿"。

从西安考入的李玫也赞成阮齐林的观点,她记得十班的班长黄广雨入学的时候,妻子为此做了两个书包,儿子上小学,丈夫上大学,父子各给一个书包并叮嘱父子俩:"好好学习,天天向上。"

在七八级六班召开首次班会上,当女生谢艳羞怯地介绍她不到16岁时,在黑龙江生产建设兵团干了8年的"老兵团"、年龄已经31岁的沈承祖对她调侃说,要是在解放前,我都可以当你爹了,说得谢艳满脸通红,大家开怀大笑。

张智辉说,有一个小女生,入学之初见到年龄比她大得多的总班长邓文定时,总亲切地叫他叔叔,这让邓总班长不好意思,将她拉到一旁让其一定改口叫同学,免得让其难堪。

师资班的李化德,在班上是名符其实的"老大哥",入学当年大儿子已经两岁多了,在婚恋问题上是"过来人",对于大多数连恋爱都没有谈过的同学来说,他所经历的一切事情都令"童子军"们倍感新鲜和好奇。寝室里，经常有“小兄弟”或单刀直入，或旁敲侧击地向他咨询和讨教有关婚恋问题。有一个长得眉清目秀的成都籍崽儿，一天去了一趟女生寝室回来后，缠着要李化德解答他发现的女生一宗“秘密”：缘何男生只用一个盆洗脸冲脚就够了，那些女同学每个人却有三个盆，这不明摆着是铺张浪费吗？问得李化德无言以对，哭笑不得。

十班的纪佃澎当年入校时才 15 岁，而班上的黄广雨已经 31 岁，“老黄”对小纪说：“我年龄是你一倍还多，你真应该叫我叔叔呢。”小纪不以为然，出言理直气壮：“那要分不同场合，假如我在大街上碰到你，我肯定会这样做的，但我们现在是同学了！”有一次，小纪参加重庆市大渡口区法院到学校简易礼堂公开审理某一离婚案件，当陪审员宣布法庭“未成年人不得旁听”的纪律时，同学们打趣地要轰他走，小纪不以为然：“若不是老师硬逼我来，我才不来呢，这有啥意思？”此话被法庭的审判长听到后，马上提醒陪审员重新补充宣布“法庭纪律”，允许“在校学生除外”。

七八级年龄最小的黄永维入校时稚气未脱，初次体检时，身高、体重均不合规，且长得十分瘦弱，被一旁的八班女兵梁廷婷杏眼怒视，训斥为“哪里来的小朋友？”，险些被可以叫“叔叔、阿姨”的同窗逐出体检队伍。他回忆当年往事不禁莞尔一笑：“往大里说，1978 年，对于国家民族是正本清源拨乱反正之时；往小里说，对于纪佃澎、韦绍英和我等 60 后生应是混沌未开之年，当然生理心理发育之差异也是未尽可知的，不可一概而论。”临近毕业遇夏季，看到原先同寝室的已婚大哥哥与来校探亲的大姐姐住在一起本是夫妻团聚，小黄却疑惑不解：大热天好端端地两人干嘛挤在一起？

上婚姻法课时，岁数大的同学对一些年幼的同学一脸不屑：“你们几个小字辈连法定婚龄都未到，上什么课？回家待着去！”小字辈们反唇相讥，不甘示弱：“我们虽然不具行为资格，但早具有行为能力！”

据统计，1977 年当年全国招收法律专业的人数是 223 人，加上 74、75、76 各年度入学的“工农兵大学生”，1978 年前全国在校学习法律的学生共有 431 人。到了 1978 年，全国法科专业招生人数 729 人，其中西南政法学院招了一半多。用北大周旺生教授的话说，西政七八级占了当年法科学生的“半壁江山”，此言不虚。

有的专家指出，“文革”期间法学教育几乎空白，1966 年到 1972 年的 7 年间，全国学法的大学生一个都没招，直到 1974 年到 1976 年北大等个别院校才招了不足 200 人。恢复高考制度之初，1978 年西南政法学院率先招生，积压了十几年的人才突然被“释放”出来，有一股“井喷”的感觉，各路英雄好汉纷纷云集高校，聚集了多年的社会优秀青年同一时间涌现出来，这些人分别来自工厂、农村、部队，具有不同的社会背景、生活阅历和年龄层次，这正好符合法学规律特有的社会实践基础和基本要求。况且，西政当时列为重点大学招生，招生范围并没有局限在西南地区，而是面向全国，相对容易选拔到一批素质高的学生，从而为西政的恢复发展奠定了坚实的人才基础。

CHAPTER 05 ≫

第五章
“稀烂”的校园

有人考证，“稀烂政法学院”一词的“发明专利”，应当归属于七八级学生首创，这一谐音的调侃，绝非无中生有的夸大其词，而是真实情况的客观反映。

“理想很美好，现实很骨感。”当七八级许多同学兴致勃勃地来到山城，走进校园，首先一眼见到母校的一切着实让他们目瞪口呆，一片惊叹，心里的落差难以言表，心中想象的美好的象牙塔轰然倒塌！

当接我们的校车不知绕过多少个弯路，终于盘旋着来到校门口，学校大门两边是用砖砌成的方柱，一行排列成弓形的行书六个大字——“西南政法学院”架在两柱空中。入校门，第一印象尚佳，左边低坎上是一丛丛正吐露红蕊的夹竹桃，右边是两池飘着荷叶的鱼塘，夹竹桃树和鱼塘的间隙，偶尔依稀可见一排排、一幢幢红砖建筑。然而，接下来的场景则令人唏嘘：左边一条弯曲泥泞湿滑的小路通向“东山大楼”，一片污水横溢、泥浆满场的工地，教学楼兼宿舍、食堂为一体的东山大楼内外，“文革”遗迹依旧还在，门窗无一扇完好，似乎经历过一场洗劫而显得破败不堪，硕大的老鼠不时在你眼前旁若无人地穿过，咬嚼着下水道的残渣剩饭，狭小的校园四周围的工地上施工机器，彻夜轰鸣，震耳欲聋……

这难道是我们拼死拼活考上大学所期盼的校园吗？当初，大家在庆幸自己以考生6%的比例金榜题名时，对梦想中的校园环境滋生多么热切的向往和期盼：绿树成荫、花草绚丽，高大雄伟的图书馆、整洁明亮的教室、宽敞舒适的寝室、游逸湖边的鱼儿和富有情调的榭台凉亭……

回忆当年对学校的第一印象，不论是张怡、李卓玉、杨遂全，还是袁其国、柯汉民、李玫、霍宪丹等人，都不惜用“失望”“震惊”“茫然”“稀烂工地”等词汇来形容。

“两根铁轨，几根钢筋，半个圆弧，撑起锈迹斑斑、摇摇晃晃的郭沫若手书‘西南政法学院’，这就是当年西政衰败的门脸。”来自贵阳的孙万平寥寥数语，生动地描述了当时校园大门的景况。

王敏远回忆说，历经两天两夜的火车，疲惫不堪地站在迎新的绿色敞篷卡车上，一路摇摇晃晃地穿过夜色朦胧的嘉陵江边，来到阴森昏暗的东山大楼脚下，惊恐地看到与拆迁工地无异的“稀烂”校园……

季林记得，凌晨6点半左右到达菜园坝火车站，出车站，乘缆车，踏上“牛角沱”，路过沙坪坝、童家桥，下车踉踉跄跄地爬到东山大楼

西南政法学院1979年的校门

前的土坎上，一地泥泞，无处下脚；进入寝室，陈旧的木质高低床摇摇晃晃，墙上的白色石灰水尚未干涸，味道刺鼻而呛人……

现任最高人民检察院监所厅厅长的袁其国说："到校当日重庆正下着毛毛细雨，一部敞篷卡车把我们接到了让人失望的校园。"

柯汉民对走进西政的第一印象，至今记忆犹新。"到学校时，我有点失望了：自己心目中神圣的殿堂，原来竟是这样的简陋和破烂不堪！"

张怡说："我们进校的时候，到处都是光秃秃的，与我们想象中的大学，差距实在太大了。"

黄武说："复办后的西南政法学院满目疮痍，校园惨况难以言状。"

"初见母校的第一印象就是破，整个学校到处都是施工工地摆放的青石和红泥，教室和宿舍非常简陋，食堂是简易的，澡堂是与四川外语学院合用的，昏暗的图书馆到处散发着难闻的霉味。重庆雨水

1978年西南政法学院的校园，除了东山大楼外，宛若一个工地

多，到处坑坑洼洼，外出上课需穿上雨靴，带上雨具，同学们在泥泞的小路上行走时，时常有人摔跤甚至骨折。”毕业之后一直在法律出版社工作的张波如是说。

1978年10月6日凌晨，在火车车厢里站了一夜火车来到西南政法学院的师资班的陈钢回忆说：此时的母校真不是我想象中的大学：刚来时，三四十人聚在一起的寝室，办公室改成了食堂和厨房，抗震棚安上日光灯当教室，还有泥泞的道路，轰鸣的机器声……这难道是我心中的大学吗？当我第一次从亚文同学那里听到“稀烂政法学院”的戏谑时，不禁产生强烈的共鸣！

现役女军人梁廷婷记得踏进校门的当晚，睡意正浓的她惊讶地见识了这样一幕：同寝室的来自安徽淮南矿务局的李卓玉哭得梨花带雨，双手击打着破旧的床铺板，边哭边诉说着：“千挑万挑，挑了这么一个烂学校，呜呜呜呜，考哪里不好，考到这里来受罪！”据说，李卓玉几次气冲冲地找到校领导，一肚子的不满和委屈化作“退学令”，让校领导面带尴尬：“什么破学校也敢招生？我的分都够上北大了，为了上大学我不去当兵，不谈恋爱，在农村入党，结果来到这个稀巴破烂、让人梦想瞬间灰飞烟灭的地方，心里真不甘啊真不甘，我应该上个外表像个大学的大学，我强烈要求退学！”

对外经济贸易大学法学院李玫教授说：“令我印象最深的是爬了好几个大坡，然后上了‘东山炮楼’，实际上就是我们的宿舍了。一进宿舍，最深的印象就是几个架子床上一人一个草垫子，因为我是北方来的，不知道重庆的生活习俗，我不解问这是干什么的。有同学说褥子要放在草垫子上，可以起到隔潮保暖的作用。”

霍宪丹说：“那个发黄的草垫子对我来说很熟悉。因为我是从成都来的，而且重庆是我的出生地。在学校四年，冬天铺草席，夏天铺凉席，底下就是草垫子，夏天太热了，就拿草垫子直接到楼顶上睡觉。”

其实，在学校给西政七八级同学的入学欢迎信中，曾要求“继续发扬抗大的传统”，其意思不言自明。

入学后，同学们耳闻目睹，学校住房十分拥挤，无现成教室，开学典礼在废弃的游泳池内举行，加个毛毡布即是礼堂。10 月 12 日庆祝复办开学之后的会餐，每个班八、九人一组，凭油印的饭票自动组合，相识不久的男女生围坐一地，蹲在操场、走廊、寝室或者地上围着几个菜盆开吃，吃相、姿势五花八门，全然没有高等学府学子的优雅和尊贵。此外，每周还有无偿服务的劳动课，轮流帮厨制度，重活建校抬石料，轻活打扫教室、食堂，脏活儿扫厕所，与前辈回忆抗大感觉相似，与录取通知书中的“要继续发扬抗大的传统”也一脉相承。

生于齐鲁、长于燕赵的下乡知青任贵月从农村来到山城，住到了东山大楼的学生宿舍，感触颇多，即兴一首《自嘲》打油诗，形象地描绘当年“400 多房客”入住东山遇到寒冷冬天的景况：“东山一房客，冬日苦自乐。白昼拥被暖，夜半宿寒窝。冷风侵幔帐，凄雨敲窗阁。戏言待春至，居高看花多。”

1950 年 9 月，西南军政委员会主席刘伯承在西南人民革命大学的开学典礼上

如此“稀烂”的学校，为什么要在完全不具备基本条件的情况下仓促地招生呢？惹得新生牢骚满腹，怨声载道？这要从西政的历史说开来——

《庄子》有云：“其作始也简，其将毕也必巨。”回眸西政的历史，其实是一所命运多舛、历经沧桑的学校。

1950 年初，为满足新中国成立后西南地区培养各类干部的需要，中共中央西南局和西南军政委员会决定，创办西南人民革命大学（以下简称“西革大”）。同年 9 月 19 日，“西革大”在重庆正式成立，由西南军政委员会主席刘伯承兼任校长，总校址设在嘉陵江畔化龙桥红岩村。这一考证，颠覆了七八级入学时如雷贯耳的“1953 年创办”的说法，无形中将母校的历史往前提了 3 年，成为西南政法学院的前身。“西革大”尽管办学时间不长，但据说当时已经培养了十万名学员。

1953 年，在全国院系调整的背景下，在“西革大”政法系的基础上，先后接收了西南四所法律院系（四川大学、重庆大学、云南大学、贵州大学的法律系和政治系）的学生、师资和图书资料，新组建的西南政法学院在化龙桥“西革大”一部挂牌成立。原东北抗日联军第二路军总指挥周保中（1955 年授衔时因已经调到地方工作，没有授予军衔）出任首任院长。当年，郭沫若应约亲笔题写了“西南政法学院”校名。

1954 年，本着“以先烈们的革命精神教育青年、培养政法干部”的办学理念，西南政法学院从嘉陵江畔化龙桥迁至歌乐山下烈士墓校址。

1958 年起，四川省政法干校、中央司法部重庆法律学校、中央公安学院重庆分院陆续并入西南政法学院。特殊的建校背景，使西政既汇聚了法学名流又吸纳了实务精英，既秉承了深厚的法学传统，又融入了公安教学的特色。由此，西政后来也被誉为新中国法学教育的“西南联大”。

西政建院之后的十多年，尽管是在政治运动不断折腾的背景下度过的，但是学院的各项工作和建设还是取得了可喜的进展，并具有一定的规模。至“文革”前夕的1965年，已经建成一座占地560余亩，建筑面积88000余平方米的高等院校，拥有194名教师的师资队伍和1200余名在校学生，图书馆藏书量达到34万册。学院为国家输送了本科和专科学生3599名，并为西南地区轮训了在职政法干部5430人，成为我国培养和造就政法专门人才的重要基地之一。

1966年“文革”的爆发，使新中国的法学院进入衰落期，原先曾经辉煌的“四院四系”格局已经被拆得七零八落，甚至沦为重灾区。1966年政法院校与全国高校一样停止招生。1971年全国教育工作会议确定的《关于高等学校调整方案》，共撤销了106所高校。其中北京、华东、西南、西北四所政法院校皆在撤销之列，原有的四所综合性大学法律系仅保留了北大和吉大的法律系。被撤销的法学院校教师离开三尺讲台，或下放农村，或转行调作他用，校园荒芜，人心涣散。

地处西南一隅的西南政法学院自然难逃厄运。1972年4月27

20世纪50年代西南政法学院的学生在校门口的合影

日，在一个阴霾雾浓的日子里，中共重庆市委宣传部指派专人，会同西政驻军代表、院革委会主任张德友来到教学大楼 17 教室，召开全院教职工大会，宣布关于撤销西政的通知，同时宣读全部教职工人员的分配名单，并要求各人 5 月 5 日前到新单位报到。这一突如其来的变化，使会场一片沉默，宣布散会后一片哗然。

在不到一周的时间里，一些教师干部自发通过各种渠道上书、上访中央以及有关部门，反复陈述保留西政的理由。更有几位已经戴上“政治右倾高帽”的教师置个人安危于不顾，自动聚集在孙守煌教师的家里，商议如何保留学校的问题，最终由杨炳勋和卢云执笔，以“两名共产党员”的名义，起草了一份送四川省委的材料，反映西政在“清队”“批清”等运动中受处理的教职工人数众多，至今没有落实政策，不宜匆忙撤校，否则后患无穷。他们连夜抄写材料 7 份，第二天专门派人送到成都省委书记李大章等人手中。

奏章见效，峰回路转。4 月 30 日，重庆市委传达了四川省委通

西南政法学院七八级学生在“稀烂”的校园里餐风露宿

知:学校暂缓撤销,全院教职工集中学习中央有关文件,坚持开展"批林批孔"和落实政策工作。通过艰苦而有效的护校斗争,西政最终在席卷全国的撤销政法院校的恶浪中一息尚存,西政大部分师资力量得以保留,90% 的教师留校听候命运的安排。无疑,这为学校复办和七八级招生工作,提供了必要的保障条件。

对于当时西政的撤并与保留风波,有些知情的七八级同学也披露了一些相关信息。

时任院领导的子女——王卫国告诉我们,1972 年,在张春桥主持下曾做出一个决定:解散四所政法院校,当时,北京、华东、西北如期解散,西政宣布了遣送分配方案。但西政一批老干部和教师违旨抗命,经密谋策划,联名写信,派代表赶往成都,找到当时任省革委会政治部负责人的西政老院长赵苍璧说理,赵表示理解,起草了一份文件,指示西政暂不遣散,就地搞斗批改。1977 年,赵出任国家公安部长。在他的运作下,拿到了时任中共中央主席华国锋的"尚方宝剑",决定西政保留,使 1978 年学校得以恢复招生。在这批西政老干部中,他依稀记得就有杨景凡、卢云、杨炳勋、黎国智、王嘉惠(王卫国的父亲)等人,这件事当时也是冒着极大风险的。

曾在司法部工作的阎欣对西政复办的内幕也有所了解,他认为当年的老领导胡光、苏明德等人出了大力。早在 1974 年邓小平复出时,胡光就斗胆写信给时任教育部长的周荣鑫,企盼通过周向邓小平反映西政复校的要求。为此,胡院长还派出专人赴北京送信。为此,校内有人在 1975 年下半年和 1976 年"批邓、反击右倾翻案风"时,还要深查细究此事。1992 年,阎欣在司法部人事部门工作时,利用到重庆出差机会,回到母校看望离休老干部,闻知此事感触尤深。当得知当年告阴状的某些人还在院内工作,并拟列入院领导候选人名单后,他愤然向院领导提议,任何反对复办西政的人都不宜当院领导。

走出飘摇动荡的"文革"日子,西政进入恢复重建的艰苦时期。而此时湖北财经学院法律系与北大法律系、吉大法律系三所院校,已经先于西政招收了恢复高考后的第一届七七级法律本科生。西政也面临着何时可以招生的问题。

1977 年 5 月 27 日，由最高人民法院、公安部、教育部呈报的《关于恢复西南政法学院的请求报告》，经时任中共中央主席华国锋和中共中央政治局批准，并印发《关于恢复西南政法学院的通知》。报告指出："从当前我国政法干部的现状和今后的补充来源考虑，办好政法专业高等教育，举办政法学院是必要的……恢复西南政法学院较有基础。"报告就招生规模、学制、校址等提出了建议，明确规定西政实行最高人民法院、四川省双重领导、以最高人民法院为主的体制。

同年 6 月 6 日，由四川省委政法委书记秦传厚出面，在省高教局召开了有省高教局、省建委、省计委、省公安厅、省文教组等部门和重庆市委宣传部及西政负责同志参加的建校会议，会议形成了《关于恢复西南政法学院筹备办学的纪要》。这对西政鼓舞极大，当时全院上下情绪高昂，决心克服一切困难，通过一年准备，力争 1978 年招生！

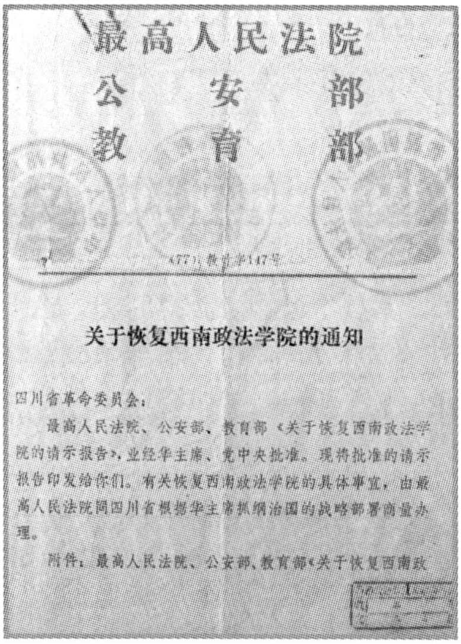

最高人民法院
公安部
教育部

（77）教育字147号

关于恢复西南政法学院的通知

四川省革命委员会：

最高人民法院、公安部、教育部《关于恢复西南政法学院的请示报告》，业经华主席、党中央批准。现将批准的请示报告印发给你们。有关恢复西南政法学院的具体事宜，由最高人民法院同四川省根据华主席抓纲治国的战略部署商量办理。

附件：最高人民法院、公安部、教育部《关于恢复西南政

1977 年 5 月，最高人民法院、公安部、教育部联合印发的《关于恢复西南政法学院的通知》

时任建院领导小组成员胡光有一句名言传颂至今:“我欣赏铁人王进喜的那句话,有条件要上,没有条件创造条件也要上!只要把学生招进校园,西政就全盘皆活,有生源就有希望!”

1978 年 2 月 18 日,国务院高教部决定将正在紧锣密鼓筹备招生的西政列入全国首批重点院校。4 月 25 日,四川省委决定撤销西政革委会和核心小组,成立院务委员会,委任苏明德为党委副书记兼院长,胡光为副院长(内定调张文澄任院党委书记)。

8 月 31 日,最高人民法院以〔1978〕法司字第 95 号文,重新确定西政学制四年,本科在校生规模 2000 人。所有这一切,都为西政在政法类高校中率先恢复招生奠定了基础,创造了条件。当时,全国仅有 5 所院校招收法律专业学生,西政是司法部部属政法院校中唯一的单科重点院校,招生人数超出其他几校之和不难理解。严格说来,当时,除了招生人数的数量优势差别外,此时全国各院系的法学教育水平并没有悬殊的差异。

1998 年 10 月作者全家与 1978 年赴福建招生的袁天基老师合影

与此同时，西政七八级的招生工作会议，也在学院西山办公大楼一楼会议室和东山大楼频繁召开，院领导强调首批招生的原则，明确了赴全国各省市招收的具体名额、条件和招生老师。据当年参加招生会议的张作之老师回忆，当时教务长朱守真、人事处长韩柱成反复传达中央招生文件和院领导的指示精神，提出学生年龄大点没有关系，工龄长点儿也没有关系，婚否更没有关系，只要分数高于当地重点录取线标准就要大胆录取，要注重考生政治面貌，党员、复退军人、革干家庭、少数民族的考生等要优先考虑录取，对于服从调剂但没有报考本院的考生，可以商请当地招生部门破例先行调档，提前录取，无需征得考生同意。他本人负责到贵州招生，招生名额 16 人左右，王海萍、蒋庆、吴方玲、孙万平等人，都是当年他亲自招来的。在他的印象中，赴广西招生的是黎国智、安徽招生的是周棣华、山东招生的是韩柱成、福建招生的是袁天基、湖北招生的是李世本、西藏招生的是韩天森……

虽然西政先于其他院校抢得先机，并于 1978 年秋季开始招生，但

当年东山大楼前的施工现场

遇到的“没有条件”的困难是显而易见的。法学教育停办多年，院校缺乏必要的办学经验，改革开放的法制建设正处在重新起步阶段，新招进来的学生是个什么状况，等等都是一个个未知数，何况西政的硬件建设更是公认的落后。

学校当时面临的窘迫而略显寒酸的处境，从1978年8月西南政法学院拟制上报高法等有关部门的《我院1978～1985年基建投资计划和校舍建筑规划》中足见一斑：

我院原有土地面积465.73亩，建筑面积68358.60平方米。根据省委川委函(1978)11号文件指示，我院与四川外语学院划定界址后，我院仅约有面积236亩，其中干训约占70亩，本科约占166亩（确切面积正由省建筑设计院测绘中），建筑面积30943.07米，这些校舍除东山一幢大楼11900平方米和原干训8078平方米的教学、生活用房可持续使用外，其余9657平方米大部分是解放前和解放初期的建筑，目前也已大多是危房，且为了服从总体规划的需要，使建筑群能集中和向空中发展，都必须逐步拆除。教室、图书馆、办公楼、实验楼、印刷厂、卫生所、食堂和绝大部分职工宿舍、学生宿舍都必须抓紧修建，才能适应形势的需要。同时校址划分后，我院总面积大大减少，且地形地貌复杂，不仅狭长分散，又多属山坡沟坎，必须开山填沟，修筑堡坎，才能进行房屋修筑。由于开山填沟，修筑堡坎的需要，而又必须征购部分土地。如这次开图书馆和学生宿舍的地基，就必须征购同我院相连的坡地约五亩左右。否则山头不能削平，也无法除土。为此，前曾向你院（最高人民法院）报送过初步基建计划，以后又本着全面规划，分散建设的要求，报请你院批准在本年度先建急需要的职工宿舍5000平方米，图书馆4000平方米。这两项工程现已抓紧进行施工前的设计备料工作，图书馆土石方已开工，职工宿舍也正积极争取在本年9月份破土施工。

显然，1978年复校后，西政面临的“稀烂”困境，毫无隐瞒地袒露在七八级同学面前，这就是提前招生势必无法回避和必须付出的代价。如按照每个学生用房平均面积 30 平方米计算，学校在校学生规模按 2000 人（七八级 400 人、七九级 500 人、八〇级 600 人、八一级 600 人）计算，理应有各类房屋 12000 间、面积达 3 万多平方米的保障用房。然而，学校仅存的东山大楼，仅有 11900 平方米面积、200 余间大小宿舍、教室和实验室，而且外来者——四川外语学院还占着部分用房。

稀烂归稀烂，理想归理想。毕竟西政七八级中的绝大多数人历经坎坷，饱经大风大浪考验，面对艰苦恶劣条件有着相当强的忍耐度，在他们的眼里，困难本不是问题，机遇才是最重要的。绝大多数来自农村、工厂、军营，入学前插过队、做过工、当过兵，“几度风雨几度春秋，历经苦难痴心不改”的七八级学子，对于生活环境条件并不过于挑剔和讲究，大家能够在极为艰难的条件下考上大学已经知足感恩了。

“1978 年那个金色的秋天，我人生的道路发生了重大转折。是奋斗使然，也是机遇垂青，我怀着喜悦与兴奋、光荣与梦想，从黄河岸边来到了歌乐山下，走进了久负盛名的西南政法学院，成为恢复高考后中国第一代学习法律的大学生，开始了短暂而终生难忘的大学生活。”现任最高人民法院副院长李少平如是说。入学前，他在山西农村插过队，入了党，当过村干部。入学后，在他的眼里，泥泞的道路、轰鸣的机器、毛毡棚的教室、拥挤不堪的寝室、只有六个窗口十几平方米面积的饭堂，只都是过眼烟云，为自己追求的事业而奋斗才是至关重要的。

长相俏丽的李力来到山城重庆，步入略显破旧的大学校园时，心情还略带茫然。但当学校的老师第一眼就亲切地喊出她的名字时，所有的惆怅和烦恼全在温馨的微笑里烟消云散。接下来的一切，都顺理成章了，在西政她读完大学本科后，义无反顾地接着读研究生，然后成家立业，留校任教……

来自陕北的高宽众入校后就从未消沉过，他情绪亢奋，逢人就说，我从陕北穷山区来到了大都市，每周竟然允许放开肚子喝面片汤，我很知足，觉得上大学真好！

当年参军又入学的云南某部战士李庆，在1978年秋所作的《入学有感》，表达了志满意得的情绪，全无“稀烂”的心理阴影干扰：

平生无所嗜，喜作远郊行。揖去西山月，来观歌乐云。青峰荫虚谷，翠鸟唱幽林。坐送残阳下，悠然物外心。

七八级的同学至今都会记得复校后报到的第一天，在残缺而破败的东山大楼里度过改变人生与命运的第一夜。在开学的相当一段时间里，每当老师们见到同学们失望的眼神和表情时，总会忙不迭地向学生们陪上笑脸，甚至鞠躬表示歉意，无数次地说“面包会有的，牛奶会有的，学校慢慢会好起来的”，生怕我们会因为艰苦恶劣的条件而放弃、而懈怠。其实，对饱经风雨摔打的七八级同学们来说，“客观条件差一点儿算得了什么，大家成为同窗，能够在一起同舟共济、读书交流，这就是一生中最大的幸福了。”30多年过去了，每次七八级同学回到母校，眼见校园的一草一木都会令人感动不已，重温当年并没有因为条件的艰苦而放弃追求梦想的经历，享受那种能够在校园排除一切干扰，孜孜不倦发奋读书的时光。

2008年10月，时任中国政法大学校长的徐显明教授在西南政法学院恢复招生30周年纪念大会上，以“得四先”，即得风气之先、得机遇之先、得人才数量之先和得借力之先分析了“西政七八现象”铸就的原因。他深有感触地联想起法大的复办经历别有一番感慨：1978年，中央决定复办1952年创办、1972年撤销的北京政法学院后，次年9月，地处京城蓟门学院路一侧满目疮痍的北政校园，才克服各种困难迎来复办后第一批400余名学子，当时校园面积只有150亩左右。由于新生入学时住宿问题无法解决，1979年新生推迟入学竟然长达50天，学校甚至临时腾出图书馆、阅览室作为学生宿舍，一个阅览室安排入住了84名学生。在物质条件极其匮乏的条件下，就连桌椅板凳当时都难以到位，七九级的学生们全是坐着小马扎上了难忘的第一课。从今天的角度说，西政领导克服一切困难，在“有条件要上，没有条件也要上”的信念支持下，抢得先机，率先其他政法院校恢复招生，真是颇有远见之举！

尽管“稀烂”仍存，尽管“两校杂居”，但七八级多数学生很快就调整了心态，渐渐适应了现实的一切学习和生活环境，开始了大学的生活。一个特殊的人文群体、一个鲜明的法律团队由此形成，一个个精彩纷呈的故事，在这片热土上产生。

1978 年 10 月，西南政法学院七八级政法专业八班同学在东山大楼前合影

CHAPTER 06 ≫

第六章

啊，东山大楼！

“不到东山久，蔷薇几度花，白云还自散，明月落谁家？”据说这是唐代诗人李白的诗。这首诗让我们想起大学时代，想起“东山大楼”。

“雾都秋水烟雨天，四百豪杰汇入川。多年各显风流技，英雄出处是东山！”一班崔建伟的这首诗，表明了西政老校区的东山大楼在七八级学子们心中的地位和印记。从某种意义上说，东山大楼就是七八级学子们一生中难以割舍和忘却的“根据地”。

东山大楼位居歌乐山下，东邻烈士墓。大楼于 1959 年动工，1963 年启用。据说当年建设时，学校的学生都为其“添砖加瓦”。每个学生 500 块砖头指标，从几里地外的磁器口嘉陵江边的船上，用扁担、绳索将其挑到东山工地上，没有完成指标的学生不能毕业。大楼先是四层，后加至五层，呈三面型建筑，中间是操场，往西是通向西山的台阶。整个大楼面积达 5000 平方米，原先是按照教学楼设计的，建在学校东面的一个小山包上，故叫东山大楼。“文革”期间，这里曾是“政法兵团”的桥头堡和大本营。七八级学生入校时，依然可见当年“武斗”残留的激战遗迹，窗户玻璃没有一扇好的，仅存的门窗都千疮百孔，遗留的“战无不胜的毛泽东思想万岁”、“千万不要忘记阶级斗争”等红漆大字依稀可辨。

七八级入校后直到 1980 年 7 月搬到新盖的学生宿舍前，800 多个日日夜夜，在此吃喝拉撒学，班级集体讨论活动，几乎多在东山大楼进行。因此，回忆起当年东山大楼里发生的一切，七八级许多同学都会毫不吝啬地给予浓墨重彩的描述：

——东山原是一个小山包，大部分归政法所有，一部分归部队占有，还有一部分是生产队的菜地，原先小山包只有一座教学楼。从1978年起，整整用了一年时间，耗费20万元巨资，用推土机将半个小山包全部推平，为此占了当地生产队的一些土地，也花了一些补偿款购买土地。七八级入校时，整个校园宛若一个“沸腾的工地”，成天炮声隆隆，马达轰轰，尘土飞扬。有时正在上课，老师在讲台上兴头正足，突然一声炮响，地动山摇，震得毛毡屋往下掉土，立刻教室大哗，嘘声一片。曾记得有一堂课上的正是“马列主义法理课”，当窗外的炮声传来时，有的同学借此场景，揶揄毛泽东的那段著名的语录：“十月革命一声炮响，给我们带来了马列主义！”

——东山大楼，无法让我们重温那歌乐山下的山坳四度蓑衣裹身的木讷而感到惬意，也不能抹去初视高等学府的光环下映入眼帘的却是“稀烂”政法学院的古旧和破败。当年的西政校区，就是以东山大楼为“中心”和“基本点”，围着它四周临时搭建的简易棚教室里，听不见朗朗书声的回音，倒是推土机隆隆的轰鸣声和开山劈地的炸雷声，着实令人心烦意乱。大楼巷道中的一层食堂除了八面寒风绘制的过火炊烟图景外，便是两校男女学生共用混居的弹丸之地，还有墙壁上写着的“领导我们的事业的核心力量是中国共产党，指导我们思想的理论基础是马克思主义列宁主义”的字迹依稀斑驳，时隐时现地提示着我们，这里是一个不同凡响的地方！

——同学们走出蛰居的东山大楼时，往往会提着热水瓶踏着泥泞小道，实践着“原来没有路，走的人多了便成了路”的格言，偶有工地传来的爆炸声音也只是为“摔跤好手”送行。常见东山老鼠，硕大如虎，目无一切，堂而皇之地穿行在我们宿舍之间引得胆怯的女生们惊恐万状，大呼小叫。此外，“文革”的语录、布满弹痕的墙壁、残破不堪的窗户，晚上摇曳的昏暗烛光，令我们牢骚满腹、唉声叹气。每当这时，校领导、年级办老师们总会反复教导情绪波动的学生们，去看看渣滓洞、白公馆吧，当年先烈们被囚禁在牢中，“每人只有两脚半，革命理想高于天”，你们能够拥有“二人转”、“六人转”、“八人转”的寝室，应该感到知足了。况且，随着国家法制的健全，学校的环境只会越来越美好，你们有什么理由牢骚满腹，感到忧虑呢？

——当年的西南政法学院，无像样的图书馆、教室及宿舍不说，只要走出东山大楼，必须注意“脚下风云突变，全是烂泥一片”。自从食堂从大楼搬出设置在教学区的最北边角后，从宿舍到教室再到食堂，至少要走十多分钟的路程，此路全是泥土本色，每逢下雨天，更是一脚泥一脚水，革履固然无法使用。许多同学脚下穿着的解放胶鞋常被烂泥吸走，伤筋断骨事故频发。无奈之下，有人只好请父母家人把家中闲置的长筒雨鞋寄来，以救一时之急。

——东山脚下的泥土路，在有的同学看来也有浪漫的一面。二班居建平回忆说，重庆是雨水充溢、坑坑洼洼的山城，刚入学时住在东山大楼，日常离不了的开水却远在四川外语学院教学区那边的山上。于

1978年的西南政法学院地标性建筑——东山大楼

是乎，每天吃过晚饭，浩浩荡荡的学生队伍提着热水瓶、水桶从东山下山，穿过大操场，再爬上四川外语学院的西山，到水房打开水，然后再下山原路折回。此时，两校的学生混居的东山大楼，绿男红女，别有一番情趣。西政的男生多愁善感，川外的女生柔情似水，虽然大多不会搭理，但暗送秋波相互暗恋的不在少数，个别胆大的直接接洽上手，这也成为东山大楼的一道奇特的风景。

有的同学说，歌乐山、嘉陵江、东山大楼，对西政人有着特殊的含义。七八级的大多数同学与国家一样命运多舛，起起落落，落落起起，于是“东山再起”意义非凡。七八级的同学对东山大楼情有独钟盖因于此，在他们的笔下屡有深情的倾述。

记得1978年的10月第一次站在东山大楼之上，真是百感交集！我们这代人上大学的心情，现在的大学生是无法体会的。“文革”十年，原以为上大学只是我们这代人远去的梦了，忽然间机会从天而降，而我们这些为数不多的幸运儿，不失时机地搭上了青春的这最后一班车，幸福和自信无以言表。

侯建刚的《醉情东山》写道：东山，你是一个人文符号，歌乐山风吹，嘉陵江水浇。年年岁岁，岁岁年年，把西政儿女的金身塑造。东山，你是飞翔的乐园，是理想青春起飞的跑道。一只只雏鹰在这里历练，飞上云天幻成雄鹰铁雕。东山啊，东山，法苑之风奔涌，激荡，咆哮。青春的梦想永恒地翩翩起舞，作别寒冬，走向璀璨的明朝！

李伯侨的《西政的力量》写道：“西政，还是西政，东山巍峨，渝北飞扬，激励你我荡涤尘埃，永远挺起民族的脊梁！”

谢瑞生的校园记忆里赋诗甚多，唯与东山大楼情最浓：“负笈深秋歌乐前，东山楼顶看云烟。一回球赛出蛟影，五朵金花唱蝶泉。学子春风无倦意，恩师细雨有宏篇。嘉陵江月寒窗照，明日繁星西政天。”

从1963年正式落成算起，母校的东山大楼历经沧桑数十载，仍巍然屹立。她见证了七八级同学们在此住宿、饮食、上课、锻炼、跳舞等各类活动，经历过两校学子打架、三好生颁奖、歌咏比赛、举办婚礼等情景，即使七八级同学从 1980 年 7 月搬至新建的学生宿舍后，一些上课、开会等集体活动也常在这里进行，我们进进出出，朝夕相处，尽管只有不长不短的 800 多天时间，但她在每位同学的心目中仿佛是一座永恒的圣殿，是我们心中的另一种乡愁。

七八级女生陈新华对东山大楼的回忆，足以让西政七八级人感同身受："啊，东山大楼，你记录了我求学四年的时时刻刻，见证了我成长进步的点点滴滴，洒下了我辛勤的汗水，留下了我求知的脚步。东山大楼——我永远不能忘怀的地方！啊，我们的青春年华，我们的大学生活，似乎已经凝聚为对东山大楼的魂牵梦绕了。虽然她历经 50 多个春秋，主校区已经搬去渝北多年，在她四周再也不复往日的冠盖云集，但是只要有她的存在，这座老校区必然是七八级同学聚集的怀旧之地。这决非所有的西政人的感受，但凡在老校区求学的西政人都是如此。"

曾几何时，在西政学生的心目中，东山大楼似茫茫大海雾霭中的一座灯塔，永远闪烁着一种温柔而情深意长的光芒。

西南政法学院七八级女生组成的校女子篮球队员在东山大楼前训练间歇

李连宁的妻子、七九级刑侦二班的于萍对东山大楼的最初印象，颇能代表对这幢建筑物的情感：

那是1979年9月的一天，我揣着西南政法学院的入学通知书踏上了求学之路。火车傍晚时抵达重庆站，一下车，即受到了学校来人和七八级学长们的热情接待。随后，我们乘上了开往学校的校车，一路上，我们不断地向七八级学长们询问了许多有关我们未曾谋面的学校的问题……

车过杨公桥不久，突然，一个学兄指着窗外远处高地上一幢灯光闪亮的大楼说："看，那就是我们学校！"我朝着他指向的方向望去，真有一座拔地而起、金光四射的高楼哇（即东山大楼，当时周边坡地还没有其他楼房），激动之际，我不禁高声喊道："看我们学校多漂亮啊！"话音刚落，车上的七八级学长们竟然报以哄堂大笑。当时我特别不好意思，心想这有什么好笑的，难道说错啦？

很快，车子颠簸着进入了校园，停在了一个灯光昏暗的空地上。我们站在车门一看，全傻眼了，地上一片泥泞，没法落脚。此时只见来了一群穿长筒雨鞋的人，抬着长长的跳板（建筑工地上用于搭建临时供人行走的踩板），为我们搭起了一条去东山大楼的临时通道。我战战兢兢地走在跳板上，眼望着影影绰绰的建筑工地及脚下的烂泥，抬眼一看，千疮百孔的东山大楼就在我们的面前，此时我才明白了刚才车上学长们大笑不止的原因了……

从此，我在这个令人啼笑皆非的东山大楼开始了我的大学生涯……

《我们的1978——西南政法学院纪事》一书的作者舒扬说过，我对东山大楼，感情十分朴素，就像西北黄土高原农舍中的三大爷，瞅着自家屋门口的一棵祖传下来的枣树。东山大楼就是我的大学，我一生中工作、学习、生活、情感的好多个第一次，都是在东山大楼里发生的。东山大楼是西南政法学院的古物，是我心头的一个老念想、一份老感情。多少年以后，有人从西政过来，我总爱问东山大楼怎么样了。我怕的是有些龟儿子、傻瓜蛋动了歪念头把她给我拆了，因为这些年来到处都在大拆大建，搞得全国都是一个喧嚣尘土的大工地。西政的龙脉风水都在东山大楼脚下，谁要不信，就去试一下嘛，看看去惊动了那里的土地神，大家将来还有没有好果子吃。

2016 年 4 月，我在东山大楼二层的校友办公室采访时，当年接待我们入校的黄廷孝老师告诉我说，七八级的学生只要到重庆出差，总会千方百计抽出时间，来到歌乐山下的老校区——法学启蒙的地方漫步徜徉，都愿意再登上东山大楼看一看，追思这片圣地的往事，寻求心灵的片刻宁静。

这些年来，学界总在探讨什么才是真正的好大学这一既复杂又简单的问题。什么才是一个大学真正的传统？从五彩缤纷的招生简章中固然看不出来，从造型华丽的高楼大厦和学生宿舍也看不出来，唯独可以从校友们对校园里的一景一物的怀念和向往看出来。坦诚地说，如果你对校园的某一建筑魂牵梦绕、心怀虔诚时，那么，这样的大学就算没有白上！

1979 年 5 月，西南政法学院七八级同学在东山大楼的操场上举行拔河比赛

CHAPTER 07 ≫

第七章 难忘的开学典礼

现如今，正经八百的学校开学总要有个庄重、大气的开学仪式。想当年，不知是什么原因，期待中的西南政法学院七八级开学典礼一再延迟。于是，入校不久的同学们七嘴八舌，议论纷纷，盛传一些小道消息。有人说开学典礼后就要敲钟摇铃上课，虽然各方面做了积极努力，但学校对课程安排、课堂地点、授课老师等尚未完全确定下来，万事并不具备，为避免“拉开大幕，没有演员登场”的尴尬局面，只能“拖一天是一天”。殊不知，校领导也有苦难言：闲置多年的学校一下子要应对数百号来自五湖四海且期望值极高学生的到来，不搞个过得去的开学典礼怎么行？

有悖“兵马未动、粮草先行”的常理，匆匆忙忙“恢复”招生的西南政法学院，不仅校园“稀烂”，教室寒酸，饭菜简单，就连一些必备的东西都来不及悉数备就，仓促招生的瑕疵与慌乱随处可见。

——新生尚未报到便为学校打工。三班的杨遂全由于提前报到，学校知道他家庭经济状况窘迫，入校第三天就安排他打扫教室和宿舍，搬凳椅，修石子路，虽然学生“上班不上课”并非常态，但每天一元五角钱的“额外收入”让他喜出望外。此后，他落下“打工”嗜好，大学几年，每年假期他都积极要求参与学校勤工俭学，读书挣钱，两全齐美，不亦乐乎。

——新生宿舍安排屡屡出错。由于学生住房不足，在安排住房时，无法按照班级安排，不少宿舍都是混合型安置，为了最大限度地挖掘住房资源，将不同班级的同学安排一个屋子还姑且可以理解，但将不同性别的同学安排在一个屋子就贻笑大方了，这类怪事开学之初屡见不鲜，为此调房、换房层出不穷。九班的贺卫方入校时的姓名是“贺卫芳”，阮齐林的曾用名是“齐玲”，十班的壮族小伙子名冠“韦绍英”等人，这些姓名容易混淆视听。多年未从事学生管理工作的老师们如果望文生义，将他们安排在女生宿舍，便会引发一阵风波。一班的陈涛就因为将他的性别弄错了，导致他住进了女生宿舍，引起女生们的恐慌和“抗议”。

——学生寝室险象环生。虽然每个寝室、每张床张贴着名字，每个床铺都配备草席、草垫、脸盆、热水瓶，但硬件设施无法逐一检验，不测事件时有发生。五班的倪春南入校前从未睡过双层床，更没有想到搬进宿舍的第一天，正在上铺忙于整理铺盖的他，只听“咔嚓”一阵响声，铺板断裂成几块，他整个人瞬间坠落在下铺床上，庆幸的是下铺刚结识的大哥刚刚离开外出，他不由地倒吸了一口冷气，用手揉着摔疼的腰部，嘴上牢骚怪话脱口而出：“真想不到全国重点院校竟然如此破败不堪？”

——校徽发放捉襟见肘。七八级学生报到后，大家都期盼学校尽快发放校徽，学校条件如何差劲外人不知，佩戴一枚郭沫若亲笔字迹的大学校徽，便可趾高气扬，但凡出门在外，那枚金光闪闪的校徽足以让人肃然起敬。然而，校方不知何故，始终攒着校徽不发。在学生的一再强烈呼吁下，学校直到快放寒假时，实在拖不下去了，只好从“仓库”里翻箱倒柜，将历史遗留的一些老校徽翻找出来，东拼西凑之后，数量仍然不够400多人人手一枚，怎么办？面对同学们渴望而焦虑的目光，学校竟然“聪明透顶”地找到解决问题的办法：放假回家的学生可以先借，不回家的同学暂时不发，不出省的同学谦让出省的同学。于是，一些寒假回家的同学们都满意地佩戴熠熠闪光的校徽回家了，又是显摆又是照相，让留校的同学们好不羡慕和生气。然而，这么美好的事情仍是过眼烟云，既谓“出借”，借的东西毕竟要还，过完寒假探亲返校的同学们，在校方的一再催促下，又恋恋不舍地将校徽一个不少还给了学校。

针对开学典礼的地点始终没有着落的另一说法是，校方原先曾经有借“外来侵占者”——四川外语学院的礼堂（公安礼堂）使用的想法，但对方顾虑“引狼入室”或“弄假成真”，更顾忌原物主触景生情，台上一番控诉，台下一鼓作气，借机夺回地盘，还我大好河山，岂不中了“借”的圈套？故托故死活不借。

虽然学校仅存的一栋东山大楼，强装硬挤塞进几百号师生不成问题，但上下五层百余个房间，没有一个屋子能够容纳400多人，总不能搞大小会场“直线联播”吧？况且，还有上级领导讲话和有关兄弟院校嘉宾莅临指导，让其四处跑动，找不到主会场，也不是上乘的办法。焦虑万分的校领导只能在东山这块有限的半拉子“自留地”到处寻找可以召开会议的场地了。不知是谁出的主意，最终将会场地点定在东山大楼的脚下一处相对平敞的地方——废旧的游泳池。

西政七八级学生在简易教室上课的情景

于是,陆续入校的七八级新生们在入校的头几天,在东山大楼脚下杂草丛生的一片洼地里,惊讶地看到一个用混凝土和水泥铺垫的游泳池竟然成了被木条、油毛毡等围蔽起来的施工现场,地面铺着新铺设的红砖,拉进了一些粗细不一的黑色电线。同学们议论纷纷,有的猜测是修建体育设施,有的说改为施工用房。当风传满怀期待的开学典礼恐怕将在此举行时,不少人都难以置信,嗤之以鼻:“一个学校连开会的地点都没有,还办什么学校?”

没过几天,各种猜测、传闻便成为不容置疑的现实——1978 年 10 月 12 日上午,复校后的西政迎来的第一次开学典礼,正是在这样一个抽干了水的废弃的游泳池中“隆重举行”。

当年西南政法学院首期特刊这样报道:

这一天,工地似的校园里呈现一派节日的气氛。上午 8 点半过后,七八级以班级为单位,列队前往会场——游泳池,连同学校师生员工共计 800 多人,陆续来到刚刚搭好的竹棚会场参加大会。

大会主席台正中悬挂着伟大领袖毛主席和英明领袖华主席的画像,两侧挂着“学习、学习、再学习,团结、团结、再团结”的大幅标语,四周挂着“认真贯彻党的教育方针,为实现新时期的总任务而奋斗”和“加强社会主义法制,巩固无产阶级专政”的红色标语,与会同志人人欢欣鼓舞,个个精神振奋……

在七八级一些同学们的笔下,也记载了当年那个令人难忘的开学典礼的“盛况”:“一个露天的游泳池加盖了草席做成的大棚,池子的一边开了一个豁口,做了个简易的楼梯让人直接进入池底。几百张新旧成色不一的木凳摆放在池中,原先游泳运动员出发用的跳台装饰成了自然高出许多的大会主席台,横幅、台椅、麦克风等逐一归位。真感谢能工巧匠忙乎了这么几天,硬是把一个多年废弃不用的游泳池变成了简易但又不失庄严的会场。我们几百人的新生队伍行进到池中,都不由得对原先的体育设施能够改造成闻所未闻的会场啧啧评论一番。”

在舒扬的《我的 1978——西南政法学院纪事》一书中，对会场的描写更加生动而富有文采：“开学典礼的会场几乎是截然分明地构成了两个板块。会场前边部分坐着穿着打扮各异、闹闹喳喳、晃晃动动的一大班年轻人，像一池翻波动浪的春水，还有点肆无忌惮地澎湃着，而会场后端则是教工代表的坐席，那里沉寂得像半池静水，早已坐定的老师们穿着深蓝或黑灰色的衣裤，面容都显得冷峻和有些木然，他们好像是从四面八方刚刚征召而来，疲惫的情绪还写在脸上……”

上午 9 时，胖墩墩的教务长朱守真主持会议，面目慈善的副院长胡光宣布大会开始后，几句言简意赅的“开场白”提升了会场的热烈氛围：“英明领袖华主席非常关心政法教育，早在 1975 年就指示应当保留西南政法学院。1977 年 5 月，经华主席、党中央批准恢复我院，并列为全国重点学校。这是毛主席革命路线的胜利，是我们应当尽情欢呼和歌颂的！”

“全院教职工为了迎接开学，早就积极筹备，最近几个月更是日夜奋战，大干苦干，特别辛苦，我代表院领导向全院教职员工致敬，并决定年终要进行评比，表扬和奖励作出重大贡献的同志！”

在此之前，面对令人失望的校园环境，不少同学心中曾暗藏着不满和怨气，但奇怪的是，胡光副院长这一番开场白完毕，竟令台下激情澎湃，将手掌鼓得叭叭作响。

更令同学们感兴趣的是，在随后院党委副书记兼院长苏明德的长篇讲话中，同学们不仅了解了西南政法学院的光荣历史和坎坷遭遇，而且对中央决定恢复办学的一年多来，全院教职员工克服各种困难，积极创造招生条件，为首届新生入校创造一个必要的学习生活环境付出的艰辛努力，有了深刻的理解。

清瘦的苏院长身着中山蓝制服，目光坚毅，语气舒缓而坦诚：“要把一个停办十年之久，受到严重破坏的学校迅速恢复起来，任务是很繁重的。恢复并不是简单的复原，还必须从当前新的历史起点上前进、提高，任务就显得更加艰巨。”他毫不避讳地说：“我们目前面临着缺乏校舍，师资不足，教材要全部修改或者重新编写，实验器材和图书资料急需补充，电化教学对我们来说还是新生事物，我们过去组织领导教学研究的经验已经不够了，大量的新课题要求我们去解决，我们的思想水平和业务水平已经不能完全适应新任务的需要，摆在我们面前的困难不少。”说到此处，他话音一转，嗓门提高，大手有力一挥：“但是，我们不仅要看到困难的一面，也要看到有利条件的一面，要坚定我们能够把学校办好的信心。我们有华主席、党中央的亲切关怀；我们有最高人民法院和省、市委的坚强领导；我们有各级政法部门和兄弟单位的大力支持；我们有二十多年正反两个方面的办学经验；我们有全院师生员工对恢复和办好我们学校的巨大热情和艰苦奋斗的光荣传统。我们一定能够在前进的道路上，克服一切困难，完成党交给我们的光荣任务！”

苏院长一连串用五个“我们有”排比句，宛如一把燃烧的火炬，瞬

西政七八级三班学生郝珠江在简易会场上发言

间点燃了整个会场的激情，整个会场被掌声震爆了！

“根据中央批准恢复我院的决定，我院现设政法一个专业，学制四年，面向全国，在全国招生，由中央统一分配。另外，今年四川省为了培养大专院校政治课师资，在我院增设了师资班，分哲学和国际共产主义运动史两个专业，学制四年，今年在四川招生 60 名（实际招了 62 名），今后由四川省统一分配。”会场上再次响起一阵掌声和欢呼声！此时的七八级政法专业学生基本到位，被分成 10 个班，师资班的同学也陆续报到。各班的班干部在征求招生老师意见的基础上，由学校和年级办领导按照学生档案的材料综合考虑，预先酝酿而最后确定下来了。

苏院长讲完话后，紧接着，与会的最高人民法院司法教育行政厅副厅长沈兰村、四川省高级人民法院院长张子英及重庆市文教办有关负责人陆续讲话。

张子英院长在讲话中对西政粉碎“四人帮”以后招收的第一届新生表示祝贺，他充分肯定学院自创建以来执行党的教育方针和政法工作路线，为政法战线输送了大批又红又专的人才，对政法战线的组织建设、思想建设和业务建设作出了重要贡献。他要求全院师生员工在新的长征中树雄心，立壮志，搞好教学科研，为加速实现祖国的四个现代化早出人才、多出人才、早出成果、多出成果而团结奋斗！

沈副厅长代表最高人民法院向全体师生表示祝贺，强调说西南政法学院的恢复招生来之不易，一定要倍加珍惜她。他勉励同学们要勤奋刻苦学习，努力攀登科学高峰，把自己培养成名副其实的无产阶级革命事业的接班人。会上，他还亲自赠送了一幅对联给学校，上联是“认清形势，明确任务”，下联是“解放思想，奋勇前进”。最后，他对同学们提出了搞好学习、搞好团结、遵守纪律等三点具体要求。

教师代表杨景凡教授在讲话中满面春风，喜形于色：“今天在开学大会上，又看到充满青春活力、朝气蓬勃的青年同学们，感到十分高兴。同学们，你们一进校门就看见我们的校园已经残缺不全了。

你们亲眼看见林彪、‘四人帮’砸烂公检法、破坏教育事业的罪证和恶果，我相信会激起你们发奋学习的决心，不会因为学习环境、条件差一些而影响、降低你们的学习的热情。我热情希望大家学习的目标要更高一点、眼界要宽一点、志气要大一点，经过你们的努力，你们一定是大有作为、有所成就的！”

会后，同学们才知道，正是这位1916年出生、上个世纪30年代末入党、1954年到西政任教的杨景凡老师（1978年11月晋升为副教授），是保护校园的“半壁江山”的有功之臣。特别是在1978年“提前恢复招生”问题上功不可没。面对是否招收七八级学生，他态度鲜明，立场坚定，到处奔波联络部分教职员工，积极向上建言献策，最终促成校领导痛下决心，克服困难，提前一年先于其他政法院校招收学生，并取得了重点院校的资格，从而抢占了法学教育的先机，为西政的恢复重建迎来了春天，也圆了七八级学子的大学梦！

会上，来自江苏莲花、年近30岁的王树高代表全体七八级新同学发言。他说，我们是“文化大革命”后政法学院的第一批新生，面对着祖国社会主义革命和社会主义建设蒸蒸日上的大好形势，我们深深感到任重而道远。我们决不辜负党的殷切期望，一定圆满完成党交给我们的学习任务。

大会于当天上午11时30分在一片掌声中结束。一个开学典礼前后用时两个半小时。据说仅苏院长四十多分钟的讲话，就被39次长时间的热烈鼓掌所打断！说实话，每次带头鼓掌的都是坐在会场后端的老师们，因为无论是苏院长、胡副院长还是其他人的发言，都令他们感慨万端，热泪盈眶。毕竟，他们从数百位来自全国各地的同学中看到了学校的凤凰涅槃，浴火重生，东山再起，感触到了春风拂面，重新焕发了自己的青春。有的老师直言，我们这些人为中国的法制教育努力了一辈子，长期以来后继无人，经历了一个又一个的政治运动，就像在阵地上已经伤痕累累、弹尽粮绝的战士，看见同学们的到来，让我们看到了未来，看到了西政的明天，也看到了中国法制的希望！

黄贤俊老师即兴赋词一首《青玉案·欢迎新同学》，颇能代表老师们的心声："东风吹拂秋阳皎，浊雾净，霞光照。锣鼓喧天桃李笑，课堂虽隘，书声犹袅，济济群英造。琼园十载成枯槁，去旧迎新正初晓。继续长征期众少，金犀飘馥，玉兰含俏，法制风行早。"

袁雅西老师以《政法园·见新天》为题，也作诗一首："两个估计逞凶狂，毁文化，砍学堂。干部教师，投入大农场。校园难闻书声朗，树梢雀，避弹忙。英明领袖挽狂澜，政法园，风新天。迎新路上，鼓乐正喧天。桃李盈盈东山秀，比贡献，竞鲜妍。"充分表达了老师们对学校重现生机的无比欣喜的心情。

曾记否，为了校园不荒废，人心不散，图书资料不流失，这些赋词作诗的老师们曾经戴着"高帽子"，跑了多少路，求了多少情，历经了多少艰辛，如今其欣喜动容心情自然难以言表。

最令人动容的一幕是，当开学典礼结束时，台上的领导一并站起身来拍手欢送七八级新生离场，而坐在后面的老师、职工们也都不约而同地站立起来，用热烈的掌声向新生们致意！如此隆重的礼遇，不仅代表着校领导和老师们的期望，也让入校后曾经心生不平的学生们热泪盈眶，满脸愧色。透过校领导和教职员工的掌声，大家痛感在历经 12 年的时空断代之后，来歌乐山下求学读书显得更是一种使命和重任，承前启后、继往开来不再是一句空话，而成为沉甸甸的现实召唤！

坚冰必将打破，航道已经开通。会后，相识不久的同学们一路上兴奋地议论着回到东山大楼，回到拥挤不堪的寝室，这场别开生面的开学典礼给大家留下了深刻的印象，实在是令人难忘。

师资班的童志宏以《断忆》为标题，用素描的笔触勾勒这次难忘的开学典礼的感触："1978 年秋天的那一天，提着凳子排着队，缓行，一条人流，融入干涸的游泳池，各就各位，坐下！现在宣布，西政七八级开学了，泛起一阵热浪，转折点，起步，出发……"

精神享受之后，物质享受接踵而至。为了庆祝西政复办，开学典礼结束之后半小时，学校食堂师傅们精心准备的开学宴聚餐开始了！每个班级以八人至九人或十人为一组，用每人一张油印的饭票从东山大楼一层的食堂窗口，打来"八菜一汤"，或围聚在宿舍里，或蹲坐在操场上，大家推杯换盏，碗筷交错，共同举杯欢庆新的四年大学生活的正式开始。

开学典礼后的第二天，两台红色的推土机便轰隆隆地开进西政北大门，途经毓秀湖，高昂着头，一路上披荆斩棘，摧枯拉朽，开上了砖砾遍地的山丘。不到一天的时间，就将游泳池旁曾经"张灯结彩"的会场——小土包推平，一夜过后醒来，整个游泳池不见踪迹。这在七八级同学们的心目中意味着，一切均已过去，新的大学生活就此开始！

时任西南政法学院副院长胡光同志与老师们商议课程安排问题

CHAPTER 08 ≫

第八章 两校恩怨始末

著名重庆律师韩德云说过，当时七八级学生入校后，尽管西南政法学院有校园生活，但没有一个完整的校园。话外有音，源自西政当年的校园被四川外语学院占据“半壁江山”的恩恩怨怨。在一定意义上说，大学生活给西政七八级学生上的第一课，便是围绕着西政与四川外语学院(简称川外)引发的那一场惊动中外的校园纷争。

1950 年，当时还属于四川管辖范围内的重庆市，因为局势和对人

20 世纪 50 年代西政的前身——西南人民革命大学的校门

才的需要，先后成立了两所学校，那便是后来的川外和西政。当时两所学校相距较远，之间的关系充其量也只是相互知道学校名字而已，由于没有接触的机缘和条件，也就没有根本的利害冲突。

川外校址原本在北碚三花石那边，烈士墓则是西政的地盘。上个世纪六七十年代以来，政治运动频繁，特别是“文革”期间，西政风雨飘摇，生死未卜。在“砸烂公检法”的劣风恶浪中，西政被迫停办，大批教职员工调走，许多图书资料被处理，西政的校园危在旦夕。

也许凭借“外国语是人生斗争的武器”这一马克思老先生说过的话，使川外获利匪浅，不仅没有遭到类似于西政停办的厄运——被列入停办学校的名单上，而且1970年10月，川外经中央有关部门批准，迁至已是人迹罕至、一派萧条的西政院址内。从1972年起，堂而皇之占据西政校园的川外，源源不断地招收“工农兵大学生”。在1978年之前，趁虚而入的川外在西政的地盘上一直风调雨顺，蒸蒸日上，师生员工也增至数千人以上。反观西政的地盘，不仅侵占已成事实，而且因为没有生源的维持而日渐萎缩。

熟知内情的王卫国告诉我们，川外占据西政地盘，算是沾了张春桥的光。当时西政人员没有全部遣散，但是办学执照已经吊销，川外原在北碚，获得进城的“尚方宝剑”后，乘机把自己的校园卖给了四川仪表总厂，自断回归后路，搬到沙坪坝城里的西南政法学院校园里开学上课，确实有鸠占鹊巢之嫌。而西政当时时运不佳，大多数人被派遣到工厂、农村，剩下的根本无力抗拒外校的入侵。1978年复办时，西山的教学办公设施、礼堂和学生宿舍均已被川外占据，唯独西政老办公楼和教学楼在西山一侧，与川外校区穿插交错，余下的只有比较荒芜的东山大楼一部分空间了。

经历十年内乱，西政迎来复办的春天。鉴于两校杂居一处确有诸多不便，1977年6月6日，四川省专门召开了西南政法学院建校工作会议，西政苏明德、胡光、徐德、宋子祥等人参加了会议，会议成立了以省委政法委书记秦传厚为首的建校领导小组。重点议题是西政校园在哪立足，是维持原状，还是另辟新址？根据会议精神，会后在成都龙泉山、木马山、磨盘山、面面铺等选择新校址，但都因条件不适合而被建校领导小组否决，遂决定重返西政原址勘察再定。

同年6月9日，时任四川省委书记赵紫阳作出重要批示“校址选在重庆市区”，随后学院筹备组成员又在重庆市区附近的江北县、巴县等地选地址。9月，省政法委党组、省高院、省文教组、省高教局有关领导会同重庆市委有关负责人对西南政法学院原校址再进行勘察，初步确定了将原西政校址以小操场和办公楼为线“一分为二”的方案。

1978年1月30日，四川省委批转了省文教局提出的《关于四川外语学院和西南政法学院校址问题的请示报告》，就此形成了两院并存、两所学校学生杂居的格局。对此，西政教职员工意见极大，院领导只能以“既要承认历史又要承认现实”为由反复做说服工作，使两院因地盘引发的矛盾没有达到公开化的程度。

1978年地处四川外语学院“领地”的西南政法学院办公楼

1978年西政恢复招生，七八级学生开始入校。两校学生共用一个校园，你中有我、我中有你的中国大学第一奇观，势必使原先结怨已久的矛盾不仅难以得到掩饰、消除，而且因短兵相接，呈逐渐扩大化、尖锐化、经常化趋势。

当然，两校的恩恩怨怨，严格说来是历史造成的。话说知识分子素质高，冲突归冲突，君子动口不动手，君不见，当年北京城里的北政（法大）、人大等院校也曾与占领他们领地的外单位发生过冲突，却不见相关高校脸红脖子粗，撸袖子上阵，打得死去活来。显然，西政的事情没有那么简单。回到原本校址的师生们面对自己的地盘被他人侵占的情况，不满之情油然而生，两所学院共用一个校园的现实情况，无不令西政人义愤填膺。与此同时，对于仍然入住东山大楼的川外七七、七八级学生而言，毕竟是别人的校园啊，寄人篱下，人家脸臭一点也不好说什么，在他人的地盘上生活，必然忍气吞声，惶恐不安。

七八级学生入校后，两个学校学生相互混用食堂、教室，寝室相互交叉，甚至洗漱、上厕所乃至洗澡都只认性别不认校别，但学生被人为地划分为“主人”和“侵略者”后，矛盾骤然凸显，平时的小摩擦包裹着两校师生员工的深仇旧恨，加上一些西政老师的痛说“革命校史”，很快点燃西政同学们“还我校园”的“壮烈豪情”。于是，两校之怨升温了……

由川外制作的《西政川外恩仇录》，对两校之争有如下记载：

两所学校共处东山大楼的不愉快事情很快开始了。虽然双方学校领导都采取各种措施教育学生和平共处，避免冲突，但同一个屋檐下的小摩擦此起彼伏，就此酿成一场又一场的对抗和冲突。尤其是西政七八级、七九级这群学生，本身通过各种努力考上大学，面对如此恶劣的环境心生不满，一旦了解了历史的来龙去脉之后，被侵占的耻辱感令他们决意赶走“侵略者”的意志更加坚定、有力。

当年，两校学生的数量相差甚大，西政七八级仅400多人，一个加强营的兵力,川外虽然含"工农兵大学生"在内,兵员有数千师生之众,但无奈东山大楼居住的人少,女生又多,而西政兵力齐装满员,全部驻扎大楼内,男生多女生少,其中退伍、当兵和"历经苦难"的老知青比例高,兵强马壮,以至川外女生私下恐惧地议论:"那群人要是真的发起疯来,估计连有近万人之多的重大(重庆大学)也很难招架住。与西政开仗,没悬念,绝对是我们吃亏,我们除了能用多国语言这一革命的武器向全世界申张正义、争取同情外,只有挨打的份了!"

川外英语系七八级一男生回忆往事至今仍心有余悸。他说,西政人心理固然不平衡,这是我的地盘,你川外凭什么赖在这里安营扎寨、生根发芽?千方百计地要把事闹大,惊动上层,借势挤走川外是他们的策略。我们一进校,西政七八级就给我们一个下马威,把当时给川外七八级准备的寝室的门锁给撬开,把寝室给占领了,我们说他们是知法犯法,他们不以为然,大声回应:这是历史留给我们的地盘,你们还恶人先告状,快点滚蛋才是唯一出路!于是,可怜的我们一进校就只能集体睡地铺了,这是天意啊!不然我们一百多号同学不可能彼此这么熟悉和亲切,以至于30多年过后还保持了当初那样的深情厚谊,这真是天意,天意不可违啊!

西政七八级余沛时回忆两校"东山之仗"的往事时,压抑不住内心的复杂心情。他说,当时我和老戴(戴进虎)两人在东山大楼四层抢了一间川外女生的宿舍,由七人间变成两人间,兴奋得不得了!没有想到有的老师还给我们送来了门锁,让我们提高警惕,注意安全。听说不会善罢甘休的川外可能还会"反攻倒算",一场恶斗在所难免。于是,我和老戴准备了木床腿并且拿床铺板等堵上门以防不测。后来看到七八级那么多人同仇敌忾、磨拳擦掌的同学参战积极性高涨,还有不少复转军人和现役军人指挥有方,我们完全可以击退任何敢于窜犯东山大楼的"敌人",于是当晚竟然睡得十分香甜,梦里竟然听见老师说谁占房归谁住,再也不用住又暗又潮且有白蚁横行的一层宿舍了，乐得梦中都笑出了声。但梦终归是梦，好景不长，后来因故我们又被迫拱手将抢占的住房交了公，重新回到了“旧社会”——数人同居的宿舍里，直到搬出东山大楼也没有任何改观。

为了巩固战果，四班的邢志来等四人迅速抢占了川外女生入住的一间宿舍，“四张上下铺的床，一人一张，爽！”为此，四人还专门跑到市中心解放碑，一人来了一碗麻辣小面表示庆祝。但好景不长，不到一个月，西政校方与川外妥协，学生们无奈地从大局出发，从占领的宿舍撤兵，又灰头土脸地回到了 20 人一间的大宿舍。

一位西政七八级男生充满自豪地说：“趁‘川外’实习搬家之机，抢占宿舍大战就此开始。在狭窄的楼道里，先是双方进行对峙，然后开打。我们拿着凳子腿、笤帚、暖壶、拖把，把‘川外’的人慢慢逼退，最后赶出东山大楼。这样的战斗持续了几天，终于制服了‘川外’，使他们灰溜溜地逃离了。”

在师资班舒扬的笔下，1978 年 10 月 19 日，两校学生用水第一次发生较大规模的抓扯事件是这样记载的：“两校学生同住东山大楼的现状，一些教职员工的诉说革命历史，更让一些同学怒不可遏。于是，战斗在一个黄昏时在东山大楼的西北边的走廊上爆发，双方由争吵、围攻、冲撞到互相扔扫帚、酒瓶、桌椅脚等开始，由于东山大楼川外学生人数较少，几个回合下来，在西政的‘强烈通牒’之下，川外在东山大楼的学生宿舍陆续被打开，学生们惶恐不安地纷纷搬出东山大楼。初战告捷，虽然个别人流血负伤，但西政人士气大振，一些原先住十多人的同学们搬进了更加宽敞的宿舍，喜不自禁，酝酿着乘胜追击，将西面川外‘霸占’的地盘全部收回！”

事后，这起冲突虽然经重庆市文委及时出面调停解决，但市里派来的工作组也认为两校学生老是这样相互“深入敌后穿插”的格局也不是个事。于是，责成两个学校就此做了大致的区分：原则上东山大楼是西政的校园，西山是川外的校园。为了避免日后的摩擦，确定川外的几个教室和西政七八级男生的寝室混杂在东山大楼的现状必须改变，川外七八级英语系学生寝室，一律由东山大楼搬到西山川外门口右侧的小黄楼等处。

西政七八级有的同学认为，这次冲突事件之后，中央责成四川省给两校划界，结果来了个省委宣传部杜部长，因为西政属于国家的重点院校，名称与四川外语学院中有“四川”不同，他的屁鼓自然坐在川外一边，把原西政校区条件最好的西山部分划给了川外。记得杜部长当时有一句宏论：“都是共产党的地盘，你们争什么？真是一点儿党性都没有！”我们当年在东山“稀烂”环境中学习和生活，还跟这位自示“公道正派”的杜大人有一些关联。

虽然在四川省主持下，两校达成了协议，但两校地界划分还是没有根本划清两校的界限。从东山大楼搬迁过来的川外学生入住在毓秀湖西的小黄楼侧面，有几间四四方方的小平房，1979 年 9 月住进了一群西政检察班的学生（属于中专学历）。在这个平房和小黄楼之间，有一排水龙头。水龙头下面放了一块长长的工地施工用的预制板，这是学生们共用洗漱、提水和洗衣的地方。检察班学生入住之后，平日里两个学校的学生时常发生一些摩擦，这些小摩擦日积月累，终于在 1980 年 5 月初，爆发了一场规模更大的两校学生械斗。在经历了双方彻夜不眠的相互呐喊、围攻之后，两校学生各有数人受伤流血，虽然没有人死亡，但其影响却波及京城，震惊世界。

对这次重大冲突事件过程的描述，川外与西政有各自的版本。

川外版本——

1980 年 5 月 3 日晚上，学生们大多已经休息，突然，一阵喧嚣打破了夜晚的寂静，西政检察班的几个同学到水槽前一边洗漱，一边高声喧哗，嬉笑打闹了十几分钟，据说当晚是西政检察班开了班会，大家都很兴奋。小黄楼的川外学生跟他们交涉，希望他们轻声一点，但是西政学生不理会，继续高声谈笑。川外一男生忍无可忍，连吼一声“安静！”这下子触及了西政孩子们的神经。于是，冲突由此产生，一阵谩骂、吵闹之后，双方的老师都劝回了自己的学生，当夜的引子没有继续点燃。但“检察班的孩子们受到川外学生欺负”的消息传遍了东山校园内外，引起了西政七八、七九级学生们的强烈不满！“反了，在我们的地盘上竟然如此嚣张，一定要自卫反击，收拾他们！”

第二天是五四青年节，川外当晚在西山礼堂（现川外大礼堂）举办庆祝晚会。晚会歌舞正酣，听得“咣当”一声，礼堂右上方的堡坎飞过来一块砖头，打碎了礼堂的玻璃窗户。不知是谁高吼了一句：“政法的打过来了！”演出顿时中止。有的老师在喊：“同学们不要乱！”可谁能听得进去？大家开始潮水般地向外涌去。川外的七八级同学们明白这是冲着谁来的，马上就找“自卫武器”，诸如随地可见的砖头、桌椅腿、扁担、锄头等，还有的同学当时就拆了长椅子背的木条作为武器紧握手里，准备应战。

黑暗中，礼堂里面有个高个子用标准的普通话说道：“这西政的人也太不像话了！”话音刚落，就听见冲闯进来的西政人群里有人骂道：“打他龟儿子的！”正在此时，有人急切劝阻：“要不得，这是个老外哟！”原来高个子是川外德语系聘请的一位专家，他的普通话极其标准。正是这位专家作为这场战斗的见证人，后来向上级报告反映了真实情况，为两校问题的彻底解决起到很大的作用。

由于川外为一方的师生主动退却，围绕礼堂的战斗没有进一步升级，但围攻礼堂的西政人转至小黄楼，包围了七八级英语系的一些学生。此时西政人数居多，除了七八、七九级部分同学打头阵外，还有一些检察班和社会青年参与，而且均为清一色的男生。而川外这边只有130多名学生，且多数为没有战斗力的女生。双方力量悬殊一目了然。西政的人越逼越近，石块雨点般地飞来，川外的学生孤军奋战，将小黄楼的东门全部堵死，其中指挥作战的还有后来闻名全国的法学家，自称西政七八级十一班的邓正来！

川外的人把小平房和小黄楼之间的两张乒乓球桌面立了起来，做成了阻拦石块的屏障，但不久之后，即被潮水般的石头、桌椅、石灰等攻破，学生们只能退回到小黄楼，西政的猛烈进攻改为静守包围。半夜过后，暴雨如注，在西政领导和老师们的劝阻下，学生们陆续撤离"战场"，回到自己的校园里，打斗的声音被淅淅沥沥的雨水声音代替。大概凌晨3点钟左右，川外的学生接到了学校的通知，实施战略性撤退，学校要求学生带上钱和粮票，不要高声说话，不开灯，不打手电，迅速到指定位置集合。战斗中表现勇敢的七八级英语系的同学们得知没有危险后，按照指令迅速集中到了小黄楼下门口。一位男生压低嗓音通知大家，由于考虑对方天亮可能还会发动新的攻击，为确保大家安全，现在学校允许同学们可以回家的回家，在重庆周边有亲友的投靠亲友，没有接到学校通知的暂时不要返校，其他没有去处的同学可以转移到学校里面安全的地方悄悄住宿。后来停课近一个月后，同学们才接到学校返校通知。回校时大家相见十分激动，不亚于死里逃生劫后重逢的感觉。川外同学之间的感情也因为这次战斗的洗礼而显得更加亲密和深厚。

在这场"战斗"中，有好几个同学挂了彩，流了血，有的还折了胳膊和指头。谢天谢地，好在当时下起了大雨，才使这场流血冲突没有再向纵深发展。这是我们在大学期间最难忘的经历之一。

西政版本——

2009年，作为当年亲历者的检察班黄幼波、夏阳和杨辉等人，以"一场冲突，划清了西政的校址"为题，给我们详尽叙述了这场冲突的来龙去脉。

1979年9月，继七八级之后，复办的西政迎来了第二批学生，除了新招的法律本科生500多人，刑事侦查4个班100人外，还特别增招了检察专业班，共计100人（其中成都学生55人，重庆学生45人）。招收这群学生主要是为当时恢复成立的检察机关解决专业干部不足问题，培养刑事案件的法律监督人才，毕业后定向分配到成渝两地的检察机关，学制两年，属于中专性质。

入校后，检察专业班分为三个小班，由于人数较少，进校后被安排住在四川外语学院的侧门（现在的川外大门）处，一幢据说是原中美合作所特务们居住的土墙平房里，男女学生分住几个大间，睡老式的上下铺木床。紧邻旁边的二楼一栋黄色楼房则住着川外的百余名学生，双方共用四五个自来水龙头，而厕所则在房屋坡下的围墙边，居住条件相当简陋。

1980年的5月初，空气仍然潮湿清凉，两校学生们正在热火朝天地各自筹备着五四青年节的活动，不知道什么时候检察班这边公厕的灯坏了，一到晚上里面黑漆漆的，只有胆大的同学才敢独自进去，其他同学都是相互邀约，打起手电胆颤心惊摸进去。由于黑暗的原因，一位川外的男生在公厕撒尿时，把正在解大便的检察班的一位学生浇个正着。被浇的学生火冒三丈，惹祸的同学急于辩解和解脱，于是三言两语不和之下，由口角、推搡到动起手来，此后被惊动的同学分别加入各自的队伍，导致打架升级，双方各自有同学受伤。川外的学生多数是知青、工人，体格健壮，而检察班的学生年龄普遍较小，单纯热情好冲动，但社会阅历浅、战斗力弱，双方殴斗下来，明显吃亏。

第二天，检察班的学生到东山大楼哭诉，引起一些法律、刑侦专业同学的同情，一些人相邀来到川外校区，欲对昨晚参与冲突的川外学生伺机进行报复。也许是川外的学生预感到来者不善，有“前科”的学生心虚躲藏起来，西政的学生没有找到报复目标，在川外校园骂骂咧咧一通，耀武扬威地走了一遭，回到了东山大楼。这次的滋扰和示威活动，再次引起川外学生的愤怒，他们在几位大龄学生的召集和指挥下，集结大批学生，手持钢管、扁担和匕首，冲撞、围攻、打砸检察班宿舍。

“检察班学生被川外打了，正在受到围攻，西政的同学们赶快去帮忙！”消息突然传到东山大楼，正在晚自习的七八、七九级学生群情激愤，相互邀上，纷纷拿起棒棍、木制刀把等“武器”，像潮水般涌向川外校区，把正在举行五四青年节活动的川外礼堂包围起来。眼见怒目而视、身材高大、手持棍棒的西政学生数百人犹如一股势不可挡的洪流涌来，围堵在礼堂四周，川外的学生自知不是对手，吓得赶紧关上礼堂大门、窗户。西政学生用手中的石头，把所有的怒气都发泄到礼堂的玻璃门窗上。

一阵令人心悸的石雨过后，西政的队伍见对手缩在礼堂不敢接招，考虑到里面可能还有“老外”，放弃了冲进去的念头，转而在“打人的龟儿子还躲藏在宿舍楼”的吆喝之下，浩浩荡荡的队伍又穿过烈士墓，来到检察班的住地，顺势把川外学生居住的小楼包围起来，借着夜色，杀声如雷，吓得被包围的川外学生惊恐万状，在楼道里抱头鼠窜，一些胆怯的女生更是吓得嚎啕大哭。只剩下一些男生将大门死死堵住，往外投掷石灰包等。

整个事态的发展对川外越来越不利，万一大门被冲开，无论是奋不顾身的进攻者还是严防死守的保卫者，都将损失惨重，后果不堪设想。危急之中，西政的校领导和一些老师不顾纷飞的石头，赶到现场奋力劝阻，声嘶力竭地喊话，呼吁双方停止冲突。眼见无效后，一位西政的领导心急火燎地在现场当场宣布：谁要是不听招呼，继续闹事，将开除学籍；造成严重后果的，由司法机关追究法律责任！经过多方面的工作和劝阻，加上市区两级公安部门也调派了警力赶来进行隔离和制止，西政的学生在各方面的动员下，情绪慢慢平静下来。到半夜双方结束对峙，西政学生在雨水之下撤退，回归东山大楼。

次日晚，仍然属于“敌台”范畴的“美国之音”播出一则重磅消息：四川境内两所高校发生大规模械斗！这顿时引起中央高层领导对此事件的高度重视。

这次冲突发生后，为了赢得社会舆论的理解和支持，时任西政学生会秘书长的七八级学生洪绍泉曾要求舒扬等几人尽快起草一个类似于致全国人民书的通电，主要内容是讲清楚西政与川外纠纷的事实真相，要求全国各界人民声援、支持被侵略的受害一方——西南政法学院，同时要求国家有关部门尽快查明真相、明辨是非，为平息事端创造必要条件。否则，西政学生将保留停课、游行示威等权利。

正在酝酿、谋划通电稿子之际,学校领导把七八级、七九级各班的班干部全部召集在行政楼办公室传达上头文件,大意是这次两校争端已经惊动了北京、四川、重庆等各级有关领导,引起了上面的高度关注,可以说我们想表达的意愿已经达到了目的。同学们都是学法律的,要维护学校的形象,打砸抢行为是不合适的,希望大家一定要做好同学们的工作,侵占的宿舍要搬出来重新分配,受伤的同学要及时救治,要强化组织观念,相信党和国家会很快处理好两校的校址问题的。为此,这起由七八级主导的"通电"最终因校领导的"软硬兼施"手段没有出炉。

1980 年 6 月 6 日,邓小平就四川外语学院德国专家李明凯反映"两校纷争"的来信作出重要批示:方毅、南翔同志阅处。建议派一个 3 人小组,协同四川处理此事。

根据邓小平等中央领导同志的重要指示精神,由司法部、教育部和四川省委各出一人组成了 3 人小组,共同处理两校纠纷。最后决定:两院都要办,原校址一分为二,两校共用。于是,后来修起了两校间的围墙,川外校址仍落在原西政校园内,双方之间偃旗息鼓,再无战事。

事后,发现导致两校学生打架事件处理逐步升级的主要原因,是四川外语学院的外籍教师将此事捅给了外国媒体,经"美国之音"报道后,造成很不好的国际影响,这在当时可是影响我国高校形象的"涉外敏感事件"。有关方面将此事上报中央,最后邓小平批示司法部党组和四川省委协商解决。时任四川省委书记的赵紫阳提出两校分开办学、西政迁址成都的建议,同时还提供了三个地址供选择。这个消息传来后,西政学生大多赞同,而教职工大多则坚决反对。其原因,一方面在于他们的社会关系、生活基础和子女都在重庆,另一方面则是忍不下这口气,凭什么我们自己的校园让别人占据,还要我们拱手相让,灰溜溜地走人?两校互不相让的结果只能是维持现状,相对分开。不可否认,四川省委派出分管文教的书记负责调查处理两校的纷争，明显偏袒川外。此事对当时在校的学生造成两个明显的后果：一是划地而治基础上的发展，只能是削山垒壁，使西政相当一个时期成为名副其实的“稀烂政法学院”；二是西政男生与川外女生的正常交往因打架事件而结怨，人为划界而阻塞，破坏了两性平衡的天然格局，导致多少良缘失之交臂，好在后面的双方师弟师妹不计前嫌，逐步摆脱了因此产生的负面影响。

1980 年 9 月 22 日，按协议要求两院住房交换完毕，消除了因混杂居住而容易发生纠纷的隐忧。最终，歌乐山下的老西政校园被一分为二，类似于重新划设一个“三八线”，隔墙分治，西政最终在原本属于自己的校园中，无奈地重新找回了自己的校园。

在西政七八级同学看来，根据邓小平的批示，各级调查组、工作组来到两所学校好几拨，调查研究是严肃认真的，处理结果让人无语，历经数次打斗，把东山大楼中“川外”的残余单位和人马赶紧撤离，西南政法学院似乎损失更大，丧失的地盘并没有通过历次“战斗”而增多。西政原先深入到对方核心区域的行政首脑机关全部搬离，原来的行政楼迁入东山大楼“川外”人员曾盘踞过的房间，总算真正拥有一幢“完全自主产权”的大楼了！

这一结局，使两院的冲突最终未能演出一场分道扬镳、“远走高飞”的好戏，两校只能按照上面要求划定的“三八线”各自安居乐业，互不侵扰。如今看来，校园之争是七八级学生生活中一个不大不小的插曲，但它淋漓尽致地展现了西政七八级人特有的风格。时至今日，每当回到东山大楼，从老校区向西望去，见歌乐山下那片浓密绿荫中隐约可见美丽的川外校园，一些西政七八级人都不禁喟叹不已：当年如果出手狠一点的话，也许真能把“侵略者”赶出歌乐山！

有人认为，川外因为两校之战为世人瞩目，名声大噪，极大提升了学校的名气，也因为这场纷争在歌乐山下终于站稳了脚跟，并有了后来长足的稳定和发展。

历经这场两校的冲突，对于西政七八级而言，收获最大的是从那时起，大家学会坚持用赤诚的心和滚烫的情去面对芸芸众生，用敢打敢拼、敢作敢为的精神去面对纷扰尘世，用能屈能伸、百折不挠的态度去面对困难挫折，用那场冲突中延续下来的战斗精神和团队精神去奋勇争先、一往无前。诚然，青春年少时，我们血气方刚，是一群天不怕地不怕的学生，那闹出的动静也是惊天动地的，叫世人刮目相看的！

对于当年两校之间的“难忘的战斗”，西政的校史则是这样轻描淡写：“复办初期，我院师生与川外师生混住，易于发生纠纷。1978 年 10 月 19 日两校学生因生活用水第一次发生抓扯斗殴事件，经市文委及时出面调停解决。1980 年 5 月 3 日至 5 日政法学生在校园上体育课把球踢进了正在上课的川外教室，两院学生再次发生摩擦。事情反映到中央，引起了中央领导同志的重视，并派人来川与省、市领导商议，作出交叉居住的房屋限期调整的硬性规定。到 1980 年 9 月 22 日，两院住房交换完毕，消除了因混住发生纠纷的情况。”

西南政法学院政法专业二班部分同学借助校外游泳池锻炼身体的合影

CHAPTER 09 ≫

第九章 歌乐山的灵气

“巍巍歌乐，滔滔嘉陵。烈士陵园，浩气长存。西政有幸，得此佳邻。伴忠魂而诵读；仰先烈以求真。”这是高绍先老师所作的《西政赋》开头的几句话，将西政的特殊地理位置和学校的周边环境描绘得恰到好处。

北京大学著名刑法学教授陈兴良在为西政七九级邱兴隆教授的博士学位论文《关于惩罚的哲学——刑罚根据论》所作序中称，“我对西南政法大学情有独钟……似乎歌乐山有一种仙气，从歌乐山走出的学生都有一种成仙得道的感觉”。于是，“西政有一种仙气”的说法不胫而走，流传开来。

“山不在高，有仙则灵。”这句名言用在歌乐山最合适不过了。西政七八级的故事大多与歌乐山有关。“西南有山，名歌乐。山下有学府，一片热土。这里是西南政法学院，我的母校。”正是在如此苍翠的歌乐山下，西政七八级人秉承了山一般的坚韧，亲历并传承着内涵为“心系天下的爱国情怀，自强不息的奋斗精神，和衷共济的团队精神，严谨扎实的求实态度”的“西政精神”。

七八级学生对母校的情结，不乏歌乐山的意境和历史渊源的细腻描述和深情赞美。

清晨，歌乐山最美，山里的景色更美。轻推东山大楼残缺不全的窗棂，闭目深呼吸湿润的空气中裹携来的花草清香，阳光下泛着金色的树叶在风中摇曳着，闪烁着，眺望远处连绵的歌乐山脉勾勒了一条最美丽的天际线，与山脚下那条通往渣滓洞长长的铁轨由西往东延伸着，显得分外婉转与悠长，它默默无言地告诉在这里散步的人们，两种力量、两种意志曾在此进行过激烈的较量，并因此产生了许多可歌可泣的故事和不朽的魂灵，歌乐山由此闻名天下……

七八级有不少同学的文章和诗作反复不断地提到母校背靠的这座不同凡响的英雄山。

程燎原在回忆文章中写道："在20世纪70年代，一本面皱纸烂的革命小说《红岩》，让还是初中生的我知道重庆有一座英雄之山——歌乐山。令人意想不到的是，1978年10月，我有幸自武汉第一次乘船溯江而上，来到歌乐山下，跨进西南政法学院的大门，成为一名法科学生，开始自己的法政人生。"

五班的周瑞春是个"文学少年"的应届生，当年上大学就有优秀作文入选省级高考语文参考书。他入校后，就有每隔一段时间上歌乐山的嗜好，面对歌乐山，他的优美文笔犹如潺潺流水随之缓缓流淌："站在高高的歌乐山顶上，清风吹过湿透的衬衣，有'振衣千仞冈'之快。投入歌乐山的怀抱，你可以看山，近山青翠的活力，远山青黛的深沉，歌乐山郁郁葱葱的精神，总是让你忘却烦恼和忧愁；你也可以听松，听山风吹过松林发出的阵阵松涛声，这是歌乐山为你现场演奏的古典名曲《风人松》。如果逢夏天的下午，在山里瞎转悠，不期遇上了急促的夏雨，那就赶紧躲进山亭里，但不是要待雨停，是要屏息谛听那雨点敲打瓦顶、阔叶林、地面、草丛的声音，还有从檐沿滴落的雨声；要全神贯注那雨点冲刺而下，雨帘忙不迭地堕落雨珠，雨脚又义无反顾地踩踏地面，珠弹玉碎，溅起一小窝沙土。而此时，山风会时时携着阵阵冰凉的雨花扑向你的脸庞，山雨渐欲迷人眼，令你心旷神怡，淋漓畅快，无过于此！每当踏着黄昏回校，你便会一路乱哼：歌乐山下好读书！"

李少平回忆说，歌乐山是悲壮的，因长眠着许多高贵的英魂而让我们对她肃然起敬，时常思索如何无愧于那些为正义而献出青春的殉难者。歌乐山的夜晚是静谧而美丽的。每当夜幕降临，一群珍惜来之不易的大好时光的热血青年，上完晚自习之后还在教室继续他们的读书，有的重温当天思考过的问题，有的补习拗口的外语，有的抓紧时间看课外书籍，夜读成了许多同学的习惯，甚至是一种嗜好。他们不知疲倦、不知劳苦，成为校园的一道亮丽风景。老师们出于对同学的关心，学校顾虑学生的健康，不得不下了一道死命令：晚上11点钟无论教室还是宿舍必须关灯！即便如此，也未能阻拦住同学们如饥似渴的夜读，有的借用走廊过道的灯光，有的人倚靠的是卫生间的光亮……我既不算夜读者中的突出者，也不算是其中的极端者，但是肯定是一个随大流的夜读者！

一班的李庆回忆道，当时的校园虽破，人气却旺，山色更好。那时候的歌乐山，山峦起伏，草木葱茏，人烟稀少，周遭宁静，是个深思散步的好地方。记得入校当月的一个周日早晨，天气由雨转晴，他与同班李济亚、刘天敏等人，高谈阔论，一路漫步上山。时值仲秋时节，金

1978 年深秋，西南政法学院七八级十班团员合影于歌乐山上

风送爽，丹桂飘香，天高云淡，草木芬芳。站在山腰上，俯瞰着凋敝而贫瘠的校园，回忆那些蹉跎的岁月，展望社会和个人业已开始的美好前景，大家不禁豪情满怀，放声歌唱，并约定每人赋诗一首。于是，他的一首《清平乐》呼之而出：

雾城初晓，歌乐人迹少，散尽阴霾真媚好，醉了满山啼鸟。

新松爱抚青峰，碧溪浮动葱茏，最是蓝天如洗，映出郁郁新松。

这首《清平乐》在学校举行的诗词比赛中获得了一等奖。

1979年2月2日，大年初三，七八级留校全体同学在团委卜永秀老师的组织下，首次进行攀登歌乐山比赛。当我们初次来到歌乐山顶时，眼见一棵棵生机盎然的树木，或参天而立，遮天蔽日，或成丛成蓬，任鸟儿啁啁婉转；或者突兀地表，极力展示自己的蓬勃生机，无不心潮激荡。每当微风拂过，搅起一片绿的碧波，绿的色彩，山的气息，沁人心脾，那一抹山青绿仿佛可以融化整个世界。

在这次学校组织的攀登歌乐山比赛中，我有幸荣获第三名。当时心情大悦，意气风发，全无佳节思念家乡之伤感，有诗为证：

莫道歌乐石径斜，奋力登攀有大家；人生需往高处走，登高望远吐春华。

百里美景绿映红，水村山郭酒旗风；柳烟晨雾映青翠，铁龙长鸣入耳中。

巴山圣地今日游，一路豪情一路歌；游人争说春光好，不知何时展风流？

登上山巅汗沾裳，云雾盘绕正茫茫；春风催生山河美，男儿立志度寒窗。

由于与四川外语学院的一场“战斗”，使一班男生宿舍从阴暗潮湿、硕鼠横行的地下室转移到地面上的东山大楼。为庆祝“重见天日”，在一次浓雾散去依稀能够见到歌乐山轮廓的晴好日子里，一班老大哥、身为七八级总班长的邓文定下发全班集体上歌乐山的“命令”。

周日一大早，班长李济亚从食堂买来肉馅、面片，从教师家里借来旧锅。8 时左右，重庆的天才蒙蒙亮，李杭明不知从何处找来一把军号，让曾是连队老号手的戴进虎吹起集结号，全班同学衣着各异，尤以军警服居多，由李庆打旗，上世纪 60 年代末就已当兵的老邓以军人的口吻，拉开出征架势，迅速召集队伍，列队报数，用部队首长的语气向大家提出上山注意事项和要求。于是，一支齐整的队伍，在东山大楼各窗户探头探脑的同学们的目光注视下，高唱着战歌，昂首挺胸向歌乐山方向走去，沿途遇到的各班同学无不驻足，羡慕之情溢于言表。随后，上行下效，各班也陆续按照一班的做法，纷纷拉上队伍先后攀登歌乐山，从而演绎出一篇篇西政七八级与歌乐山有关的故事。

一班登上当时遍地翠绿的歌乐山上后，三十几位兄弟姐妹登高远眺，嘉陵江绕山而过，沙坪坝周边美景尽收眼底。在山上领略大好风光的同时，野炊、玩耍、拍照留念，无不尽欢。李兴淳带头包馄饨，李庆、邢伟、彭士翔玩斗鸡、摔跤游戏，大家玩得不亦乐乎。有一广东籍同学带着一台海鸥相机，义务为大家照相，三个一群、五人一组，一阵痛快淋漓地咔嚓咔嚓，一会儿工夫，据说两个价格不菲的 135 胶卷全部报销，但事后听说成品不多，引起许多同学大肆不满，对其相机里是否搁胶卷一片质疑声。

大二的阳春三月，十班也决定到歌乐山上开展一次野炊和班会活动。颜嘉明作为班上生活委员，与几个同学到部队借行军锅，买面条和油盐酱醋，筹备节目，忙碌了一晚上。出发前的一个夜晚，同学们已经进入梦乡，他却激动得睡不着，推开教室的窗户，望着夜幕中迷离朦胧的歌乐山主峰不禁诗兴大发：你为何名歌乐？你经历多少巨变沧桑？从诸葛亮治理西川、唐玄宗避难巴蜀，到近代许云峰、江姐等革命先烈在歌乐山下渣滓洞的奋勇抗争……不觉心潮澎湃，文思泉涌，一篇抒情散文诗《歌乐山之歌》奋笔而就。

第二天，十班的同学们登上歌乐山顶，第一次与歌乐山零距离接触，但见满山苍松翠柏、云雾缭绕，遥望蜿蜒东去的嘉陵江和时隐时现的锦绣山城，大家顿觉心旷神怡。同学们捡来枯枝燃起篝火，用山泉水煮了一大锅面条，简单加点油盐，个个吃得心情大爽。不知是饿了还是兴奋，那碗面条许多人吃得津津有味，以后走遍天南海北，尝遍各种风味的面食，从未体味到歌乐山那餐野炊面条的鲜香！饱餐后同学们即兴表演各种节目，欢歌笑语伴着舞步在歌乐山顶回旋。颜嘉明朗诵了那篇《歌乐山之歌》后，还嫌不过瘾，又胡诌一首五言古风《登歌乐山》："最喜篝火旺，野餐飞笑语；掌声催舞步，东风唱短笛；擎剑歌乐顶，胸中万马激！"他的附庸风雅，引得邓标伦同学不甘示弱，也现场疾书一首《七律》，其中"十年以后再相会，栋梁丛中把君寻"，博得同学们热烈掌声！十班的歌乐山之游最终办成了名副其实的赛诗会！

当年歌乐山上，不少住家不知是附庸风雅，还是防盗防奸，都养着许多犬狗，个别人还养着狼狗，因西政七八级的诸多活动在山里组织，由此滋生出一些令人捧腹的故事传说。

九班上歌乐山上搞野炊，正埋锅做饭之际，一条高大凶猛的犬狗从草丛中窜出，照着女同学陆绮的腿部就是一口，顿时鲜血淋淋，这还了得？男同学们怒不可遏，呼啦一下全部从四面八方奋勇扑向犬狗，并顺着"凶手"逃匿的路一路追到主人院子门外头，见对方拒不开门赔礼道歉，在一阵阵"狗地主开门！狗地主开门！"的呐喊声中，狗主人只得赶紧报警。当气势汹汹赶来的当地派出所所长得知"闹事"的起因正欲指责学生时，闻知"被害人"是著名作家的千金，且同属校友关系后，态度顿时大变，厉色责成狗主人所在单位（干休所）领导出面谈判，最终由对方出医疗费并派车送陆绮去医院治疗而了结。

事后，刘海平同学将此事写成短文后，更有好事者就此拔高、演绎，推出新的"歌乐山故事"：男生女生登山野炊，被山上洋楼主人阻止，发生纠纷。后主人洞开大门放狗咬人，美女鲜血淋淋。腼腆男生似狂暴狮子为救美，扔砖、砸门、敲玻璃，怒斥狗地主！于是书记鸣起、班长建田谈判，狗地主为该受害女施以诊治并赔付。事后班干部向年级老师报告过程，由于紧张误说成狗咬了女生屁股，此话瞬间传遍校园，一片哗然。大家争先绘声绘色，添油加醋。更有不少男生愤然感叹：我们男生怎么就不如一只狗?!

大三时，二班韩福民等几人游玩歌乐山，回来路上带回一只流浪狗，如何处置，大家议论纷纷。有的建议烹而食之，并献计称，以水和泥加上些许川盐、花椒、大料等，将犬用泥裹紧，投入火中烧熟，做法颇似"叫花鸡"，但终因犬体积大泥薄火力不足而告失败。故而只能选用简单易行的传统方法，去其皮，切成块，以铁皮水桶代锅，以破旧杂木为柴，开锅后，也不知生熟程度和咸淡滋味，食者便如狼似虎，大快朵颐，未曾想到当晚即有人鼻血横溢，惨不忍睹，以至于凡有人提及"鼻血"、"狗肉"之类的关键词，贪嗜者便恼羞成怒，欲挥动拳脚而击之，言者无不纷纷躲避，反唇相讥正是："狂犬病态！"

八班任贵月的《蘑菇》一文，采用文言文笔调，将吃蘑菇与歌乐山的游记联系起来，故事读来言简意赅，饶有趣味：

辛酉仲春，渝州多雨。某周日雨霁，同室数人踏青游春，遂结伴赴歌乐山。沿途，蜂飞蝶舞，山花烂漫。入得山中，两时辰余，采山蘑几许。途径农家，凑全国粮票若干，换鸭子一只。乘兴返寝室，取出自备酒精炉，众人将鸭屠之，将与蘑菇投入。稍许，香气四溢，邻人纷纷窥之。闻知野蘑菇使然也，遂避而远之。不时，端将上桌，众人按长幼排得座次。燕人郭梦真坐得首席，吾次之，鲁人赵旭东再次之，依次刘剑、孙波、徐国栋、夏蔚。夏蔚年幼，怯，未食之。邻人中，另有闽人夏卫民者，颇豪气，列入仙桌，食此佳肴。有好事者，将此事告知班长，班长心急火燎，遂急召开内阁会议，令将"蘑菇事件"涉案人员逐一列入名单，严防死守，昼夜监控，一旦有异，即由健者架其入院，以防不测。所幸食者皆饱口福，一夜安然无碍，天亮解除戒严，遂成佳话也。事距今数十年哉，吾先后走南闯北，品名菇无数，然较之歌乐山蘑菇，远不能及也。

歌乐山那片熟悉的山脉和灵气，历来受到七八级同学的青睐和赞美。

侯建刚《梦萦歌乐山》一文颇能说明对歌乐山的情怀。

歌乐山，你风情万种，你在我心中植下春天的种苗。一阵阵的大风起兮，奔涌起无边无涯的浩荡松涛。歌乐山，你圣洁崇伟，你用血泪苦难把使命彰昭。一群无邪男女走出伊甸园，为呼唤正义仰天长啸。歌乐山啊，你郁郁青青，终岁不败的绿海枝繁叶茂。绿海中掩埋了多少泣血悲歌，子规啼血已为青春把脉定调。歌乐山，你挺拔不屈，以辽阔博大接纳漫天飞鸟。我鄙夷人世间的猥琐和下作，我知道何为属于生命本源的高傲。歌乐山，你缠绵悱恻，几回回让我梦萦魂绕。走出你的泥泞和崎岖，砥励法治利剑劈开人间正道。歌乐山啊歌乐山，我梦萦的家园可曾安好？你的常绿辉映着我的霜发，我依偎着你的伟岸童心不老！

八班的张穹作于 1982 年春的诗作《登歌乐山》写道：

万叠歌乐远近宗，临登山顶慕琼空。嘉陵江水明一线，起伏翠峰列丛丛。日月两丸手可摘，乾坤万里目能通。飘然身轻翔千仞，长啸拔志划苍穹。

“上大学对我来说应当是一生中最大的转折。当年我选择了西南政法学院，西南政法学院选择了我。西政四载，嘉陵江水滋润了我的心田；歌乐山雾撩发了我的灵性。”现任最高人民法院副院长景汉朝关于歌乐山的“灵性”二字乃点睛之笔。

无论是诗作还是自述中，无不深深埋藏着对歌乐山的景仰与情愫。

多年来，七八级同学每当回到母校，除了探望老师外，都有一种特定的共性，喜欢到歌乐山下的那片校园走走，重新体会当年那种“不言而教”的就学境界。漫步在当年的校园里，总能看到歌乐山苍劲雄浑的曲线，汲取那种志存高远、高雅恬淡的气息。从东山大楼大楼望去，歌乐山加上烈士墓，“一山一塔（纪念碑）”构成了老校园的经典地标性建筑。这种自然与人文的完美结合，无不时时都在默默散发着、渲染着、传递着西政文化的气息，这种博大精深的文化氛围的滋养和潜移默化，自然而然地从每个七八级学子的气质中显现出来。

“原以我血献后土，换得神州永太平。”从七八级学子起，西政每个学子的每一颗心灵，因佩戴同一个校徽而同气相求。一届又一届的同学，都对歌乐山和烈士墓注入了太多的感情，这种感情最后凝结成了山的灵气，成就了西政的灵魂和精神。在当时的情况下，西政七八级同学站在烈士墓前拍照留念，在歌乐山巅俯瞰大好河山，立刻就会觉得心潮起伏，那是一种真情触动，一种对国家命运和法治传统文化的思索与感动。她激励着七八级的众多学子们发奋图强，立志报

西南政法学院七八级师资班共运史专业同学合影于歌乐山上

国，以无愧于时代，无愧于青春。正是从这个意义上说，我们能够真切地感受到歌乐山是有灵气的，烈士墓是有灵魂的。有位同学说，西南政法学院的校园本身就是一个伟大的导师，无论你来自何方，只要进入看似“稀烂”的校园，你面对巍峨的歌乐山峦和庄严的烈士墓碑，便会激情澎湃、热血沸腾，不用过多的说教和上课，你就不由自主地被教化和感召了。

巍巍歌乐山，激发了西政人昂扬的浩然正气；泱泱嘉陵水，滋养了西政人强烈的家国情怀。在此成长的七八级学子们走出校园后，或悉心研究，探求法魂，传播法义；或积极践履，敢为人先，奔走在法治实践的第一线；或运送正义，不畏艰险，为民请命，为社会进步鼓与呼；或爱校如家，对母校捐资捐物，对西政未来心存深厚的感情和强烈的关注。

从上个世纪 90 年代开始，随着扩招，老校区因地域狭小，是否放弃引起热烈争议。2002 年，学校在位于渝北区的重庆机场附近建立新校区。新老校区相隔 20 多公里，师生往返奔波一趟需要两三个小时，学校每年为此需要支付数千万元成本，每年偿还银行利息就高达 4000 多万元。据说，2010 年前在薄熙来主政重庆期间，曾经一度考虑将西政老校区收走，让位于规划建设的“红岩干部培训学校”，并声称市政府愿意为此支付 8 亿元搬迁款。这对于西政而言，此举可使其沉重负债大为减轻，也可改变研究生部和本科部分离现状，实现一地联合办学。何乐而不为？但由于遭到全校多数师生的强烈反对，重庆市政府最终决定放弃这个地块，使歌乐山下的这块“风水宝地”得以保留下来，让七八级学子们回到母校，能够寻找自己当年的青春记忆！

在自然资源越来越匮乏的时代，高校能依山傍水而居，已成为一个奢侈的梦。从城市喧哗的钢筋水泥森林中逃离，回到山林，早已成为很多人的强烈意愿。特别是对怀旧情结的人而言，有山有水的校园更别有一番眷念。登山远眺，玉树临风，赏高山之峻拔，品山泉之甘洌,那会是一种什么样的体味与憧憬?又该是怎样的一种心灵感受?

这些年来,歌乐山麓环山带优美的自然环境,厚重的红色人文资源,已经吸引了无数开发商在此频繁出招,开发区到处生根开花,别墅洋房拔地而起,老校区四周已经少了当年的幽静、清新,少了些许步履的沉重与心灵的震荡,新增设的上山索道每日都不知疲倦地轰轰隆隆地上行下送,输送无数笑容灿烂的游人谈笑风声,人声、汽笛声、叫卖者和导游催促声杂乱地交织在一起,使本应庄严肃静的松林坡、白公馆、渣滓洞等见证英雄气节的土地变得更加市侩化和商业化了。

2016 年初夏,我再次来到歌乐山下的烈士墓,在一座四方形黑色以"歌乐山"为题的石碑前,默默地念着镌刻上面的碑文:

歌乐山,一座烈士鲜血凝固而成的山,一座人们汲取内在精神力量的山,一座时时在呐喊、呼啸的山!这座山地貌平平,不具特色。她没有华山之险、泰山之雄、黄山之奇、峨眉之秀,她无法进入名山之列,在空间范畴中它不足挂齿,在时间意义上人民共和国的历史却无法绕开这座山!每一个走进她的人都会感受到她的分量,这座山属于历史!

子在川上曰:逝者如斯夫!面对歌乐山,让我们获得深厚的人生感悟,生天地之念、宇宙之思。歌乐山啊,巍峨挺拔,浩气长存,无不鞭笞我们无权挥霍生命、虚度人生。当我们沉浸于山水之中时,往往将平生惆怅和失衡化为云淡风轻,那是人在自然界的深邃无限性和不可知性面前,对自身人生之旅有限的领悟,也是对自身价值观的感悟。当年西政七八级学子来歌乐山上登高望远,看天高云淡,山长水清,一切人世沉浮都归于自然,心在苍松翠柏间重获净化、坚韧与知足……

记得孟德斯鸠在《论法的精神》中阐述了地理环境和气候对于法律形成的影响。窃认为,"西政七八级现象"的形成,似乎也可以从校园所处的歌乐山地理环境中寻找某些答案。如今，西政七八级学子聚首时调侃，彼时的毛头小子、青涩少年是怎样一路走来，成为今天的政坛新秀、学界名流、商界俊杰，成为所在岗位、领域的中坚力量？也许，一切从1978年的歌乐山下开始绝不是偶然的。七八级的大学生活故事有幸与歌乐山相伴，并与之结缘，不能不说是一种“天时、地利、人和”的缘份。

1979年2月，西南政法学院政法专业五班部分同学登歌乐山留影

CHAPTER 10 ≫

第十章
烈士墓情愫

重庆市西北歌乐山麓，有一座举世闻名的烈士墓，而在歌乐山东北边、烈士墓旁，就是当年西政七八级同学就学的母校——西南政法学院。

1978 年 10 月 6 日，江必新初到山城的情景令他至今难忘："几声汽笛凄厉的长鸣，一艘从湖北宜昌开往重庆的轮船历时三天两夜，终于在朝天门码头停靠下来了。仰望着高高的朝天门，远眺着滚滚东

1978 年的烈士墓纪念碑全景

去的长江和嘉陵江水，我的思绪沉浸在小说《红岩》对朝天门码头描写的意境中。啊！重庆，你是一座被烈士鲜血染红的城市！你是一座英勇而富有牺牲精神的城市！”

五班现役军人谢岩军说：“如果不是有一部小说《红岩》，恐怕七八级同学的生命不会与重庆的烈士墓有什么关联；如果不是有江雪琴、许云峰、成岗乃至徐鹏飞、严醉这些性格鲜明、才智超群的偶像，恐怕七八级的生活也不会与歌乐山有什么瓜葛；假若没有重庆，没有歌乐山，没有烈士墓，自然也就谈不上我的母校——西南政法学院。”

翻看西政七八级同学当年在校期间留下的诸多黑白照片，可以惊奇地发现，为数不少照片选择的竟然是重庆市“中美合作所”集中营美蒋罪行展览馆、烈士墓、纪念碑等背景，基数量与在学校门口留下的青春倩影不相上下。

七八级的同学依稀记得，入校看的第一场露天电影是《烈火中永生》，大家手拿学校配发的形态各异的木凳、椅子，列队前往西操场观看。从此之后的大学四年时间里，学校的广播喇叭里经常可以听到《红梅赞》、《绣红旗》等歌剧《江姐》的选曲。每年的清明节、国庆节和“11·27”前后的那段日子里，在教室里上课，总能不时地听到从烈士墓方向飘来的令人伤感的悼念先烈的哀乐声。

对于刚刚入校的七八级同学而言，当年狭小且“稀烂”的西政校园，无不蕴含着“红岩魂”的校园文化符号。从早晨校园广播听到的《红梅赞》到晚上看的《烈火中永生》，从授课老师与当年先烈共事的经历到校领导谈《红岩》往事，无不与校园这块渐渐熟悉的土地有着一种天然的联系。

记得入校不久，还没有举行开学典礼之前，同学们就在学校的统一组织下，徒步行至校园门口的“11·27”美蒋罪行展览馆，瞻仰烈士墓，尔后沿着蜿蜒起伏的山路，参观“两口活棺材”的白公馆、渣滓洞监狱旧址，亲身感受“11·27”烈士为了革命不怕牺牲、愿把牢底坐穿的大无畏革命精神，不少同学称为入学第一课。

在七八级学子的心目中，小说《红岩》《烈士诗抄》曾极大地丰富了幼年的情感世界，让人感悟到人格魅力的伟大，也由此知道了母校周边的每一寸土地浸透了烈士的鲜血，歌乐山上长眠着许多高贵的英魂，于是对其肃然起敬。

十班的刘应安曾经这样说过，三十多年过去了，许多事记忆犹新，其中烈士墓的情结摆在首位。烈士墓坐落在歌乐山旁的西政大门口一侧，那里林木青青，松涛阵阵。记得在西政读书的日子里，每天早上起床后，总会沿着校门口左右两侧的蜿蜒小道跑步，回来路上自然就拐入烈士墓广场的小松林中去读书，许许多多的法律条文、英语单词都是在那里背会的。每次来到重庆，总要情不自禁地来这里看看，缅怀先烈们的功绩，追寻晨读的足迹。假如时间能够倒流，我一定会再到这片净土来读书。

1978 年的秋天，七八级同学们初到重庆，投入歌乐山的怀抱，便不禁被她的美丽景色迷住了：只见漫山遍野的松树青翠欲滴，

1978 年 10 月，作者在烈士墓纪念碑的留影

点缀在其间座座黑白相间的房屋，像是在绿色波涛中摇曳的小船，更有那山前屋后散布的渣滓洞、白公馆、中美特种技术合作所等旧址，记录着中国共产党人与国民党人在此斗智斗勇的过去，让人感触良多。

白公馆与校园最近，出校门往西前行 10 分钟，穿过一条铁路，爬上一个山坡，拐弯即是白公馆；而渣滓洞监狱虽然也位于歌乐山脚下，但地理位置比较偏僻、隐蔽，此地原是一家小煤窑，因出产的煤少渣多而得名。1947 年 12 月，它成为重庆行辕第二看守所的所在地，关押过无数共产党人和进步人士。小说《红岩》一书曾经这样描写渣滓洞的实景："架着电网的高墙上，写着端正的楷体大字：'青春一去不复返，细细想想……认明此时与此地，切莫执迷……'；又一处高墙上，一笔不苟地用隶书写着黑森森的字：迷津无边，回头是岸；宁静忍耐，毋怨毋尤！"记得当年我们走进渣滓洞，看到院子内墙上的字，与小说中叙述的一字不差，白底蓝字的标语正对着一栋二层楼房和几间平房，栅栏式的签子门禁锢起牢房共有 18 间，曾先后关押在此的江竹筠、黄显声、宋绮云等在内的三四百号"囚犯"，只能透过狭窄的签子门，看到手掌般大的一块放风坝，箩筛般大的一块天，再就是墙头缠绕的电网、院角矗立的岗楼和院内的放风坝了。

1961 年，根据渣滓洞和白公馆里的真实斗争故事创作而成的小说《红岩》问世后，成为当代中国发行量最大的作品。此后小说被改编成电影、电视剧、广播剧、戏剧、歌剧，数十年来反复播放、宣传，经久不衰。由于小说作者罗广斌曾经被关押在此地，他描写的牢狱中的斗争故事又是《红岩》中着墨最多的部分，扣人心弦而又荡气回肠，这是该小说与众不同的特殊背景和感染力。

八班的姬敬武至今仍然清晰地记得，当年入校时学院大门偏左前方正对着一片低洼不平的大草坪，草坪的西侧是一排白色的平房，中间呈伞字形的屋顶下端，用白字行书字体醒目地镶嵌着"重庆市中美合作所美蒋罪行展览馆"字样，后面高处的岗楼哨卡依然可见。沿着学院大门的右侧抬阶而上,即是为纪念 1949 年 11 月 27 日被国民党杀害的 300 多名革命先烈而修建的烈士碑和坟茔陵园。顺着烈士墓右侧的小路前行不远,便可到达《红岩》中所描写的“人间魔窟”——渣滓洞和白公馆两个监狱旧址。他说,对于我们这些读着《红岩》长大的年轻人来说,能来到江姐、许云峰、小萝卜头等革命英雄人物生活、战斗过的地方读书,这种红色的氛围对我们年轻生命的感染是长久而深刻的。江姐等先烈追求真理、不屈不挠的精神,对于初见世面的学子精神的感应是无形但是深远的。在他看来,这种红色氛围、红色精神的影响可能是出现“西政现象”的原因之一。

我清楚地记得第一次到烈士墓的时间是 10 月 14 日,那是学校开学典礼举行后的第三天,一个天气晴朗的星期一。当时,我怀着景仰的心情,用随身携带的笔记本,认真抄录了革命烈士纪念碑上面的碑文:

1949 年 11 月 27 日重庆解放前夕,面临崩溃末日的蒋介石匪帮,穷凶极恶地对被囚禁在渣滓洞、“中美特种技术合作所”的 300 余名革命志士集体屠杀,充分表现了反革命垂死挣扎的兽性。死难烈士中,有中共党员、工人和农民,有爱国抗日将领和民主人士,还有科学家、作家、教师和学生。随志士羁禁的少年儿童和尚在哺乳中的婴儿亦不能幸免于难。

走过大约 40 公分厚、呈长方形状竖立的烈士纪念碑,不足百米处有一处坟茔,前面立一长形碑墙,上镌刻着“一九四九年十一月二十七日死难烈士之墓”两排黑体大字,碑墙背后由灰白色栏柱石环护着的先烈坟茔上芳草萋萋,隆起的土包上,种植着栀子花、葱兰、六月雪、万年青等花草,此时正是秋末,有的开花,有的吐翠,秋风送来一阵阵馨香,沁人心脾。烈士墓两侧是青翠的松柏,在松柏相间中还有香樟树、杉树等。顺着烈士墓下方,是一片高低不平的洼地,长满没过膝盖不知名的小草,写有“中美特种技术合作所和‘11·27’大屠杀纪念馆”字样的馆名正立中间。当年纪念馆内部装修比较简陋，甚至没有一个比较正规的进出口，展览馆外两侧有设半米高的围栏。在展览馆内，我用金星钢笔断断续续地在日记本上，依次记录当年“11·27”惨案发生前后几个重要的事件和时间信息：

1949年1月1日，国民政府重庆警备司令部宣布即日起实行宵禁，并开始邮电、新闻、交通检查及突击盘查。

1949年8月，蒋介石偕毛人凤到重庆布置屠杀计划。在“对共产党人一分宽容，就是对自己一分残酷”信念驱使下，毛人凤饬令军统西南特务机关立即清理积案。零星的屠杀陆续开始，头一个遇害的就是与张学良一起发动西安事变的杨虎城将军，时间为9月6日，地点在歌乐山的戴公祠。

1949年10月，随着中华人民共和国成立，进军川黔的刘邓麾下的二野数十万大军进军神速，直逼重庆，在重庆四周，国共两军开始接触交火，枪声阵阵，歌乐山上的大屠杀加紧进行。11月14日，江竹筠、李青林、齐亮等30人被特务借口转移出了监牢，在歌乐山上的电台岚垭遇害。

1949年11月20日，军统特务头子毛人凤领衔，成立“重庆破厂办事处”，确立了主要破坏目标和对政治人犯的处置方案。蒋介石在歌乐山下的林园会议上决定，撤退前夕，立即启动代号为“破厂计划”和“处置计划”的大屠杀活动。

1949年11月22日，解放军在北起长江、南至湘桂黔边境的千里战线上，开始向大西南发动强大攻势。当日先头部队突破白马山防线，直逼重庆。24日，解放军开始总攻重庆，囚禁在白公馆、渣滓洞的人已经依稀可以听到解放军的隆隆炮声。26日晚，解放军先头部队的两个营抵达重庆近郊南温泉一带，距歌乐山只有几十公里，与驻守此地的国民党军队打响了遭遇战。

此时，闻风丧胆的刽子手们在杨家山集结，5时举行会餐，一致宣誓“绝对保守秘密”后，于6时许兵分两路，分别赶往白公馆、渣滓洞执行大屠杀计划。歌乐山下枪声、口号声彻夜未息,直到29日仍然不绝于耳。

11月30日凌晨,蒋介石匆匆乘坐飞机离开山城,重庆解放。

1949年12月1日,人民解放军正式举行占领重庆的入城仪式,解放军部分官兵在群众引导下,直奔歌乐山,冲进了渣滓洞、白公馆。面对人去楼空、余烬未消、焦尸遍地、血水横溢的惨状,许多流血不流泪的战士们无不失声痛哭;有的跪地不起,痛不欲生:“对不起,我们来晚了!”

经过数日的清理、挖掘,在歌乐山集中营范围内,人们共发现尸体332具。当年,全城最好的棺木都被调集到歌乐山下,每具尸体用两斤酒精消毒,一丈白绸裹尸来收敛烈士的遗体,这在刚刚解放且物资极度匮乏的重庆实属不易。

记得当天回来后,我心潮难平,陆续写了一些文章和诗句,表述自己内心的感受:“默默地、默默地我穿过松林,缓缓地、缓缓地我走上陡坡,哪里是当年烈士走过的道路?哪里是当年先烈战斗的场所?这是心底预约的一次庄严而神圣的谒拜,这是净化心灵的一次吟咏与感悟的思索……白云轻抚的巍巍烈士墓啊,不正是先烈们的崇高形象气壮山河?!”

在不少同学的笔下,也有与我相似的这种烈士墓的感触和情结。

周瑞春说,入学之初,因为背英语单词,天刚蒙蒙亮就翻身爬起,一路念念有词地来到烈士墓,沿着那条溢满栀子花香的小径打转,晨雾弥漫,呼吸着湿润清凉的雾气,不禁神清气爽,心想,修仙辟谷,餐风饮露,大抵也是这般舒坦吧。只是这些英语课文,也如五里雾中,被一头雾水打湿了记忆,沉甸甸地再也拎不起来了,同学们不只要记住那浓郁的栀子花香,还要记住那些曾像花一样美丽过的生命。后来,无论我在哪里闻到栀子花香,都会不由地想起烈士墓的早晨。

六班的崔卡娜说,大学四年,学校曾经几次组织参观白公馆、渣滓洞,但我都没有去。小时候,大概四五岁吧,父亲曾经带领全家参观过江西上饶集中营,那阴森黑暗的牢房和可怕的刑具至今还留在我的脑海里，那种地方实在显得阴森可怕，不愿多看一眼。但烈士墓、纪念碑、松林坡等地学生们还是经常去的，那里十分幽静，平时没有什么人，又十分整洁，我时常在那里背课文。

二班韩福民说，在校园里有无数个清晨早练，我都曾一口气越过白公馆，直达渣滓洞，而后沐浴着迷人的彩霞返回学校，开始一天的学习生活。很多的下午课后或者黄昏，大多是在烈士墓找一石桌石凳，静心读书或做笔记，天天如此，有英烈的气节作伴，学习动力无穷！

四班的朱兴有说，大学四年，我喜欢锻炼，跑步在歌乐山间，计划雷打不动，每周一至周六跑到白公馆，周日跑到渣滓洞，我坚信在潮湿路边草坪上，参天蔽日丛林中还有先烈的灵气存在，求得护佑，有个健康体格，毕业后多做一点他们想做没有做成的事情，这种暗示的精神力量是无穷的。

十班的黄松有和邓标伦两人合作在校刊发表的一篇《早读》的散文诗，通篇押韵，朗朗上口，读来让人激情迸发，荡气回肠："一轮朝阳

1978 年 10 月，作者在"一九四九年十一月二十七日死难烈士之墓"前的留影

从东方喷薄而出，迎着习习的清风，我们迈步到烈士墓早读。仰望着庄严肃穆的纪念碑，我们的思绪小船沿着历史长河溯游。我们似乎看见，那黑如墨灰的白公馆里，黄显声将军步履蹒跚，伤痕累累；肃肃杀气的渣滓洞中，龙光华先烈遍体重创，忧心如焚。更有那长存环宇的'11·27'英雄的卓绝壮举，催人泪下，彪炳千载，万人仰慕……晨风飒飒，我步态轻盈地到烈士墓早读。墓碑巍巍，鞭促我要以一天等于 20 年的速度。读啊写，写啊读，无止境，战不休。既准备献身于壮丽的民族复兴事业，又岂止是朝朝暮暮？"

1980 年 4 月 3 日晚上，我们在东山大楼的大教室里，直接当面聆听院党委书记张文澄讲《红岩》的时代背景、人物故事，更让我们感到亲切无比。听罢讲座之后，我和班上的曹守业（晔）一起采访了张书记，并合写了《缅怀先烈继承遗志——院团委举办〈红岩〉讲座》一稿投给校刊刊登，全文如下：

4 月 3 日晚，院团委举办了由院党委书记张文澄同志主讲的，关于小说《红岩》的时代背景、人物掌故讲座，许多同学、教职工纷纷到场听讲。张文澄同志从抗日战争初期就参加并负责过地下党的组织工作，曾经同后来牺牲在白公馆、渣滓洞监狱的罗世文等烈士在一起战斗过，亲身经历《红岩》的一些人和事，说起当年往事，他如数家珍，许多同学听后感到收获匪浅。在他的讲座中，有一段诗专门赞扬罗世文："浩气存寰宇，英名垂史册。壮哉罗世文，后继有千百。"

在讲座中，张书记就小说中《红岩》题目的渊源、作者以及小说的真实时代背景、某些人物的原形儿等等作了介绍，缅怀周总理当年在渝负责南方局工作，领导我党和人民同国民党反动派进行斗争的丰功伟绩。他重点回忆了罗世文、车耀先、刘国志、彭咏梧等我党优秀同志的生平事迹，使师生们从老一辈革命家和先烈们身上，看到了他们不怕牺牲、敢于斗争的优秀品质，从中受到了深刻的教育。

参加听讲的学生中的党员都是在十年动乱中入党的，没有受到系统的党的优良传统作风的教育，听了讲座，感触很深。他们说，在我党的历史上，无数优秀儿女为了推翻三座大山，实现社会主义、共产主义的伟大理想，不惜抛头颅、洒热血，表现了对党的事业的无限忠诚。我们应当以先烈为榜样，坚定信念、加强自己的思想修养，做一名合格的党员。大家还认为，过去党曾经犯过错误，也出现过像“甫志高”那样的败类，但都无损于党的光辉，党能够纠正错误，克服困难，夺取中国革命的胜利，也一定能够领导四化胜利实现。不少同学表示要更加热爱党、珍惜今天的幸福生活，好好学习，为四化贡献力量。

张文澄书记曾任重庆市委宣传部长，上世纪50年代陪同周总理视察重庆。他思维敏捷，口才很好，据说颇得周总理赏识。那一天听完讲座当晚，我心情激动，热血沸腾，写下了以下感想：

今晚，礼堂里显得分外肃静，同学们相互间听得见心在跳动。听张书记讲《红岩》的故事，一句句多么感人至深……看他一头白发似见风起云涌，听他话语铿锵如闻炮声隆隆，啊，“红岩山上红梅开”，山城哺育多少革命英雄？罗世文为革命忍辱负重，车耀先讲慎独坚持斗争，罗文斌绣红旗向往明天，江竹筠留遗书信仰忠贞……

我还在日记中这样写道：

面对烈士墓，遥望歌乐山，让人自然想起学生时代不止一遍读过的《红岩》，想起了江姐、许云峰、成岗这些不朽的名字。有的同学说得好，常在歌乐山下跑步、看书，每天仿佛看见月光下渣滓洞、白公馆阴森的铁窗，看见囚室地板上斑斑的血迹和烈士们留在墙壁上的诗句。在我的脑海里，还依稀记得，在阴暗潮湿的牢房里，革命者身受酷刑后，依然向往美好的明天，忘我地学习着。他们用黄泥做粉笔，把竹签磨尖后做成蘸水笔，没有墨，用打坏的碗底做砚台，用棉絮烧成灰掺水调墨汁。就是在这样的学习环境和条件下，只有小学文化程度的谭秋明能用英文、俄文写日记，江竹筠凭记忆写出一本《新民主主义论》,刚满6岁的"小萝卜头"宋振中,在狱中学习语文、算术、图画,样样出色,还能讲一口流利的俄语……这里的每一寸草木,都记载着英雄的业绩;这里的每一块石头,都铭刻着先烈们的气节。由于学校重建,校舍紧张,同学们时常在烈士墓温习功课,每天总能看见许多前来瞻仰、凭吊烈士英灵的人们,"红领巾"大声诵读烈士诗抄,鬓毛发白的老人默默肃立。有一位同学动情地告诉我,过去只觉得这里环境清幽,空气清新。如今在这儿看书自习,周围的一草一木都能让你迸发出一种奋发向上的力量!

大学毕业后,我们对烈士墓的眷恋总与母校的情感紧紧地联系在一起。1996年9月28日和11月6日,我分别在《检察日报》和《法制日报》发表《永不忘却》和《烈士墓情思》两篇短文,回忆当年七八级同学在烈士墓旁校园里学习和生活情况。其中写道:"我的大学母校,正坐落在山城重庆的歌乐山下,与校园近在咫尺的右侧山坡上,有一座庄严肃穆的烈士陵园,这里长眠着1949年11月27日在'中美合作所'集中营大屠杀惨案中遇难的300多位革命志士。""在一个多雾的早晨,一位从'中美合作所'死里逃生的老人,向我们讲述着先烈们生前的故事……也许是就读在这块土地,也许是受到烈士们精神的感召,四度春秋,我们有了可喜的收获!在临毕业的庆典大会上,我们法律系七八级360多名同学中,被评上三好学生共93名,优秀学生干部54名,有40多位同学加入共产党……"

值得一提的是,在我们的印象中,凡提及烈士墓,总会不由自主地联想到"中美合作所"的"罄竹难书、滔天罪恶",后来才知这其实是一种谬误,无端殃及"美帝"了。过去,在文艺为政治服务的背景下,小说《红岩》及电影《烈火中永生》、歌剧《江姐》等文艺作品,都将二战期间由中美两国建立的跨国军事情报合作机构"中美合作所"妖魔化,这一原本对抗日有功的机构,并非"反共"、"反人民"的"法西斯集中营",它与臭名昭著的国民党军统集中营并无任何瓜葛,与罪恶累累的白公馆、渣滓洞监狱也无关系。当年被国民党当局逮捕后关押于歌乐山下的政治犯中，叶挺、廖承志等一些人是在“中美合作所”建立之前关押于此的，杨虎城、江竹筠等人则是在1945年底“中美合作所”撤销之后关押于此的，实际上对政治犯的大屠杀，全都发生于“中美合作所”撤销之后。在现在重庆市歌乐山烈士陵园的档案室中，至今找不出一份由“中美合作所”签发的逮捕、屠杀革命志士的文件，更没有一份文件材料中提及过他们杀害共产党人的事。

那么，缘何把“中美合作所”与军统局、白公馆、渣滓洞等联系在一起呢？相关研究人员告诉我们，其中一个重要的原因就是当年戴笠既是军统局的局长，又曾任“中美合作所”的中方主任，再加上殉难于渣滓洞、白公馆的烈士们所戴的手铐、脚镣等，均为“中美合作所”撤销时转给军统局的移交物，上面印有USA字样和“中美合作所”的编号，故将其混为一谈，以讹传讹至今。通过此事，这不得不使我们深刻感到，对历史的真相和资料的系统收集并进行严格考证是多么的重要！

2010年9月19日晚上，皓月当空，秋高气爽。西南政法大学建校60周年文艺晚会在校园操场上隆重开幕，整场晚会在著名央视主持人撒贝宁诙谐风趣的风格引导下，各类精彩节目轮番上演。让师生最为动情的是大型情景诵唱《红旗颂》这个节目了。它以江姐绣红旗为舞台造型，引出童声朗诵《红旗》，通过跨时空的表现手法，将“红旗”传递、传承和母校的历史背景和地域特征所蕴含的“歌乐山、烈士墓”的内涵充分地表达出来，勾起当年我们与这块热血而青春之土地的联想和怀旧，由此认真思索“一所大学的灵魂真正在于她的精神气而不是其他”这一真谛所在。

2016年4月，为撰写本书，笔者再回母校老校区，住在与烈士墓一墙之隔的外宾招待所。此时正值细雨淅沥的初夏时节，校园林荫深处通幽，草木苍翠依旧，校园门外的烈士墓四周人群涌动，声音嘈杂，途经校门口的公交车、私家车川流不息，汽笛频响，1964年就风靡全国的《绣红旗》音乐不时从松林中传来，仍然是那么悠扬动听，让人心怵。当我迈上展览馆的台阶，走进里面的展览大厅时，庄严肃穆的氛围扑面而来，馆内陈列着大量的实物、照片以及图表、雕塑沙盘模型等，其制作的高科技、影声像水平已经非当年可比。唯一没有变化的是免费参观，进出自如。展览馆门口不是当年的草地，而是一条从下而上通往烈士墓的青石砖铺设的数百米长的庄严大道，矗立在歌乐山下烈士墓前的大型巨幅雕像——浩气长存为主题的烈士群雕，以连环组合的形式依次表现出烈士们宁死不屈、前赴后继、坐穿牢底、迎接曙光等崇高精神风范，令人感到周身热血沸腾。

由此想起，中国现在数千所高等学府、大学校园中，有哪一所能够与这一知名度最高的烈士墓那么紧紧相邻，能够给学生留下这么深刻而难以忘怀的印象？在当年西政校园面积十分窘迫的情况下，七八级学生们常在这里复习功课，学习外语，交流读书心得，举办集体活动。从这个意义上说，烈士墓就是我们的校园、我们的图书馆、我们的课堂。

西南政法学院政法专业七八级同学在罗世文、车耀先烈士殉难处留影

CHAPTER 11 ≫

第十一章 重返讲台的老师们

俗话说，学问之继，惟赖于师。大学的高楼大厦是由众多教师的学识、魅力、为人支撑的，教师作为“传道、授业、解惑”者，对学生的成长是至关重要的。想当年，西政东山校区虽小之又小，具有教授职称的老师罕见，能够被法学界认可的大师、泰斗、学界翘楚等尚未涌现，但师德极强的教师云集歌乐山下，则是西政复办后出现的一个奇观。

在国务院法制办工作的青锋同学说过，“西政现象”从一定意义上说，其根本在于西政的老师，在于老师们所蕴含的或者通过言传身教所体现的思想、精神和价值，以及这种精神价值的传承、光大。

1978 年 2 月 18 日，当国务院高教部决定将西政列入全国首批重点院校后，同年 4 月 25 日，被四川省委委任党委副书记兼院长的苏明德、副院长胡光盘点一下麾下的师资队伍，不禁百愁交集：校园面积不仅由原来的 470 亩减少为 230 亩，校舍面积减少了一半多，而且全院教职员工合计有 411 人，其中教师仅百余人，比“文革”前的 1965 年少了 131 人。全校仅有两名教师具有教授职称，且还都是解放前晋升的。恢复招生后的第二个月，为了提升教师队伍的高职比例，杨景凡、周应德、黎国智、罗世英四位讲师被批准为副教授。1981 年 5 月经省人民政府文教办批准，提升刘博森副教授为教授，确定黄贤俊为研究员，讲师杨炳勋、种明钊、杨怀英、邓又天、董鑫、林向荣、刘永誉、金平提升为副教授，确定孙孝实为副教授。除此之外，在 1982 年 7 月前其余给七八级上课的教师均是清一色的讲师职称，许多教师因大多长期脱离教学岗位，素质参杂不齐，能否保证正常开课，让学生满意，成为院领导十分挠头的问题。

西南政法学院复办，对学校而言是起死回生，但对教师而言，则是个人命运的改变——重操旧业、重上讲台。“文革”期间，西政的教师队伍严格说来并没有完全解散，多数人留校“闹革命”。当得知中央发文恢复西南政法学院的消息后，全院上下欢呼雀跃，无不拍手称快！有的老师甚至在简陋的家里摆上了丰盛的酒菜，热情邀请当年离校出走的老师们回来重议复办上课的事情。

有这样一个故事，“文革”时，西政的一批德高望重的老师被分别监禁，有一位老师四下打听老教师关押的所在地，逐一记下。“文革”结束，这位老师按图索骥，如数找回，使西政以最快的速度招回了四处流散的老师们。

接到复校通知的许多校外老师们从工厂、从农村甚至从改造的“牢狱”、“牛棚”陆续回到久违的歌乐山下，见到曾经熟悉的校园后，无不热血沸腾、欣喜若狂！

学校恢复招生后，百废待兴，几乎一切都要从零开始。许多西政的老师，风华正茂的黄金时代已经被滚滚“运动风浪”冲走，业务本钱和知识积累也因此荒废殆尽。面对即将来到课堂听课的七八级学生，怎么办？必须以只争朝夕的精神，把失去的宝贵时间夺回来！因此，诸多回到工作岗位的老师虽身居斗室，但工作热情像火山爆发，抗酷暑，战严寒，日以继夜，翻箱倒柜，看书本，查资料，写讲稿，准备重新登上三尺讲台。

当时为了对学生负责，确保教学质量，学校建立了一整套严格的教师上岗制度。任课教师要经过严格的挑选，刚入校的年轻教师需要经过三重磨炼才能登上讲台：一是在学生的讨论课和自学过程中辅导学生，并获得学生的认可；二是组织一些德高望重的老教师去课堂上听课，观摩教学，总结经验；三是凡上课的老师必须经过严格的试讲。因此，那时的西政老师虽然在全国知名度高的不多，但就尽心称职而言都是堪称一流的。许多同学说,他们的所为已经远远超出了老师的范畴,他们不仅是知识的布道者,还是学生精神的领路人,他们不仅传授给学生知识,更有一颗慈母般的心,给学生无限关爱。每逢下课,老师都会一直滞留在教室回答同学们的问题,有时甚至会主动造访学生宿舍,及时解答学生提出的问题。每逢节假日,许多老师都会主动邀请同学们去家里作客,不仅拿出最好的饭菜招待学生,而且讲解学习的技巧和要求……那时老师对学生的关怀与照顾,可以说是无微不至,绝非"融洽"二字所能形容。

虽然当时名教授少、有授课经验的教师少,但是归队的教师们由于十多年未曾施展教育才能,对法学教育倾注了大量的心血和热情。

七八级同学深有感触地说,老师都是特别认真地授课,通宵达旦地备课,孜孜不倦地与同学们切磋、交流。他们备课认真,学知深厚,见解独到,自成一家,教学严谨。在课堂上,有的老师高谈阔论、口若悬河、慷慨激昂,启蒙于澎之间,有的老师是行云流水、深入浅出、循循善诱,润物如潇潇细雨。不同的风格、不同的语言,开启了我们学法律的智慧之门,特别是听一些资历厚重的老师们的课,如沐春风,如曝冬日,简直有一种说不出来的享受,使同学们受益匪浅。当时学校教学采用启发—指导—讨论三段式模式,更使学生与老师形成了浓厚的学术讨论氛围和教学相反的局面。

给七八级首开"第一课"——马克思主义文风课程的高绍先老师告诉我们:中国的知识分子有一个通病,不怕吃苦怕受气,最不可接受的就是被人剥夺上课的权利,因为只有三尺讲台,才是他们展现自身价值的地方。1978 年学校复办他已 43 岁,从 1954 年入校起,在歌乐山下几十年,其甘苦悲欢都在这里留下深深的印记。作为教师,早已经习惯了工资微薄、住房简陋条件下的青灯寒夜、焚膏继晷的生活,现在好不容易恢复招生,沉寂了十二年的西政校园一下子又充满了勃勃生机,歌乐山下又回荡着欢歌笑语,琅琅书声。这是多么可喜可贺的盛事啊!面对阔别十二年的莘莘学子,老师们就像捧着稀世珍宝一样，唯恐失去，恨不得将平生所学，毫无保留地传授给学生。当时教师穷得可怜，许多教师的工资只有五六十元，最好的衣服就是一套涤卡中山服，虽然说不上蓬头垢面，也是土得掉渣。因此，他听到七八级同学曾形容西政的老师女的像“保姆”，男的像“补锑锅的”。有的老师曾被打成右派，落实政策才归队，对工资待遇、住房条件等全然不去考虑，只要能让上课，就对领导感恩戴德了。

七八级同学入学后，曾听高老师说过，在 1978 年的日子里，他和林向荣、罗新民等几位老师住在实验楼（川外宿舍）的楼上，夏天酷暑难耐，要在开学前赶出教材、讲义，狭小不通气的房间是无法进的，只好在底楼的过道里，穿着一条大裤衩，光着上身，伏在长条椅上，奋笔疾书。后来，学校在临时灯光球场的马路边上，又赶修了一排工棚式牛毛毡小屋，新调进的张紫葛、袁成弟、赵泽隆等老师，都曾在这样的斗室里经受山城酷暑的考验。在《忆复办》一文中，高老师写道：“编教材赤膊上阵，写讲稿沥血呕心”，“牛毛毡斗室生春”，正是对这一情

西南政法学院政治经济学教研室的老师们正在集体研究讨论如何提高课堂讲授质量问题

景的真实描述。

十年远离课本，十年远离讲台。原先被“下放”、“遣散”到农村、偏远地区的教师们陆续回到学校，重新站在了讲台上。每当谈起这段经历，老师们时常会声音哽咽，令学生深受感染，引起师生们心灵深处的共鸣。此时，由于形势和讲授内容已经发生很大的变化，除个别“文革”期间坚持学习的少部分老师外，绝大多数回到学校、走上讲台的老师们，几乎是与新生同时开始学习法律知识，有的边学边讲。

在同学们的印象中，老教师们有的重拾几十年前民国时期的“六法”理论体系和法学知识仍然心存疑虑，出口谨慎；有的出于对“苏修”的恩恩怨怨，对苏联翻译的马列主义和社会主义法学理论欲言又止，左右顾忌，唯恐授人以柄，这势必会影响授课质量，也使七八级学生们听罢极不过瘾。“文革”以前的极少数具有教授头衔的老师们，往往会被同学们称为“熊猫级”的稀世人才，尤其曾经留学国外，西方法学功底扎实，普遍带有一种那个时代学者特有的风范和气质的老师，授课起来因满腹经纶，知识渊博，在同学们的心目中如当空彩虹，分外受到青睐。

不可否认，多年不执教的西政教师在重登讲台时，曾经有过生疏感，七八级学生们在四年的本科学习期间所学到的法学知识并不太丰厚，但是，从老师们身上体味和领悟到的许多珍贵东西之所以让大家受益终身，正是源于这些老师具有高昂的教学热情与职业的责任感，具有让学生称赞的品格与魅力！

入校时，有的老师便告诉我们，中国高校法律专业自上世纪 50 年代以来至“文革”前，就没有正经八百地评过教授。在那个特殊的年代里，强调“法律是阶级斗争的工具，是统治阶级意志的体现”，所以，在给七八级授课的老师中，有教授职称的教师实属罕见，有教授身份的老师上课备受学生看重就不难理解了。

张警教授，1915 年出生，浙江杭县（现浙江杭州余杭区）人。1942 年毕业于东北大学法商学院政治系，1953 年 9 月起在西政任教，1956

年获全国先进工作者称号,曾出席全国群英会。1957 年反右中受到不公正待遇,划为“右派”。“文革”中又受到冲击,被迫于 1976 年申请退休回到浙江老家。1978 年西政复校后,经杨景凡老师推荐,学校把从他浙江余杭的老家中重新请回来。1979 年他“右派”问题得到纠正后,精神焕发,义无反顾一心扑在科研、教学上,在 65 岁时仍坚持给七八级本科生开设《中国法制史》课程,1980 年开始连续招收硕士研究生。他在西政执教 50 多年,先后讲授 7 门课程,被评为全国教育先进工作者,最终成为著名法制史教授,被司法部授予二级英模。

在高绍先老师的记忆中,张教授上世纪 50 年代授课时就以治学严谨,语言简洁精练,讲课规范而著称。每次他都是从上课铃响到下课铃落,从无一句题外话。在七八级同学的回忆中,当年上讲台时,他已近古稀之年,年高体瘦,双眼深邃,但慈眉善目,学养深厚,上课时总是穿着一件洗得发白的蓝色或灰色衣服,戴着一副高度近视的眼镜,头发和胡子时常布满粉笔尘,甚至还有几个扣子没有扣上,脚下穿的布鞋不但破旧,有时似乎没有穿好,趿拉着鞋子行走的声音分外清晰。张教授走路时,还习惯于喃喃自语,仿佛依然在思考同学们所提出的问题。上课时虽然他的江浙口音表达不清,许多同学似听不懂,但是他的板书密密麻麻,一丝不苟,展示出其深厚的学术功底和声望。张警教授的神奇之处就是凭借知识的渊博,把中国法制史这样枯燥无味的课程,旁征博引,讲得深入浅出,教学效果极佳,给同学们留下极其深刻的印象。

在女生崔卡娜的记忆中,张教授瘦高的个子,戴着深度老花眼镜,耳朵上还挂着耳机,牙齿似乎掉光了,吐字不是很清楚,加上明显的江浙口音,听他的课有些吃力。但他的精神状态极好,身板挺得笔直,讲课从不啰嗦,同学们上张教授的课秩序出奇的好,每堂课没有任何喧闹、敲碗等杂音,掌声听起来也是那么发自内心的真诚、热烈。张教授以七十多岁高龄担负着繁重的教学和科研工作,那种谦和雍容的大家风范令人起敬,从他身上学生们学到了什么叫爱岗敬业。

其实,张教授从小身体虚弱,老伴在"文革"中受刺激精神失常,长期患病,先他而去。张教授膝下没有子女相伴,晚年十分孤独,体弱多病无人照看,2003 年 8 月 11 日因病去世,享年 88 岁。

讲授古汉语的张紫葛教授,也是七八级同学极为敬重中的一位大师级老师。在学生舒扬看来,张紫葛教授本身就是一个传奇人物。他上课说起《红楼梦》来,"陶而然之,舞之蹈之"。他闭目高声吟诵庄子《逍遥游》的忘情与潇洒,让学生五体投地。讲课时,他自称双眼完全看不见,但板书却异常工整。每当为七八级同学授课时,总有一位同学恭恭敬敬地站立于黑板旁,恰似书童一般,为眼神不好的老师板书,从同学们不由自主地发出的感叹声中,你能充分感受到张教授授课的风采和课堂的学习氛围。

除了两位德高望重的张教授外,当年给七八级同学们上课的老师们生活朴实,为人低调,不显山不露水,如今看来,他们可谓群英荟萃,也是学生心目中的明星恩师,堪称学界的知名人物。

阳作洲老师,1925 年 11 月出生,四川遂宁人。1952 年毕业于四川大学法律系,我国法律逻辑学的主要开创者,著名的法律逻辑学家。从 1980 年起,先后发表法律逻辑方面的论文 40 余篇,1981 年他与石子坚教授负责统编的《法律专业逻辑学》,是国内首部法律逻辑教科书。阳老师是 1983 年至 1993 年间中国法律逻辑研究会最重要的领导人之一。在这 10 年之后,在学会工作近于瘫痪的情况下,他实际承担了首要的领导工作,并通过组织新的专业委员会使学会获得了转机。阳老师主张政法院校的逻辑课应与法律和侦查结合起来,强调政法院校的逻辑老师必须具有丰富的法律、法学、法庭辩论、侦查等知识。他一生致力于法律逻辑和侦查逻辑的教学研究工作,率先在全国招收了法律逻辑专业硕士研究生。他致力于形式逻辑在司法实践中的应用研究,列举的案例和实例众多,而且往往是先提出例句不作解答,尽量让同学们有思考的空间。他上课惯用的口头语是:"这一句子有啥问题?"这一带着实际例子而设问式的教学方式,令听课的同学们无不兴趣盎然，精力集中。他的分析论证十分缜密，非常清晰。在同学们的印象中，阳老师体弱多病，戴着一副深度眼镜，上课时常听到他咳嗽不止，不时拿出手帕捂住嘴角，生怕影响自己形象。当年每晚散步的同学们经过他在西山教工宿舍一层的门窗前，总能看到他在读书、写作的身影，从他身上领会了什么是孜孜不倦、严谨治学。

高绍先老师，1935 年 10 月生，原籍山西太原，幼年随父母避日寇战乱入川。1954 年考入西政法律专业本科，1958 年毕业分配凉山甘洛检察院工作，1960 年 10 月调回西政任教。1978 年学校复办后曾任语文教研室副主任、学报副主编，1983 年 12 月任副院长，1985 年任院长，系西政复办后第四任院长。高老师多才多艺，中文甚佳，与学生亦师亦友，志趣投缘。四班陈泽宪曾经感触深刻地说，高老师无论是当校长还是任教，总喜欢与学生下棋，棋风张弛有度，绵里藏针。曾几何时，七八级学生毕业后若干年，他出差开会无论走到哪里，都会忙里偷闲，不管自己身份如何，喜好与学生对弈几局，不管胜败，只图开心。

高老师在刑法史研究和教学中颇有成果，先后著有《中国刑法史精要》《法史探微》《春秋战国时期的论辩文化》《新编刑法学》等专著 20 多部，发表论文 70 多篇。其退出院领导岗位后，除担任重庆市人大常委会委员等各类职务外，仍然埋首理书，成果斐然。记得 1990 年北京召开亚运会期间，高老师观看比赛后错过末班车无法返回中央党校的学员宿舍，欣然入住我家打地铺毫不拘束，在与我闲谈时便说，他退出领导岗位或退休后，唯一就想写书立说。2016 年回到母校采访时，高老师不仅亲自参加了我的采访活动，而且送了我好几部有分量的学术著作，让我敬佩不已！

杨景凡老师，1916 年 11 月生，四川渠县人，1939 年入党，1938 年至 1949 年从事党的地下工作。1954 年到西政任教，先后任国家与法的理论、共运史、语文教研室主任。他一生饱经沧桑，历尽磨难。1949 年前为革命出生入死，屡涉险难；新中国成立后，在极“左”思潮泛滥的年代，不受信任。由于他常有逆向思维，敢于标新立异，而且言辞锋利，一语中的，落得个“恃才傲物”、“孤芳自赏”之名，在历次政治运动中“在劫难逃”。“文革”期间为抵制撤校带头参加“护校斗争”，1978年力主提前“复办”招生，贡献卓著。他为人谦卑，虽然是“复办”后学校最早晋升为副教授的四位教师之一，但直到离休前，为了不挤占他人指标，坚持不申报教授职称，被传为美谈。杨老师离休后除了组织中国法律史学会西南分会重新编写《中国法律思想史编》等教材外，不顾眼疾渐深，将大量的时间用于阅读中外名著，涉猎广泛，并写下数十万言计的读书笔记。七八级学生顾培东曾这样描述其老师：“西政研究生读书精神，不一定空前，但敢谓绝后。偏处一隅的孤寂，知识解放所激发出来的求知渴望，同学间不可言说，但足以感受到强烈的竞争，伴以杨景凡老先生(时任研究生处处长)凌厉而近于冷酷的目光，造就了浓得令人窒息的读书气氛。”高绍先老师在《忆景凡老师》的回忆文章中也认为，“西政之所以保留住了地盘，保留了基本队伍，人还在心未死，在4所政法院校中率先恢复，率先招生，与杨景凡等老师的斗争是分不开的。”2001年8月3日，杨景凡老师因病逝世，享年84岁。

林向荣老师，1928年出生，河北昌黎人。1948年9月考入台湾大学哲学系，1950年3月考入中国人民大学法律系，1954年9月成为人大法律系刑事诉讼法专业研究生，1958年10月分配到西政，因“台湾历史问题”受牵连，长期受到不公正待遇，“文革”期间备受磨难，1978年1月调回西政法制史教研室任教，系七八级“外国法制史”课程主讲教师。1978年夏天，重庆酷热难耐，为了赶写七八级学生使用的外国法制史讲义，林老师不仅废寝忘食，到了没日没夜的程度，而且竟然把小桌子搬到楼道里，不顾斯文与否脱得只剩下短裤，一手摇着大蒲扇，一手挥汗如雨奋笔疾书，在师生们中传为佳话。

日常接触林老师时，一脸严肃，不苟言笑，但授课时吐字清晰，一板一眼口才极佳，能够把十分抽象而陌生的中外名词法律术语讲得深入浅出，不至于让学生摸不着边际，在西政的法制史科研教学方面有着无可争议的权威地位。有一次上课时,他随口将“酗酒”念成“凶酒”。下课后,七八级女生王莉同学上前给他指了出来,他当时只是“唔”了一声,不以为忤。第二节上课时,林老师因口误向同学们真诚致歉,并称王莉为“一字师”,这让学生们知道了什么是虚怀若谷。他幽默而诙谐的谈吐,常使课堂掌声如雷贯耳。林向荣老师长期从事法学教学和研究工作,曾主编《外国法学研究》,在外国法制史、中国法制史等方面有较高的造诣,尤其精通日语和俄语,俄文阅读、翻译自如,发表俄文论文 50 万字,日语更好,他的西方法学思想史课程讲得极佳,他指导过的七八级学生有江必新、夏勇等人。林老师 1996 年 8 月离休,2008 年 9 月 27 日因病去世,享年 80 岁。

邓又天老师,1922 年出生,四川南充人,1938 年入党,1946 年考入四川大学。新中国成立后任南充县人民法院副院长,1952 年抽调最高人民法院处理积压案件,1953 年参加西政筹办工作,1955 年参加刑法的起草工作。他实践阅历丰富,法理功底扎实,给七八级学生

林向荣老师给西政七八级学生讲授《外国法制史》课程

主讲刑法课程时,课堂往往鸦雀无声。他长着一幅宽阔的脸庞,发白的银发闪烁着睿智,操着地道的四川口音,案例信手拈来,分析颇有见地。一次在讲到刑法上的因果关系时,课间休息时有的同学不同意他的观点,与他开展了热烈讨论,他不气不恼,耐心作答。当天晚上,邓老师竟然来到学生宿舍,与学生们继续白天的讨论。学生是初生牛犊不怕虎,毫无顾忌地发表意见;邓老师是和颜悦色,耐心讲解,这让学生们知道了什么是教学相长。西政七八级在校期间,他曾任刑法教研室主任。邓老师1991年2月离休后,笔耕不辍,主编并出版《中华人民共和国刑法释义与司法适用》等著作。2003年6月25日去世后,其生前撰写的学术专著还陆续得以出版。

常怡老师,1931年1月生,1951年1月至1955年7月在中国人民大学法律系学习,1956年11月至1960年11月在苏联列宁格勒大学研究生院攻读民诉法专业,获得法学副博士学位。1961年8月调到西政,历任讲师、副教授、教授及诉讼法学博士生导师,曾主编、合

西南政法学院语文教研室的老师们讨论如何提高学生写作能力问题

著出版《民事诉讼法学》等著作、工具书和教材 30 余部，发表论文 60 余篇，亲自撰写 140 余万字，率先在我国开设民事诉讼法、苏联及东欧国家民事诉讼法和人民调解学三门课程。在强制执行、告诉申诉和调解制度研究方面填补了国内空白。有一次常怡教授在给甲大班学生上大课时，因话筒效果不好，课堂秩序受影响，急得他不由地对赶来修理的校工大发雷霆，而转头对着学生却点头表示歉意，连声说对不起，连爱起哄的学生们也不再好意思鼓倒掌了。

种明钊老师，1932 年 7 月生，山东滕州人，1954 年 7 月留校任教。种老师是我国著名的经济法学家，与李昌麒教授等人一起创建了西政经济法学派，系西政经济法学科的创始人之一，被中国法学会授予“全国杰出资深法学家”称号。在七八级学生张武的记忆中，他是学校唯一政治经济学研究生毕业的，马克思的《资本论》他都能倒背如流。1980 年他在全国率先提出把法学与经济学结合起来建立一门新科学——法经济学的观点，受到国内法学界的重视与肯定，其理论专著《中国农村经济法制研究》是全国社科“七五”重点科研项目，对于把握我国农村经济法制的全貌和立法工作有着较大的理论意义和实践意义。

1990 年 6 月，种教授接任西政院长后，曾经有四大愿望：上博士点、改校名、成立出版社、冲击“211”。经过各方努力，在他任期届内，前两个愿望终成现实，后两个愿望因故没有实现，他为此愧疚至今。有文章评价种教授担任校长的七年内，忍辱负重、委曲求全、呕心沥血，鞠躬尽瘁。在他的任职内，西政成为博士点高校，更名为“西南政法大学”。这两件事都是铸就西政跨越式发展的重大事件。如果说 1977 年率先于其他四所政法学院复办和 1978 年提前招生并被确定为重点大学，促使西政获得了占尽先机的发展基础的话，那么，1993 年上博士点和 1995 年改校名，则为西政奠定中国高等法学教育中继续辉煌的新台阶。

至于西政申办出版社和争“211”，本身就是中国特色的行政化办大学导演出来的一幕幕滑稽的悲喜剧，带有浓厚的功利主义色彩，加上各方面因素的制约和困扰，让身为学者和教育家的种校长想有所作为、有所突破，确实勉为其难，更不是中国一校之长自身努力所能完成的。我们曾经看过一则报道，称 1993 年到 1997 年是西政发展最快、步伐最大的五年，也是人气最旺、最有生机的 5 年，种教授应当为此感到欣慰了！

金平老师，1922 年生，安徽金寨人，1949 年毕业于国立安徽大学法律系，1953 年调任中央政法干校学习后到西政任教。全国资深法学家，著名民法学家，先后获国家、省、市科研成果奖十余次，参加历次民事立法，其“民法调整具有平等属性的关系说”被 1986 年制定的《民法通则》所采纳。他先后三次参加新中国民法典的起草工作，虽然由于历史的原因每次都折戟铩羽，但见证了新中国民法典的制定历程，并为中国民法教育事业的发展和民法学理论的创立与传播作出了历史性的贡献，素有“当代民法史的活化石”之美称。1981 年 5 月至 1982 年 9 月，他担任民法起草小组组长。

20 世纪 80 年代初，金平老师在司法部的支持下，在当时的西南政法学院策划创办了被誉为“改革开放后的中国民法学的黄埔班”——全国首届“法律专业师资进修班民法班”。在他的奔走呼号下，佟柔、江平、赵中孚、谢邦宇、林诚毅、关怀等一大批当时国内一流的“民法人”陆续来到歌乐山下的西政校园，为来自全国各地的学员传道授业，解答疑惑，也使七八级的不少“旁听生”、“蹭课生”趋之若鹜，大饱耳福。在金平教授看来，当年给七八级任课的教师们，没有多少急功近利的思想，只知道一心扑在教学上。对现在高校教师参与太多的社会活动，甚至在社会上到处兼职挣外快的现象，金平颇为忧虑。“太看重个人利益，怎么能好好教学生呢?”周强 2011 年 6 月 29 日在庆祝金平教授 90 岁诞辰生日时，曾经高度评价自己的恩师：“师恩似海，师德如山。我有幸师承先生门下，攻读研究生三年时间。在这段美好的时光里，得益于您的耳提面命，耳濡目染，既汲取了丰富的学术营养，也收获了宝贵的精神财富。‘许国不畏身家累，除弊应如金石坚’，您的谆谆教诲，学生铭记在心、受益终身。”

黎国智老师，1927 年 9 月出生，广西玉林市人，著名法学家，新中国法理学及马克思主义法学奠基人之一。青年时代投身爱国学生运动，曾任昆明市学联秘书长等职。1951 年至 1953 年在中国人民大学法律系攻读研究生，毕业后留校任教，后调入西南政法学院任教，开启了在西政长达 60 年的教育生涯，先后成为学校首批晋升的讲师、副教授、教授。上世纪 80 年代初，在七八级学生在校期间，他率先开设“马列主义经典法学著作研究”课程，出版第一部《马克思主义法学论著导读》和第一部行政法词典，还出版了系统阐述马克思主义人权理论的著作《马克思主义人权理论概要》一书，在我国第一次全面、系统阐述马克思民主与法治思想的基本原理。他亲自创办了《西南政法学院学报》（后改为《法学季刊》《现代法学》），担任期刊主编 12 年，并长期担任法理专业研究生导师。2013 年 9 月 11 日去世，享年 86 岁。

徐静村老师，1940 年出生，四川江安县人，我国著名的诉讼法学家，1963 年毕业于西政，1979 年起在西政任教，曾任《现代法学》主编、西政副校长等职，从事教学科研 30 多年来成果丰硕，已出版著作 30 余部，发表学术论文百余篇，其著述总字数达 1000 余万字，著述中多次获奖，其撰写的《律师学》《侦查辩证法》《法情报学》等，为创建边缘学科作出了突出贡献。1980 年他执笔编写的《刑事诉讼法讲义》和《民事诉讼法概论》两本教材，是当年全国仅有的诉讼法学教科书，为相继恢复法律院校的诸多大学所采用。徐老师自 1995 年招收博士研究生以来，已经有 146 人获得硕士学位，40 多人获得博士学位，其培养的弟子有七八级的龙宗智等人。他是迄今为止全国法学界唯一一位两次获全国优秀博士论文指导教师奖的博士生导师，曾被评为全国教育系统劳动模范。2005 年入选《当代中国法学名家》。他退休后笔耕不辍，出版了《徐静村法学文集》《徐静村诗词书法集》等书，至今仍然坚持奋战在潜心钻研学术的第一线。

廖俊常老师,1931 年出生,四川富胜县人,1956 年 8 月在西政学习结业后留校任教,西政诉讼法学科的开拓者和奠基人之一,全国优秀教师,刑事诉讼法学知名专家。学校复办后曾任诉讼法教研室主任,并兼任重庆市第三律师事务所主任,对刑事诉讼法学、证据法学有长期深入的研究,其负责研创的《判例观摩模拟教学法》80 年代获全国普通高校优秀教学成果一等奖。由于他兼任律师工作,授课很接地气,口才超群,语言生动素有“铁嘴钢牙”之称,七八级不少同学受其教益不浅。听过他的课的同学称:“最为精彩、颇具思辨色彩,最具吸引力的无疑是廖俊常老师讲授的刑事诉讼法课了。”在法庭辩护时,他语言犀利,善于抓住要害,精准阐释法理,可谓剑剑封喉,刀刀见血,话落一咬牙,一跺脚,两眼发亮,抬头挥手,一幅胸有成竹的胆识和自信,根本不容对方反驳。他讲课时手动加语速极快,不少同学从他身上学到了细微的观察力和生动、准确表达的一些技巧和方法。只有高中文凭的廖俊常老师,堪称七八级学生崇敬的第一辩护高手,不少人毕业后走上律师道路,兴许与廖老师的影响力有关。孟勤国时常想起大学期间跟随廖俊常老师做的三个案件,认为受益一生。最让同学们感动的是有“铁嘴钢牙”美称的廖老师对待生命的超然大度。他在开完王洪俊老师的追悼会后,对徐静村老师郑重其事地说:下次该轮到我了！他病重时坚持不让家人告诉学生、友人,真诚地谢绝大家探望,也不愿医院作无用治疗,面对死亡表现得非常坦然。2010 年,廖俊常老师因病逝世,享年 79 岁。

卢云老师,1931 年出生,湖北松滋县人,1956 年毕业于中国人民大学法律系后分配到西政从事教学工作。1978 年复校后,先后在民法教研室、国家与法理论教研室担任教研室主任,我国法理学界知名专家,主编国家社科基金项目《城市经济体制改革中的法律问题研究》《国家与法的理论》《中华人民共和国宪法》《法学概论》《法理学》等科研项目,主审《马克思恩格斯论法与法律(英文版)》和《法的一般理论(俄文版)》等法理学译著,主持和参与编纂全国首部九卷本《法学基础理论参考资料》,出版《卢云法学文集》。1997 年 2 月 16 日逝世,享年 66 岁。

邹明理老师,1935 年 9 月出生,四川武胜人,我国刑侦技术专家,1979 年亲自参与组织创立西政刑事侦查学院和招收本科专业学生,从而使西政成为全国最早开办侦查学本科专业的院系,同时在七八级、七九级率先全国开设《侦查心理学》《侦查情报学》等课程,培养了"中国刑侦第一期"的杨焕宁、何挺、刘跃进等公安刑侦系统的专家型领导干部,使西政的刑侦学科在国内外享有盛名。主编国内第一部《笔迹学》《指纹学》等专著及其他教材、工具书共 20 余部,发表学术论文 40 余篇,创立了笔迹学体系,提出了改革和完善我国现行司法鉴定制度的一些重大理论与措施。

王洪俊老师,1924 年出生,重庆铜梁人。1956 年 8 月毕业于中国人民大学法律系民诉研究生班,是西政诉讼法学科的奠基人之一。撰写并公开出版、发表国内第一部《检察学》专著和第一篇关于建立检察学理论的论文,对创建具有中国特色的检察学的理论和体系建设作出了重要贡献。主持国家"七五"期间哲学社会科学基本资助课题"中国审判理论研究",主编《中国审判理论研究》,发表论文数十篇。他爱生如子,为我国诉讼法学界培养了不少著名学者。2007 年因病去世,享年 83 岁。

杨和钰老师,女,1931 年生,四川成都市人,1955 年西政毕业后留校任教,1957 年北京政法学院研究生班民诉法专业毕业后回到西政,在校期间有西政"才女"之称。1957 年她与丈夫双双被错划为"右派"后,长期在校图书馆赋闲打发时光。1978 年复办后,杨景凡老师力邀她担纲"中国法制史"课程,她既感到意外又感到惶恐,认为找一位"摘帽右派"给七八级学生传播被认为"封、资、修"的中国法制史,在她看来感到不可思议。但在杨老师等人的执意下,她无法拒绝,决意改行,最终成为一名著名的法律史教授。她先后给七八级学生讲授《中国法制史》《中国刑法史》《中国古代诉讼制度》等课程，主编全国成人高等法学教育统用教材《中国法制史教程》等。她在学生心目中的形象是“口齿清澈，形象谦和，心诚性真，勤恳好学。”1995 年时任院党委书记的七八级女生胡泽君在全校会议上，评价她是“内在与外表一致，深受同事和学生爱戴的女老师”。

俞荣根老师，1943 年 1 月生于浙江诸暨，系西政复办后首次招收的法制史研究生，师从杨景凡老师。当年因师资不足，俞老师读研期间参与“中国政治法律思想史”教学工作。从 1981 年起，为西政七八级讲授“中国法律思想史”课程，自称“一个乐此不疲地守望和回采儒家之法传统的法律学人”。他多次负责国家社科项目，其著作《儒家法思想通论》获四川省社科一等奖，与人合著的《孔子的法律思想》在学术界也产生了较大影响。他坦言 1982 年硕士研究生毕业留校后，给七八级讲授法律思想史时，一度战战兢兢，倍感压力，费尽努力，反响一般，后来给七九、八零级讲授则找回自信，侃侃而谈，获得一批学术粉丝追捧。在一些同学的回忆文章中，大多称“年轻的俞老师”虽然资历不深，但总能把课讲得有声有色。

此外，孙守煌、王锡三、李昌麒、张序九、董鑫、周应德、杨怀英、罗世英、王明三、杨杜芳、袁成弟等一大批老师，各有其授课绝招和为师风度。在西政七八级同学的心目中，皆是师德双馨，评价甚高，也是在西政复办初期教学成功的一面面光彩夺目的旗帜。

其实，1982 年之前，全国高校法学教育水平刚刚起步，缺乏基础和积累，教学基准大致差不多，客观上说，西南地域远离政治中心，信息相对闭塞，也在一定程度上限制了老师知名度的扩大。当然，在教学的硬件方面，如图书馆、阅览室、外语教学室等，西政确实是差一大截，没法与其他院校比。西政老师普遍自认不如北大、人大诸校与吉大等院校，也是一种谦虚而务实的情怀。记得郭梦真说过，高校并非有名师出高徒，况且一两名名师并不决定教学水平，还在于整体实力。就当时西政的师资而言，相对于其他为数不多的全国法学院校系，各门类学科师资比较整齐，没有明显的短板，有些方面甚至在全国堪称一流，如法医学、刑侦学等，我们上法医学课程时，就在东山大楼的一层教室里亲眼看老师解剖尸体，其他大学肯定不会有如此鲜活的内容。

在西政七八级许多同学们的笔下，西政当年的老师们课堂上展示的风采五彩缤纷，各具特色：

——廖俊常老师的刑诉课、卢云老师的国家与法课，使我体会到法律科学的真谛；董鑫、邓又天等老师的刑法课，影响了我若干年的专业选择；杨永敬等老师的多门史学课程、林向荣老师的外国法制史、孙守煌老师的外国法律思想史等，使我有了一定的世界眼光……正是由老师们所传授的一门门课程，积聚了能量，构成了学生们的人生基础，形成了在竞争中奔跑的能力。现在许多知识点或许学生们已经记不全了，但老师的魄力、知识的传授，确让学生们受益终生！

——讲授刑法总则的邓又天老师一幅老成稳重的样子，讲授时联

邓又天老师辅导西政七八级学生论文写作

系实际，生动案例随口拈来，如数家珍，但一旦涉及定性时不乏出语谨慎，与讲授刑法分则的赵长青老师虽然坐与站着讲课风格不同，但两人授课内容相互衔接、遥相呼应，其敬业精神、睿智的思想和幽默生动的语言，往往能够调动课堂的气氛，博得同学们的掌声，吸引了一大批学刑法的学子步其后尘。邓老师解放前曾经被捕入狱，入学后见到他写的"党给我第二次生命"文章印象十分深刻。柯汉民利用暑假期间到法院办案，担任辩护人，写了案例分析，他得知后便把他的文章要去，向院刊推荐发表，供同学们讨论。

——林向荣老师给我们留下的印象最深刻。他有着超强的自信、渊博的知识，严谨的逻辑，凝练的语言，洪亮的男中音，卓然不群的独立自由风格，铮铮的傲骨……张飞舟称在他后来接触到的大学老师中，再也没有遇到可与之匹敌者。

——阳作洲、雍琦老师讲授法律逻辑学课程时，虽然拐弯抹角、欲言又止的内容不少，但总能极大地调动课堂的冷静气氛，他们讲课精到细腻、旁征博引、妙语连珠，引得课堂掌声不断。两人作为我国法律逻辑学的主要创始人，对逻辑学的教学科研的执着和筚路蓝缕的历程十分令人动容。

——讲授国际私法的袁成弟老师有句名言："西政是金矿，西政学子是金子。而金子的特性是，无论放在哪里都会闪光，无论处在何时都不怕烈火熔炼！"让学生们大受鼓舞，他坦承首次给七八级学生上课时，课堂秩序一度出现混乱，有的学生开始敲碗。课后，脸色阴沉的朱教务长找他谈话，未等朱开口，他就充满自信地说："再让我讲两节课，如反应欠佳，我立马下课！"果然不出所料，以后课堂秩序井然，其他班次的学生闻讯赶来听课，教室成爆满之势。

曾经有记者问时任中国社会科学院法学所所长夏勇，你在北大、哈佛学习过，哪位老师对你影响最大？夏勇首推西政的杨景凡和林向荣老师，并认为虽然他们在当时学界并不十分显赫，但从他们那里学到的知识最多。

青峰、张飞舟、汪卫国等人一致认为，说实话，我们在西政的四年所学到的法学知识并不太多，只能算作知识结构的基础部分，但从老师那里体味和领悟到了许多十分珍贵的东西，却让我们受益终生。

当年，西政老师教学水平参差不齐是不争的事实。有不少老师都是学校仓促复办特定情况下招兵买马，从被放逐的乡村、工厂招进学校来的。与七八级同学相比，除了年龄更大、磨难经历更为厚实以外，师生之间似乎没有什么太大的差别。然而，一旦他们入校后重新捡起教鞭，重新走上三尺讲台，他们便殚精竭虑，尽其所责，从而使他们在同学中的形象犹如闪烁的群星大放异彩，其音容笑貌永远铭记在七八级学生的脑海里难以忘却。

江必新说过，粉碎“四人帮”之后，当时老师确实有一种奉献精神，把教书当成一项事业来做，恨不得把所有的知识都掏给学生，希望能把自己的思想通过学生来传承，这就是老师价值的一种可贵体现。七八级学生喜欢提问题，有时候可能把老师问得无从招架，但是老师们并不介意，他们一再鼓励学生大胆发言，积极提问，勇于争辩。正是在这种教学相长的氛围下，老师们的严格要求给学生打下了坚实的理论功底，也锻炼了学生的思维能力，同时学生们的提问又迫使老师们进一步地去深入思考和研究问题，提高教学水平。

多年之后对于学校老师们的辛勤培育，后来也成为大学老师的王卫国所作《赠老师》的诗作中写道：“问君何日喜重逢，白发青丝聚首中。师道坎坷志弥坚，学途艰辛情益浓。堂间放言诗书韵，月下品吟儒雅风。心血雕琢成伟器，烛光映照万道虹。”

先生之风，山高水长。如今，随着时光的无情流逝，当年给西政七八级同学上课的老师们大多年过古稀。有的已经作古，驾鹤西去；有的虽然健在，但已经满头鹤发。正是他们的默默奉献和呕心沥血，才使改革开放之初的中国法学教育有了生机和活力，正是他们托举西政“黄埔一期”及之后的一代代学子创立和传承“西政精神”，鞭策无数西政人勇攀法律科学的巅峰。每当想起给七八级上课的那些可亲、可敬的老师们，学生们都满怀深情，甚至情不自禁、热泪纵横。老师传授给我们为人、为事、为业的精神财富历久弥坚，犹如一擎冲天的火炬，永远照耀着七八级学子们的人生旅途！

国家与法的理论教研室的老师们研究教学科研问题

CHAPTER 12 ≫

第十二章 课堂轶事

中国古代有一部书叫《大学》，开篇便是“大学之道在明明德”。这里讲的“德”的基本意蕴，就是宇宙人生的原理、法则和规律。古人所说的“大学”和今天的大学当然相去甚远，但把“大学”的基本任务理解为“明明德”，将大学教师的职责确定为“传道、授业、解惑”，则是七八级学生在课堂上所得到的收获。忆当年，给七八级上课的老师们在课堂上远非想象的那般惬意而轻松。

首先，由于校区全面恢复重建，上课的地点和环境实不如意。关于七八级教室之简陋，三班女生吴方玲告诉我们：七八级上课的大教室，主要在东山脚下的两间红砖砌成的平房，面积不足200平方米，设施十分简陋，除了讲台黑板，就是桌子椅子，甲乙大班各占一间，甲大班由一班、二班、三班、四班和五班的学生组成，约180多人，教室地处南侧；乙大班由六班、七班、八班、九班和十班的学生组成，人数约180人，教室地处北侧。两间大教室的中间有块凹凸不平的草地，教室南北开有两个门，门前两条用水泥铺设的简易小路穿过草地，又将两个相邻大教室连接起来。直到毕业，除了外语和体育等少数几门课外，西政七八级多数的课程都在大教室里上。两个大教室的西顶头，有若干间只能容纳二三十人的小教室供小班级学生自习、讨论用，每晚灯火通明，几乎座无虚席，此时掌管教室钥匙的张红星、王小勇等几位年轻职工，是最值得七八级尊敬的“掌门人”了。若得到她(他)们的“开恩”，你往往能够享受开门后优先抢占教室座位的特殊待遇。

东山大楼的小教室,几乎成了师资班和女生的专用教室,而法律专业七八级法律专业的男生望屋兴叹,一般较少占用。

由于教室有限,除了外语等几门课程外,七八级按甲乙大班时常上的是“大课”,因此,大教室常常人满为患,找不到座位的情况时有所见,但是各个座位约定俗成基本固定,按照班序依次入座,各班同学之间没有严格的界限划分。这也使得西政七八级学生相对熟络,相互熟悉,营造了浓厚的人脉氛围。

诚然,经常上大课固然可以节省有限的教室和师资资源,但带来的副作用也显而易见,由于人多嘈杂,往往影响课堂的秩序和授课的效果。众所周知,七八级学生成分复杂,但他们都有一个共同特点,经历过“文革”的洗礼,有过正反经验教训,大多学会不盲从、不信上,比现在的大学生看问题更为成熟,更有见地,更喜欢思考与质疑。正因如此,给七八级上课的老师们普遍感到课不太好上,顾虑重重,担心讲得不好,会招来下面一片嘈杂的议论声、嘘声,甚至敲碗声(学生书包和书桌抽屉里放着碗勺)。当年给七八级上课的许多授课老师之所以竭尽全力,认真备课,相当重视自己的授课效果,除了责任感使然外,还需时刻准备应对课堂上下数百学生提出来的诸多“为什么”。稍不留意,口无遮拦,信口开河,便可能引起满堂议论声。当年一些老师在家里让家属子女当“学生”进行模拟教学,用录音机录下授课内容在家庭内部试播试听,一直感到满意后才敢正式上讲台。

如果说课堂的简陋还可以将就的话,那么上课老师南腔北调口音的障碍就不那么容易克服了。当年,因为缺乏教材和参考书,同学们对课堂笔记十分看重。然而,令同学们头疼的是,许多任课老师的方言实在是影响做笔记的速度和精度。

由于西政从原先的西南地区招生转而面向全国招生,重点院校的牌子挂上了,院校的地位也陡然提升了,但四川籍老师居多的状况一时半会儿难以改变。开学之初,尽管校领导要求习惯讲当地方言的老师们尽量用普通话授课,但对于源自各地口音的西政绝大多数老师而言,这显然不易办到。有的四川籍老师直言:“四川话也是西南的普通话,那么多党的国家领导人都是四川人,啷个听不懂嘛,先讲起再说哈,娃娃儿听到起,慢慢就习惯嗦!”

许多同学回忆说,同学们最早学会的重庆话可能就是“啷个”了。刚开始给大班上马列主义文风课的老师每当出口念出“啷个”时,总会让来自外省的多数同学茫然不知所措。当老师改用浓郁的重庆口音读出“怎么”替代“啷个”时,仍然引来同学们善意的笑声,老师只能尴尬地直搓手心,不少同学也明白了,敢情“啷个”可以当“怎么”解读。

有一位讲授政治经济学的女老师说:“一个生产孩子的工厂,每天生产几百双‘孩子’……”一些外省籍同学听了不知所云,后来才知道女老师是用“川普”夹杂着四川话,将当地方言“鞋子”说成是“孩子”。不可否认,老师讲课固然比较认真,但诸如“执行死刑”是“拷砂灌”等之类的四川话,真一度把不少非川籍的同学们“整惨死啰”!

上哲学课时,第一次直接聆听风格迥异、乡音不同的老师们讲授康德、黑格尔、费尔巴哈等哲学大师的学说,理论深奥,口音更难懂。曾有一位操山西口音的男教师上课时不时说到“哈嘎尔的哈里内哈”,令同学们听了一头雾水,一脸茫然,不知如何下笔记录,课堂下面往往引起一阵啧啧喳喳不满意的回声。最后经过同学们相互猜想,敢情老师说的是“黑格尔的合理内核”。

1981 年春天,学校为七八级开设了罗马法课程,这是“文革”之后国内法学教育首次恢复开设的课程,鉴于当时人才奇缺的现状,学校聘请刚被“解放”的周枏教授授课。周教授是南方人,早年留学比利时,专门攻读罗马法,造诣精深。但是,他讲授的罗马法对是“骡(罗)”是“马”还分不清的大多数人而言,颇为艰涩难懂。更要命的是他带着浓重的皖南家乡口音给同学们讲课,令同学们有苦难言。于是,教室里出现了这样离奇的一幕:周教授用他的浓重方言讲课,另一老师则用普通话“实时翻译”。记得当时甲大班上课由张光斗老师充当“翻译”，周教授讲了一句“一个贵妇人牵了一支哈巴狗”，张老师“翻译”为“一位贵妇人骑了一支叭儿狗”，引得同学们哄堂大笑，原本死气沉沉的课堂气氛立刻变得活跃异常！

来自全国各地的学生，开始听口音迥异的老师讲课时大多可能晕头转向，似懂非懂，但天长日久，便逐渐适应并喜欢上“川普”，有的同学甚至还能胡诌几句重庆当地方言，日常见面脚穿“孩子”、骂必“锤子”、开口就是“格老子”地相互打趣，一通胡侃，乐不可支。现学现卖的同学们活学活用的最显著成果，就是给西政取了“稀烂”政法的川语谐音，竟然流传开来。

严格说来，七八级上课的课堂纪律有时并不尽如人意，这是许多老师的共同感觉。即使老师口音基本符合学生要求，但如果授课内容不尽如人意，恐怕也会引起一阵阵令任课老师都感到尴尬的事由来。有些课程一旦涉及一些与现实紧密联系的敏感问题时，有的同学就坐不住了，管不住嘴了，在下面议论纷纷；有的老师讲得有点儿

当年可容纳数百人上课的大教室座无虚席是西政一景

瑕疵，下面就有人哄笑，甚至引发敲碗声和嘘声经久不息。

说起“敲碗”的起因，俞荣根老师深有体会，还专门为此撰文作一番回顾：“当时学校的办学条件差，宿舍，课堂饭堂相距较远，学生上课往往带上书包和饭碗，年轻人消化力强，到上午第四节课时，肚子饥饿，如果遇到教师拖堂，课又讲得不那么精彩时，课堂上会响起一片不耐烦的敲碗声，催促赶快下课。当年我在西政读研究生时，法制史教研室领导考虑我大学毕业后有 12 年的工作经历，又当过 6 年的中专教师，在师资奇缺的情况下，经教务处同意和院长批准，决定破例让我给七八级讲授《中国法律思想史》课程。我事先知道七八级学生阅历丰富，富有独立思考能力和批判精神，求知欲极强，对教学要求甚高，不少教师上课时就遭受到‘敲碗’的待遇。当时我正读研二，还不是大学教师，顾虑七八级不接受，怕被逼上台演砸了对不起教研室。那时上课的规矩很严格，要求开课老师必须在教研室范围内先试讲。我经过一番认真准备后进行了试讲，教研室通过后给七八级上第一堂课时，林向荣老师亲自督阵与七八级学生一起坐在台下听讲。我忐忑不安地上完课后，林老师当着教研室主任杨景凡的面说：‘课堂上没有听到敲碗声，我看是站住了！’让我悬着的心总算放下了一大半。”

在法学断裂、法治沦陷的年代，西政停课十余年，七八级学生所学的知识远没有体系化，课堂上讲授的内容不可避免地还夹带着政治垃圾、极“左”观念、苏联式法学和大陆法系的理论碎片，等等。但特定年代背景下本科学习中的思维训练、思想碰撞和教学模式，让七八级同学在课堂传授的知识海洋中，容易荡起理性思考和质疑批判的双桨。

此时，正值改革开放的初期，历史在反思，社会在变革，思想文化也在变革浪潮中荡漾，涉及法治理论与实践的问题也面临重新审视和检讨中。当时有的老师们受“左”的思想影响颇深，面对与自己年龄和阅历相仿的七八级同学，仍墨守成规，空谈理论；有的思想如同脱缰的野马，纵横驰骋，随心所欲，无拘无束；有的老师则如刚刚迈上冰面的溜冰者，瞻前顾后，如履薄冰，欲言又止，前者似乎更受学生追崇，后者往往不时引起嘘声一片。

记得复办开学初期，一位耳聪目明、身板挺直的老师在上法理课时说道，法律是阶级的最高意志，有最高效力，接着又说政策由政党制定，体现阶级的最高意志，具有最高效力，话音一出立刻引起讲台下同学们的议论纷纷，有的当场追问老师法律与政策究竟何者效力为高？噎得老师竟然一时无语，只能面带笑容地让同学们课后研究讨论后再讲。

一位教经济法的老师在讲授环境保护法时，讲述到何谓"噪音"时解释不够到位，引起课堂下记笔记的学生们抓耳挠腮，百思不得其解，急得老师大脑一时空白，面对台下不绝于耳的杂音，脱口便是："所谓噪音，就是讨厌的声音！"引来同学们窃窃私语！面对课堂的嗡嗡声，老师理直气壮地反问同学们："现在课堂上听到的声音难道不是噪音吗？"再次招来一阵哄笑声！

在上婚姻法课时，叶清勋老师解释什么是"杯水主义"时，面对数百双渴望答案的眼睛，叶老师慢吞吞地端起桌子上摆放的茶杯，仔细端详良久，悠然一饮而尽，一板一眼地正色说，"杯水主义者认为，结婚就是像喝杯开水一样容易。"这一形象的比喻顿时引来台下同学哄堂大笑。

西政七八级同学来自全国各地，绝大多数人入学前有着各种丰富的社会工作阅历，其共性是心气也高，根本不会满足于课堂上的那种说教式、灌输式的教学方法，虽然一些老师授课认真，但毕竟与当年所处的历史背景相关，学生的期待与授课的内容有落差也是不难理解的。

龙宗智回忆起当年的课堂教学时，认为当时教学的特点是老师有很强的事业心和责任感，从而表现出对教学的热情和负责，但不少授课内容依然遗留历史痕迹。记得讲"国家与法的理论"的老师还在大讲特讲“以阶级斗争为纲”，引起学生的质疑后，改说阶级斗争是否为纲值得研究，这才平息了课堂的嘘声。讲宪法课的老师在阐述“全国人民代表大会是国家最高权力机构”时，把最高权力机构解释为最有权力的机构，也招致一些学生的不同议论。当然，也有的老师上课特别情绪化、个性化，随意指责校领导，贬低其他老师的教学水平，这一有失师德的做法，也不为多数同学们所认可。

在何海桥的回忆中，十班一次党史课，课堂讨论的两次“冷场”让他印象深刻。这次讨论主题是抗战胜利后的国共合作前景问题。对于党史讨论，本来同学们兴致不高，有几个同学就重庆谈判意义从不同角度发言后，大家都感到兴致索然，课堂陷入“冷场”。为了打破沉闷的僵局，这时辅导老师说话了：“我给大家出个题目，假设，我说的纯粹是假设。如果蒋介石迫于国内外的压力，或者出于对孙中山先生联共政策的继承，国共合作真的谈成了，成立了联合政府，中国的前景将会是如何呢？”这个话题瞬间使大家兴奋起来，课堂气氛顿时活跃了，同学们七嘴八舌说个不停。有的说，那我们国家发展到现在早就建成强国了。有的说，没有内战，受益的必然是老百姓，也可以少死数以百万计的军人和无辜群众。还有的表示国共两党各有各的政策主张，所谓民主自由恐怕不会那么容易实现，等等。此时，老师又开腔了：“大家想一想，党的目标、宗旨是什么？为了实现这一目标和宗旨，前提条件是执政，共产党要执政，蒋介石和国民党必然不答应。所以，我认为，即使谈判成功，内战最终仍然不可避免！”这番话振聋发聩，使课堂上再次出现了“冷场”。此地无声胜有声，老师的“实话实说”，着实让同学们对历史上政治斗争的方针与策略、目的与手段等，似乎有了一种彻入骨髓、难以言喻的理解和领悟。

师资班吕彦回忆说，那时西政的教师敬业爱生，对学生极度关照和负责，备课授课都特别认真，不少老师富有激情，旁征博引，一节课下来，学生的笔记写满五六页甚至达十多页之多。许多老师辩道析理，不时以案例和事件穿梭其间，使课上得有声有色，给人印象深刻。

如为了使学生从细微深处见识孙中山的品格，在介绍孙中山哲学思想之前，先话及孙中山先生之轶事；论证唯物主义思想的科学与正确时，叙述民国时期四川石柱县杨妹儿数月不沾烟火，后被揭穿作伪偷食馒头之实。原本灰色理论的本色枯燥乏味，但经授课老师适时添加这些“精彩佐料”后，课堂气氛顿时活跃起来，消解了同学们久坐久听所致的“审美疲劳”。他自述在哲学班四年，通过听讲、阅读和讨论，再加上老师们列举的种种佳话轶事的滋润启迪，逐渐培育了对理论性语言的兴趣，并开始懂得对社会、历史和人生的怀疑与诘问，对形形色色的主义和思想，学会自己的理解和判断。

江必新的一个强烈感觉是，尽管那时候西政法学教材水平并不够高，但是学生们都是带着问题去学习的。在学习的过程中，大家经常提出问题进行讨论，所以学的还是比较深刻的。每当老师讲完课，学生们就不约而同围着老师提问题。每门课程结束后，各班还会专门部署搞研讨会，这对培养学生们的思维能力、学习能力大有益处。

西政当年除本校老师课堂授课外，还积极创造条件，不时邀请外来专家学者到校办讲座，很让歌乐山里的七八级同学大开眼界。

在校期间，七八级学生第一次听外国人讲座是 1979 年 5 月 22 日，由日本著名法学家一园一亿教授夫妇讲授日本的宪政体制和议会制度。一园一亿教授长期担任日本关西学院教授，其研究方向是日本宪法，在日本法学界享有一定影响，自然让从未听说讲座是怎么回事的同学产生了浓厚的兴趣，大家趋之若鹜，座无虚席，这也是学院首次邀请外籍教授来上课。

1981 年 4 月 6 日至 11 日，学院专门邀请中国社会科学院法学研究所的李光灿、李步云两位研究员来校园开展系列讲座，使同学们受益匪浅。这是西政复办后第一次举办盛大的讲学活动，一连几天的讲座场场座无虚席，西政举办学术讲座是否至此开创先河不得而知，但经久不衰、闻名遐迩的西政“讲座文化”，则是学界公认的办学特色标志之一。

两位李姓学者阅历丰富,演讲思想开放,内容精辟,视野开阔,语言生动,在七八级师生中反响极佳,不仅推动了西政的教学科研活动开展,而且给学校倡导学术风气营造了良好氛围。

李光灿研究员,1918 年生,山东梁山县人,1935 年入党。新中国成立后,投身中国民主法制和法治事业奠基工作,不仅先后担任党和国家法制部门的重要职务,而且亲历一系列重大立法活动,著述甚多。“文革”期间受到严重迫害和摧残,1968 年被诬为“现行反革命”逮捕入狱一年。1978 年 7 月,调到中国社会科学院法学研究所,1979 年平反后,从 1980 年起连续撰文论述“法律面前人人平等”、“司法独立”等社会主义法治的原则和制度,并以“共产党员”名义给中央领导高层写信,对实行“从重从快”的刑事政策表示质疑和担忧。李光灿研究员勤奋好学、平易近人、善于思考、著述不辍,1981 年以来,领衔立项、主持编写和参与主编大型法学著作达 30 多部(本),赢得了法学界的普遍赞誉。1988 年 6 月 23 日因病在北京逝世,享年 70 岁。他去世后,七八级同学蒋庆、胡泽君等人在杨景凡等老师的带领下,曾一同向其家属发去唁电。

李步云研究员,1933 年 8 月出生,湖南娄底人,我国著名法学家,曾经参加过抗美援朝战争,负过伤,被评为三等残废军人。回国后不居功、不自傲,考入北大法律系,奋发读书,品学兼优,毕业后又考取研究生,师从法学泰斗张友渔先生,著作颇多。在当年的法学界被誉为“文武双全”、“书剑人生”式的学者。1978 年 12 月 6 日,他在《人民日报》上率先发表《坚持公民在法律上一律平等》等文章,系统论述社会主义法治思想和原则。此后,在中央级报刊先后发表《论以法治国》《人治与法治的根本对立》《人治与法治能相互结合吗》等署名文章,使七八级不少同学读后深受启示。如今,李老师在法学界被尊称为“中国法治三老”(其余两人为江平、郭道晖),还定期到西政为学生开设讲座,多年坚持,从未间断。

事后我们才知道,这次“两李”系列讲座是时任西政科研处长的杨景凡老师积极促成的。西政复办后，他感到学校过去按照“党校性质”办学，“文革”中被勒令停办，带来的最大问题是法科高校学术氛围不浓厚。为了使师生了解和掌握法律学科发展的动态，遂向校方极力推荐两位京城名家到西政开展学术报告，借此提升西政的学术水平，推进教学和科研工作。

七八级“敲碗”起哄的情景不仅在课堂上发生过，在外来授课讲座中也同样发生过。

李燕杰，上个世纪80年代风靡一时的著名演说家，北师大讲师，自称是“文革”后走向社会演讲的第一人。据说那时候全国各地都有他的演说和报告，听他讲座挤不进屋的人只能坐在墙根下，或者洗掉磁带上的港台流行歌曲翻录他的演讲。1981年12月26日下午，学校团委邀请李燕杰来校演讲的消息不胫而走，许多同学慕名前往，翘首以盼。演讲当天的会场上，聚集的学生人数有2000多人，把新建的饭堂一层内设置的临时会场挤得水泄不通，人头攒动。当时演讲的情形，西政七八级同学至今记忆犹新——

李老师在西政演讲的开场白，就先自我介绍说：“报纸如果有三天不出现李燕杰，就有人会打电话询问，那言外之意是不是他出事了?”这让有的学生听了很是反感，个别学生还发出不和谐的口哨声。

阮齐林回忆说：当时由于人多，我只能站在板凳上听。李讲着讲着，突然说收到听众的一张条子，其内容大约是与他有不同看法，然后李提高声调厉声反驳，很是震撼。我当时疑惑重重，一直想那条子作为“靶子”缘何出现的那么蹊跷？后来细想，觉得那很可能是事先准备的“托”而已，类似于说相声甩包袱一类技巧，立马心生厌意。对于台下经历三次大饥荒、“文革”动乱、上山下乡等经历的绝大多数七八级学生而言，他的演讲煽情虽然震撼，但毕竟当年没有亲眼看到被活活迫害致死的“九种人”那么悲惨，我们听起来也只是赞叹他那口若悬河的演讲能力，鄙视他不敢正视“文革”给国家和人民带来的沉痛灾难。

听李燕杰演讲的七八级同学或许都清楚地记得演讲中的这一“插曲”:当李谈兴正浓时,身后食堂窗口突然探出一个乌黑油亮的脑袋瓜子,炊事班师傅一声“开饭啰!”的吆喝令他颇为不悦,大家正以为他可能见好就收时,倏然间他话端一转,“但是”随口而出,才知道他的演讲还没有完结。他随后的演说似乎已经不像是演说了,倒是像对在座的学生们进行党课教育了:“党就是妈妈,妈妈打错了孩子,孩子是不会也不应该记仇的!”演讲最后结束时,他面部表情竟然大放异彩,唾沫四溅地高声朗读起来:“我是一位中国人,在关键时候绝不含糊,当我大声高喊中国万岁,满腔的爱呵倾注热血处!”一幅慷慨激昂、声嘶力竭的神态,让有的同学振奋,也让有的同学反胃。

三班闫欣说,当时我站在食堂后面听李燕杰演讲,听了几句,就觉得李不太顾及听众的感受,满嘴跑火车,他以为台下坐的还是少先队员、红领巾呢。演讲快结束时,只听他说,再过20年将把西政建成类似哈佛大学一样名气的大学、一流大学,着实让大家有点儿听不下去了,因已过开饭时间,我忍不住敲了碗,一旁维持会场秩序的团委高老师赶紧制止,但随着敲碗的人逐渐多起来,李也就趁势结束演讲。但还有不少人围住他要求签名。事后听说李演讲家走遍全国各地到处受到热烈欢迎,唯独在重庆西政遇到敲碗尴尬下台的情形,这固然让省、市团委的陪同人员感到十分不悦。我以为已经是思想解放讲真话的年代了,谁信那一套夸夸其谈不着边际的空话、套话?

八班的郭梦真说,听了一会儿李燕杰的演讲后,觉得没有什么意思,就返回宿舍看书。他老拿《红楼梦》抖包袱,但一听就知道他还是没有认真看过俞平伯、胡适等人的红学方面的著作。到了中午12点,食堂该开饭了,他理应见好就收。我同几位同学去排队买饭,一看他还在台上没完没了地大讲“青年是我师、我是青年友”,气不打一处来,当碗勺打击乐奏起来的时候,我们的肚子也不听使唤了,毫不犹豫地加入合奏,李只好收场。我记得李的演讲内容空洞无物,还耽误开饭一小时。那年放假回到北京,我对在北师大上学的弟弟说:“你学校那个李燕杰哄一哄低年纪的小孩水平还行！"

客观地说，李当天的演讲赢得台下不少师生们的热烈掌声。当然，让期望值过高的同学有些失望，加上一再拖延开饭时间，引起按捺不住饥肠辘辘的同学猛击敲打桌椅、碗勺、鼓倒掌而发出的声响，各种杂音在新建的饭堂兼会场内汇集起来，自然使李燕杰在西政的首次亮相演说在一阵阵不尽和谐的杂音中，显得没有那么"圆满成功"。

独立思考，勇于探索，联系实际，实事求是，是七八级学生课堂学习的一大特色，几十年之后，这一传统在现在这拨学生的言谈举止中依然随处可见。可以看到，多年来七八级不少人艰难而执着地在学业和真知中跋涉行进，有的在国家媒介为民主法治摇旗呐喊，有的在静谧的校园为法学理论奠基布道，有的在庄严的法庭主持公平正义，大家行色匆匆，孜孜不倦，足见当年老师们的一番番"穿壁引光"的教诲，还是有着潜移默化的作用，也表明当年学生们的课堂学习还是下了苦功夫的，这为他们的质疑与思辨起到铺路石的作用。

CHAPTER 13 ≫

第十三章
质疑与思辨

近些年来,十班的吉卫民不止一次地向微信群里的同学们求教:当年西政七八级到底有无鲜明的办学特色和教学特色?

贺卫方回答直截了当:这特色的事情很难说,那个年代不少大学都有些特点,但是七八级的质疑、讨论和争论应当算是一大特色。

温晓莉回答寓意悠长:人显然是为了思想而生的,人也是一根“会思想”的芦苇,功名、权势、财富转瞬即逝。我们不是在周围人对我们的赞誉评价和尊敬中寻求到幸福的,只有思想,才是七八级全部的尊严和其全部的精髓所在。我们的“会思想”只能来源于正确的信仰根基,而信仰乃是上帝的一种恩赐,千万不要相信它是推理的一种恩赐。

西政七八级在校期间,正是一个拨乱反正、思想解放的狂飙时代,在人文荟萃、理想升腾的校园里,人们言必称国事、天下事,行必反思、批判,青年学子指点江山,激扬文字。在国家民主与法治恢复重建伊始,同学们自由结对讨论案例,自办刊物,自办法律顾问处,还发起了人大代表的竞选活动,其热烈程度并不逊色于当时电视上所见所闻的西方议会辩论和总统选举。

七八级同学经历过风声鹤唳、不堪回首的“文革”年代,耳闻目睹了那疯狂无治的“红海洋”、“大串联”和惨绝人寰的“大批斗”、“大武斗”。1978 年之后的中国又处于改革开放、回归正途之初,这些人汇聚在一起,在课堂上上课、学习和讨论,难免因立场、观点不同发生各种激烈争辩的场面。“历史的悲剧不能重演，没有法治的年代不能再现！”对学业和事业的双重追求，形成了大家反思过去着眼未来的共识和意念。

“偶然的机遇决定了一生的命运。”贺卫方事后回忆说：少年时代所经历的种种畸形的事情，对于自己后来的学习、研究和教学却有着相当大的影响。可以说，力求探索一种良好的治国之道以防止“文革”悲剧重演，是自己内心里一直未曾递减的坚定信念。作为首届西政法律专业的学生之一，我对于学习法律到底意味着什么，曾经是完全的懵懵懂懂。那一届同学之间的年龄差距和认知水平到了极端的程度，我在其中年龄算是相当小的，不消说，年龄小也意味着对于社会问题的判断能力的幼稚可笑。

他还清楚地记得，当年思想逐渐“化冻”，第一次听说毛泽东居然也犯过错误的时候，心里承受着巨大困惑和不安。我们上大学的那个年代，中央媒体频频传递着意识形态剧变的一系列重大信息，刘少奇、张志新、傅雷等各类人士所遭遇的惨痛悲剧震撼着人们的心灵。作为亲历者，我们不由自主地扪心自问：为什么中华民族会这样走火入魔？怎样才能防止历史重蹈覆辙？法律专业大学生能够为此作出怎样的贡献？这类沉重的思考与忧虑，无不支配着我们后来的学习和职业选择。

四班的朱兴有说，入校后，由于校舍不济，我们四班男生二十多人挤在东山办公大楼的一层房间里，虽然空气不畅、光线昏暗，但没有人公开表示出不满，唯独会因政治观点和看法不同而引发宿舍的轩然大波。大家初次见面不甚熟悉，倒有一点“四海之内皆兄弟”的感觉，一旦开始知识的交流、思想的碰撞、价值观的纷争，那就“你死我活”了。那个时候否定“文革”、批评领袖人物成为思想交锋的主题。初次听到大家的热烈争论，我一会儿脸青，一会儿脸红。我就纳闷了，这些人的思想怎么这么反动透顶，如此的丧尽天良，他们竟敢批评毛主席的错误？竟然要回到“青年马克思”？竟然质疑伟大的雷锋精神？不行，我也要奋起战斗！结果我很快被同学们打成“左派”。然而，时间一久，反反复复琢磨同学们提出的一些观点和看法，我逐渐在理性上接受否定“文革”、评论领袖人物的观点。可以说，上大学的第一任教师并不是讲台上的老师，而是同寝室的同学！

六班刘新熙来自江西老区，对中国革命史和领袖人物十分敬仰。曾几何时，当寝室里的同学只要有谁对毛主席和工农红军出言不逊，他便拍案而起，奋起反击，非跟你拼命不可！

上个世纪70年代末80年代初，正是中国社会集中反思“文革”的时期，“文革”题材影视作品的大量涌现，以及那个时期的一系列案例和悲剧故事重现，围绕“文革”的是非争议，成为七八级学生的热点和焦点问题。

1979年4月10日王卫国刊登于墙报《新长征》的一篇稿件，颇能看出经历“文革”之后大学生多愁善感的复杂心态：

春天来了，但她不是收获的季节。

工厂里，机器轰鸣，像一支美妙的乐曲，使我酝酿起赞美的诗句。可是，当我听说产品还是五十年代的设计，不由得轻轻地叹了口气……

田野上，苗青青，油菜花散发着馨香味，我连忙操起了画笔。可是，当我看见农民手里那粗笨的锄头，心里就蒙上了一层忧郁……

小河边，绿水悠悠，牧童在吹着短笛，我真想放声唱它一曲。可是，那拉着纤绳的船工艰难地从我面前走过，我感到良心在受着责备……

闹市区，高楼大厦，大街上熙熙攘攘，花花绿绿，我兴奋地举起了照相机。突然，一个衣衫褴褛的乞丐走进我的镜头，我惊愕、痛苦，呆若木鸡……

呵，我们的祖国多么美丽！可是在她的身上，却沾着落后、愚昧的污迹。

呵，我们的祖国多么可爱！可是在她的身上，却留着专制、动乱的疮痍。

春天来了，年轻的朋友，但春天并不是收获的旺季。扫除“四害”，只是意味着通向美好未来的道路已经开辟。

让我们携手并肩，朝着四化，努力学习，勤奋探索，奋勇进击！

王卫国坦言，当时将这篇直击阴暗面的稿子投给年级总班委主办的墙报后，心里曾忐忑不安，但结果令他如释重负。诗稿不仅全文刊登，而且还得到了一份“稿酬”——一沓印有西政字样的稿纸和一扎信封。

1981年6月23日，党的十一届六中全会通过的《关于建国以来党的若干历史问题的决议》的核心内容，就是彻底否定“文化大革命”，重新评价毛泽东的功过是非，由此拉开了经济体制改革和政治体制改革的大幕。其中对“文革”有着清晰明确的结论，称它是“一场由领导者错误发动，被反革命集团利用，给党、国家和各族人民带来严重灾难的内乱。”在许多同学看来，“文革”还有一个特定的代名词——“十年浩劫”。

“文革”结束后，国家从政治上、文化上、组织上、法律上都对“文革”做了清算，平反大量冤假错案，公审了林彪、“四人帮”反革命集团，将“三种人”清除出干部队伍，一大批“伤痕”文学作品问世，国家走向全面改革开放、恢复民主与法制……许多同学认为，一些人批评党和国家“拒绝反思‘文革’”，这不符合历史事实。“文革”被广泛看成一场错误和灾难，已经带有很强的负面性，说谁或什么事像“文革”已经带有很强的否定性，贬义气味浓厚，这一切已经成为不容否认的事实。“文革”根本没有什么“积极因素”可言，如果想把“文革”“描绘”成或多或少有其“闪光点”，那么在七八级同学主流中确实没有市场！

质疑与思辩还充分体现在课堂上。众所周知，西方的法学教授讲课多采用“苏格拉底式”（问答式）和案例式教学法，课堂气氛相当活跃。当年给七八级上课的老师们,由于大多具有丰富的司法实践经验,脑壳子里装的故事较多,往往喜欢通过案例和现实问题启发同学们的思考和学习。课堂讨论便是七八级学习生活的一个不可或缺的风景线。

孟勤国说,每个星期必有的课堂案例讨论绝对是西政七八办学的特色,一个班 200 多人上大课也是特色,学校出钱一个班订十多份报纸外加一台电视机(开头是两个班合用一台黑白电视机),全国高校当年可能也属罕见。至于在校学生成立业余法律顾问小组,对外开展法律咨询服务和办案,在新中国成立之后的法律院校教学中,也是前所未闻的现象。

方晓春说,讨论课对于七八级同学的普惠作用,一点儿也不逊色于名师名校。别小看我们的讨论,一个阶段的学习下来,经过讨论分析,很快弄懂弄通知识点。一门课开下来,经过讨论,融会贯通,脉络清晰。更重要的是这门课太锻炼同学们了,逼你去列思维要点,逼

公安教研室的老师们针对七八级同学提出的建议讨论修改《公安工作概论》教材

你把问题阐述、表达清楚，逼你掌握雄辩技艺，逼你克服羞涩，讲规范的普通话……总之，讨论课让我们终身受益。

西北农村来的十班女生郑军生性内敛，性格内向。入学后，在公开场合，总羞于与人交流，每当上讨论课，她的思想总是“开小差”，自信“只要自己不举手，什么事儿都没有”。但是在一次刑法讨论课上，她正想着天南海北的其他事，冷不丁被老师唤醒：“郑军，这个问题你来回答。”什么问题？郑军一下子怔住了，慌忙地站了起来，环顾左右，不知如何作答。她心里愤愤不平：班上那么多能言善辩的同学，为什么偏偏叫我？老师什么意思？头脑一片空白，心里一阵乱麻，根本没有考虑如何回答老师的问题，幸好有的同学在一旁提示，使她思绪才逐步平稳下来，硬着头皮东拉西扯地把问题答完。她刚想坐下松口气，未料老师又是一阵“回马枪”，不仅又提出一个问题，而且还动员班上的同学应就其所说的内容进行质证和“评判”，这让郑军再次坠入晕头昏脑的深渊。她只能强打精神，仓促地应对着龙宗智、王小江、刘涤等几位“质疑家”的不同观点和意见，心虚地坚持着自己也说不清道不明的答案，最后连自己是如何坐下，如何回到宿舍都不知晓。白天的尴尬使她一夜难眠，刻骨铭心。但从那以后，她蓦地发现自己的“说话能力”和“反应速度”被大大激活了，逐渐敢在公开场合与人说话。在校内外的学术研讨会上，她能够坦然面对，侃侃而谈。如今，已经是西北政法大学教授的她每次授课后，听到台下的掌声时，总会想起大学期间那一堂让她心惊胆战的讨论课。

七八级各班的讨论课唇枪舌剑，刀光剑影，火药味十足，这让有的老师也勉为其难。

一次，在有个班组织的课堂讨论上，同学们的话题从案例分析转到了哲学问题上。有的同学说，我们学的哲学，在辩证法上应当推崇黑格尔的理论，但老师只说他的对立统一、质量互变等观点，为何否定之否定的理论不重点说说呢，是否顾虑理论联系实际呢？人民当家做主的社会有可能被否定吗？现实社会中存在的问题很多，如果对这些问题不正视、不否定,社会如何进步？于是,大家七嘴八舌,又是一番热议,有的心直口快,口无遮拦,一些不合时宜的偏激话也脱口而出。这让一旁组织讨论的老师听不下去了:“同学们,听了你们的讨论我真感到担心啊！我今天听到了很多错误言论。我们是政法学院的学生,政治与法律是紧密联系在一起的,你们法律业务再精通,如果政治上不过关,一切等于零!”老师的话音一落,课堂上一阵喧哗。同学们一致感到老师对课堂上的学生太缺乏了解了。七八级的学生绝大多数都是老道成熟、历经风雨的明白人,今天不就是课堂讨论吗？自然可以允许大家畅所欲言,纵横捭阖;一旦走上社会,他们人人心中有数,自然会把握好自己的言行的。真是多虑了,可敬的老师!

1980 年冬,对“林彪、江青反革命集团案”的公开审理,由于与所学专业密切相关,使七八级同学的思考和质疑跃上了一个新台阶。

1980 年 3 月 17 日,中共中央书记处决定成立“林彪、江青反革命

1980 年 5 月,西政七八级九班同学的课堂讨论

集团案”(简称“两案”)审判指导委员会,由彭真任主任,统一领导“两案”的审判工作。对于早已传闻中的不公开审理以及指导委员会的地位和作用等问题,同学们凭借专业的敏感性,倾注极大的关注与思考。在审理公开与否方式上,有的同学认为,为防止在审判过程中泄露党和国家的最高机密而不公开审理“两案”是可取的,但另一部分同学则认为不妥,“文革”灾难世人皆知,应当公开审理。

同年 6 月 5 日,邓小平会见美国和加拿大社论撰写团访华团时说,对“四人帮”要进行审判,“对我国国内来说,是一种公开的审判形式”。邓小平的这番言论公开见报后,不少同学在表示赞许的同时,也对公开审判的方式究竟应当由个人还是由国家通过法定程序确定议论纷纷,从而产生新的思考与争论,当最终由第五届全国人大常委会第十六次全体会议通过的决定确定后,这类议论方才告一段落。不少同学在墙报上指出,用法庭审判而非群众运动的方式来处理原先的重量级政治人物的罪与过,代表了一种与此前截然不同的治国思路,值得今后效仿。

1981 年 11 月 15 日,当外交部通过外国媒体公布了起诉书的部分内容的报道后,有的同学评价说,这种方式能够使群众事先了解“两案”主犯的罪恶,进而避免被批评为“政治审判”,以此显示该审判是依据法律进行的“刑事审判”。但有同学质疑这种事先公布起诉书的做法是否合适的问题,担忧若最后审判结果与起诉书内容不符合的情况一旦发生,如何自圆其说?况且,也容易给外界造成“有罪推定”的印象,误认为判决是预先决定的,因为今后不仅报纸,就连党和政府也都可以宣布被告人有罪。有的同学顾虑被告人是否有充分的法定时间考虑自己的辩解理由,一旦将他们的所作所为归咎于毛主席,那如何避免这次审“两案”活动损害“伟大领袖毛主席”的光辉形象的棘手问题。那一段时间,大家带着各式各样的悬疑、猜测和争论,怀着极大的兴趣和期待,认真观看了“两案”的审理活动。

“两案”于 1980 年 11 月 20 日下午 3 时正式开庭,庭审于当晚 8

时30分通过中央电视台电视转播。此前,七八级的同学们早已放下手头的书本,纷纷围聚在有电视机的教室、宿舍的走廊过道,屏息静气、全神贯注地观看。记得初次转播虽然只有短短的5分钟,但同学们看到在北京正义路1号的特别法庭上,人民共和国首次对外公开进行的开庭实况,目睹林彪、江青反革命集团的10名主犯被押上历史的审判台这一幕。当王洪文、姚文元、张春桥、江青等被告人在法警的押送下,逐一走上被告席上的情形出现在电视屏幕上时,特别是江青以"无所畏惧、昂首挺胸"的姿态出现时,电视机前的同学们议论声不断,有的喟叹,有的嘻笑,还有的内心复杂,对昔日风光无限的"党和国家领导人"落到这般处境唏嘘不已,不少人大呼转播时间太短,让人意犹未尽呢!

不知什么原因,第二天晚上同学们所看到的中央电视台对"两案"的电视庭审转播有了明显改进,不仅比第一天展示的画面和内容更加详尽,而且转播时间竟然长达一个多小时。在此期间,江青的迟疑和胆怯、陈伯达"推车"进出法庭、王洪文的"认罪服法"、张春桥的"闭口无语"等,各人神态一一呈现在观众面前。在观看过程中,有的同学嘴皮也没有消停,对庭审时所看到的辩护律师的地位和作用不够突出,江青与法官对质的片段删掉,是否有悖于"有罪推定"、"未审先判"等做法提出质疑;有的认为对"两案"主犯的公开审判,既检验了"文革"结束以来我国法制建设的成绩,也对"习惯"于政治运动的国人进行了一次形象生动的法制教育;还有的撰文认为,"两案"审理的意义表明,党和国家正在努力尝试运用法律武器和法定程序来决定过去领导人倒台后的政治命运,虽然法律程序远远没有达到民主和法治国家所应达到的司法标准,但终归是中国法制建设的一大进步!

1981年1月26日,"两案"宣判次日,邓小平会见澳大利亚外交部长的新闻报道见诸报端。邓小平称,通过这次审判"四人帮"和这个文件(指正在起草的《关于建国以来党的若干历史问题的决议》)的公布，把过去的问题都了结了，不再纠缠。我们十亿人一心一意向前看，向实现四个现代化的目标努力。看到邓大人此说法，有的同学对只靠“一审、一文”便可以把“文革”前27年的历史问题一了百了深表怀疑。列宁不是有句名言：“忘记过去就意味着背叛”吗？

当年观看“两案”直播后，我在日记中有感而发：

面对电视的荧光屏，我们想到被这伙国贼迫害致死的一大批老一辈革命家：孑然一身、病死他乡的共和国主席刘少奇；终年放逐、罪及妻孥的彭大将军；身终百战而未死于沙场、最后却落得个靠每天一杯水加三分钱菜金活命、终至病饿而死的贺老总；生不见妻儿、死难觅遗灰的陶铸同志……我们还想到被同期迫害致死的张志新、遇罗克、宫明华以及数百万普通干部和群众。而今，窃国者一个个被绳之以法，人间天上同庆正义能伸，真应浮一大白！

痛定思痛，我们不能不深深地思索：为什么在那“史无前例”的岁月里，连中华人民共和国主席刘少奇同志的人身自由都毫无保障？为什么在主持正义的法庭上，横行十载、滥施淫威的国贼们惶恐不可终日？经历过那天号地泣、冠履倒置的岁月，从“文革”的灾难中，我们得出了结论：“只有认真建立社会主义的民主和社会主义法制，才能保证历史的悲剧不再重演”！

在校期间，同学们所看到的一系列中外电影的内容和情节，也往往成为大家批判和思索的热点、焦点。

——《摩登时代》用带泪的笑料揭露了资本主义工业化进程中一个深刻的人间悲剧，即人们创造了科学，自己却被资本主义制度化作愚蠢的物质力量。

——《未来世界》使我们进一步警觉起来，日益发达的科学技术在一个黑幕的社会里，往往成为施奈德博士之流用来作恶和奴役人类的工具。资本主义用每个毛孔都带着血和汗的资本作基础，撑起了它们光怪陆离的社会，在此期间酿成了多少人间苦难。

——《望乡》用如泣如诉的声音，把阿崎婆生不如死的遭遇当做悲歌唱给我们今天纯真无邪的青年听，难道不能激起我们感情的巨浪，冲开资本主义罪恶的闸门？

——在美国影片《车队》中，我们看到了石油财团为牟取高额利润，通过国会立法，规定了耗油量最大的汽车时速，并且用这条法律来敲诈勒索，资产阶级法律的虚伪性昭然若揭。

——日本电影《追捕》以侦探和惊险的故事情节使我们清醒地看到，作为执法者的检察官杜丘，当他按法律办事而触犯黑社会的某种势力时，执法者竟然成了犯法的“罪人”而受到日夜搜捕，沦为“精神病人”而取证洗尽冤屈。

——在印度电影《流浪者》中，拉兹在法庭被告席上的那一段举世震惊的辩护词启示我们深思：如果没有丽达这个正直公正而又精通法律的律师来辩护，那么拉兹杀死扎卡继而越狱谋杀法官未遂而判处死刑是确定无疑了。法庭依照事实、情节和法律判处拉兹三年徒刑，这是多么顺乎民情合乎法律的“公平正义”啊！

特别是当日本电影《追捕》上映时，正置我们刚学了1979年颁发的刑法、刑事诉讼法等专业知识，影片涉及的一些法律问题引起同学们的热议和联想：假如杜丘从警察控制下逃走，即使被诬陷的抢劫、盗窃、强奸以及涉嫌杀害横路加代的罪名都不成立，是否因其脱逃而独立构成脱逃罪？如果此案发生在我国看守所、监狱等羁押、改造场所，按照我国刑法涉嫌构成脱逃罪，但作为脱逃者被羁押理由的犯罪事实后来查明并不存在，是否还应当追究其脱逃罪的刑事责任？真由美和她的父亲帮助杜丘逃脱警方追捕，如果按照中国刑法，是否可以构成窝藏罪和包庇罪予以追究？

影片结尾的精彩一幕，更令同学们津津乐道。杜丘随矢村警官去逮捕制药公司老板长冈，长冈同矢村拼死搏斗时，杜丘从地上捡起矢村的手枪击伤了长冈，矢村为了避免杜丘惹上法律麻烦，夺过杜丘手上的枪，补开两枪将长冈击毙。此时矢村告诉杜丘：“我打死他是正当防卫!”同学们对“正当防卫”的含义有了直观的理解,并且认为,矢村将长冈开枪击伤可以理解,但击毙似无必要,矢村和杜丘两人完全可以合力制服长冈,他俩的行为本属于防卫过当。但是,当时不少人看到这一场景时,都为长冈的“恶有恶报”拍手称快,谁也没有意识到杜丘和矢村的行为有何不妥。

当年学校组织学生在西操场上观看电影《法庭内外》后,刚学点法律皮毛知识,自我感觉就是写我们职业的同学们,很快通过课堂和寝室的讨论中,陆续指出影片中的一些瑕疵:第一,这是上诉案件,二审法院在审理过程中,发现原一审法院把案情定性整个搞错,案件性质既不是交通肇事,真正犯罪分子又非原审被告人。在这种主要事实不清的情况下,法庭应当撤销原判,发回重审。但这又是一件依法应当由中级人民法院作为第一审审理的死刑案件,应当移送市检察分院侦查起诉再进行审理。如果按照影片那样作为上诉案件审理和判决,既违反了法律规定的审级制度,又剥夺了被告人的上诉权利,这是法律所不允许的。第二,影片没有正确反映辩护制度的应有作用,使人观看后反而对为被告人辩护的法律意义认识不足,感到多余甚至反感,这是一大败笔。如审判长在宣判前当庭直接剥夺辩护人意见的做法实不妥当。第三,打字员唐小素对夏欢的控诉,既与本案无关,而且这属于隐私案件,依法不应当在公开审理的法庭上进行。第四,被告人夏欢的母亲和那位林秘书,用掉包计包庇杀人凶手,也构成犯罪,应当按照刑法的包庇罪追究其刑事责任,但法院尚院长却法律素质低下,提出要送其“道德法庭”审判,这未免混淆了罪与非罪的政策界限,宽纵罪犯,损害了法官形象。

看完电影《巴黎圣母院》后,一些同学对电影结尾身手敏捷长相丑陋的夸西莫多顺着绳子从钟楼滑下,把孤立无援的美女伊丝梅兰达从绞刑架下抢出来抱进教堂,神职人员喃喃着“人类司法止步于此”,并把刽子手挡在教堂门外的场景印象深刻。有的同学提出,如果韦洛神父在法庭上并未推断伊丝梅兰达利用巫术作乱,如果用树叶换掉了金币的侏儒未作出虚假的证词，如果审判过程中排除刑讯逼供，没准儿这个案件的结果会是“疑罪从无”的实证。可是在历史和现实当中，毕竟没有这么多的“如果”可供我们假设和推断。

1980年底，为了帮助同学们对已学法律知识的理解和掌握，学校刑事诉讼法教研室组织七八级各班陆续举办模拟法庭，同时提供案件材料和卷宗，案例是原汁原味的，名曰“公开审理王新建杀人案”，这可能是当时我国法律院校（系）首次开设的教学实践模式。由于贴近实际，选择的案件真实、完整，引起了同学们的极大兴趣。九班李玫同学就以《第九模拟法庭开庭记》为题，为我们简明、客观地描述了当年模拟法庭的开庭实况：

> 同学们把这次教学活动看成是一次实战。开庭前，认真查阅卷宗，从不同诉讼角度出发，做好阅卷笔录。出庭的同学更是认真细致地做好准备工作。
>
> 开庭之际，法庭上下秩序井然，庭长宣布开庭，接着便按照刑事诉讼法程序的有关规定，依次进行审理活动。
>
> 在法庭审理中，担任审判长的同学指挥若定，担任陪审员的同学更是积极主动地配合审判长，掌握庭审进程；担任公诉人的同学，在控诉罪犯时有理有据，慷慨激昂；担任辩护人的同学神态自若，据理陈词；书记员一丝不苟做笔录。担任被告人的同学积极配合法庭审理，形象逼真。法庭上的每一活动，都吸引着旁听的同学，法庭的气氛庄重而又热烈。
>
> 最后，合议庭在充分考虑了公诉人和辩护人的双方意见之后，根据本案事实，依照法律，作出处理意见，交审判委员会讨论通过，依法判处被告人王新建死刑，缓期两年执行。“被告人”当庭表示悔罪，并向法庭陈述：“一定要用汗水洗去自己的罪过，好好改造，争取减刑。”

值得称道的是，七八级学子在学校养成的质疑与思辨的传统一直沿袭至今。2015年7月中旬，武汉大学主办、武大法学院承办的核心期刊《法学评论》发表了该院教授孟勤国的论文《法官自由心证必须受成文法规则的约束——最高法院(2013)民申字第820号民事裁判书研讨》,以商某股权纠纷案为蓝本,对绍兴中院、浙江高院、最高法院的判决进行了批评。8月4日,最高法院法官何帆晒出判决书照片,指明孟勤国实为商某败诉方的代理人。虽然孟本人后来声明,其论文"没有丝毫辱骂法官的含义,若有误解纯属巧合",但贺卫方等人认为孟文用词欠妥,由此在学界形成了"挺孟派"和"倒孟派"。《南方周末》2015年8月13日刊登《一篇论文砸出法律界混战》指出,有学者批评司法不公并不鲜见,但这个事情有些特别:一位法学教授将自己代理的案子写入论文中,并批评该案判决不公。或许,我们会在之后形成对某种学术期刊、对司法裁判的评判伦理。这有利于法治进步,也有助于法治共同体的成长。但在七八级"只议风花雪月,不谈国是政事"的微信群里,一时间不守群规的大有人在,更是硝烟弥漫。五班的王敏远急忙打圆场说:"很多人忽视了一个问题,就是中国法院判决的说理部分普遍水平不高。但判决书写得糟糕与判决结果错误是两个不同的概念。"

事后不久,七八级同学在北京郊区聚会时,孟勤国和贺卫方都来了,有的同学唯恐会场气氛不浓,撺掇两人再燃争辩狼烟,但两人不为所动。"稳似泰山共携手,陶然一笑友情深"。有的同学感慨地说:"我很赞赏两位同学在聚会时的表现,一个狂侃股市,一个畅情喝酒,原本热闹的同学聚会真没有必要搞得狂风骤雨,电闪雷鸣,人生苦短,韶华难留。在当今现实生活中的许多事情,难道是我们这一代人能够说清楚的吗?"

CHAPTER 14 ≫

第十四章 课程内外

1978年入校初始，纪佃澎等一些有心的同学便将学校当年印发的培养七八级学生的主旨、目标、具体要求和课程设置与学时比例的安排等，恭恭敬敬地抄写在日记本上。

（一）培养目标：遵照毛主席关于"要使受教育者在德育、智育、体育几方面都得到发展，成为有社会主义觉悟的有文化的劳动者"的指示，政法专业总的培养目标应是德、智、体全面发展的政法工作和法学研究的专门人才。

（二）具体要求：能完整准确地理解马列主义、毛泽东思想的基本原理，热爱中国共产党，热爱社会主义，具有爱国主义、国际主义精神和共产主义道德品质，遵守革命纪律；树立无产阶级观点、群众观点、劳动观点和辩证唯物主义观点，坚持实事求是的作风；不断提高无产阶级专政下继续革命的觉悟，全心全意为人民服务。

能正确理解马克思主义关于国家与法的基本理论和党在政法方面的路线、方针、政策，熟悉国家的法律、法令，具有本专业所必需的基础知识和一定的专门知识；有较强的写作能力；掌握一门外国语，达到阅读专业书刊的程度；初步具有从事政法实际工作和科学研究的能力，有健全的体魄。

（三）课程设置与学时比例的安排：

1. 必修课暂定20门，其中马列主义理论课4门：中共党史、哲学、政治经济学、国际共产主义运动史，教学时数占总学时的25%左右；

专业基础课和专业课12门：宪法、国家与法的理论、中国法制史、外国法制史、民法、婚姻法、刑法、法院和检察院组织法、诉讼法、公安业务、刑事侦察、国际法，教学时数约占总学时的50%左右；语文、体育课4门：汉语、逻辑、外语、体育，教学时数约占总学时的25%。

2. 选修课暂定6门：资产阶级法学批判、外国宪法、中国政治思想史、外国政治思想史、国际私法、环境保护法。

学生在学好必修课的前提下，可以根据自己的情况，在总时数约200学时左右范围内，选学其中若干课程。

为了配合这些课程的开设，当年学校相应设立刑法教研室、民法教研室、经济法教研室、诉讼法教研室、法制史教研室、国家与法的理论教研室、公安教研室、刑侦教研室、国际法教研室、哲学教研室、党史教研室、国际共产主义运动史教研室、政治经济学教研室、语文教研室、外语教研室、体育教研室等，并配备了数目不等的师资队伍。

在校期间，学校反复强调在教学过程中，要重视和加强对学生的基本理论、基本知识和基本技能的训练，教学安排，坚持学生以学习书本知识为主，坚持以课堂教学为主，坚持以讲授为主，提倡教学相长，充分发挥教师的主导作用。其中明确要求教学时间应占80%以上，学生参加生产劳动、进行社会调查和参加军事训练的时间，不能超过总时数的20%以上。另外，为了扩大学生的知识领域，学校通过举办定期或不定期的介绍国内外法学动态、政法工作经验、有关的研究成果和科技的新成就、新发展等专题讲座，由学生自由听讲，不计学时。为了加强学生的政治思想教育，院党委宣传部要有计划地定期组织形势与任务的报告活动。

四年下来，七八级法律专业在校期间，实际共开设需要考试的必修课26门，选修课9门，合计35门，与计划的必修课20门、选修课6门，合计26门相比，总体数量略有增加，但课程基本相符。能够在停办多年首次复办开学，且缺乏教学经验的情况下做到这一点实属不易。

既谓学习，必有考试，考试自然要有成绩。大学四年共计八个学期下来，本人考试(考核)的结果是，除选修课程9门以合格成绩计算外，必修课成绩优秀的(含毕业论文成绩)共计17门，良好成绩9门，其中汉语考试成绩均为良好，外语考试成绩分别为81分、77分、86分。(学校规定成绩为87分以上的为优秀，70分以上的为良好)全年级达到全优生的学生最终只有一人，出自法律专业九班的朱孝清，曾任最高人民检察院副检察长等职。

在我的日记上，清楚记载了法律专业七八级大学四年的课程安排：

第一学期：国家与法理论、外语(英语、俄语)、汉语、体育(军体拳)。

第二学期：国家与法理论、外语(英语、俄语)、汉语、体育(田径项目)。

1981年5月，西南政法学院七八级部分师生在重庆市江北区人民检察院实习合影

第三学期：宪法、政治经济学、法律文书、婚姻法、党史、外语（英语、俄语）。

第四学期：政治经济学、哲学、党史、中国法制史、法律逻辑学。

第五学期：刑事诉讼法、中国法制史、民法、刑法、哲学、共运史、外出实习（两个月）。

第六学期：刑事诉讼法、民事诉讼法、共运史、刑法，以及学年论文写作。

第七学期：外国法制史、国际公法、公安基础知识、罗马法、中国政治法律思想史、外国宪法、刑事侦察学。

第八学期：国际私法、法医学、经济法、财政法、劳动法、资产阶级民法、司法会计、外国政治法律史、资产阶级法学批判、毕业论文写作。

初次拿到学校印发的课程表，有的同学不免感到诧异。我们学的是法律专业，缘何还要设那些非专业课程？有的老师直言相告，不要因为自己学的是法律专业，就把眼光局限在法学范围内。法学是社会科学的一门学科，知识性、实践性很强，跟其他学科有着千丝万缕的联系，比如，法律与其他学科关联形成法哲学、法人类学等。因此，政治学、历史学、哲学、社会学等书籍都要广泛涉猎，尤其对于我们多数同学而言，更要有"大法学"的概念。于是，我们只能"既安之，则学之"，纷纷按照学校的教学安排，给自己制订了学习计划。

当时有的老师在院刊撰文认为，作为文科学生在大学本科期间，要努力打好以下五个方面的基础：一是学好有关马列主义的基础知识和专业基础理论；二是适当扩大知识面——包括文史、哲学等方面的知识，不同科系的侧重点固然可以有所不同，但多涉猎总是大有益处；三是逐渐培养自己较强的独立思考和分析问题的能力；四是会作简单的社会调查、能够使用工具书查找中外资料，包括浅近文言文和专业外语资料的阅读能力；五是能写文字通顺、条理清晰的文章。

记得当初学校设置的课程实施伊始，有的同学曾抱有成见。例如，开学不久，一些同学便主张取消一些课程，尤其不愿意上马列主义文风、马克思主义经典著作等课程，建议改学刑事侦查专业的驾驶、射击、格斗和擒拿等实用课程。为此，胡光等院领导在与七八级同学的一次次见面会上，苦口婆心地劝说大家，这些课程安排都是有针对性的，是综合考虑学生特点量身定制的，云云，起初大家听不进去，后来老院长直接走进学生宿舍，动之以情，晓之以理地说："你们当中要出大政治家、大思想家、大法学家，驾驶、格斗等这类的课程怎么适合你们呢？通俗地说，你们将来大学毕业之后是坐车的，而不是开车的。"一番"坐车"与"开车"的对话，贴切而实在，令同学们听了茅塞顿开、心情大悦。在"革命理想高于天"的觉悟提高之后，大家再也不提更改课程的事了。

法律专业的课程调整风波平息了，师资班的一些同学却又心神不定了。如前所述，师资班由两个小班构成，一为哲学班，另一为共运史班。师资班是干什么的？都是何许人也？法律专业的许多同学起初并不知晓，只知道他们大多数人入学晚了一个多月，且为"川军"为主体——大多为四川籍的同学。事后方知，因当年四川要为各大学代招一部分师资，便把报考四川各院校高分的考生以"绝密"专业为由，不由分说先收拢到谁也没有听说也没有报考的西南政法学院。入校后这部分同学进了法门从事的却是"非法专业"，心情比较郁闷，有的并不安心自己的专业，吵吵嚷嚷地要求"改换门庭"。

周治滨回忆当年收到西南政法学院录取通知书后，显得比较兴奋，入学后得知到师资班国际共运史专业时，不啻遭了一记闷棍。更令其痛苦的是，入校没过多久，川外一小学妹给他出了一道谜语："28人拉一辆大粪车，谜底打一专业名称。"正当他苦思冥想时，小师妹的谜底出来了："共运屎（史）呗！"原来是影射他们共运史班上的28位同学。当时把他气得够呛。于是，他和班上其他许多同学发誓一定要下定决心，跳出这个"屎坑"，改归"法门"。

舒扬在《师资班的"小闹"》一文中写道："刚开始，师资班与法律专业的同学都是一起在大教室里上着同样的课程，似乎没有什么区别。后来，在上专业课时，师资班与纯粹的法律教育有点渐行渐远了，还单设了许多稀奇古怪的课程，很多同学感到不满意，提意见的比较多。老师们纷纷下到班级做工作，表示师资班同学今后大部分是要留校任教师的，所以要开小灶多学些政治理论课和哲学、历史课。心中的疑虑和问题越来越见底了，大家都看到了，这与法律专业班的培养目标和对象显然是'双轨制'，尽管老师们解释，今后毕业大家拿的都是法学学士文凭和学位，但对于那些根本不想当教师，而是想去做护法使者和法官、检察官的同学而言，在突然恍然大悟之后，便不那么心平气和了。大家吵闹着强烈要求学校取消师资班这个番号，把师资班的同学全部混编到10个法律班级去！"

一番吵吵闹闹造势，一阵紧锣密鼓配合。在侯建刚、刘向东、宋小平、韩德云、邓云、童志红、张虹等人的带头鼓动下，师资班的同学开始行动了，实施方案也接踵出台：一是班内积极串联，发动群众，力求形成共识，体现大家改专业并非个人的主观臆断，而是具有广泛的群众基础，代表了"民声"；二是不管人家欢迎不欢迎，主动到法律专业的大班课堂占领有利位置，形成师资班同学愿与法律专业的同学们肩并肩、共患难的既成事实，博得法科各位同学的理解和支持；三是指定专人到校领导和老师那里进行游说，反映要求，迫使校方尽快顺达民意，并办理转行手续，使之名正言顺地成为法律专业的大学生。

这下子，领导恼火了，老师着急了。在学生处的办公室里，管学生的干部和老师苦口婆心地劝说，以招生有计划、培养有目标、转学有制度、行动有纪律，反对个人主义，反对无政府主义，反对自由主义等之类的大道理，反复地对"请愿"的同学们进行教育疏导，但没有取得预期效果。于是，长得敦厚、朴实的教务长朱守真出面了，这是一位"三八式"的山东籍老干部，解放前除奸、反霸、审干全干过，解放后当过县级法院院长，有着十分丰富的政治思想工作经验。面对"上访"这群小毛孩、刺头青，他不急不躁，一番字正腔圆的普通话和语重心长的训导词,把心气极高的师资班学生给镇住了:“我们伟大的祖国正拨乱反正,百废待兴,民主与法制建设大力加强,法律机构大量设立,司法队伍恢复发展,根据中央文件精神,我们的社会主义法制事业至少需要150多万专业人才,这些人需要职业化、法律化,要达到这个目标,我们就必须大力加强法律教育,源源不断地为社会培养和输送各类法律干部。这样的事业是伟大而光荣的事业,现在教你们的老师都是政法学院最好的老师,他们春蚕吐丝,无怨无悔,希望你们延续他们的神圣事业,不要轻蔑师资班这块金色的招牌!细细想想吧,孩子们,学业就在你们脚下,不要后悔呀!”

当初大家听朱教务长的话或许不中意,有些意思也似懂非懂,但“为法律专业队伍输送人才是一项神圣的事业”的逻辑关系和道理大致是听明白了。据侯建刚等人事后回忆,朱守真俨然像一个威严的将军,一席情真意切的训话,就把一群咋咋呼呼闹着“转业”的“士兵”“缴械收编”,重新回到“一切听从党指挥”的轨道上来了。

各种“小学潮”未兴大的波澜便平静如水了。最终,朱教务长一语成谶。大学毕业后,师资班绝大多数同学都以本科时期积累的法学功底见长,通过考研究生转行等途径,从事与法律专业无异的工作,其中唐忠民、郑传坤、余平、吕彦、卢景德、刘吕吉、周治滨、刘德兴、傅建民、青峰、杜万华、胡泽君、杨建吾、屈学武、李力、李化德、彭澎、钟晓渝、李郁平、谢良敏、明国辉、李春茹、祖玉琴、龚毅、左敬军等一大批人,有的成为我国政法院校的知名教授,有的位居国家司法部门的高官位置,还有的从事管理着数万律师的职业教育工作。只有极少数人壮心不已,痴心不改,只身发扬“小车不倒只管推”的精神,还在真心实意地从事大学的哲学、政治等专业教学工作,并培养了许多愿意继续推车向前的新生力量。

七八级的实习生活,是课堂教学的自然延伸,也是课程的重要组成部分。对于具有一定社会经历的七八级同学而言,实习是一件印证学校教学计划、考查课本知识、检验实践真知的新课堂,也是初试锋芒显身手的“战场”,同学们兴奋而期盼。

按照教学计划的要求,经最高人民法院和司法部批准,1981 年 5 月 3 日至 7 月 5 日,法律专业七八级 364 名学生,在 21 名学校指导老师的带领下,分赴成都、重庆、江津、内江、贵阳、昆明、广州等“四省五市”及两个专区所在地进行为期两个月的专业实习。具体地点分配是,除广东、广西的同学去广州外,一班去昆明,二班赴贵阳,三、四、五班去成都,六班到江津,七班到内江,八班到沙坪坝区,九班赴江北区和江北县,十班市中区和南岸区,实习地点主要安排在基层人民法院和人民检察院,于 7 月初陆续完成实习任务回校。

这次法律专业七八级学生实习是在完成了基础课、专业基础课和主要法律专业课的学习之后进行的,属于整个教学过程中的一个重要环节。学校要求学生通过实习,进一步加深对所学专业知识的理解,并在实际工作中培养锻炼其掌握和运用专业知识的能力。同时,还可以结合实际调查研究,收集撰写学年论文的资料。

实习分三个阶段进行,其中准备一周,实习七周,总结、鉴定和考核一周。实习期间,学生要在教师、司法审判人员和律师等组成的实习指导小组的具体指导下参加司法实践活动。实习结束时,参加实习的学生要写出实习小结。每个实习指导小组要根据每个学生在实习期间的表现、工作态度,执行政策和法律,遵守组织纪律和办案纪律,完成工作任务等情况作出实习鉴定。实习教师要给学生写出实习评语,并会同业务部门领导一起研究评定学生的实习成绩。实习成绩按优秀、良好、及格、不及格四级评分的方法评定。

由于这是西政复办以来第一批学生赴各地实习,学校高度重视,不仅派出专车送学生去车站或实习地点,而且选派责任心强、经验丰富的老师亲自带队,接受实习的单位对首次来实习的法科大学生也极其重视,有的还安排专门的宴请和浏览活动。

闻知七八级同学将要赴各地实习的消息后,老师也喜形于色。1981 年 5 月,张紫葛教授作诗一首,题目为《锦绣前程》,专门赠送江必新同学。其中写道：

七八级学子首途实习。临别，仿易安体，赋赠江必新。然意在全院诸生也。

弦歌阵阵，唱醒山城。付了三年青春，初探法学理论。这回去也，实践棘木听讼，试掌专政要柄。

三千弟子，荡起征尘。万马奔腾，急坏了老师的心：翻来覆去，不知该、怎生叮咛。深怕你，德不精、业不勤；更怕你，沾上官僚灰尘。总之须记取：十亿人民眼睁睁，要法制、保长征，胃碌碌望着你们。

几个月实习生活结束后，各实习单位反馈回来的信息表明学生们的表现非但没有让校领导和老师们失望，简直可以说喜出望外。这些来自象牙塔的法律科班出身的大学生，在实习期间被许多基层法院、检察院、司法局视为珍宝，加以重用，极大提升了西政的知名度。此前，国家的法律机器刚从"砸烂公检法"的年月里恢复运转，很多没

1981 年 7 月，西南政法学院政法专业七八级五班同学实习结束后合影

有经过系统业务培训的法官、检察官们尽管办案实践经验丰富，但都不耻下问，向这些系统学习了3年多的学生们请教，许多同学甚至在实习期间就直接行使审判员、检察员和律师的职责。

1981年7月，接受七八级实习的重庆市江北区人民法院、人民检察院在送别七八级九班同学的欢送会上，两院领导表达了对西政师生们的感谢之情，并赠锦旗一面："审案办案，业务精湛；课堂内外，一样有为！"

据不完全统计，在实习期间，同学们共办理各类案件2965件，并参加大量诉讼代理、出庭辩护、清理档案、撰写专题报告和法律宣传资料等工作。这次实习成绩，经业务部门和指导教师共同评定，全年级优秀284人，占77.5%，良好77人，占21%，及格5人，占1.5%。广大师生一致认为，学校安排专业实习非常必要，收获较大。校领导闻知后原先的担忧化为乌有，认为同学们"认真贯彻党的路线、方针、政策和国家法律，工作积极主动，服从分配，遵守纪律，工作深入细致，作风艰苦朴素，受到了业务部门的好评。"

一些参加实习的同学通过自己的亲身经历，告诉我们实习生活的收获有多大？

一班的李建明认为，大三的实习是他最幸运的往事之一。他在昆明市盘龙区人民法院实习两个来月，办理的刑民案件共有十多起。其中让他引为自豪的是，在他实习期间办案中，一个濒临解体的家庭得以破镜重圆。作为代理审判员，他接手一起"一个死活要离、一个死活不离"的离婚案件后，知道该案事前已经多次调解无效，一拖再拖，成了疑难案件。李建明弄清了原告被告各执己见的真正原因后，认真分析案情，认为夫妻双方感情并未完全破裂，决定主动上门做被告（男方）的工作。这一天，他去被告所在单位，领导声称被告不在。于是，他在其单位领导面前，严肃批评了被告存在的夫权思想，讲清法律规定的精神。听到新来的"见习法官"的一番"训斥"，竟然使借故躲藏在办公室里屋的被告深感与原先的法官说法有很大不同，言之有理，深受感动，立即走出门，握住建明的手连声道谢，结果夫妻双方重归于好。事后，破镜重圆的两口子还带着孩子，拿着水果亲自到李建明所实习的法院表示感谢，看到这种场景的出现，法院的干警及其指导老师无不对建明刮目相看。

三班的张国平在成都市东城区法院实习期间，参与了不少婚姻和继承类案件的审理，其中有一起离婚案件让他印象深刻。原告和被告都是按摩诊所的盲人医生，均已届不惑之年。女方作为原告诉同室行医的丈夫在行医时和异性病人有不轨行为，尽管在此之前夫妻双方感情很好，但她死活不能接受这一被玷污的婚姻。虽然作为盲人的原告不可能提供相应的证据，但作为被告的男方完全承认自己的不轨行为，法庭上双方几乎没有大吵大闹式的过激言语，唯一的争论是都要求将家具和两个卧室中较大的一间让给对方，此情此景使面容冷峻的办案人员为之动容。在张国平的调解下，双方当事人分手离婚后在每个工作日，这对往日恩爱的夫妻，仍然手挽手经过法院门口去诊所上班，并未因一纸判决书而形同陌路人。

七班的周强在四川江津人民法院实习期间，直接参与办理了一起刑事案件。案情大致是，27 岁的农民许建昌某日乘着夜深无人之际，将“鱼藤精”毒品投入公社鱼塘，致使 2000 多斤鱼死亡，被告人又从中捞取死鱼 800 余斤运至城里销售，获得赃款 300 余元。法院据此认为被告人出于盗窃目的，其实施的行为侵犯了水产资源和公社财产所有权两个客体，属于牵连犯罪，根据重罪吸收轻罪的原则，以盗窃罪判处其有期徒刑 2 年。周强从刑法关于牵连犯罪的理论进行研究后认为，被告人的行为直接追求的目的是非法占有池塘的鱼，而侵犯的客体仅是水产资源，没有侵犯其他客体，不构成牵连犯罪，应触犯刑法第 129 条（1979 年刑法），构成破坏水产资源罪而不宜定盗窃罪。尽管他的观点并没法改变法官的判决，但他仍坚持己见，并在实习单位将本案写成《许新昌的行为是否构成牵连犯罪？》一文，投给《西南政法学院学报》，很快被学报 1981 年第 3 期的案例分析一栏中刊用。

当时，能够在学报刊登案例稿子的作者大多是教师，学生的来稿并不多见。

六班廖德功同学参与辩护的刘某某交通肇事案，因死伤50多人，后果极其严重，民愤极大，检察院起诉认为其属于“后果特别严重、影响极其恶劣，应当负主要刑事责任”。然而，小廖通过深入调查，在掌握大量证据的基础上，运用新的法律规定和事实证据，否定了被告人应当负全部责任的指控，坚持了实事求是、依法办事的原则，不仅依法维护了被告人的合法权益，也博得了办案法官的认可。

通过实习，许多同学对于课堂教学与实践的“落差”问题有了更深层的了解。十班洪绍泉第一次当辩护人就有了如下的深刻感触。

受一名“伤害致死人命共犯”的被告人委托，经法院批准，他出庭担任辩护工作。在阅卷时，法院承办人向他透露法院对该案的定性和量刑刑期。他颇为吃惊，心想法院还没有审理案件，哪里有开庭前就定性量刑的道理呢？于是在法庭上，他根据阅卷和实地调查走访所掌握的并被法庭调查所证实了的事实和证据材料，在公诉人宣读完公诉词之后，便提出了不同意见：一是被告人的行为不构成“伤害致死人命案的共犯”；二是起诉书和公诉词中列举被告人以往的“劣迹”——偷窃行为，已经受到当时司法机关的处理，与本案无关，不应将其作为认定被告人在此案中有罪的事实根据。

未曾想，他辩护意见发表完后，正等待着公诉人的答辩时，公诉人竟然粗暴地对他说：“我不是知识分子，我不懂得你那一套理论，反正这个案件经过了公安局、检察院的详细调查核实，错不了！”洪绍泉再次用刑法犯罪构成的理论对被告人的行为及其内心思想活动阐明了自己的看法，并且针对公诉人粗暴无理的态度引起旁听席上的哗然，心平气和地对公诉人说：“我们司法工作者不懂得什么叫犯罪，划不清罪与非罪、此罪与彼罪的政策界限，光凭朴素的感情，是很难保证案件的质量的！”话音刚落，公诉人立刻从座位上跳将起来，未经审判长许可，便气急败坏地指着洪本人当庭呵斥：“你是站在什么立场讲话?!”

“我站在维护法律尊严、健全社会主义法制的立场讲话。”洪绍泉依然心态平和。

公诉人一幅不屑的目光盯着洪绍泉发问:“既然你说得头头是道,那你怎么来认定和处理这起案件呢?”

洪绿泉回答:“这不是辩护人的权利,而是法庭的权利!”

公诉人理屈词穷,支支吾吾半晌蹦出一句话:“你晓得这点就好!如果本案的被告人没有罪,我们为什么要把他抓起来呢?”

话音刚落,又引起旁听群众的一片笑声。法庭在公诉人面临十分尴尬的情景下适时宣布休庭,择日宣判。

几天后,洪绍泉收到了法院寄来的对该案作出的有罪判决书。令洪绍泉惊讶的是,刑期与原办案人员告诉他的分毫不差。虽然罪名还是认定被告人属于“伤害致死人命”的共犯,但罪名变为“扰乱公共场所罪”和“惯窃罪”两罪,实行数罪并罚。更让洪绍泉感到郁闷的是,这两个罪名既没有在起诉书中看到,也没有在法庭辩论中涉及。当他为此感到愤愤不平时,正看到《黑龙江日报》披露的辩护人陈秋芳因为其辩护意见惹恼法庭庭长,竟然被法庭当场裁决后被法警强拉硬扯地赶出法庭的报道,心里顿时觉得自己还是幸运的。

事后,萦绕在他脑海里的一个疑惑久久不能解开:为什么在刑法、刑事诉讼法已经颁布实施之后,我们的司法机关竟然还会出现这种不讲法制、愚弄群众的匪夷所思的事情呢?

为了提高将学到的法律知识更好地运用到实践的能力,在校期间,西政七八级首开政法院校学生创办法律顾问组织之先河。1979年5月4日,“西南政法学院学生法律顾问组”正式挂牌成立,洪绍泉、吴南伟、方晓春、郝珠江、叶安民、王平、肖义舜、张广兴、张志愿(张穹)、朱孝清、龙宗智、张建田等20名同学成为第一批成员,张序九、廖俊常等几位老师为应聘顾问。法律顾问组成立后,每天都要接待数十位来访者和上百封求助信,大家虽然忙得不亦乐乎,但热情很高，干劲很足，办事严谨细致甚至为是否可收取当事人五角钱的咨询费还专门开会讨论研究。此后，各个班级群而仿效，又陆续成立了37个课余法律顾问小组，利用课余时间，先后受理了174起法律知识询问和代写诉状等事务，出庭担任43起刑事、民事和婚姻案件的辩护和代理工作。运用刚刚学到的法律知识为群众服务的做法，受到社会各界人士和政法部门领导的好评。

我不失时机地将这些情况写成新闻稿件，陆续刊登在《中国青年报》《中国法制报》和《四川日报》等报刊后，求助我们的来信、来电更是应接不暇，使同学们大为振奋，深受鼓舞。

1981年1月27日《中国青年报》刊登的题为"受群众欢迎的'业余律师'"一则消息写道：

该院法律系七八级同学，看到社会上不熟悉、不懂法律的现象极为普遍，希望能用他们所学的专长为加强社会主义法制服务。在该院领导和老师们的支持下，同学们纷纷成立业余法律顾问小组，主动同有关部门联系，通过开展法制宣传、法律知识问答、民事调解、代写法律文书、参加诉讼等活动，协助人民法院正确判案，解决和消除一部分民事纠纷。

同学们在参加业余法律顾问小组的活动中，积极性高，认真负责。每承接一个案件，各班同学都协助小组的成员分析讨论案例，请教有关老师，委派有一定能力的同学负责办理。在校外的调查访问中，同学们不畏辛劳，不计较报酬。出庭辩论，他们准备充分，执法公正、合情合理，当事人和政法机关感到满意。

临近毕业的那一年，学校考虑学生实习、撰写毕业论文等学业过重，为了保证大家集中精力安心学习，便要求各班级的法律顾问组织自行暂停对外开展活动。但在许多同学的心目中，参加课余法律顾问小组的活动，绝对是一件在大学年代最能锻炼人、最有成就感而引为自豪的事情。

CHAPTER 15 ≫

第十五章 张志新冤案的反思

众所周知，“文革”十年制造了无数冤假错案。西政七八级同学入校后，正逢党和国家开展平反冤假错案工作之际，许多案情昭示天下，令人悲愤而无语。尤其最引起公愤的莫过于张志新冤案了。

1979 年 5 月 25 日，《人民日报》第一版发表了《要为真理而斗争》的长篇通讯，介绍了中共辽宁省委宣传部文化处干事、共产党员张志新遇害的案情。

新华社向全国播发的长篇通讯的同时，还加了编者按语，全国各地报纸纷纷转载文章及张志新照片。张志新案经媒体报道后，令中国沸腾，让校园震荡。此后相当一个时期党报杂志的连续报道，使同学们大致了解了张志新案情的基本梗概，对张志新冤案产生的那种畸形的社会环境和历史条件有着痛彻肺腑的认识。

综合当年报刊披露的案情，大约是 1968 年前后的一个星期天，张志新到一个同事家里借江青“文革”时的讲话资料。同事说，张志新，你站到我们这一派来吧，我们派是革命派。张志新说，我考虑的不是这一派那一派的问题，而是“文化大革命”好多问题我不能理解。此事立即被这个同事向她那一派组织的头头汇报，并形成文字装进档案，上报有关部门。1969 年 9 月 18 日，张志新以反革命罪的罪名被捕入狱。1969 年 9 月 26 日，“中国人民解放军辽宁省公安机关军事管制委员会”派人，对居住在原辽宁省委家属宿舍新六楼一楼的张志新家里进行搜查，并将其逮捕。

张志新被捕后，始终坚持自己无罪立场。1970 年 5 月，张被冠以“反对毛主席、反对江青同志，为刘少奇翻案”罪名被判死刑，案件呈报已经实行“军管”的辽宁省高级人民法院。一位办案的处长看了案卷，认为张属于动口不动手，没有搞破坏的实际举动，只是在党的组织内部会议上发表自己的看法，按照毛主席提出的“一个不杀，大部不抓”的指示，不宜执行死刑。“军管会”认为言之有理，换了办案人员，把刑期改为 15 年。但审判结论送到军代表那里没有通过，连续编造了“六个恶毒攻击”，结论依然是“判处死刑，立即执行”，再报辽宁省革命委员会审批。据说，参加会议的法院方面代表一致同意判处张志新死刑，但是最后时任辽宁省最高负责人、军区司令员的陈锡联发话：留个活口，当反面教员，不杀为好。于是，张志新又被改判无期徒刑，这一“领导重要指示”让张志新一案一波三折，本人也多活了几年。

1973 年，已经无辜坐牢 4 年的张志新身心受到极大的摧残，神志时好时坏。由于她因执著坚持自己观点，再一次被推向死亡边缘。同年 11 月，监狱组织“批林批孔”学习大会时，已经神精失常的张志新站起来高喊了一句涉及最高领袖的口号时，当即被人押送入狱。张为此再次被认定“仍顽固坚持反动立场，在劳改当中又构成犯罪”，由监狱提交了死刑报告。

1975 年 4 月 4 日，45 岁的张志新在沈阳大洼刑场被执行枪决。临刑前因担心她呼喊“反动口号”，执行人员竟将其按在地上惨无人道地割断喉管。

1978 年 10 月 16 日，营口市中级人民法院宣布：张志新案撤销原判，平反无罪。1979 年 3 月 1 日，沈阳市中级人民法院发文宣布，为张志新同志彻底平反昭雪。

1979 年 3 月，辽宁省委作出了《关于为张志新同志平反昭雪、追认她为革命烈士的决定》。

围绕张志新冤案的一系列报道逐步被人们所知悉后，七八级同学的震惊、愤怒与疑惑达到了一个不可抑制的程度。同学们学的是政法专业，必然要关心政治与法律问题，关注定罪量刑的问题。虽然大家知道，张志新的冤死与当时的历史背景有关，但不少同学总是困惑不解，为什么一个敢于直言又从事党的宣传教育工作的女共产党员，仅仅因为坚持了自己的观点，就要将她置于死地？甚至在处死她之前，还残忍地剥夺其表达自己想法的权利，像虐杀无助的小鸡似的无情地割断她的喉管？大家始终不敢相信，那些耸人听闻的事情真是我们共产党人所为？在这个不断加强社会主义民主和法制的社会里，我们回想当年的所作所为，难道不应有一种负罪感和深刻反思吗？

在此后的连续报道中，同学们透过中央报刊上刊登的长篇通讯《走向永生的足迹》，了解张志新成长的社会环境、进步家庭的影响、童年艰苦生活的磨炼和新社会对她的熏陶。

1979 年 8 月，记者陈禹山采写了《张志新冤案昭雪经过》的调查报告。字里行间，透露出作者对张志新冤案的独到分析和对民主与法制的大声疾呼！

通过这篇数千字的文章，许多同学看到人民共和国曾经历过一个多么荒谬、扭曲而疯狂的年代！张志新以“反革命罪”被逮捕时，只有 38 岁，此后，经历 7 年牢狱的残酷折磨，被枪毙时也只有 45 岁！这样一个年轻而美好的女子生命，竟然以这种方式凋零和离世，不能不引起人们的扼腕长叹。

“她把带血的头颅，放在生命的天平上，让所有的苟活者，都失去了重量……”“暴力可以伤害美丽，但是无法消灭美丽”。当年学校墙报上出现诸如此类的诗句透彻入骨，让人震撼！

那时候，党的十一届三中全会已经召开，民主与法制建设开始受到党和国家的重视，《刑法》《刑事诉讼法》《人民法院组织法》《人民检察院组织法》等七部法律的首次颁发，邓小平复出的呼声日渐升高，解放思想，广开言路，开始平反大量冤假错案，批判“两个凡是”让人振奋又令人深思……

面对张志新案，同学们不由地发出了一串串“天问”：当年将张志新抓进牢房的当事人有无罪？省委宣传部、公安局、军管会那些领导应否承担责任？刑讯逼供和割张喉管的人能够逃之夭夭吗？如果每个单位和人员都把当年那种社会背景和政治气候作为“挡罪牌”，都说自己是在执行“上级指示”“中央精神”，都在“维护和执行毛主席的革命路线”，那么，到底谁有罪？这笔罪债应该算在谁的头上呢？

在此之前，我们对“文革”中的一些冤假错案的报道已经看过很多了，但看了张志新的报道后，同学们无不义愤填膺，大家议论最多的就是思想是否构成犯罪，最强烈的呼吁就是“严惩凶手”！然而，谁是凶手？对张志新的死，没有哪一个是具体的凶手。但多数同学都谈到，很多人在背后都起到了推波助澜的作用，是当时畸形的社会气候、变态的心理和盲目疯狂的举止，造就了这一堪称那个年代最沉重的祭奠！

在那个铺天盖地的“造神”运动中，严格说来，谁都可能是致张志新之死的助虐者！不少同学们对刊登《要为真理而斗争》这篇通讯的背景传闻高度赞誉——在送中宣部审查时，时任中宣部部长的胡耀邦不仅对文章一个字未改，连标点符号都一处没动，只是希望把割喉管的那个细节删掉，可能他也觉得过于残忍了。

在同学们的议论和反思中，张志新在她所处的那个年代里，对“文革”的本质看得十分清楚，而且论述得非常到位，后来政治形势的发展完全证实了张的预测。作为我们民族那份带血的记忆，她的蒙冤遇害代表了这个国家曾经经历过一个多么巨大的创伤啊！如果这段历史被遗忘，那将是我们这个民族最大的悲剧！

“张志新烈士为真理而献身的英雄事迹，震撼着千千万万人的心，引起我院广大共产党员、共青团员和师生员工的强烈反响。同志们争先翻阅有关张志新烈士事迹的报道和文章，为烈士坚持真理永不动摇、不畏强暴、英勇献身的崇高精神所感动，从中受到极大的鼓舞和教育。在向烈士学习的同时，对林彪、'四人帮'及其在辽宁的死党残害张志新烈士的罪行，表示了极大的愤慨。"这是当年刊登在院刊的一篇报道中的一段文字。

更令同学们产生共鸣的是，1979 年 7 月 15 日，西南政法学院宣传部不失时机地印发了《关于向张志新烈士学习的通知》，明确要求"各党总支、支部、各团总支、支部，组织所在单位的师生员工，认真学习和讨论张志新烈士的英雄事迹，并及时把感想、心得交给我们。"一些同学受其鼓舞，将许多体会文章寄往校内外报纸、杂志，使张志新案件的讨论、反思进入一个新的高潮！

当年 9 月秋季开学之后，七八级同学拿到了油墨喷香的《逻辑资料案例选编(第一辑)》(1979 年 9 月西南政法学院哲学教研室编印)新书时，发现这本形式逻辑分析教材，竟然收录了张志新被捕入狱后的审讯记录(节选)，并且在每段对话中加入了编者的问题提示，再次引导同学们对张志新一案的深入思考。选编摘录的一段不长的审讯笔录中，有这么一段对话：

审讯人员(以下称审)：张志新，到后(指张 1969 年 11 月 3 日和 1970 年 1 月 3 日被捕入狱后)有什么想法？

张志新(以下称张)：我(1969 年)9 月 24 日批斗后逮捕来的，怎样构成犯罪，我未想通。

审：对无产阶级司令部是拥护还是反对？

张：我只是对无产阶级司令部有些怀疑、看法，我按照干校布置去做，只是在一定会上讲，并写了自己的观点。

审：你这是看法吗？你这是想达到反革命目的？

张：你说我要达到反革命目的，哪条是？

审：你这是反对社会主义道路。

张：我哪一条反对社会主义道路？

审：你对伟大的中国共产党是攻击还是拥护？

张：我这不是攻击。我是一个共产党员，提出我的看法，我认为符合原则。

审：你是一个反革命，所以你就攻击无产阶级司令部。

张：我是用马克思列宁主义观点来看待的。

审：张志新！你对你的罪行怎样认识？

张：通过学习，谈不到罪行。

审：你不想改造了？

张：以前我还想过，老实点说，现在不考虑了。

审：我们希望你应当考虑你的前途。

张：我没有什么考虑的，离开了党，那就没有个人的前途。

审：你为什么攻击……

张：（不语）

审：张志新回答！

张：还是以前的那个看法。

审：你是不是要超阶级民主自由？

张：我不需要那些，我是共产党员。

审：张志新！你今后想怎么办？能不能挖犯罪根源？

张：从我个人来讲，没有什么可挖的。我讲的那些是对的。

审：你和党有什么阶级仇恨？

张：我没有。我是共产党员。

《选编》在选取的上述对话中，列出了四个问题和提示要求：（1）审讯人是否违反逻辑的复杂提问？（2）审讯人在三段论法上存在什么错误？（3）张志新同志驳斥“要达到反革命目的”的逻辑依据是什么？（4）如何学习张志新同志正确地使用三段论法？

许多同学不仅对当年审讯张志新的笔录产生浓厚的兴趣，而且对学校能够在较短的时间内将这一典型事例作为形式逻辑的参考案例编入教材，供同学们学习讨论赞叹不已，由此激发大家对“文革”期间民主法治遭受践踏严重后果的深刻感受。

一些同学在撰写毕业论文时，结合张志新被冤杀的案件，选择研究包括反革命宣传煽动罪在内的这类反革命罪类罪的内容甚多，有的呼吁取消“反革命罪”和“思想犯”等含糊不清的称谓等，邓又天、赵长青等老师认为，只要言之有理，立之有据，就属于学术问题，而不是政治问题，更没有必要上纲上线，不少学生的论文最终不仅获得通过，还得到了较好成绩。

在杨忠民的印象中，当年的《中国青年》曾将张志新白色裸体塑像刊登在杂志封面上，有的同学感到不可理喻，觉得这是对烈士的不恭不敬，但有的同学则认为，忘记过去意味着背叛，通过艺术作品表现张志新这一洁白无瑕的形象，代表了绝不允许类似的历史悲剧在人民共和国的土地上重演，这正是革命理想主义和浪漫主义的完美结合！

现今40岁以下的人，可能基本上不知道张志新这个名字了。但是在北京常住的人应该知道北四环中路有个志新桥，据说那就是为了纪念这位女杰而起的名字。如今，每当媒体上披露一些冤假错案，西政七八级的同学总是格外愤怒，穷追不舍，期盼对作恶者有个公正、公开、公平的处理结果，这与当年张志新案件对大家的警示和教育不无关系。

诚然，时隔30多年了，如今国家的民主和法治水平恐非当年可比，但缘何冤假错案始终屡禁不绝呢？一些同学在报刊、网络等媒体上直言不讳地指出，我们的司法机关应当从历史和现实中吸取教训，如果清白的人因我们不能忠实于事实和法律的失误而导致无辜失去自由甚至被剥夺生命，那么，不仅是对社会主义民主与法治的最大的嘲讽与蔑视，也是对党依法治国和国家司法制度的极大祸害，后患无穷，不容姑息！

CHAPTER 16 ≫

第十六章 蒋爱珍杀人案的罪与非

1979 年,张志新冤案的争论尚未平息,又一起当事人同为女性的杀人案在西政校园里掀起新的波澜。

1979 年 10 月 20 日,《人民日报》第三版以近乎整个版面的篇幅,刊登了署名梅洪如的题为《蒋爱珍为什么杀人》的长篇通讯,在这篇 7000 字的文章中,党报用“缘起”、“发展”、“调查”、“绝望”、“拼命”、“余事”等 6 个小标题,全面介绍了新疆生产建设兵团农 8 师 144 团医院团支书蒋爱珍 1978 年 9 月 29 日(案发时正是西南政法学院七八级同学接到大学录取通知书尚未入校期间)杀人案的前因后果。

案情并不复杂:年轻漂亮的江浙女子蒋爱珍响应党的号召,到新疆石河子农 8 师生产建设兵团务农,1979 年遭到所在团队某些领导和同事无端陷害,被诬蔑为“乱搞男女关系”,于是受到一连串的跟踪、监视、讯问、侮辱……她向上级申诉、辩解仍然得不到公正的支持,上级派来的工作组负责人甚至还参与了变本加厉整她的活动,致使本人欲哭无泪,痛不欲生,于是写下遗书,拿起打靶的五六式步枪报复陷害者,先后打死 3 人,案发后被逮捕归案,以“反革命杀人罪”被判处死刑。本人上诉至新疆维吾尔自治区高级人民法院,法院考虑到杀人情节特殊,终审改判有期徒刑 15 年。

据说,当年《人民日报》发表该文后短短 5 个月的时间里,编辑部收到来信 15,000 多件,所有来信形成的主流观点为:一是认为蒋爱珍杀人犯罪,应该依法惩处,一审法院认定蒋构成反革命杀人罪,判处死刑立即执行是正确的；二是蒋的杀人行为事出有因，值得同情，也不构成“反革命杀人罪”，希望能够从轻判处或者赦免；三是对被蒋爱珍杀死的3人追认为“革命烈士”表示不满，强烈要求对诬陷蒋爱珍的杨铭山、谢世平等相关人员依法追究法律责任。

从报纸刊登的案情可以看出，蒋爱珍本人思想单纯、作风正派，因所在的144团医院闹派性，招致以李佩华、谢世平等人的诬陷。她上告无门，有冤难伸，导致精神受到刺激，持枪连续杀死3人，一审法院定其为反革命杀人罪，判处其死刑，立即执行，量刑过重。在学校，有的同学含泪给仍然关押在监狱中的蒋爱珍写信，要求为其作无罪辩护，有的凑钱购物寄到新疆，还有的同学甚至直接给石河子地区中级人民法院写信，对该院王心如院长向党报写信的做法给予了积极评价。在那段时间里，无论是课堂还是课外，不少同学都卷入这场案件的争论，甚至在宿舍里也充满火药味，不少同学愤世嫉俗，好辩争强。如一班的宋晓辉在寝室里为此案与其他同学争辩得死去活来，愤怒中竟然从睡觉的上床蹦到床下，两脚一跺，怒目而视，一口咬定谁不认同蒋爱珍属于“正当防卫”就与谁过不去，并愤然地要为蒋爱珍写辩护状。

一个20岁的年轻姑娘、共产党员，竟然枪杀三条人命，如果在常理下，杀人者肯定会遭到众人的唾骂，但蒋爱珍却获得许多人的同情。其实，绝大多数同学们并不是同情或者支持她杀人犯罪，而是对“文革”期间遗留下来的那种诽谤、诬陷他人，肆意侵犯公民名誉权的风气深恶痛绝。一些同学认为，蒋爱珍案件的发生是由她所处环境的浓厚的封建色彩和严重的官僚主义而酿成的，该案的发生从反面说明了尽快消除封建主义影响、加强社会主义法制的重要性。

鉴于该案在七八级同学们中引起强烈反响，学校因势利导，组织全校和各班级讨论。许多同学利用还处于“一知半解”状态的刑法知识分析案情，发表评论，辩驳诘难；同学们敏锐的思维、探索真理的勇气和对时弊的大胆抨击，使不少老师们感到高兴。

1979年11月13日，校学生会应广大同学的强烈呼吁，在东山大楼的大教室里举办了蒋爱珍案件专题讨论会，主题围绕“蒋爱珍为什么杀人”展开新的一波大讨论，共有200多名七八级学生和院宣传部、教务处、科研处的领导和有关老师应邀参加。讨论会气氛热烈，发言的同学按照以事实为根据、以法律为准绳的原则，阐述了各自的观点，对蒋案发生的社会原因、性质等问题作了深入探讨。

在讨论中，如何依照法律对蒋案作出判决时，形成了两种截然不同的意见。一种意见认为，蒋爱珍杀人属于正当防卫性质，应当免予刑事处分；另一种意见认为，蒋案属于故意杀人罪，应当承担相应的刑事责任。但考虑蒋是基于义愤杀人，与一般的故意杀人有所区别，可以对蒋依法从轻处罚。

六班的顾培东结合刑法犯罪构成理论，对蒋案定性处理提出了自己的看法：一是认为蒋爱珍持枪杀人，已经构成故意杀人罪，触犯刑律，应当受到法律的制裁。至于其行为是否属于正当防卫？他的回答是否定的。二是新疆石河子党委以及新疆维吾尔自治区高级人民法院对蒋的量刑不够准确，蒋的故意杀人的犯罪行为客观存在，但具备从轻处罚的条件，可以在有期徒刑范围内选择刑罚。三是对杨铭三、谢世平等人应当追究侮辱罪、诽谤罪的刑事责任。四是蒋案的发生与144团有关人员玩忽职守有着直接关系，应当根据《刑法》第187条规定，追究其相关责任人员的刑事责任。

三班的李连宁针对社会应否对蒋案负责的问题谈了自己的意见。他认为我们决不能因犯罪原因存在于社会之中，就得出社会必须对某一案件负责的结论。蒋爱珍杀人尽管是在被非法侮辱、诽谤和诬告陷害，使之处于绝望的情况下实施，属于报复杀人无疑，但这难道不应承担法律责任吗？如果这类杀人犯罪行为可以不用负责而宣布无罪释放，那后果将是不堪设想的！我们不能只重视追究派性或者外界压力的责任，而不去追究行为人个人的具体责任，这样不仅不能正确审理这一案件，而且对于整个司法工作都是十分有害的。我们研究犯罪社会原因的目的和结论不在于追究社会应不应负责任，而在于通过对犯罪社会原因的分析，认真总结经验教训，以便更好地处理人民内部矛盾，更好地改进工作，完善法律制度，更有效的预防犯罪。如果只是把研究犯罪社会原因的重点放在简单地、抽象地追究社会的责任上，那只能把自己的学习和研究引入歧途。当然，对于这一案件，不仅蒋爱珍有责任，杨铭山、李佩华、谢世平、钟秋等人也有责任。人们之所以对蒋案反响如此之大，绝不仅是对蒋被非法迫害表示同情，更主要的是对杨、李、谢、钟等人造谣诽谤，诬陷他人，违法乱纪、酿成惨案而不追究其刑事责任表示愤慨。

四班的温晓莉则以女生的细腻和从保护妇女人身权利的角度出发，分析了蒋爱珍杀人案的社会原因，认为我国现实生活中存在的封建主义、官僚主义是酿成这一案件的根本原因。我们只有在研究犯罪问题时应当把案件放在一定的社会生活条件中去考察它，才能更准确地认识事物本质，真正总结出经验教训，实现法律在我们国家处于这样一个伟大变革时代的重要作用。

二班的王卫国认为通过讨论蒋案，提出了需要认真研究我国的法律和道义是否存在矛盾的问题，以及社会主义制度下产生犯罪的根源和刑法理论方面的一些概念问题，等等。

由于没有在讨论会发言的机会，我则以“同情”与“无情”为题，在院刊上发表了自己的对本案的看法。

我认为，蒋案的悲剧是在被害人李佩华等人一手导演下发生的。蒋之所以受到“同情”，在于李等人无中生有、造谣诬陷、羞辱人格的所作所为令人憎恨。对酿成这一惨案的有关人员“诬告反坐”、依法惩办是天经地义的，这并不是出自于对蒋的“同情”，而是健全社会主义法制的必然结果，是法律的无情所决定的。同样，蒋爱珍无所顾忌连杀三人，严重破坏我国刑法所保护的社会关系，对其依法惩办，也是法律无情所决定的。

被害者罪有应得吗？有的同学指出，他们既是蒋的迫害者，也是林彪、“四人帮”的受害者，表明“文革”十年，国家法制破坏后果之严重、国家工作人员法制观念之淡薄。诚然，蒋与被害者之间的矛盾不同一般，李佩华等人欺人太甚，必受惩罚，但谁能相信他（她）们的行为已经达到“不杀不足以平民愤”的田地？退一步说，即使罪该死刑，作为一个公民的蒋爱珍也无权行使“枪决”的权利，如果今后凡此类“官逼民反”便可由其大开杀戒的现象任其存在，那么国家司法机关的权威性何在？

蒋爱珍因受诬陷、迫害而开枪杀人，了解这桩案件的原因和过程的不少人对蒋颇有“同情”之感，于是乎，“同情”多了，死者“罪该万死”，蒋成为反抗“黑暗势力的英雄”，于是“从轻处理”的定刑也就有了，倘若都向这样的“英雄”学习，社会上错综复杂的人与人之间的矛盾如何解决？作为一名法官，法律既是准绳，就不应当把“同情”视为量刑的标准，关键在于对蒋的“情”和对法律的“情”在我们心目中应当有一个恰当的位置，切莫让法律的“无情”被“同情”所取代了。

在蒋案的大讨论中，七八级学生提出了如何处理定罪量刑与外界因素关系的问题、废除死刑的问题、犯罪分子作案动机与后果的关系问题、蒋案的审理程序问题、死刑犯未决前司法待遇和人格权保护问题、重刑案件的新闻报道问题、死刑案件与被害人的民事赔偿问题等。几乎不用老师多费口舌，七八级许多同学已经从蒋案中获得自我分析、自我启发、自我教育、自我提高的学习能力和方法，从而取得了一般课堂讲授所完全不能达到的教学效果。

师生共同探讨蒋案，提升了讨论的层次。高绍先老师的一篇《假如我是蒋爱珍的辩护律师》一文，不失时机地发表在创办不久的《西南政法学院学报》上，吸引眼球的标题立刻引起同学们的浓厚兴趣，大家不约而同地诱讨这篇文章，对照自己对同一案件的认知能力和水平究竟与老师存在多大的差距。

高老师的文章直言不讳，洋洋洒洒，活像一篇在法庭上的辩护词。

从法律观点讲，蒋爱珍杀人，不是受他人指使，也并非过失，而是一种故意，已经构成了犯罪，应当受到法律的追究。但她之所以杀人，既不是为了颠覆无产阶级专政，也不是出于谋财害命，而是由于对诬陷者的极度愤恨。从案例看，她是一个知识青年，一贯工作积极，思想进步，1973 年入团，1976 年入党，在所谓的“三·一七”事件前，她是一个无辜的受害者。如果不是被逼得走投无路，她是不会铤而走险的。因此，在分析蒋爱珍杀人原因的时候，除去她本人应当承担的责任外，不能不看以下三个方面的因素：一是李佩华、谢世平等人的造谣诬陷；二是工作组杨铭山的违法乱纪；三是 144 团领导的派性和官僚主义。

高老师通过对案情的细致分析和引用新颁布的刑法的相关条款，对上述几个因素逐一进行了分析后，从辩护人的角度，用设问句的口吻，用一串“假如”的排比句，提出了自己的鲜明观点。

——假如我是辩护律师，我要强烈要求法院在对蒋爱珍按照法律处理之前，首先追究杨铭三和谢世平的法律责任，只有这样，才能分清是非，昭彰法理，使违法乱纪、恶意诬告者引以为戒。如果我们的司法机关对这种蓄意诬陷好人，造成严重后果的罪犯不闻不问，反而让他们生者得到重用，死者赠封“烈士”，那么真理安在？法纪何存？

——假如我是辩护律师，我要呼吁有关部门干预此案，责成 144 团领导作出负责的检查，对其中错误性质严重者，应当律之以纪，绳之以法，只有这样，才能挽回影响，教育干部，认真吸取教训。

在为蒋爱珍据理力辩的同时，高老师把自己的强烈感情又拉回理智的思路上来，复位到辩护人角度对案件性质作进一步的归纳分析。

“我们国家是不保护私人复仇的。不论多么严重的违法乱纪都只能通过国法党纪来处理。不经过国家法律，私人采取制裁手段，以致开枪杀人，这在任何情况下，都是不允许的。因此，蒋爱珍的杀人行为已经构成犯罪，应当受到法律的追究。但是，这个案件有它的复杂性和特殊性，若是没有李佩华、谢世平等人的无耻诬告，没有杨铭三的严重违法乱纪，蒋爱珍就不会被迫杀人；若是144团领导能够多少倾听一下蒋爱珍的冤屈，听一听广大群众的呼声，这一场惨剧也不会发生。因此，我们不能孤立地根据蒋爱珍开枪连杀三人这一事实，就科以重刑，而必须对蒋爱珍杀人前的一贯表现和逼使她杀人的原因、动机、目的以及杀人后的悔罪作全面分析，并且考虑到她曾确实被逼成精神分裂，精神始终处于极度紧张、愤恨的状态这一因素，根据我国刑法第132条，并参照第57条、第59条之精神从轻判处。”

蒋爱珍有罪，但事出有因，罪不该死，对酿成本案的其他相关人员也要一并依法追责，这是当时趋于一致的观点和看法。该案之所以引起七八级同学心底里复杂的诸多情感波澜，还在于通过本案的发

1998年10月，高绍先老师回忆当年与学生一起讨论蒋爱珍案件的往事

生，大家似乎都在思考这样的问题：为什么“文革”无中生有、诬陷他人之风甚嚣尘上仍未杜绝？为什么党报敢于一反常态，能够倾听群众呼声，将一起非普通的杀人案件的事实真相公诸于众，并明确提出符合民意的倾向性意见？有的同学说得好，蒋案的公开披露，充分体现了我们党和国家开始对人格尊严不受侵犯的重视，体现了对社会主义民主和以法治国的渴望，体现了人民群众对官僚主义和派性的深恶痛绝！遥想当年，中央党报能够如此大胆地刊登这篇通讯，引发读者广泛参与讨论，党中央领导同志能够在百忙之中躬身亲历，对蒋案作出重要批示，使一名尚未婚嫁的女死刑犯法下留情，枪口下留人，这是前所未有的现象，让人们看到了社会主义民主与法制建设的希望！

遗憾的是，在校期间，大家没能够见到蒋爱珍一案的最后审理情况，但结局正如同学们所猜测的，由于中央领导同志的高度关注，事实上存在的民意对司法适用的介入，所引发的广泛社会舆论已经在一定程度上影响了蒋爱珍案件的最终处理结果。

我们获知的蒋案有关情况是：1980 年 11 月，王心如调到北京最高人民法院工作，曾经与蒋案有关联的谢世平、杨铭山等人被逮捕，诬陷、侮辱、迫害蒋爱珍的人员分别受到行政、司法处理；蒋爱珍一案重新审理……

1985 年 12 月，新疆维吾尔自治区高级人民法院对蒋爱珍杀人案开庭公审，最终作出终审判决：蒋爱珍犯故意杀人罪依法判处有期徒刑 15 年，剥夺政治权利 5 年。事后，蒋爱珍被押送石河子监狱服刑。由于服刑期间蒋爱珍认罪表现较好，被多次减刑，在实际关押了 7 年零 3 个月之后，于 1990 年 7 月提前获得释放，回到故乡浙江绍兴市某医院工作。

让校领导和老师们感到欣慰的是，通过组织对蒋案的热烈讨论，极大地激发了七八级同学们对所学专业、刑法构成理论、刑罚方法运用，以及定罪量刑如何处理刑法条款规定的人性感受、直接犯罪原因和间接犯罪原因等一系列问题的浓厚兴趣。后来，西政七八级同学中毕业论文选择刑法题目的为数不少，毕业后涌现出不少刑法界著名学者教授、博士生导师。记得 1996 年 12 月全国人大常委会及法工委组织修改刑法草案，来自中央和国家、院校和军队等有关部门的专家学者不足百人，但来自西政七八级的同学竟有 10 人之多，其中有张穹、陈泽宪、翟小云、李少平、张智辉等人，我作为军队专家也全程参加了为期一个多月的刑法修订草案的讨论过程，在对数百个刑法条款、数百个罪名设置的具体讨论过程中，当耳闻目睹大家对案例、对法条的独到见解，甚至因为不同意见而产生的强烈争论时，当年七八级同学们对蒋案的讨论的热烈场面又浮现在我的脑海里……

当年西南政法学院刑法教研室的老师研究讨论有关刑事案件的定性和量刑问题

CHAPTER 17 ≫

第十七章 寝室的卧谈会

记得法国著名思想家和文学家罗曼·罗兰曾说过，他在巴黎高等师范学院学习的三年中，与同学交流所获得的东西比从老师和课本上所获得的要多。

七八级"小字辈"纪佃澎曾在他写的书中制作了一个在大学所学知识的来源构成表格，精确地分析自己从书本上学到的知识（包括课堂和自学）约占50%，从同学们身上学到的知识约占30%。

这说明，在大学期间，与同学日常接触、交流所学到的知识含量不容低估。其中最主要的学习场合和途径，应当首推在大学宿舍里同居一室朝夕相处的美好时辰了。

记得大学毕业走上工作岗位的那一年，初次看到上影厂女导演史蜀君执导的首部作品《女大学生宿舍》，讲述的是上个世纪80年代初，五个女生一起住进了东南大学中文系某宿舍，因成长环境不同而发生争执和矛盾，最终共同成长的故事。前些年，又看到了改编自辛夷坞同名小说的影片《致我们终将逝去的青春》，影片反映的是20世纪90年代大学室友之间围绕学业、事业、爱情、金钱等而产生的摩擦与冲突。两部影片分别描述着大学生寝室内青春洋溢、独具个性的人物和跌宕起伏的命运故事，虽然透露着浓厚的怀旧气息，但我总觉得影片中里描绘的所谓的大学宿舍生活很不真实，其中喝酒、打架、翘课、恋爱、堕胎云云，男生耍酷斗狠，女生胡搅蛮缠，不知是否是"源自生活高于生活"的艺术创作需要？也许是我们地处西南一隅所处高校的孤陋寡闻,这与我们当年西政的大学寝室的生活实情真况相比,真正是相去甚远。

上世纪七八十年代的大学生宿舍里,通常现象是六七个甚至更多的来自五湖四海不同背景的家庭、性格习惯爱好各异的年轻人,要在十几二十平方米的小屋子里朝夕相处实不容易。尤其个体间应当保持的安全距离被大大压缩,个体行为的生活习惯和不良嗜好被无限放大,关系人格尊严的私密空间小得可怜,这样的环境肯定容易催生烦恼和戾气的,毫无疑问肯定有的宿舍因相处不愉快而滋生诸多矛盾。四年下来,斗室同居,有视彼此为寇仇的,也有亲如姐妹兄弟的。在西政七八级同学的记忆中,前者未曾有过,更多的则是后者的“同室情”。

由于众所周知的原因,七八级的学生宿舍相当紧张,一间宿舍多的住二三十人,少的不足十平方米的面积也要挤进七八个人,大家睡的都是上下两层架子床铺。即便大二末期搬进南边新落成的学生宿舍,住房条件也没有得到根本改善。但是,这种住房格局的优越性势必使年龄不分大小,入学前的职务身份不分高低,全都能在一个号称“聚宝屋”里纵论天下大事,相互交流各类知识信息。

对于我们男生而言,七八级女生宿舍的故事固然不得而知,但男生宿舍卧谈的主题则丰富多彩,热闹非凡。

在五班季林的笔下,七八级入校后的学生宿舍房间五花八门,面积大小不一,入住后“人口众多”,成分复杂,由于生活习惯和作息方式各不相同,虽然给大家的学习、生活和休息带来一些不便,但是人多嘴多话多,人多脑袋多,势必智慧多,精神食粮丰富而充足。随着同居时间的推移,熟悉程度的提升,彼此间的交流日益增多,调侃、笑谈的碰撞也多了起来。在他的宿舍里,每当夜间熄灯过后,十几条来自天南海北的汉子们惬意地伸直腰板,舒展四肢,躺在用蚊帐封闭起来的“小屋”内,任思绪自由驰骋,让人人畅所欲言,形成了趣味无穷的“卧谈会”。通常这类“卧谈会”没有既设主题,也没有中心发言,不限发言时间长短,更没有规范定式和注意事项,轻松如风,自在如云,时而静听沉默无语，时而哄堂大笑，时而嬉笑怒骂，落个轻松畅快，直到满屋鼾声如雷，“卧谈会”才会戛然而止。有的宿舍扯到没有话题时，就会要求各个人用自己家的方言说同一句话，各地口音的差异，南腔北调的发声，总会让大家捧腹大笑，彻夜难眠。

有一天夜里，七八级某个男生宿舍议论某一女生长相和身材，恶劣的是用学到的法医学名词术语进行夸张描述，然而，这些议论不知怎么传到那位女生耳朵里，惹得女生怒不可遏，哭哭啼啼地告到年级办，泣不成声的表情令年级办的领导为之动怒。于是，周棣华主任一声令下，专门召集各班班长到东山大楼二层会议室召开紧急会议，研究如何利用此典型事例造成的负面影响，狠刹在宿舍乱议女生这一“资产阶级低级趣味的腐朽思想之风”。会后，各班长回去传达年级领导的重要指示时，许多男生反响强烈：“管天管地还管我们的嘴?!”虽然大家表示不满，但后来可能顾忌宿舍门外有“偷听者”或“告密者”，各男生宿舍议论女生的话题收敛不少。

七八级学生中唯一从高一考上大学的纪佃澎回忆说，学习了婚姻法课程之后，在所学到的相关知识中，尤其对“初夜权”和“杯水主义”两个名词刻骨铭心。一次，同寝室的同学买回来一本新书后，立即被他人抢先拿去看了，他随口一句：“哈，你在行使初夜权哪！”引得寝室同学们对他的“活学活用”大为吃惊。“杯水主义“是列宁早年对蔡特金谈话时所概括的一句成语，原是用作批评俄国一些青年把爱情与结婚看作比喝一杯水简单，缺乏社会责任感。这天晚上的卧谈会上，小纪就“杯水主义”问题发出一通“高谈阔论”：“一夫一妻是私有制的产物。妇女的彻底解放意味着一夫一妻制的消亡。西方离婚率高正是这些国家男女趋于平等的前奏，离婚率越低，就意味着妇女的地位越低下，这完全符合恩格斯《家庭、私有制和国家的起源》一书的观点。”这一次，同寝室的年岁大的老哥们不依不饶，来自兰州的“老大哥”张克年正色地对他说：“一个十七岁的娃娃，竟然想到什么地方去了，多危险的苗头啊！”

一天夜晚熄灯过后，一班的“批斗会”在寝室正式拉开帷幕。“批斗”的对象是当时在校期间职务和知名度最高的邓文定同学。生性活分的邢伟首先开腔：从你老邓的经历看，你就是一个不折不扣的投机分子，为逃避上山下乡，你当兵入伍，穿上了大家倾慕的绿军装——名利双收；陈伯达倒台后，清查“5·16”，你及时嗅到了气息，又复员退伍进了工厂——逃过了一劫；粉碎“四人帮”后，你预感到领导一切的工人阶级不再吃香，于是又混进了高校。几句“批判”的口吻，就将邓兄的身世揭露得“体无完肤”，同寝室的其他同学也纷纷附和。一时间，形成强大的舆论氛围。久经世故的老邓既不吭声，也不申辩，在白色的“军中帐”中“我自岿然不动”，使“批斗会”的气氛在越来越响的鼾声中渐渐烟消云散。

在时任山西省人民检察院检察长的柯汉民看来，大学寝室“卧谈会”使自己收获良多。入校后，为了尽快去除自己那一口“荆声楚韵”，他颇费了一番思量，最终想出了一个两全齐美的办法。当时的西政图书馆，虽然简陋狭小，但是一个备受学生青睐的“风水宝地”，同学们在课余时间时常聚集于此，像海绵吸水般如饥似渴地汲取知识的养料。他除了攻读一些法学著作外，也有意识地读点自己钟爱的中短篇小说，并将故事梗概默记心中。晚上回到寝室，一关灯后，照例进入“卧谈会”时间，诸位室友藉此机会，畅谈人生理想、时政法律，但每每都是争得口干舌燥，无果而终。每当此时，他便不失时机地改变话题，尝试着用普通话将当天所看之小说故事讲给大家共享。诸位心系天下的仁兄刚刚被各种宏大主题搞得心力交瘁、疲惫不堪，偶遇轻松愉快的内容，寝室内倒也乐得洗耳恭听，于是“卧谈会”便变成了“故事会”，宿舍里少了几分舌枪唇剑，多了几许凝神静思，寝室内倒也其乐融融，风平浪静。

临近年终盘点，柯汉民欣喜地发现“故事会”的形式收到了意想不到的良好效果：一是他的普通话水平有了很大提高，虽然不敢奢谈达标，但与人交流起来荆楚乡音有较大改观；二是通过博览群书，增长了不少文史哲知识；三是锻炼了博闻强记、提炼重点的能力；四是强化了文字写作和口头表达的水平。

在柯汉民看来，室友同仁亦非一无所得：一是每日免费听故事，至少省却了泡图书馆翻资料的劳神；二是增进了人际感情交流；三是丰富了宿舍文化生活。为此，他深有感触："说来令人莞尔，当初'设坛开讲''每日一书'，我自滔滔不绝，他人亦津津有味，殊不知'听者无心，讲者有意'，大家竟然不知不觉间成了我的'陪练员'，如今旧事重提，诸君该不会怪我掩藏私心吧？"

最终，柯汉民通过"卧谈会"途径，提高自己的普通话水平究竟效果如何不得而知，但其在学校就读期间，每年利用暑假回到家乡义务担任刑事案件辩护人，并将其办案的案例整理出来供同学们讨论，则是不争的事实。他的一篇《是故意杀人罪还是故意伤害致死罪》一文，经刑法教研室邓又天老师推荐后，于 1980 年 10 月 15 日在院刊发表，由于正逢七八级学生学习刑法分则，立即引起在校同学们的热烈讨论，甚至波及西北政法学院的学生也积极来稿参与讨论，各种观点五花八门，众所纷纭，好不热闹。最后，只能以邓又天老师发表的《占玉华犯了故意杀人罪》一文，宣告这起由七八级同学发起的案例讨论活动暂告一段落。

西政七八级男生宿舍夜话趣事多，如今回想起来忍俊不禁，令人捧腹。

一班的白桦回忆说，上世纪 80 年代初"伤痕文学"盛行一时，同寝室的陈光龙跃跃欲试，背着同寝室的人悄悄向家乡的《湘江文学》投稿。一天，退稿信恰好被同宿舍的几个人看到了。当天晚上熄灯后，六人室的"卧谈会"如期举行。黑暗中传来张建魁故作玄虚的川音："哎，我昨天在《湘江文艺》上看到一篇小说，故事情节十分感人噢。"话音刚落，邢伟紧接话茬道："我今天在阅览室也看到了这篇小说，写得确实不错，挺深沉的内涵和感染力。"刘天敏急切切的声音旋即传来："明天我也要去阅览室找来看一看。"陈涛轻声细语地说："作者名字好像是陈光龙，不会与我们宿舍的老兄同名吧？”白桦连连断言：“怎么可能呢？我们班的陈光龙哪里有这等文学细胞啊？”一直听大家对话的陈光龙开始还能够沉得住气，一声不吭，听到白桦一幅不屑的腔调后，立马从床上霍然挺身而起，随着摇摇晃晃的床铺大声喝道：“这篇小说就是我写的！”话音刚落，整个宿舍顿时爆发出一阵开心的笑声，此时的陈光龙方才琢磨出一点被人愚弄的尴尬味道来……

四班的冯亚东入学一个多月后，利用周末一大早，胸佩校徽，怀揣学生证，迫不及待地到重庆市中心解放碑逛街，不料一到市区便被窃贼扒走了学生证，只好闷闷不乐地回到了学校。同寝室的六名室友见其愁眉苦脸，只好开导他。没过几天，冯亚东本人突然收到一封署名“内详”的信件，他打开一看，发现竟然是他丢失的学生证，并附有一封短信。短信的大意是：冯亚东同学，本人在解放碑一偏僻处偶然拾到了你的学生证，现给你寄回，你是一名政法大学生，将来肩负着为国家掌握“刀把子”的神圣重任，怎么能够这么疏忽大意呢？望你吸取教训，努力学习，天天向上。

当晚熄灯后，寝室里的同学围绕着冯亚东学生证失而复得展开热烈的讨论，对寄信人何许人也形成了两种截然不同的观点。一种观点认为，这是一个拾到学生证的好心人所为，年龄估计应当在中年以上，且以国家工作人员和教育工作者为职业；另一种观点认为，从来信的语气看，写信人明显带有嘲弄大学生的口吻，字迹故意写得歪歪扭扭，极不熟练，且未署名，极有可能是劣迹斑斑的老扒手本人所为。最终双方各抒已见，互不相让，最终谁也没有说服谁。

九班的贺卫方曾用诙谐生动的文字，详尽地描述了他大学期间所在寝室的六个人的性格和特点：

老大哥——许江，共和国同龄人，来自江苏泗洪，入学考试分数甚高，脑瓜聪明得有些过早谢顶，尚已婚配。入学期间收入拮据的他自费订了一份《生殖与避孕》，大家心照不宣表示理解。可是杂志一到，他大呼小叫起来，原来那是一本高度专业化的医学杂志，翻看尽是一些小白鼠科研试验数据之类的内容,专业科技含量相当高,显然其知识所限毫无用处。令他烦心的是杂志一订就是一年,临时退改均不可行,整得他每当收到杂志就长吁短叹,郁郁寡欢。

小号手——杨忠民,曾在解放军云南某部文工团吹拉弹唱,属于“军转干部进法学院”一类人物,语言幽默,生性活泼,偶尔喜欢搞点小恶作剧。一次将许大哥抽屉里的香烟拆开,取出半包,再依原样封好。每当主人拆开香烟,发现只剩半包,惊诧不已,怒发冲冠,而他一脸无辜,并友善地提醒大哥岁数大了,是否记忆有误?

小提琴手——赵一民,云南昆明人,早年当过工人,带薪入学,生活比较富裕,每当看到他从城里书店买回一摞摞经典厚书,大家只有羡慕的份儿。本人因拥有一个多波段的收音机,经常收听来自大洋彼岸——美国之音的英语教学节目,使简陋的寝室充满欧风美雨(语)的异国情调。作为校乐队的二号小提琴手,时常拉些叫不出名的中外名曲,让室友大学期间便享受着优雅音乐的熏陶,无不受益匪浅。

书法家——何建国,猴年出生,一口川普,退伍军人,除了擅长床上打坐、看书外,还喜欢练习书法,尤其推崇沈尹默以及其弟子周慧君的书法,对中国古典文化也有浓厚兴趣。偶尔对人生以及世俗世界发表高论,哲理极深奥。毕业后听说改为吃素,对佛家学说越发执着,有些“不爱律法爱佛法”的思想倾向。

初中生——黄藏勇,河北邯郸人,入学年方 15 岁,七八级最小年龄者。年龄虽小,但聪明过人,写一手洒脱秀丽的钢笔字。与本人上下床,成长与智力速度惊人,当年乳臭未干的小不点儿,毕业时已窜至 1 米 80 个头;言谈举止也从颤颤巍巍到谈吐自如。但在寝室的“大人圈”里,唯一感到有些落寞的他,只能与其他班的几位年龄相仿的“小朋友”们一起玩家家了。

四年的“同居”生活,让大家都结下了浓厚的友谊。诸如廉价的五加皮酒、嘉陵江牌香烟、童家桥鲜辣的重庆火锅、失而复得的火车票、酒酣耳热后的“军队进行曲”等,都成为贺卫方对大学寝室的美好回忆!

多年之后，与贺卫方同一寝室的初中生黄藏勇，对同屋另外五位“老大哥”的描述，寥寥数笔也堪称精彩：“许江工于诗文，富学沉稳，终不失才子长兄之风范；杨忠民兄虽为行伍，但出身军中梨园，阅历深广，机智练达，又兼具文艺细胞，师团连长、文工团员，竹竿猪肝、黄瓜药瓶儿之故事甚多，可开一代黑色灰色幽默之先河；赵一民时而悠扬时而感伤之小提琴声，引多少知音竟流涕；至于今日燕园红楼声誉鹊起，如日中天之贺卫方兄，已现追求民主进步科学之端倪；何建国兄一手挺好挥洒自如之楷书……”如今已是国家法官学院的黄院长，能用笔触如此细腻勾勒同寝室人物风情，足见大学同窗给他留下多么深刻的印象。

哈佛大学历史上的首位女校长德鲁福斯特，曾对“上大学到底有何价值”这一问题回答很有见地，四年的大学生涯能给个人带来日后的经济优势和无法衡量的益处，为人的一生平添了许多额外的价值。大学让学生以不同的方式重新审视自己，探寻与其他时代、其他土地上的众人的生活的异同。大学学生最重要的学习方式之一，就是通过教室内外和与他们不同的人进行互动交流。

据说，在那些物质匮乏挤住在一起的大家庭，逼仄的生存空间往往容易刺激人格的畸形，调动起人性的恶感。彼此血浓于水的同胞姐妹也常常因为“分析家产”而弄得“一地鸡毛”，甚至成为“惊天血案”。多年来，我们不止一次地听到当今的大学校园里发生的一系列震撼国人的寝室血案。诸如2004年的马加爵案件、2015年12月11日的林森浩案等。其中备受关注的上海复旦大学上海医学院2010级影像医学与核医学专业硕士研究生林森浩利用自己的专业知识，有预谋、有计划地向宿舍饮水机内投放大剂量的二甲基亚硝胺原液，致同宿舍的同学黄洋接水饮用后中毒身亡一案，令人唏嘘不已。同窗之间产生矛盾在所难免，但同一寝室的大学同学之间引发如此惊天血案，这在上世纪七八十年代的高等学府里绝对是难以想象的。

近些年来，随着互联网快速扩张，手机电脑的频繁升级，不仅颠覆了此前大学生之间面对面交流的校园生态，而且进一步将大学校园分成若干不同的“圈子”，把几人独居一室的寝室切割成互不来往的“独立王国”，大家上完课回到宿舍，电脑一开就各玩各的了，相互之间缺乏交流，有的大学班级甚至连一次集体活动都难以有效地组织起来。

诚然，引起同寝室室友间矛盾的原因各种各样，但个体间的差异是最主要的原因，如作息时间、价值观、家庭背景、生活条件、地域和文化差异等。严格说来，寝室矛盾是在所难免的，特别是越来越多受到个性化思潮影响的年轻大学生们，保证自我的权益和兼顾他人的感受，本身就是他们人生中难以消除的一对现实矛盾。依我之见，四年与同居一室的同学相伴相处，可以雕琢我们的性情，考验我们的智慧，提升我们的情商，增长我们的素养，何尝不是一个人生成长进步的又一重要课堂？从这个意义上说，七八级寝室的“卧谈会”的正能量，值得后来者借鉴和推崇。

1998 年 10 月，作者回西政原入住的学生宿舍 609 房间床位前留影

CHAPTER 18 ≫

第十八章
我们的读书生活

众所周知,“博学笃行,厚德重法”是当今西政的校训,其中“博学”名列第一,这充分显示在母校的愿景和期冀里,希望每个西政人首先最应该做的事情就是好好读书、刻苦读书、静心读书、精心读书。

当年七八级学生们的读书环境和硬件条件差强人意,可谓是“寻遍书山无处觅,揽得一书成新宠”。入校时寻遍不大的校园,只看到一个孤独的灰色三层建筑物,屹立在西山半腰角落,号称“青砖楼”,

上世纪五十年代西南政法学院的图书馆

正是学校图书馆的所在地。传说学校的图书馆1953年建立，当时由西南革大和西南几所大学法律系合并后带来第一批图书，在此基础上，经过校方历年不断的采购和添置，到1966年“文革”开始前，西政的图书馆藏书已经达34万多册，其中社会科学类藏书比较齐全，历年报纸杂志基本配套，还保存有一部分自然科学书刊、外交书刊和内部图书资料。然而，“文革”期间，学院的图书资料遭受严重损失，丢失、霉烂和被调走的图书资料就达5万册(套)之多！

为了迎接复办开学，学校的图书资料工作人员重新集结，从1978年4月起至7月止，对遗留下来的20多万册图书逐步清理，基本上弄清了藏书的情况。此外，校方抽人突击半个月，整理出了一套比较完整的分类卡片，便于师生能够根据卡片了解藏书情况，方便借阅。在当年年底之前，又连续购进了5000多册新出版的社会科学类书籍，登记建卡，以应学生学习急需。在东山大楼山脚下，教务处曾找到一间200平方米的平砖房，草草拾掇，布置就绪，挂出“学生阅览室”门牌，在开学之后没有多久便对七八级学生开放。

然而，入学后相当一段时间，学生发现阅览室不仅面积狭小、开放时间短，而且除了主要陈列马列经典著作外，里面的报纸、杂志少得可怜。相比之下，东山大楼东南侧二层楼梯拐弯处有一个教工阅览室，面积大约有20多平方米，里面陈设简陋，但中央和各省级报纸齐全，书架上搁有为数不少的文学、政治期刊，这对于七八级同学而言，具有很强的诱惑力，能够进入一睹是莫大的幸福。但是门外白纸黑字醒目提示“非教师不得入内”，门口还有守卫的校工管理人员，让你不得不三思而后行。

大学，本身就是博览群书的地方。在解决了肚子基本温饱问题之后，精神上的食粮从何处寻觅？

其实，七八级绝大多数同学考上大学之前，即使没有赶上读书的好时光，但他们没有放弃读书看报的良好习惯，否则，当年的高考录取难以想象。上了大学之后，同学们带着中榜的快乐，怀揣多年来刻苦读书、勤奋学习的硕果，在“稀烂”的校园里，继续延续在书海自由遨游的生活。

当时，街面上书店的法律书籍几近空白，因而学校印刷的出版物比公开出版物更为珍稀。为了应急，学校印刷厂赶印了不少国外的法学著作和教科书，大多数是简装小册子，蓝灰色封皮或白封面皆有，没有装帧设计，小 32 开本，铅字排版印刷，其中印象较深的有贝卡利亚的《论犯罪与刑罚》。因为稀缺而珍贵，同学们几乎将每一本校印书本都作为宝典，也因此读得精细。由于校办印刷厂是 1956 年前后接受大厂淘汰机器建立起来的，加上“文革”期间长期停工，铅字变形，缺字少字情况严重，排版调剂困难，加上印刷机陈旧生锈，又无零配件；装订切纸全是手工操作，费时效率低下。为了迎接七八级学生入学上课的需要，印刷厂的工人师傅借用兄弟单位的铸字炉，在骄阳似火的盛夏，只用 28 天翻新了全部常用字，紧接着又修复了“老掉牙齿”的印刷机，保证了开学的教材急需。1978 年内，学院印刷厂共印

1982 年 6 月，西南政法学院七八级十班部分同学在尚未竣工的学校图书馆前留影

教材、书籍42,157册,做到了开课前保证供应全部教材。

当年西南政法学院的图书馆对于学生借书是相当的宽容,不仅每次借阅册数不加限制,而且还可以借阅外文版。贺卫方回忆说:“我借来了一本厚厚的原版《中世纪史》,记得作者的名字仿佛是Sidney Painter。对于我这样一个上大学后才开始从ABC学英语的人来说,读这样的书真正是需要很大勇气的。虽然由于背景知识的匮乏,读得很慢也很粗,不过,这样的书让我对于欧洲中世纪文化社会的各个方面有了一些认识,也产生了浓厚的兴趣,在写本科以及硕士毕业论文时,都写的是中世纪天主教的教会法。在21世纪初能够与高鸿钧、张志铭以及夏勇一起翻译伯尔曼的巨著《法律与革命——西方法律传统的形成》,与大学三年级的大量借阅名著,有着直接或间接的关系。”

高宽众说:“记得有一次我到学校图书馆旧书堆里翻书,偶然看到一本解放前出版的竖排本图书,正是陈朝壁先生撰写的《罗马法原

当年在教工阅览室工作的吴家莲老师(左二)曾经给同学们许多“特殊关照”

理》。读着读着便入了迷。这本书讲到民法中的添附问题十分生动而富有哲理：河水泛滥把右岸边的土地冲刷后，泥土淤积到左岸边形成新的土地，这种添附的产权在陈先生的法理分析中，仍然应当归于右岸土地的主人。入学前，我曾在陕北农村公社工作过，便遇到如此理论与实践的问题，没有想到古罗马法里就有这样的解决办法。这使我从此对民法极感兴趣，大学尚未毕业，便选定民法作为自己的研究方向，最后如愿以偿地考上了安徽大学法律系研究生。”

在毕业前学校召开的一次七八级全体同学会上，校领导提及大家在校四年的表现时，专门对同学们酷爱读书和思考给予了高度赞誉。其中点名表扬了九班的万涛，称他在图书馆借阅图书数量达三位数，是借书最多的“第一人”。其实，在万涛看来，经历了“文革”洗礼后的校图书馆，实在没有多少好书可借，加上自己囫囵吞枣似的啃书方式，常常是今天捧回一摞书，第二天下课后就一本不落地又抱回图书馆，让管理图书的女老师目瞪口呆，感叹这位学生的读书速度不可思议！当然，阅历较为丰富的万涛也善于察言观色，时常主动帮助整理图书、填写借阅卡片，博得老师的好感。以至到后来，他与管理图书的老师们十分投缘，学校购置什么新书，都会及时告知万涛，并帮助他预约留存，使得他本人在不起眼的图书馆里如鱼得水，在校园西山一隅的书海里尽情地泛舟畅游。

赵旭东谈起当年学校的图书资料匮乏现象，感慨颇多：“进了大学之后才知道，当时的中国高校不仅是无法可依，也是无法可学。当年在学校里学的法律主要是国外尤其是前苏联的法制史。让我们吃惊的是，新中国成立三十多年，竟然没有形成自己的法律制度和法律原理理论体系，特别是法律专业教材资料奇缺，好不容易见到一本台湾的影印教材，我们便如获至宝。”

那个时期校图书馆出借的国外法律书籍，主要是苏联学者撰写的教科书和专著——苏维埃民法典、苏维埃刑法典等，且大多是上世纪50年代出版的，还有一部分民国政府时期的“六法全书”和上世纪50

年代出版的单薄的小册子。学校印制的教材讲义有的属于“内部资料注意保存”,有的封面赫然写着“机密文件及时退回”,这类书对于借阅同学而言,虽然并非十分珍贵,但是保管责任重大,如有遗失不是简单赔款了事,而是要追究“政治责任”! 九班夏根同学借阅的《刑事侦察学》讲义在不翼而飞“失踪”的几天时间里,其精神状态几近崩溃,憔悴的脸上布满忧愁,甚至逐一到各寝室给大家拱手作揖,嘴里嚷嚷不停:“这真是要了我的命啊!”承诺有见其者帮找回来,他愿意重金奖赏,绝不食言。后来本差点要了他的命的书不知从什么角落被翻找出来后,他如释重负,立马从街上买来酒菜酬谢大家,喜泪纵横。有几位同学毕业前夕,因无法归还带秘级的教材,竟然拖延了领取毕业证和派遣证的时限。

二班肖平回忆说,每当我回忆学生时代时,令我最自豪的是当时博览群书的气氛和研究问题的广度及深度。大家除看教科书外,最喜欢的是读原著。凡是能借到的原著,都争着借来一读。不管是法律专业的原著还是哲学政治类的专著,不管是世界文学名著还是中国古典名著,大家都争着去翻看! 四年下来,我们不仅深入全面了解了马克思及马克思主义的代表人物,还认识了许多西方大师,诸如哲学家黑格尔、狄德罗、爱尔维修、费尔巴哈、伏尔泰,政治和社会学家卢梭、孟德斯鸠、弥尔顿、罗伯斯比尔,作家莎士比亚、狄更斯、巴尔扎克、雨果、左拉、福楼拜、罗曼·罗兰、大小仲马、雪莱、歌德、但丁、莫里哀、列夫·托尔斯泰、普希金、杰克·伦敦……

师资班的彭澎每天晚自习匆匆复习完功课后,就按中国文学史、外国文学史的线索,把古今中外的文学名著拿来通读一遍,几乎把所有的文学史著作都翻看了数遍。《红与黑》《茵梦湖》《约翰·克里斯朵夫》等一系列名著,都成为他难忘的青春伴侣! 按照当时学校的规定,晚上 11 点钟准时熄灯,而读书的诱惑使他难以过早入睡,只好在宿舍过道的路灯下读书,他自己曾骄傲地告诉我们:大学四年这种灯下读书的习惯从未中断!

入学时年仅 15 岁的纪佃澎人小志大,酷爱读书一直伴随着他的大学生涯。四年大学期间,他认真盘算了一下,至少阅读了 600 多本书,还做了大量读书笔记。其读书爱好和涉猎范围非常广泛,不仅有法律,还包括政治、军事、外交、历史、地理等。在加强书本学习的同时,他还注意向其他既是同学又是老大哥学习。因为他们年龄普遍比自己大七八岁,甚至十几岁,上学前当过农民、工人,当过兵、下过乡,具有丰富的人生经历。在这样一所人才济济的大学里,在这样亲如兄弟的一种氛围下,纪佃澎四年大学期间培养了良好的理论素质和社会知识素质,为毕业之后的发展奠定了基础。多年后,在一次大学同学聚会时,一位老同学对小纪打趣说:"你是七八级最幸运的,因为年龄小,你等于四年上了两个大学,一个是书本大学,一个是社会大学。"

贺卫方称从大三开始,他就越来越醉心于欧洲启蒙时代的思想。那个时候,法律专业方面的著作极为稀少,于是他就到图书馆借那些哲学类的书,尤其是卢梭、伏尔泰、孟德斯鸠、弥尔顿等,读书笔记做了不少,思想引起了强烈的共鸣。在大学的后两年,他还自费订阅了《哲学译丛》杂志,当时引进的南斯拉夫"实践派"的一些学说也引起他浓厚的兴趣。这一段时间的认真阅读连同大学校园内外弥漫着的"思想解放"气氛的影响,使得许多同学后来一直追求一种对于任何权威都有些质疑的学术态度,对任何观念都要问一下为什么,不喜欢那种将某种经典话语作为说理立论的论证方式。

记得当年刚落成的学校阅览室里时有撕书的现象发生,年少气盛的贺卫方同学见此情景愤愤不平,不仅在班组会议上慷慨激昂,而且专门写了一组《镜子篇》杂文投寄院刊。其中《阅览室的撕书者》一文中写道:"在阅览室内里,不仅有撕掉精彩小说的,撕掉彩色画页和剪下《爱情篇》的人,更有甚者还有撕走某刊物的一篇题为《社会主义法制与共产主义道德》文章的人。也许这位同学是在为共产主义道德问题撰写文章而收集资料吧?但为何不扪心自问,这种行为的本身又是干什么呢，这岂不是太具有讽刺意味了吗？”于是，小贺忠告我们：“同学，道德问题貌似小事，而且存在这方面问题的同志也为数不多，但如果不注意克服，足以影响我们的学习秩序和生活秩序。因此，我们应当向雷锋同志学习，克服自己身上的不良作风，圆满地完成我们的学习任务。”

那是一个冰封初释、人心思书的年代。随着一些法学名著的解禁、出版，许多本来很正常的事情，但在校园里往往会变成新鲜事儿。有一天，正在午休的同学们突然被一阵急促而嘈杂的脚步声吵醒，莫非西政又与川外打起来了？同学们纷纷跑出宿舍，逢人打听事由。原来是重庆市新华书店派人到东山大楼操场上上门预订《汉译世界学术名著丛书》和台湾学者法学系列名著，许多同学蜂拥而至，在订购处前排起了长长的队伍。当时也许有的同学甚至不知道《论法的精神》《政治学》等书出自于哪个国家的作者，台湾的或者外国的学者专著哪个更为可取？但既然是名著，且与我们的法律专业相关，便不

1982年6月，西南政法学院七八级九班部分同学在尚未竣工的图书馆前留影

容置疑地争先恐后地先订上再说，毫不吝惜手头相当拮据的经济收入。

我在其他同学的影响下，考虑自己的经济条件尚好，除了选择性地订购了商务印书馆刚出版的《汉译世界学术名著丛书》中的《论法的精神》《法学总论——法学阶梯》《政治学》等书籍外，一套由台湾学者撰写的法学专著也悉数订购，其中有张金铿的《中国法制史概要》、翁国梁的《中国刑法总论》、刘清波的《刑法概论》、陈朴生的《刑法总论》和《刑事诉讼法论》等书籍。除了商务印书馆出版的《汉译世界学术名著丛书》标有定价外，台湾书籍没有定价，书价究竟是多少，至今我也不清楚，总之是给新华书店交了一笔可观的书价款。新书收到那天，我喜滋滋地从学校图书馆将那一摞厚重的台湾竖版繁体字的书籍抱回宿舍时，心里涌动着一股自豪感，顿觉自己的身位陡然上升，然而，说来惭愧，这些书虽然珍藏至今，但有的从未翻阅过，更勿谈精读或者通读了。

三班的张国平出生于江苏无锡县东亭镇的一个农民家庭，高中毕业后回家务农，其最大爱好也是看书。四年大学生活对他来说是相当艰苦的。每月 20 元的助学金，他总要挤出三四元，积攒起来做回家的路费。他形容上学期间，除了回家外，课堂、图书馆和宿舍构成了他活动的“三角洲”。四年里，因为家庭贫困，他竟然没敢上街吃一碗一角钱的小面，毕竟对他而言，这算是“高消费”了。但是，为了买书，他硬着头皮，向其他同学先后借了 50 多元钱购买了一套世界法律名著，大学毕业工作后发的第一个月的工资，全数寄还给了借钱给他买书的同学。

我在 2003 年撰写的《情系军法》一文中，曾经写道：在校期间，学校的“教工阅览室”因其人少、地方静谧且报纸杂志较多而成为七八级喜爱阅读同学的“关注”地点。然而，毕竟是“教工阅览室”，个别胆大的同学进去时，总有一种忐忑不安的感觉。我初次进入“教工阅览室”时，也战战兢兢，诚惶诚恐，面对掌管阅览室的吴家莲老师，强装出来的一脸笑容，一看就别有用心。吴老师以山西人特有的纯朴对我们这些“违规者”网开一面，经过几次好言劝说不见成效后，就对我们“熟视无睹、听之任之”。有一次，她因私自允许我们进去看书受到教务处领导的批评，看她委屈地落下了眼泪，我们心里别提有多愧疚。当年，周强、王凡、李少平等人，可以说都是给她添麻烦的“常客”。为了学习，我们这些人只能厚着脸皮，不顾“影响”如何，表面承诺“下不为例”，实际依然我行我素。最终，在我们勤奋好学的精神感染下，教务处也拿我们没有办法。吴老师担心被其他老师发现，有时竟在下班后将我们锁在屋里，待到她晚上上班时再将门打开，使我们重获“自由”，真感激她的用心良苦了。

七八级同学入学时，学校还为每个班级、每个宿舍订阅了诸多报纸杂志。诸如《参考消息》《中国青年报》《中国法制报》《人民日报》《四川日报》《重庆日报》《中国青年》《中国社会科学》《法学研究》等。同学们还自费订了大量报刊，采用寝室各自订阅、相互传看的做

1982 年 7 月，西南政法学院七八级同学毕业时的图书馆初见雏形

法，充分发挥了报刊的作用。平时同学们谈论的许多政治时事、案例故事来源等，不少都是从订阅的报刊上获知的。

据说，现在绝大多数高等院校已经取消给学生订阅报刊的做法了，大学生与读报生活渐行渐远，甚至已经销声匿迹了。师生自费订阅报刊也实属罕见，去图书馆的多数学生大多以借阅书籍和自习为主，翻看报纸的寥寥无几。这与我们当年经常在阅览室乐此不彼翻看各类报纸杂志，甚至通宵达旦、废寝忘食形成了强烈的反差。尽管现在大学生通过网络或者手机可以浏览大量新闻信息，但是，纸质报刊的报道形式、传阅特点以及内容的厚度、可信度和权威性等，都是网络媒介所难以取代的。

岁月流逝，青春无悔。现在家里的书柜已经从书房延伸到客厅，从北京移居到大田，看到到处拥有书籍的书柜，让我不禁怀念在大学时代同学们的读书岁月，那是一幅多么如饥似渴、痴迷不悟的动人情景啊！

西南政法学院七八级学生在简易的图书阅览室读书学习的情景

CHAPTER 19 ≫

第十九章 学外语轶事

2003 年 9 月 20 日，贺卫方回到母校参加建校 50 周年活动时，谈起七八级同学学外语的一些奇闻轶事。当他说起他有一个山东老乡总是把英国首都“伦敦”念作“浪荡”，引起全场笑声一片。

这绝非笑谈。现在的大学生可能想象不到，西政七八级同学第一次正儿八经考英语并不是在 1978 年的高考场上，而是入校不久学校统一组织的外语摸底考试。因为当年高考英语不计入总分，包括我在内的相当一部分同学连外语考场都没进过，就直接上了大学。事后，一些同学相互调侃说，如果再晚几年，英语成绩记入高考总分，我们这些连小学都没有毕业的再想上大学，恐怕就比较难了！

想当初，进了西政，听说要开设外语课，而且占用学习时间长、课时多，先后要历经三次期末考试，分别记入档案，许多同学一肚子不乐意，甚至有的要求将这门课作为选修课。但学校坚持原则没有答应，而且还正经八百地整起摸底考试，美其名曰是“为了调查同学们的外语基础，分门别类地开展教学，有针对性地提高授课质量”。通过这次外语摸底考试，学英语人多，按考试成绩分为上、中、下三个班，学俄语人少，只设 1 班。

七班的朱苏人说起入学之后的那次英语摸底考试，至今记忆犹新：

1978 年，我们 400 多名来自五湖四海、各行各业的同学齐聚歌乐山下，在刚刚恢复的西南政法学院开始新的生活。鉴于同学们年龄、学历的较大差异，英语水平状况参差不齐，学校决定英语分班教学，为此组织了一次摸底考试。消息传来，同学们只能背水一战，把考场当成战场。

那天考卷发下来后，我看见有人写个名字就直接交卷了，估摸是冲着最低层次的外语班去了。我心想，这人大概就是26个英文字母都认不全，等着上初级班的伙计了。我是“文革”前的老初一，好歹学过几天ABC，什么map、flag等简单的单词也多少认得几个，自然不能与他们为伍，当白卷先生。于是，我硬着头皮坚持答题，连蒙带猜地做完前面的几道题后，心里就渐渐地轻松起来，心想这考外语真没什么可怵的嘛！

未料想接下来的一道填空题马上把我难住了：How many people are there in your family？我大脑飞转，悄悄大致判断这道题大意可能是问“有多少人”，问题是最后那个“family”是指什么？莫非是“家”的意思吗？我左思右想实在没有把握，犹豫再三，只好悄悄向同学“求助”了。坐在右手的江苏籍某同学小我几岁，正规高中毕业，我正准备向他讨教，前排的四川某同学也扭过头来悄声问这个“family”是啥意思。哈，原来这位同学也被这个单词难住了。在我看来，这位同学来自四川成都，属于见多识广的“大拿”，这说明确实不是我们无能，而是这个单词的确太艰深难懂了！此时，在我们两人急不可耐的连声催问下，江苏籍的同学非常肯定地告诉我们，这“family”的意思是“工厂”，这道题的意思是问你们工厂有多少人？原来如此！我恍然大悟，顿时想起英语的“工厂”好像是背过的，确实由f打头，大约也由六七个字母组成的，只不过“兵头将尾”，是否就是这么几个字母组成我就记不清了，在没有绝对把握的情况下，只能以这位同学的说法为准了。

于是，我将信将疑地在题后的空格上填了“20”，心想不管这“family”究竟是“家”还是“工厂”，“20”这个胡诌的数字，好歹于公于私都能凑合说得过去吧。想到这里，得意之余，我不禁用两眼的余光瞄了一眼四川籍同学的卷子，只见他在空格里赫然写道“1000”！

考后、分班、再上英语课时，笑容可掬的杨杜芳老师不点名地拿“1000”的那张卷子举例，要求我们必须下苦功强化英语学习。接着，她宣布了最后的分班结果：江苏籍同学自然进了高班，我与四川籍的同学均分在了中班。事后，据说有的同学找到杨老师说，填写“1000”数字也没有错，当年我们七八级同学，包括教职员工加在一起，就是“1000”人的“西政大家庭”啊！让杨老师哭笑不得，无言以对。

这也难怪我们，“文革”停课“闹革命”，即使后来陆续开课，中学期间多数学校没有开过外语课，有的“老三届”同学虽然学过俄语，后来由于跟苏联“老大哥”闹翻了，中苏关系紧张，甚至在珍宝岛上打得不可开交，“苏修”的俄语也不敢再说了。那个年代走入社会的人，有的上山下乡，有的进工厂、军营，几乎没有用外语的地方，个别人所学无几的外语单词早已丢到脑壳后边去了。

七八级同学中从来没有接触过英语的并非少数。因此，对学校坚持要开设外语课，并要连考三次，有的人不能说咬牙切齿，也是十分抵

1998 年 10 月，杨杜芳老师（左四）与西政七八级部分女生合影

触。印象中皮肤白皙、性格爽朗的外语老师杨杜芳第一堂课就给我们进行有针对性的思想政治教育，她告诉同学们说，毛主席、周总理等老一辈无产阶级革命家都是努力刻苦学习英语的楷模。从她嘴里我们知道，毛泽东早在 17 岁那年就开始学英语。1970 年 12 月，毛泽东与美国记者埃德加斯诺海阔天空的谈话中，提到了全面内战用英语说应是“all-round civil war”，被专家评价这个词用得很地道，显示了毛泽东的英语词汇功底。她说毛泽东谈起自己学习英语的原因时，风趣地说首先是兴趣，其次是想换换脑筋，最后是去见马克思好沟通交流。她还说起 1975 年，邓小平领导开展教育整顿时，也谈到学外语的重要性：“一点外语知识、数理化知识都没有，还攀登什么高峰？中峰也不行，低峰还有问题。”这让我们明白了，要做伟人，必须先学好外语的道理。

记得外语基础极好的黄贤俊老师，以自己的切身体会告诉我们学好外语的四大诀窍。首先是读音，发音十分重要，要发得准确，人家才能听得懂。其次是单词，记单词没有任何捷径可走，必须多念、强记。再次是语法，英语语法比较灵活，也只能硬记。最后是熟读与造句，对于英语课文，要反复读，把它读得滚瓜烂熟，尽量做到背诵，这样无论是写作还是会话，都能得心应手，运用自如。在我的日记本上，曾记着黄老师的一句话让我们铭刻在心：“不知其他同学体会如何，反正我始终认为如果学外语不能做到持之以恒，并花费大量时间，任何诀窍都是纸上谈兵，没有实际效果。”

老师们的苦口婆心和言传身教，让七八级同学们在学校“精通一门外语”的要求下，老老实实地听老师的话，义无反顾地拿起没有任何基础的外语课本发奋学习。有的通过东南沿海的同学买来了单双卡收录机，在上课时录制讲授课程，有的购买了《英语 900 句》、许国璋英语等书籍，利用一切时间，按照各自的学习方法进行学习。

不可否认，在学外语问题上，绝大多数同学们学习热情空前高涨。每天一大早同学们便捧着学校临时油印的教材和黄皮封面的许国璋英语，围聚在破旧的东山大楼、静谧的毓秀湖和烈士墓不停地转悠——就像推碾的毛驴，尽管各人发音均带着浓厚的各地腔调，有的同学甚至早就过了学外语的最佳年龄，但西政校园学生的晨读外语构成了一道靓丽的风景线。

多年之后，一班的叶安民叙述了自己当年七八级学外语的情形：东方的地平线上微微泛起一层乳白，我蹑手蹑脚从宿舍走出来，预习当天的外语课。这是我和很多同学都感到十分头痛的一门课。要知道，历经十年的“文革”风雨，我们都是进入大学才开始学 ABC 的，准确地说，我们根本没有掌握外国语的天赋和水平！

张克年所在的俄语班里共有 20 名同学，都是一些二十八九岁到三十岁的“老三届”，年龄偏大，背起单词十分费劲，往往是“看着俄语翻汉语，看着汉语背俄语”，每当清晨校园广播声响起，大家便捧着学校油印的外语讲义，聚在一起就是埋头读俄语。原来我不近视，自打学了外语，看那油印模糊的单词多了，后来也配了眼镜。

师资班的李化德入学时已经年过 30 岁了，说起当年学外语的经历，他感叹外语“老跟我过不去”，言语中流露出一言难尽的感慨。他高中三年虽然学的是俄语，但准备高考时适逢“文革”爆发，机会丧失殆尽，俄语也丢得一干二净。1978 年参加高考时，离他高中毕业已经过去了整整 12 年光阴，考场上他拿到俄语考卷时“似曾相识不知所云”的感觉刻骨铭心，好在当年外语成绩不计入总分。进西政后，一看学俄语的同学稀少，他只好随大流从 ABCD 开始改学英语。毕竟是父辈级的年龄了，尽管每天苦记硬背，发奋图强，到头来还是记得少忘掉的多，以至他后来没敢报考研究生。1996 年他随司法部法学教育考察团首次赴英国考察期间，省吃俭用，每天吃方便面就榨菜，硬是将省下的餐费在伦敦的牛津大街商店，给两个儿子各买了一台随身听。他以自己的行动告诉同行们：“学外语要从孩子抓起”。

八班孙波一首《暮读》诗，描述自己每每晚饭后，到校门旁边的小湖边朗读背诵英语的情景：“日暮湖深邃，微风扶翠柯。跃鱼激潋滟，影树慢婆娑。信步诵声朗，寸心苦想多。光阴易荏苒，岁月莫蹉跎。”

三班谢朝华歌乐山下学毛选的故事，堪称七八级同学学外语的典范。

谢朝华回忆说，改革开放前，英语在人们心目中的地位和以前的臭老九一样低下，社会上流行的一句话是："既是中国人，何必学外文。"七八级不少同学入校后虽然谈不上受其影响颇深，但对学校开设的英语、俄语课程颇有微词，总觉得学那玩艺浪费时间，也看不出与所学专业有什么必然的关系。再说毕业之后也不屑于同"美帝"、"苏修"打交道学了有何用？与学哲学、政治经济学、法律这些大餐比起来，外语不过是小菜一碟，既然是小配菜，当然吊不起大胃口，加上每日起早贪黑在楼道里咬牙切齿地折腾舌头，让迎面而过的四川外语学院的学生听了掩鼻讥笑，也不是一件特别让人感到自豪和愉悦的事情。于是，不少同学对学外语兴致不高，劲头不大。当然，也有不少同学发奋图强，硬是靠着远大的革命理想和毅力把外语啃下来了。

谢朝华学外语的主意十分坚定，可是手头的学习资料贫乏。怎么

1998 年 10 月，杨杜芳、夏登峻老师与七八级学生合影

学？当时全国上下学新出版的《毛泽东选集(第五卷)》,他绞尽脑汁弄来一本厚厚的英文版毛选五卷,心想,这下可好了,既配合形势学毛选,又学了外语,同时还有助于学习法律,可谓"一石三鸟"。从此,班上的同学们发现这位来自安徽无为的少年每天手捧毛选五卷不离手,人前人后嘴不休,其念念有词、爱不释手的虔诚状态甚为引人注目。当有人听他的嘴里吐出来的不像是安徽的地方方言,而是人们似懂非懂的外语单词时,不禁感到惊讶不已:"这小子能把中文毛选读顺溜就不错了,还显摆着满篇洋字的英文。"尽管有人热嘲冷讽,但小谢每天嘴里依旧咕噜不停。他一边背着英文,一边体会着领袖文章的精妙、英文的遣词造句真谛,日积月累,最后竟然能够将《论十大关系》等诸多名篇烂熟于心。每逢班上政治学习发言,他总能够侃侃而谈,分析问题头头是道,显示出不同凡响的素质和水平。更让班上同学瞠目结舌的是,与小谢交谈期间,陌生的英文单词从其口中不时蹦出,令人侧目。

不经一番风霜苦,哪有腊梅放清香。由于谢朝华在学校努力学习外语,总算有了可喜的回报。大学毕业最后一年,国家首次招考出国预备留学生,小谢凭借着扎扎实实的外语水平,竟然一次通过！当他拿到录取通知书时,打心里感谢的是伟大领袖毛主席！

六班的王黎同学,十五六岁去了新疆生产建设兵团,ABC 是大学期间第一次亲密接触。但他毫不气馁,成天抱着一部录放机学英语,口中念念有词,遇到不明白的地方就问。功夫不负有心人,大学临毕业前的一次出国人员选拔考试,他居然考了第一名,达到出国人员英语水平要求,让人惊讶不已。

八班的徐国栋教授 2002 年接受某媒体采访,当漂亮的女记者提出"听说您精通多国语言"这一问题时,徐教授极其直率而不以为然的回答:"噢,有的人说我是法学界懂得外语最多的人,我完全同意这种看法。我可以跟你讲讲我的学外语经历。从大学到博士,我都是把英语作为第一外语,这是第一种语言。我在西政读书的时候,自学了日语和世界语,我不是一般的自学,我是花了票子和银子的,我注册了贵阳的新华世界语函授学校，买书、买唱盘，日语学完了所有的广播讲座6册，这就是前三种语言。读硕士时我学了德语，当时我是同班同学中学得最好的，然后博士毕业以后，我又学了意大利语。到了意大利以后，我又学了拉丁语，还自学了西班牙语。回国以后，我又专门请了一个巴西人教葡萄牙语。这不是一般的自学。另外，我又专门请人教我学法语，现在这些加起来有七八种吧，还没有发现有哪个学者会的外国语比我多。而且我是有证据，不是光号称懂这些语言，我还学以致用，实实在在地用这些语言工作的。我翻译的东西，有拉丁语、英语、西班牙语、葡萄牙语，校对的有西班牙语、法语。我对语言感兴趣，学外语没有一点负担的感觉，确实是一种享受。我非常喜欢语言，学得轻松也就比同学学得好，兴趣是最好的老师。”殊不知，这位以研究罗马法出名的徐教授在大学期间竟然对专业课没有任何兴趣，他临时抱佛脚的应对考试办法还挺见效，竟然门门功课都能悉数通过，没有一门不合格。

1998年10月，200多位七八级同学回到母校聚会。该给学校留下什么纪念？经多次酝酿和讨论，大家最终按照少数服从多数的原则统一了意见：七八级同学毕业后普遍感到一个遗憾，即外语水平与其他院校相比吃亏不少，尽管教授级的同学不是少数，但在外语学习方面都付出了数倍努力，有的成效甚微。痛定思痛，究其原因，深感当年除了用功不够外，物质条件的因素也不可忽视。为了不让后来的师弟师妹们再吃二遍苦受二茬罪，决定捐款15万元，购置两套语音教学设备，为母校已经大大改善的外语教学设备锦上添花。当一班张建魁代表七八级同学将写有钱款的银行支票郑重地交给校领导时，博得在场同学们的热烈掌声！

回想自己当年七八级入校后外语摸底考试，我给自己定的目标是甘居中游，结果如愿以偿地分到了中班。由于对学外语的重大意义和作用认识不足，兴趣不高，投入精力和时间不多，大学期间先后组织的三次外语考试成绩均不够理想，羞于见人，而大学汉语考试两次，也均为良好。面对考试成绩，心里更加有理由笃信：“连自己母语都学不好的人,还学什么外语?!"

1997 年在北大上研究生课程班时,为了取得学位,学外语不能说不较劲,可是回到家里,拿起外语书就打盹。妻子说别人学外语为了出国深造,你学外语竟成催眠的一剂良药。最终考试的成绩可想而知。由此想起一段"打油诗":"发下卷子心发慌,瞅一眼,词全忘,听力单选两茫茫,看阅读,泪千行;ABCD 信手填,多项选择全凭蒙,反正不上零分榜。步出考场步匆匆,低头看,不见人,但愿不要发榜时,结绳套,系房梁……"

我总觉得,英语是一门语言,我们学习的目的是用来交流的,不是用来考试的。时至今日,看到四六级、托福、GRE 英语辅导班长盛不衰的现象,羡慕那些母语一般但外语特棒的大学生们,有时感叹大学英语教育是否是一个得不偿失、本末倒置的"杯具"?

1981 年 2 月,外语教研室通过试讲培养和提高青年教师外语教学能力

CHAPTER 20 ≫

第二十章
伙食变奏曲

伙食，向来都是校园生活值得记录的一个重要话题。那么，令西政七八级同学们魂牵梦萦的味道是什么？在那些令人垂涎欲滴的美食背后，又有着怎样回味无穷的故事？

1978 年 10 月初，423 位学子背上行李离开家乡，从祖国各地来到刚刚复招的西南政法学院，简陋而清苦的食堂给他们留下了很深的印象。在众多同学对西政的难忘回忆里，食堂的伙食无疑是最有过山车味道的深刻印记。

刚进校没有几天，四班温小莉就找到二班的广西籍女生孙小迎说，你们广西老乡的小莫妹妹哭了，你去劝劝她吧！怎么回事呢？孙小迎找到泪眼婆娑小莫妹妹，总算查明原因了。两广人素来食不厌精，注重生活质量，可来到学校，男女生宿舍门对门，400 多人共用两个水龙头，在游泳池上搭个棚子就成礼堂，一二百人上大课……这还将就算了，关键是渝洲府上菜籽油的味道受不了，好好的瓢儿白没有油花花，还是勾芡煮出来的，更甭说吃肉了，唯独有点儿肉片，还给整个一片红的油泼辣子和麻掉舌尖的大把花椒，吃得泪水肆意流淌，眉眼皱成核桃，十六岁小妹妹干嘛不哭呢?!

七八级入校后，或许是招生过于仓促，学校后勤保障设施一时跟不上，没有正经八百的食堂，饭菜品种单一，没有可供挑选的饭菜，学生一律实行给啥吃啥的“供给制”就餐方式，人手一张凭学校油印的餐券打饭菜。起初东山大楼一层的过道门厅便是“食堂”，六个小窗口便是打饭的窗口，就餐时间到了，窗口洞开，学生依次排队，撕券、交券取自己一份饭菜。打完饭菜后，没有饭桌可坐，只能边走边吃，走出东门口可见到一排由水泥预制板垒起的洗碗处，正好洗刷吃过的碗勺(印象中没有哪个同学用筷子)。每天饭前等候开饭前，狭小的“食堂”十分嘈杂，不少同学在狭窄过道聚集排队，有的心急火燎地敲打碗勺，有的口里振振有词地念外语，这成为一日三度的难忘的就餐风景线。

在纪佃澎的日记中，清楚地记载着七八级入校初期食堂伙食的基本情况：

伙食费每人每月 14.5 元，每天 0.48 元的伙食费分摊为，早餐 0.06 元，中餐 0.25 元，晚餐 0.17 元。全月定量每人 34 斤，除大米白面外，还搭配 3 斤玉米面，一般用来喝粥。睡得是架子床，吃的是大锅饭，400 多人三锅菜雷打不动。主要蔬菜有莲白菜、花菜、南瓜、空心菜、洋芋、大白菜、地瓜藤、辣椒、芹菜、韭菜、莲花藕、茄子等。早餐供

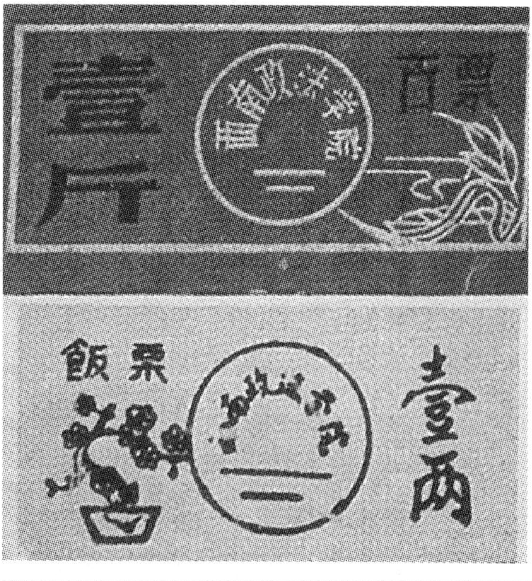

当年西南政法学院七八级同学就餐使用的饭票、面票

应一块臭豆腐或一点咸菜（主要是大头菜和榨菜），稀稠的玉米糊和发酸的玉米发糕是早餐常见的主食。中餐和晚餐有二至三种蔬菜，每逢周二、周五中午可吃一顿肉菜，主打菜名是藤藤菜（空心菜），份量多但缺油水，根茎较长，主食为米饭。每逢春节、元旦、新生入校、五四青年节、五一、十一，学校视情搞一次会餐，通常八人一桌（其实没有饭桌），六菜一汤。这种凭票供餐的“大锅饭”吃了一年多，大多数学生不满意，还贴过几次大字报，但都没有明显效果。直到七九级同学入学后半年，才将原先的“供给制”改为“饭票制”。

四班的李钢说，记得刚进校时，食堂设在一栋有些破旧的长条形的红砖平房里，人手一张纸质粗糙的印有早、中、晚字样的油印餐券，就餐时撕下相应的一张券，便可通过饭堂窗口打回一份饭菜。不管吃多吃少，喜欢还是不喜欢，都是同样的一碗主食两汤勺菜，完全实行计划供给，没有任何挑选余地。后来就餐方式稍有些微妙的变化，主食开始有了面条和馒头，菜的品种增多，可以在四至五种里选择

1979 年 3 月，七八级向各团支部发出维护食堂用餐秩序的倡议

两种。

崔建伟回忆说，入校之初食堂条件简陋，400 多位兄弟姐妹每天在临时搭建的草棚下，依次排队凭饭票领取一份米面主食外加“藤藤菜”。遇到节日会餐，八人一桌，各自组合，凭油印的就餐券吃饭，饭菜就是老三样，没有挑三拣四的条件。记得班上的叶安民从安徽老家带回来的一瓷缸猪油，没两天就被同学瓜分完毕。不少人面带“菜色”，眼冒“绿光”，有时在夜幕降临、缺水少电的东山大楼里相见，互相多看一眼都感到恐怖。

如何应对西政伙食不好的境况？七八级同学各显其能。一班的邢伟清楚地记得，入学时，粮食是定量的，并搭配一定比例的粗粮，菜式单一，缺乏油水，男同学普遍都是精壮的汉子，时常感到饥肠辘辘。怎么能够在现有的条件下吃饱一点儿？大伙开动脑筋，苦思冥想，不知是谁提出这样的想法，如果用大一点儿的碗打饭，食堂的师傅准能给得多一点。于是，一时间，班上许多男生的饭碗都变成了超大号的。实地检验一下，果然效果甚佳。于是，他不怀好意地问总班长老邓（邓文定）：“你的脸盆大，用它去打饭，食堂师傅一定给得更多，你敢不敢尝试一下？”久经世故的老邓不以为然：“嗨，有啥不敢！”其他同学当即来劲，纷纷撺掇：“老邓要真敢，我们就拿 10 元钱请诸位喝啤酒！”老邓二话不说，将脸盆反复洗了洗，在大伙的簇拥下，拿着他那带着红花图案的白色大号搪瓷脸盆，雄赳赳、气昂昂地阔步朝一层的食堂窗口走去。

此时，排队等候打饭的同学众多，见到手持大号脸盆的老邓走来，不禁用诧异的目光盯着老邓困惑不解，有的嘀咕着：“这是洗脸还是吃饭？”老邓站在队尾，面带微笑，也不搭腔。队伍排到老邓了，在众目睽睽之下，大号的脸盆竟然在卖饭的小窗口横竖塞不进去。于是，只见老邓倒退半步，调整了脸盆的角度，屏息使劲，硬是将那硕大的脸盆倾斜着挤进了窗口。里面的师傅见递进来的不是碗碟而是一个脸盆，正愕然不解，一眼见到笑容可掬的老邓，会意一笑，狠狠地剜了几大勺饭菜，利索地扣进了盆子。老邓连声谢谢，从窗口歪着抽回了盛满饭菜的脸盆，在周围一片喝彩声中，他左手托着盆底，右手拿着饭勺，边走边吃，从容不迫地离开了食堂。

当晚，老邓和几位见证打赌的同学一同约到磁器口的一个小餐馆，大家用 10 元买了几碟猪头肉和若干一碗 8 分钱的生啤酒，边吃边喝边猜拳，只听老邓的嗓门最为爽亮："哥俩好啊……"

西政七八级学生的伙食初期确实过得清苦。"空心菜、臭豆腐，一日三餐玉米糊，吃顿大肠烧萝卜，余香绕梁三周多。"在那时，除了一周一顿的荤菜，学生们唯一改善伙食的机会便是生病，吃"病号饭"，而这顿让人嘴馋心醉的"病号饭"就是需经过年级主任和医务所长共同签字特许的"麻辣面"。有人为了能吃上一碗面，借故三天两头往医务室跑。但动辄"生病"是不现实的，混上"病号饭"吃也不是一件惬意的事儿。有时下课铃声尚未鸣响，"病号"者早已提前在食堂窗口前排队享受"病号饭"的待遇，当大队人马随后排着蜿蜒的队伍，看着高擎着满碗荤腥、一脸精神焕发的"病号"们经过，只有干着急骂娘的份儿。

不知从何时起，校门旁开了一家名叫"好又来"的小面摊，8 分钱一碗麻辣面，得到七八级同学的青睐，成为大家时常眷顾打牙祭的地方。起初光临者不多，但日子一久，便有人吃出了既经济又实惠的味道，供需矛盾骤然紧张起来。于是，小面摊常常被一群肩挎书包，一手挟书本一手持饭钵的学子们围成一团。有的外省市的同学开始对重庆的"麻辣味道"极不适应，形容从肠胃到肛门都感觉麻辣透顶，但仅过了几个月体会，尤感"麻辣小面"渐渐成了离不开的美味佳肴了。

四班孙红旗体会深刻：当 18 岁的我从北方的一个小城来到歌乐山下的校园里，作为"文革"后招收的全国首批法律专业本科生，我所拥有的喜悦，照样无法安抚饥肠辘辘的肚皮所提出的强烈抗议。当年环顾校园四周，只有一个"好又来"小面摊，瞄着黑板的"清汤、小面

8 分一碗”的字样，心情迫切地掀帘而入，就席而坐。“来点什么汤面?”北方人喝什么汤? 汤不压饿，当然要点小面，于是张口就来三碗。一会儿跑堂端上热腾腾的面来，顿时傻眼了，这哪里是面条? 分明是满目耀眼通红通红的辣椒粉，用筷子一抄，满眼金花飞溅，鼻腔灌满辛酸，更让我心惊肉跳的是，腮帮子居然抽筋不止，不听使唤，面部的狰狞惨状可想而知，一瞬间眼泪、涎水和汗水浑然一体，在脸庞上汇成河。“老板，我要的是小面，没有说放辣椒?”“小伙子哎，清汤是不放辣椒的面，小面就是加辣椒的红汤，听你口音是政法的，你外地人会慢慢习惯的噻。”最后孙红旗自己吃成什么惨状心知肚明，但自此与麻辣面结下了不解之缘。

由于学校的饭菜单调，七八级不少同学便成了校门口“好又来”麻辣小面摊的常客。现在想来，西政七八级一些人行侠仗义的刚烈性情，不知是否与麻辣小面有着不可分割的内在联系。1998 年 10 月，西政七八级 20 年聚首歌乐山下，不少人一提到校门旁的小面摊，

改革后的学生食堂面目一新，
各式菜肴琳琅满目

说起那漂着红油的麻辣小面，食指大动，咂嘴舔舌，一脸陶醉，其中尤以九班同学杨忠民、许江等人为甚。

随着七九级等入校学生的日益增多，食堂的伙食问题引起学校领导的高度重视。

突然有一天，学生们喜形于色地欢呼顿餐制度取消了，实行饭票制。大家惊喜地看见食堂狭窄的窗口前挂出的小黑板上，竟然写着十几种价格各异令人垂涎的菜名。八〇级新生入校后，随着南边紧邻部队营区新食堂的落成，出售饭菜的窗口挂着的黑板上写满各式菜名，看上去令人眼花缭乱，食欲大开。

许多同学惊讶，当年学校食堂伙食从差到好的这种惊人的变化缘何而来？

原来，七八级入校后"大锅饭"吃了一年多时间后，大多数同学不满意，还贴过大字报，学校领导几次下食堂蹲点调研，并召开学生会直接听取意见，但收效并不明显。后来，看到不少学生开始外出买饭买菜吃，在校门口小店里吃"麻辣小面"和"担担面"的西政人越来越多，而到学校食堂吃"大锅饭"的人越来越少，学校领导着急了，由年级办的负责人和校团委出面召集学生会干部开会，要求动员大家回到食堂吃饭。但学生会干部提出，要动员学生回到学校吃饭，必须改善伙食，取消"大锅饭"，但得到的答复是需院党委决定。

这一天一早，时任学生会秘书长的洪绍泉顾不了上课，径直跑到院长办公室找到了胡光院长，情绪激动，放了一串连珠炮："第一，改8人一桌为自由购买饭菜票；第二，同学来自全国各地，食堂的伙食要东西南北口味兼顾；第三，主食和菜肴品种花色尽可能多样化，允许大家有挑选的余地"。胡院长笑容可掬听完意见，回答和风细雨："告诉同学们，苦不苦，想想长征二万五！"洪绍泉毫不认同："院长，当年红军二万五，不是让我们今天来吃苦！ 如果学院伙食不改善，我们就要贴出海报，号召同学都不到食堂吃饭！"闻听此话，胡院长脸色顿时冷峻："这是你们学生会的决定吗？"洪绍泉回答："不是！ 我是秘书长，我有责任代表学生向校方反映情况！”于是，老院长与洪绍泉你来我往对话半个多小时，最后胡院长抛下一句话：“学生们的意见我清楚了，我们研究研究再说。”几天之后，学校终于废除了“大锅饭”，餐券被饭票代替，伙食有了转机，饭菜的种类日趋丰富，这一变化，令学生喜笑颜开，好评如潮。也吸引重庆各高校管伙食的主管部门领导络绎不绝来校参观。

曾几何时，20 多种卤菜和 20 种凉菜，开放式地摆放在饭堂大厅一角，五颜六色，万紫千红，极富有诱惑力地吊着已经饥肠辘辘的学生们的胃口。一开始同学们总是排队排到跟前时，两眼还没有从黑板上的菜谱游离开，打菜师傅一阵催促声耳畔响起，竟让我们一时无法回答要买的菜名。到后来，许多人对菜式的名称比学过的一些法学概念还要娴熟而朗朗上口。更受同学们欢迎的是大厅外面靠灶间的一个耳房里，还有各式大堂师傅亲自撑勺子的现场小炒，尤其是青椒肉丝，味道独特，物美价廉，买一份可盛满大半个饭碗，除了少些绿色的青椒点缀外，大都是散发着诱人香味的油亮鲜嫩的肉丝，性价比甚高，分量足可以放开肚子猛吃一阵子，而菜价除了合川肉片和小炒是三角钱一份外，其他肉菜均为二角，素菜通常是五分上下，便宜的菜价让每位同学都乐得“翻身农奴把歌唱”。主食方面也丰富了许多，米饭、面条、包子、饺子、抄手等，品种多样。特别是在雾都潮湿的季节里，每次只需花费 2 两面票和区区一角钱，就可吃到一大碗热腾腾、麻辣辣、酸酥酥、香喷喷的特色汤面，让你心满意足地品味到那种大块朵颐的感受。面对如此丰盛的饭菜，往往使上午的课程总是在下课铃声与同学们抽屉里的饭碗汤匙的交响曲中一起结束。而此时的老师总会十分理解地见好就收，拾掇教案，宣布下课，毕竟食堂的味道也是吸引同学们的另一个不可阻挡的地方。

学生食堂的惊人变化，让我抑制不住为其鼓与呼。1981 年 4 月 17 日，我在校刊上发表了《欢迎学生食堂的改革》一文，其中写道：

在开展"五讲"、"四美"活动中,我校学生食堂发扬成绩找差距,针对工作中存在的薄弱环节,制定了四项新规定:一、增设意见箱,欢迎同学对食堂的副副食品的品种、数量、质量、工作人员的服务态度、不正之风以及清洁卫生等方面提出意见。意见箱每周公布一次内容,并张榜答复。二、在学生食堂工作的全体工作人员的家属、来客一律不得在本食堂就餐。三、严格批评制度,提倡工作人员之间相互督促。凡违反食堂规章制度,除对当事人进行批评教育外,对批评者给予表扬和奖励。四、全体食堂工作人员在工作期间一律佩带号码,便于学生监督。四项新规定实行以来,食堂面貌焕然一新。在学生食堂里,秩序井然,风气良好,走后门、插队和工作人员与学生之间的争吵现象大大减少。学生们纷纷称赞"这四项新规定定得好"!

九班的李玫同学也由感而发,撰文写道:"在食堂里,同学们在四十多种的菜谱中,眼花缭乱地挑选自己喜欢的饭菜,吃得那么香甜,

西政七八级各班组织学生定期帮厨的场景

赞不绝口。这是新长征中的一个小小的加油站，它供给青年们发育成长的足够热能，使我们有充沛的精力向四化高峰攀登！”

西政学生食堂由差变好，名声大噪，校领导和有关部门十分高兴。“借得东风好行船。”1981 年 3 月 23 日，根据院刊编辑部的要求，我再次走访了学生食堂。这一天，只见一长串令人流涎三尺的菜名写满我的采访本：

菜价：青椒爆肉 0.3 元　红烧肉 0.3 元　水煮肉片 0.3 元　三鲜肉圆 0.3 元

青椒肉丝 0.3 元　青笋肉丁 0.3 元　蒸烧白 0.3 元　鱼香肉丝 0.3 元

爆腊肉 0.3 元　水笋肉片 0.3 元　烧排骨 0.25 元　烧肥肠 0.2 元

烩萝卜 0.05 元　炒白菜 0.05 元　香肠 0.4 元　麻辣牛肉 0.3 元

红油肚片 0.3 元　凉拌猪肝 0.3 元　卤核桃肉 0.2 元　腊肉 0.2 元

凉拌肉 0.25 元　各种小菜 17 种每种均为 0.05 元

主食：米饭 1 两 0.016 元　馒头 2 两 0.0038 元　肉丝面 2 两 0.138 元　炸酱面 2 两 0.138 元　小面 2 两 0.078 元

采访时，正逢中午 11 点 30 分，开饭时间一到，12 个窗口全部打开，七个窗口卖主食，五个窗口卖炒菜。靠东边的一排桌子整齐排列着 17 种小菜，菱角菜心洁白如雪镶着绿色，胡萝卜丝色如玛瑙带着嫩黄色的心，小白菜绿似宝玉，白粉丝晶莹透亮，琳琅满目，色、香、味、形齐全。45 分钟，开饭的高峰过去后，饭热菜香仍伴随着同学们的欢声笑语弥漫在整个饭厅里……

2003 年 12 月，九班在北京军委办公厅三座门接待处主办同学聚会，曾列出一系列有奖问答题，其中涉及吃的题型最多。诸如，鱼香肉丝、水煮鱼、坛子肉、麻婆豆腐等菜肴中，哪种当年西政学生食堂没有卖过？我们常吃的藤藤菜又名空心菜，其学名（蕹菜）是什么？第一学期法定吃肉日是星期几（星期二中午）？当年烈士墓前小面价格最低价和最高价（8分至1角5分），分别是多少？足见当年的学生们对西政伙食抱有多么大的兴致。

2008年的金秋时节，七八级中的300多名学子又从四面八方再次回到母校欢聚。10月3日下午5点30分左右，同学们三五成群、有说有笑地来到沙坪坝校区一食堂，重温当年排队打饭的快乐时光。大家吃着自助的美味佳肴，就着可口的饭菜，畅谈着当年学校的伙食和食堂里发生的趣事，欢乐的笑声此起彼伏……

爱美食就是爱生活，爱生活就是爱母校。30多年过去了，西政在日新月异地成长着，西政七八级的爱校情结却从未改变。其中食堂的伙食因承载着我们的青春与成长而赋予了新的念想与乡愁，沉甸甸的，都是难忘的西政情。孙红旗说得好：七八级的人对麻辣面的情感牵挂至深，麻辣小面几乎成了我们交流的特殊名词，成了彼此理解和沟通的谒语，犹如我们生活中的“舌尖上的七八级”，多年不见，一提麻辣面总能拨动起怀旧情感的闸门。也许正是因为我们当年经历太多的坎坷、太久的彷徨，需要像触电一样的麻辣味道，才能激灵医愈志士的创伤，滋补学子的身板，使之傲然挺立于风口浪尖，拔萃于天涯海角。

有人说，西政学风也像麻辣小面一样，各种调料尽收眼底，各种思想和观点总在这里汇集、沸腾、碰撞。学子们思想敏锐、言辞犀利，烩就了一锅锅火辣辣的西政论辩文化大餐。大学时代，我们耳闻目睹，不仅是师生之间，即使同学之间就时事或学术上的问题相互交锋此起彼落，甚至达到登峰造极的程度。犀利的提问、尖锐的回击，精彩纷呈的模拟法庭论辩，就像让人直呼过瘾、欲罢不能的麻辣小面一样。于是，以七八级为起点，西政铸就了一批又一批不唯上、不唯书、独立自主、思想解放的青年才俊，培育了一代又一代心系天下、有着论辩思维和革新之风的“麻辣西政人”。

CHAPTER 21 ≫

第二十一章 亦师亦友师生情

记得新世纪之初，一位西政七八级同学在西南政法大学渝北校区为大一同学所作的一场讲座中，曾深情地说道："当年我们这个学校啊，也许是地处重庆、受本地民风影响的缘故，老师跟学生的关系啊，简直没有哪所高校能做到这样。"

"绿豆汤"和"冰棍"，已经成了七八级同学最为熟悉的能够表达师生情的代名词了。当年，在炎热的盛夏考试时节老师给学生送"绿豆汤"的情形，至今大家都津津乐道。

1979 年 6 月的那几天期末考试，山城酷热难耐，同学们在考场上汗流如注。此时，一条条雪白的毛巾突然悄无声息地出现在大家的面前，抬眼便是监考老师慈祥而亲切的目光。更令学生们不可思议的是，学校老师不仅用自己的钱从街上买了一箱箱冰棍送到考场，而且在教室外面摆着用保温桶盛着的绿豆汤，那是许多老师们连夜熬好送来的，并从各自家里拿来许多色泽不同的杯子和碗勺。面对此景此情，每个同学不由自主都产生一种温馨的感觉，这也许是绝大多数人从未享受过的考试待遇！

据高绍先老师回忆，西政师生关系深厚、融洽的传统，其实从上个世纪 50 年代建校起就已经形成。1954 年他入学时，同学中调干生较多，其中有一部分来自从朝鲜战场负伤归来的荣誉军人和工农干校的学员，年龄参差不齐，有的同学比年轻老师还年长，最大年龄已经 36 岁，大家一般文化基础又较差，需要老师特别辅导，所以那时教师几乎天天晚上到学生宿舍辅导。师生之间有频繁的接触机会，感情自然也就深了。此外，由于学生较少，老师可以给学生更多的关怀与帮助，这又是许多大学所无法比拟的。可以说，西政师生关系好源自于这样特殊的历史背景。七八级同学入学后，同样存在学生相对较少、年龄较大的问题，而多数老师十多年未见到学生，相见恨晚，师生之间对“文革”遭遇往往能够产生感情上的共鸣，从而产生特别融洽的师生情谊也就不难理解了。

若干年后，在各自的岗位上取得一番成就的同学们说起那时的老师对学生所倾注的感情不禁赞叹不已：十年浩劫，西政百废待兴，从工厂、农村返回校园重执教鞭的老师们，对重返课堂的机会倍加珍惜，对新生寄予厚望，他们像对待失散多年的孩子一样，期望之殷切溢于言表，教之谆谆，授之孜孜，体现了无微不至的关怀和爱护。

当年，到老师家里讨教问题、补课、打牙祭，可谓是每个七八级同学的“家常便饭”，这在许多同学的回忆中屡有浓墨重彩的美好印记。

1998年10月，作者回母校时，与当年的老师们在一起

贺卫方说，我当时因为家离得太远，所以都是暑假回家。记得第一个寒假留校过年时，曾经感到十分孤独，思家心切。正当在学生宿舍里胡思乱想时，一会儿跑来一个老师到门口喊："贺卫方，你初二到我家来吃饭吧！"过了一会儿，又一个老师来了喊："你初三到我家来吧！"第二天，又一个老师来打招呼："你初四到哪儿去啊？到我家来吃饭吧！"我感动得只能说："哎哟，真的对不起了，刘老师，我已经有安排了。"那样一种师生情谊，真的是让人终生难忘！从我们入学的第一天开始，我们就沉浸在浓得化不开的爱意之中，实际上我们并没有离开自己的家，因为我们的老师不是父母胜似父母！

师资班的刘吕吉入校后，首次过春节在老师家里吃的那顿"难忘的水饺"，至今感动不已。1979 年的除夕当天，大部分同学因家庭贫困怜惜车费而留守学校，他和几位同学正在寝室商量如何安排春节活动，以排遣思家之苦时，班主任武清芳老师走进寝室看望大家，一阵嘘寒问暖后，便热情邀请同学们晚上到她家过年，大家一听高兴得欢呼起来！当晚，他们应约来到武老师家里，只见正围着围裙的武老师和她丈夫、时任学校副院长的宋子祥忙得不亦乐乎，一会儿，餐桌上便摆满了热气腾腾、香气四溢的水饺。同学们吃着个头硕大、皮薄馅多的水饺，听着窗外不时传来的爆竹声声，一个个热泪不禁夺眶而出！

八班的孙虹第一次吃苦瓜就是在教刑法分则课程的赵长青老师家里。此前她在北方从未吃过这一长相丑陋、味道奇苦的炒苦瓜，顿时觉得难以下咽，可又不好意思从嘴里吐出，只好眉头一皱勉强吞下。毕业后几十年来，每当见到苦瓜便想起第一次吃苦瓜的经历。她告诉我们，苦瓜虽苦，但老师的情谊是甜蜜而温馨的，以至于现在苦瓜成了自家餐桌上的家常菜了。

一个周末，七八级几位女生到团委卜永秀老师家里吃饭，印象最深的是杀鳝鱼。只见卜老师把鳝鱼头往钉子上一挂，左手拽住尾巴，右手拿小刀竖着从鳝鱼的颈部划向尾部，掏出内脏扔掉，尔后再平着刀子将椎骨头剔出，剩下的就是可供下锅的鳝鱼肉了。看到工作泼辣、性格开朗的老师那么娴熟利落的家务活，简直可以与街头上卖鳝鱼的摊贩媲美的举止，女生们对生活顿时有了新的感悟：职业女性不仅可以在事业上有所作为，而且在家庭生活方面也能做到精细和富有品味。

江必新说，那个时候，他在许多老师家里吃过饭。学生经常到老师家里去求教，师生们一起讨论问题，有时候时间晚了，就毫不客气留在老师家里蹭饭。当年老师留学生在家吃饭，是非常自然而经常的，因为这是师生互相交流、互相促进的一个平台，由于老师们非常亲切热情，学生们根本不会感到拘谨，师生其乐融融，亦师亦友，非同一般。

大学四年，张洪芳老师整天和学生们形影不离，如同慈母般地时刻关心着学生的冷暖问题，逢年过节总是和她的丈夫、教民法的邓大榜老师准备一桌丰盛的好菜，尔后东呼西唤邀请学生们到家里嘬一顿。每当节日期间，两位老师的家里总会响起师生们的欢声笑语，这时老师满脸流露出来的全是幸福感，让学生们知道什么是爱生如子！

被誉为当代民法史“活化石”的民法教授金平的家里，当年的晚上也经常坐满了前来请教、讨论学术问题的学生。时间长了，学生饿了，金平就亲自下厨做点东西给学生们吃，然后接着讨论。金平说：“那时候，老师把学生当做自己的孩子，是非常普遍的现象。”

七八级学生入校后，杨景凡老师他对学生的关怀也无微不至。江必新、顾培东两人在读研期间准备结婚，原打算让其他同学让出几天学生宿舍，挪动一下桌子床铺，临时腾出两间“婚房”，将就办理“终身大事”。杨老师闻知此事，立马放下手头繁杂事，把两人火速召来，正色相告：“结婚是人生大事，不可草率。研究生宿舍是大家共同学习、休息的处所，把新房设在那里既影响他人，也不庄重，这种做法不合情理，应当放弃！”正当两位学生忐忑不安，茫然不知所措之际，从来不愿求人的杨老师从校总务部门借来一套新落成的三居室房子，并亲自呼三唤四，张罗布置，最终学生的婚礼办得风风光光，两对新人感激不尽，新娘子幸福的泪水夺眶而出！

特殊的环境培养了特殊的师生情谊。也许是学校的硬件太差，学校领导和老师们难免对同学有一种歉疚的心情，也就更加努力从情感上加以弥补，特别重视对学生的全面关怀，让他们在学业上得到更多的人文实惠，师生同德同心、共赴难关。可以设想，如果当时的西政硬件条件很好，一切教学活动按部就班，正规运行，师生之间的关系可能反而会淡薄得多。当时老师们的生活条件并不好，无非是清茶薄酒、小菜便饭，然而师生们相互敬酒，纵古论今，其乐融融，宛若一家，全然没有师生之间等级的严格区分，这是当今大学校园里难以见到的一大特殊景观。

大学四年，毫不夸张地说，每逢节假日，我几乎都是在老师家里度过的。1981 年 3 月，在一次参加校际篮球比赛时，我不慎将右手摔成粉碎性骨折，同学们七手八脚地将我送到校医务室时，适逢下班的学校张文澄书记遇见，他二话不说，赶紧让出送自己下班的小卧车，催促同学们赶紧将我送到医院。闻迅赶来的体育教研室蒋淑筠老师亲自驾驶着三轮摩托车风驰电掣一路开道，使我受伤的手得到了及时的固定、救治。在手腕骨折的一个多月时间里，校团委书记卜永秀和她丈夫袁天基老师每天坚持将熬好的猪蹄汤送到宿舍来，让同寝室的同学们看到我的“美味佳肴”不胜感动而眼红嘴馋。

2008 年 10 月 3 日下午，300 多位七八级同学回到母校，在“庆祝西南政法大学恢复招生 30 周年”的红底白字大横幅会标之下，全体七八级同学一同起立，向当年为七八级辛勤工作的老师们致敬的场面相当温馨而感人。

在会上当年接七八级学生入校的黄廷孝老师，与在场师生们共同追忆 30 年前，用解放牌大卡车将七八级新生陆续拉进西政校园的难忘场景。他说：“回忆四年的大学时光，师生们结下了深厚感情，而 30 年后，看到七八级学生的辉煌成就和母校的飞速发展，作为老师的我们无不感到骄傲和自豪!”黄老师发自肺腑的一番感慨,引发七八级同学的热烈掌声!

此时,这是一个令西政师生们悲欢交集、心情复杂的时刻。在这次庆祝复校 30 周年的前几天,曾给七八级上课、最受学子爱戴的林向荣老师于 9 月 27 日与世长辞,享年 81 岁。他的溘然离世,给这次隆重典礼带来了一抹悲情的底色,营造了一种怀念的氛围。3 日上午亲自参加林老师的安葬仪式的贺卫方等同学回到老校区告诉同学们,林老师最后的送别简朴之至如,同恩师生前的处事风格。

据说,早在此之前的 1998 年,在林向荣老师 70 岁寿辰时,曾有王人博、周健等学生准备给导师祝寿,但他不容分说确定了几项原则:不去宾馆、不超过 500 元的吃饭标准、不让外地的弟子参加,不接受任何礼品。一些学生只能破例采用“善意欺骗”——调换账单的方法,将 1000 元的吃饭结账单改换成 494 元,这让蒙在鼓里的林老师饭后十分尽兴,连连称道:“饭菜不贵,还挺便宜的。”

林向荣老师与他的学生李竹(左一)、贺卫方(左二)、梁治平(右一)

在10月4日上午的典礼上，令人动容、催人泪下的一幕出现了。时任全国人大常委会副秘书长的李连宁语调低沉、满怀深情地代表七八级同学向那些驾鹤西去的老师们表达敬意和怀念之情，当他逐字念出一串已逝老师的名字时，说到故去的老师们此时此刻一定在天堂上看着我们的庆典，正为我们拍手赞叹时，全场一片肃静而悲怆！

在俞荣根老师所著的《风骨法苑几多人》一书中，对当时的场景和过程作了详尽的具体描述：

10月4日，西南政法大学举行"改革开放与中国法制建设30年论坛暨西南政法大学恢复招生30周年纪念大会"开幕式。据说七八级共400多人来了300多人，充分体现了老校友们浓浓的母校情、师生谊。

就在前一天，10月3日，大多数七八级校友报到的那一天，重庆阴雨绵绵，我们送林老师骨灰上歌乐山公墓安放，使老人入土为安。七八级校友贺卫方教授特地提前赶到重庆参加骨灰安放仪式。确实让人遗憾！如果林老师能再坚持10天，就可以实现30年师生再团圆了。世事古难全！我甚至有这样一个奇异的想法：这也许是林老师的本心，"为而不恃，功成而弗居"。他可能更愿在天堂里静静地分享自己学生们的成功！

那一天的大会隆重、气派，说它是"西政现象"的集中展现一点不过分。最高人民法院副院长江必新的发言中提到了"刚刚去世的林向荣老师"。江必新在西政待了7年，有3年是在法制史教研室做研究生，是张警先生的弟子，也是杨景凡先生、林向荣先生的学生。他忘不了林老师。他的发言一下子启开了堵在我心头的怀念老一辈西政人的情感闸门，立即草成了一纸条子，糟糕的是纸条老递不上去，失去了赶在他发言结束前递给他的机会。幸好最后还是递上去了，递到了坐在主席台前排的张穹、张鸣起等七八级校友的手中，看到他们与周强、张轩等人商量了一下,将纸条递到了另一位七八级校友、全国人大常委会副秘书长李连宁的手中。

下一位发言人,也是最后一位发言人就是李连宁。李的讲话很精彩,全场热烈鼓掌。末了,他没有离开讲台,来了一个风趣的反问:“我发言完了,为什么还赖着不走呢?”(大笑,鼓掌)有位老校友、我的老学长,也是学校的老教师递来了一张纸条,我得向大家读一下(鼓掌)

然后,他脸色凝重,语速缓慢,深情地念道:“校友们:大家还记得我们的胡光院长、苏明德书记、张文澄书记、王嘉惠院长、杨炳勋院长吧?”(静默)

“还有把我们迎进学校的朱守真教务长!”(全场无声)

接着,李连宁加了一句,这一句加得实在是好!他接着抬高声调念着:“校友们:大家还记得我们的孙孝实教授、杨景凡教授、张警教授、邓又天教授、王洪俊教授,还有刚刚去世的林向荣教授等老

2008年10月4日,李连宁代表七八级同学向老师们表示敬意的场面温馨而动容

师吧!"

可能是我的笔迹不大清楚,好像未能念完。这时候我突然想起,匆促间忘了写王锡三教授、卢云教授、杨怀英教授、刘泽贵教授、雍琦教授了……

李连宁继续深情地往下念:"他们正在天堂庆祝我们复办招生30周年!他们是'西政现象'的缔造者!让我们永远记住他们!"

热烈的掌声在大厅回荡,经久不息。

我当时和许多七八级同学置身现场,面对俞荣根老师描述的这一感人至深的一幕,当听到这不知是悲还是喜的掌声时,我泪水不禁夺眶而出,心情怅然而悲恸……

那一天晚上,我又目睹更令人震撼的画面。当晚在渝北校区笃行楼学术报告厅举行的以"从1978走来"为主题的大型文艺晚会上,伴随着《好大一棵树》的背景音乐响起,分别来自七八级等年级的同学们向德高望重的张序九、王明三、高绍先、杨杜芳、邱长乐、杨和钰、雷玉臻、武青芳、刘作茂等老师们献花。当师生们相互拥抱在一起的那一刻,在场的所有观众们都感动着、抽泣着,如果时间凝结在这一瞬间,这些人也许会永远记得,这份值得被历史见证的,等待了30年的相识、相处、相聚与亦师亦友的师生情是多么的刻骨铭心,是多么的令人难忘!

CHAPTER 22 ≫

第二十二章 写稿记

众所周知，在七八级的数百名同学中，能说会道、舞文弄墨的人才实在是不胜枚举。当年入校同学中敢于在档案名册“兴趣特长”一栏里，理直气壮地填上“文学写作”、“擅长写作”等字样的，没有一种沉甸甸的“指点江山、激扬文字”的底气，那是不会斗胆往上写的。全年级各班创办的墙报上，那些惊世骇俗、如雷贯耳的厚重文章层出不穷，文采尽显，便是有力的例证。

入学前，我曾在部队兼职新闻报道工作，见报指标的压力逼得你每天苦思冥想，不断将自己各类体裁的“大作”投向四面八方，收获领导的表扬和年终的褒奖至关重要。这也促使我无论如何要考上大学，尽早脱离以见报为第一要务的苦海深渊。在当年高考之前，我已经在各大报刊发表近 20 篇文章，有的还上了《解放军报》，这对于入伍仅一年有余的“新兵蛋蛋”而言，即便不上大学，也够得上立功受奖入党提干的标准了！

入学不久，无论是学校领导还是老师都不止一次地告诉七八级同学，要做一个合格的政法干部，必须在“笔杆子、嘴皮子、腿杆子”方面下工夫，即要具备较强的写作能力、口头表达能力和良好的身体素质。印象最深的是，胡光院长提出学生应当掌握“二子”功夫——“笔杆子”和“嘴巴子”，这被同学们戏称为“二子禅”理论。

记得初次上高绍先老师坐落在西山的家里，他就告诉我们，写作能力是西政学生最重要的基本功。今后同学们无论是在政法实务部门还是在政府机关、科研部门，都少不了要跟写作打交道，起草机关公文、调研报告，撰写发表论文，都要有一手很强的写作能力。

高老师还说，系统的法律专业知识和出色的写作能力，是一个法科大学生成长为优秀法律人所必备的条件。要重点提高自己的法律写作能力，特别是大学本科学习阶段，就需要积极主动地接受相关的专业训练，掌握法学研究的基本方法，学会按照社会科学的方法分析问题，提出自己有理论、有专业，且让人赏心悦目的独到见解并形成精彩文章。

于是，重操写稿旧业，继续利用投稿机会，促进自己重视写作，不断提高写作水平，着眼毕业论文顺利过关，成了我既定的目标。

当年任学生会文体部长的王平曾经回忆说，同学们入校后都喜欢使用落款印有“西南政法学院”字样的信封，而这类信封只能限院办公函方可使用。当时学生会成立伊始，要搞创收，于是，他们灵机一动，到沙坪坝以每个 6 分钱的价格买了 5000 个信封，由校团委卜永秀老师联系，交校印刷厂免费印上郭沫若套红字体的“西南政法学院”字样。然后，以每个 8 分钱的价格卖给同学。没有想到，5000 个信封三天就卖光了，仅张建田一人就买了 100 个，不知是他信多还是支持我们的工作。其实，王平没有说到点子上。上大学期间，本人因写稿、投稿确实需要大量信笺信封，毕竟冠以“西南政法学院”字样的信封更容易引起用稿单位的关注，提高投稿录用率。

回想起来，那时七八级同学可以投稿的渠道并不多，除了党报党刊、院办刊物外，只有学生自办的“刊物”了。诸如二班的《新长征》、六班的《争鸣》等。记得当年三班蒋庆的那篇轰动一时的《回到马克思》，就是在顾培东主办的《争鸣》上刊登出来的，一时间墙报前人头攒动，那火热场面至今记忆犹新。虽然这类各班自主创办的墙报并非公开出版物，也非铅字印刷，更没有社会报刊那么具有广泛的读者群和影响面，没有什么稿酬之说，但理论性、思想性、尖锐性极强，时常还有人在文章上批注、质疑、诘问。看了几期各班墙报，自感没有一定的马列主义基础理论功底和较高的思想敏锐性，是不敢在那投稿的。七八级真正有分量的学术观点和思想精华都集中反映在走廊过道、食堂旁张贴的墙报上，无不闪烁着理想光芒，也是启迪我们探索与思考的启蒙源泉。印象中，当年在墙报上时常看到署名文章的作者有顾培东、蒋庆、王卫国、成光海、温晓莉等若干人，有人称他（她）们是七八级思想的"先行者"。

我写的的东西当然无法与上述理论与思想"大伽"们相提并论，见诸报刊的稿件大多是配合形势的应景之作，发表的作品体裁广泛，既有诗歌、散文，还有理论学术文章、言论、杂谈，新闻报道、人物通讯。四年下来，见报率较高的报刊主要有《光明日报》《重庆日报》以及学院宣传部主办的院刊。如在《重庆日报》上先后发表《学习刘晓明要敢于斗争》（1980 年 2 月 18 日）、《共产党员要有坚定的远大理想》（1980 年 3 月 8 日）、《尽快恢复人民律师制度》（1980 年 4 月 13 日）、《重视马克思主义基本理论教育》（1980 年 5 月 31 日）、《共产党员要有高尚的道德修养》（1980 年 6 月 7 日，与曹守业合作）、《人情与法律》（1980 年 11 月 15 日）、《重视社会主义精神文明的作用》（1981 年 3 月 7 日）、《赡养父母是劳动人民的传统美德》（1982 年 3 月 13 日）等。

1981 年 12 月 19 日在《重庆日报》发表《谈谈离婚纠纷中的调解》之后，曾有署名"余宪涛"的商榷文章出现在《重庆日报》上，对我提出的"处理离婚纠纷能不能以调解和好为主"的问题提出不同观点，认为：一是这种提法没有根据，二是这个提法不符合实际，三是如果以此指导实践也是有害的。最后作者的结论是：对于离婚纠纷，一定要以夫妻感情是否确已破裂，能否恢复和好为依据，实事求是地尽可能调解解决，而绝不能采取"调解和好为主"的方针。这篇商榷文章指名道姓，对我触动很大，也促使我在专业理论文章写作中务必更加注意法言法语的严谨性和规范性，避免出现"一字之差谬之千里"的问题。此外，我还在《四川青年》发表《子女犯法，父母何为》（1980 年第

2 期)、《见义勇为》(1980 年第 6 期)和《谈谈婚姻自由》(1980 年第 12 期)等言论文章;在《四川日报》发表《官与民》(1980 年 4 月 30 日)等杂谈文章。

西政地处西南一隅,信息相对闭塞,力求在首都北京各大报刊见报,为毕业后进京城工作开辟通路,是我重点追求的目标。大学四年,经过自己努力,有所收获,也达到了预期目的。如在《光明日报》先后发表《依法从重惩处脱逃罪犯》(1981 年 7 月 24 日)、《吸烟与青少年犯罪》(1981 年 10 月 27 日)、《重视离婚纠纷的调解工作》(1982 年 2 月 23 日)等文章。特别值得一提的是,1981 年 11 月 26 日《解放军报》发表我写的《加强人民军队法制建设的重要条例》一文之后,没过多久,重庆军事法院的同志就主动找到学校来了。事后我才得知是解放军军事法院通过《解放军报》了解我是学法律的在校军队学生,便委托他们调查我在校的表现和个人家庭情况,这让我喜出望外,也让部队的同学羡慕不已。这为我大学毕业锻炼一年之后,能够

1981 年 9 月 22 日,作者发表在西南政法学院院刊第 314 期的文章

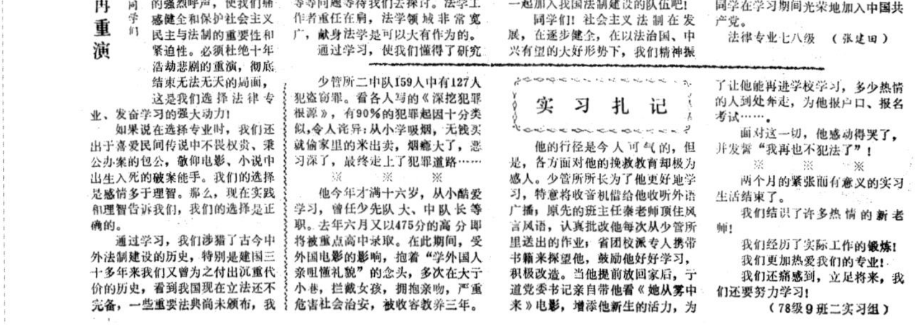

为了历史的悲剧不再重演

——写给献身政法战线的同学们

同学们，你们喜爱法律专业吗？

选择法律专业，以法官为终身职业，为保卫社会主义建设事业献身是值得自豪的！回想林彪、“四人帮”践踏社会主义法制，残害忠良，涂炭黎民，冤狱遍布，国家遭难的惨痛教训，再看社会上依法办事迁到的层层阻力，听到广大人民群众要求“法律面前人人平等”的强烈呼声，使我们痛感健全和保护社会主义民主与法制的重要性和紧迫性。必须杜绝十年浩劫悲剧的重演，彻底结束无法无天的局面，这是我们选择法律专业、发奋学习的强大动力！

如果说在选择专业时，我们还出于喜爱民间传说中不畏权贵、秉公办案的包公，敬仰电影、小说中出生入死的破案能手。我们的选择是感情多于理智。那么，现在实践和理智告诉我们，我们的选择是正确的。

通过学习，我们涉猎了古今中外法制建设的历史，特别是建国三十多年来我们又曾为之付出沉重代价的历史，看到我国现在立法还不完备，一些重要法典尚未颁布，我们深深地懂得了加强民主与法制的建设实行以法治国是历史的必然，是祖国中兴的重要保证。轻视它、违反它是会受到历史的惩罚的。

通过学习，我们认识到我国法学理论研究方面也由于长期受到左倾思潮的影响，处于落后的状态，与我国四化建设很不适应。例如在法学理论研究方面，各门学科的研究对象、体系以至基本概念都有许多问题等待我们去研究，至于社会主义制度下犯罪原因的探讨、犯罪心理学的研究、社会主义法的产生、发展以及它的阶级性与社会性等等问题等待我们去探讨。法学工作者重任在肩，法学领域非常宽广，献身法学是可以大有作为的。

通过学习，使我们懂得了研究法学不做艰苦的努力也是不可能有成就的。研究法学必须以马列主义、毛泽东思想为指导，否则就会走上邪路。研究法学还必需具有扎实的社会学、政治学、历史学的基础知识。了解现代科学技术的发展。研究当今世界各国政治制度，法律制度和法学流派。目的是为了结合我国四化建设的实践，创建中国式的法律制度体系。

我们深知任重而道远，祖国需要我们献身法学战线，为了历史的悲剧不再重演，为了祖国的中兴，为了人类的解放，同学们！同我们一起加入我国法制建设的队伍吧！

同学们！社会主义法制在发展，在逐步健全，在以法治国、中兴有望的大好形势下，我们精神振奋、充满信心。欢迎你们加入我们的行列，为巩固和健全社会主义法制而并肩战斗！

三年来的学习生活，使我们越来越热爱法律专业。理论学习，案例分析，举办模拟法庭，参加刑侦实验，大大激发了我们研究和探讨法律科学的热情。同学们深知重任，学习刻苦，成绩优良，不少同学写的论文、文章被校内外报刊采用。我们的课余生活丰富多彩。在政治上同学们积极上进，先后有一百多位同学被评为三好学生、优秀团员、优秀团干部等，有四十多名同学在学习期间光荣地加入中国共产党。

法律专业七八级　（张建田）

实习扎记

少管所二中队159人中有127人犯盗窃罪。看各人写的《深挖犯罪根源》，有90%的犯罪起因十分类似，令人诧异：从小学吸烟，无钱买就偷家里的米出卖，烟瘾大了，恶习深了，最终走上了犯罪道路……

※　※　※

他今年才满十六岁，从小酷爱学习，曾任少先队大、中队长等职。去年六月又以475分的高分即将被重点高中录取。在此期间，受外国电影的影响，抱着“学外国人亲吔懂礼貌”的念头，多次在大亍小巷，拦截女孩，拥抱亲吻，严重危害社会治安，被收容教养三年。

他的行径是令人可气的，但是，各方面对他的挽救教育却极为感人。少管所所长为了他更好地学习，特意将收音机借给他收听外语广播；原先的班主任秦老师顶住风言风语，认真批改他每次从少管所里送出的作业；省团校派专人携带书籍来探望他，鼓励他好好学习，积极改造。当他提前放回家后，亍道党委书记亲自带他看《她从雾中来》电影，增添他新生的活力，为了让他能再进学校学习，多少热情的人到处奔走，为他报户口、报名考试……。

面对这一切，他感动得哭了，并发誓“我再也不犯法了”！

※　※　※

两个月的紧张而有意义的实习生活结束了。

我们结识了许多热情的新老师！

我们经历了实际工作的锻炼！

我们更加热爱我们的专业！

我们还痛感到，立足将来，我们还要努力学习！

（78级9班二实习组）

直接从基层连队调到北京最高军事司法机关打下了基础。

由学院宣传部主办的西政院刊，是伴随七八级入校后，自1978年10月16日起复刊的。院刊不知创办于何时，但起始标注290期，直到1982年7月24日第323期止。我粗略统计了一下，在七八级在校期间刊出的33期中，七八级同学发表的文章最多，就数量而言，数九班同学发表的文章最多。这当然应当归功于院宣传部领导和编辑老师的关怀和指导。入学不久，宣传部盛祖贻老师得知我搞过新闻报道工作之后，便时常向我约稿。他的爱人潘伯华老师是教哲学的，谦逊好客，使我能够经常出入盛老师家里，除了商谈约稿、写稿之事外，还经常被请上饭桌边吃边交谈稿子，从两位老师的言传身教中受到启示和激励。

有一次，当我偶然谈到七八级学生在学校开展法律顾问工作的情况时，盛老师认为这些都是西政办学的创新之处，也是宣传报道的亮点，过去政法院校都没有先例，是新生事物，值得好好报道。于是，从1981年初起，我先后将采访后的相关稿件送盛老师审阅后，盖上校团委的公章后，陆续发往全国各大报刊，引起社会强烈反响。1981年1月7日《四川日报》上刊登《西南政法学院法律系七八级学生积极开展业余律师工作》，1981年1月27日《中国青年报》刊登《受群众欢迎的“业余律师”》等。此外，我还与同班李玫同学一起采访后，数易其稿，于1981年5月3日在《重庆日报》上发表《依法办事认真负责——西南政法学院学生开展业余律师活动片断》，以人物通讯的形式，报道了七八级学生顾培东、孟勤国等人利用课余开展法律服务的事迹，使前来学校要求提供法律服务的社会群众络绎不绝。1982年2月2日《重庆日报》刊登《学术论文成绩好》，1982年2月12日创刊不久的《中国法制报》刊登的《发奋攻书钻业务刻苦深研写论文》等稿件，也出自于我的笔下。

1981年9月，得知又有一批新生(八一级)入校，学校宣传部和盛祖贻老师一起约我以七八级同学的就学经历和感受，撰写一篇能够激励大家热爱专业、热爱母校的文章，这使我倍感自豪和激动，很快将稿子完成，经盛老师润色后，刊登在9月22日的院刊上，全文如下：

为了历史的悲剧不再重演

——写给献身政法战线的同学们

同学们，你们喜爱法学专业吗？

选择法律专业，以法官为终身职业，为保卫社会主义建设事业献身是自豪的！回想林彪、“四人帮”践踏社会主义法制，残害忠良，涂炭黎民，冤狱遍布，国家遭难的惨痛教训，再看社会上依法办事遇到的层层阻力，听到广大人民群众要求“法律面前人人平等”的强烈呼声，使我们痛感健全和保护社会主义民主与法制的重要性和紧迫性。必须杜绝十年浩劫悲剧的重演，彻底结束无法无天的局面，这是我们选择法律专业、发奋学习的强大动力！

如果在选择专业时，我们还出于喜爱民间传说中不畏权贵、秉公办案的包公，敬仰电影、小说中出生入死的破案能手。我们的选择是感情多于理智，那么，现在实践和理智告诉我们，我们的选择是正确的。

通过学习，我们涉猎了古今中外法制建设的历史，特别是建国三十多年来我们又曾为之付出沉重代价的历史，看到我国现在立法还不完备，一些重要法典尚未颁布，我们深深地懂得了加强民主和法制建设，实行以法治国是历史的必然，是祖国振兴的重要保证。轻视它、违反它是会受到历史的惩罚的。

通过学习，我们认识到我国法学理论研究方面也由于长期受到“左倾”思潮的影响，处于落后的状态，与我国四化建设很不适应。例如，在法学理论研究方面，各门学科的研究对象、体系以致基本概念都有许多问题等待我们去研究，至于社会主义制度下犯罪原因的探讨、犯罪心理学的研究、社会主义法的产生、发展以及它的阶级性与社会性等等问题等待我们去探讨。法学工作者重任在肩，法学领域非常宽广，献身法学是可以大有作为的。

通过学习，使我们懂得了研究法学不做艰苦的努力也是不可能有成就的。研究法学必须以马列主义、毛泽东思想为指导，否则就会走上邪路。研究法学还必须具有扎实的社会学、政治学、历史学的基础知识。了解现代科学技术的发展历史，研究当今世界各国政治制度、法律制度和法学流派，目的是为了结合我国四化建设的实践，创建中国式的法律制度体系。

我们深知任重而道远，祖国需要我们献身法学战线，为了历史的悲剧不再重演，为了祖国的振兴，为了人类的解放，同学们，同我们一起加入我国法制建设的队伍吧！

同学们！社会主义法制在发展，在逐步健全，在以法治国、中兴有望的大好形势下，我们精神抖擞、充满信心。欢迎你们加入我们的行列，为巩固和健全社会主义法制而并肩战斗！

三年来的学习生活，使我们越来越热爱法律专业。理论学习、案例分析、举办模拟法庭、参加刑侦实验，大大激发了我们研究和探讨法律科学的热情。同学们深知重任，学习刻苦，成绩优良，不少同学写的论文、文章被校内外报刊采用。我们的课余生活丰富多彩。在政治上同学们积极上进，先后有100多位同学被评为三好学生、优秀团员、优秀团干部等，四十多名同学在学习期间光荣地加入中国共产党。

法律专业七八级　张建田

校刊在刊登上述文章时，一改过去黑色铅字排版的风格，改用套绿色字迹刊登全文，面目一新，十分醒目，令我欣喜不已。这一期院刊还同时刊登了我在江北区实习期间采写的一组《实习札记》稿子。让我高兴的是这一期特刊印数稀少，我当时收留数份，收藏至今，分外珍惜。

值得一提的是，西政宣传部创办的院刊，虽然纸质较差，又是不定期出版，稿酬仅有二三元，但很受同学们器重和欢迎。大学四年，在院刊发表过文章的七八级同学当年可能知名度并不高，但毕业之后，陆续崭露头角，成为响当当的“知名人物”，诸如胡泽君、朱孝清、王卫国、顾培东、张智辉、付鼎生、温晓莉、莫家齐、吉卫民、王凡、柯汉民、舒扬、贺卫方、李玫等人。

六班的王策来回忆自己在院刊上发表第一篇短文后，曾经谈道：对于刚从农村出来的学子而言，能够将自己的文字变成铅字，谁都知晓名利双收，那是一件多么伟大的事情啊！虽然这篇文章在自己看来类似于表决心之类的稿件，毫无理论性和学术性可言，但是刊物的编辑老师却给了“文字简练”的评价。当时自己并没有觉得此评价也含有不深不透的批评之意，到后来才知道文字这东西还真可以慢慢地咀嚼，咀嚼得细细的后吐出来，便可满纸生辉。他感叹正是由于当年在学校院刊发的这篇文章，才使自己从此产生了想写一些文字的冲动，文字的功底逐渐夯实，以致后来全国性刊物上也有了个人署名的论文，书店里也摆上了自己的学术著作。

回想当年，我利用职务之便（班长）不遗余力地动员同学们积极给报刊写稿、投稿，并率先垂范，还是有所成效的。以至于多年之后，当我翻阅当年院刊时，发现九班同学发表的文章最多，不知是否与我们班级的影响有关，我们的对口班级——七九级九班的同学们写稿、投稿也是蔚然成风，涌现了张卫平、王人博等一批既能做学问又能写一手好文章的人才。在《七九印象》一书中，七九级九班同学写的文章竟然占了整个年级一半多的篇幅和文字。

贺卫方在《南方周末》曾撰文写道：“自己在报纸上写小文章的历史可能要追溯到大学三年级或四年级。当时同班同学张建田由于曾在军队担任过通讯员的缘故，颇热衷于写作报章文章。看到他在不少报纸上经常发表文章，更可以有稿费收入，自己不免眼馋手痒，后来曾跟他合作——写过一篇文章，应该是发表在《重庆日报》上吧。但是后来终究把握不好写作的角度和分寸，就没有再坚持投稿了。”

大学期间，我还与同寝室王凡同学应《重庆广播电视报》编辑的约稿，坚持每周提供一篇法律信箱之类的稿件，一周一期，坚持一年左右，后因周期长、篇幅小，加上保存意识淡薄，许多见报的稿子至今再难觅踪迹了。

大学期间坚持写稿的好处是使我能够很快进入论文写作的佳境，学会阅读和积累资料，注意提炼观点，理清思路，在学习和掌握基本专业理论知识的基础上，善于捕捉问题，提出有自己独到性的见解。继 1981 年第 4 期《西南政法学院学报》发表《处理离婚纠纷必须重视道德教育》一文后，在校期间我又写了《关于受贿罪的几个问题》，刊登在当年学报第 4 期上（收得稿费 35 元）。其中，后一篇论文结合第五届全国人大常委会第 22 次会议通过的《关于严惩严重破坏经济的罪犯的决定》修改和充实受贿罪的内容，根据课堂上讲授受贿罪的犯罪构成要件的基本理论，对该罪在司法实践中遇到的几个重要问题进行探讨：一是利用职务便利的问题；二是接受贿赂的问题；三是为行贿人谋取利益的问题；四是受贿罪的数额和情节问题。该论文发表后，很快被 1983 年中国人民大学编印的《刑法论文集》收入。如今看来，当年研究受贿罪还是富有远见的。近些年，各媒体报道的高官“老虎”们落马，最终法庭在罪名性质的认定上，90% 以上属于受贿罪。为此，全国人大常委会不仅修改了刑法，出台了《刑法修正案（九）》，而且“两高”还专门出台了办理贪污贿赂刑事案件适用法律若干问题的司法解释。这也令我深为自己三十多年前探讨的法律问题至今依然没有得到有效解决感到忧虑。究竟是什么原因，促使这类职务犯罪的比例历经多年居高不下，且已达到日趋严重的程度呢？

总的说来，我在校期间所写的文稿，内容平平，文笔稚嫩羞于见人。偶尔翻阅这些纸张已经变脆发黄的文章，感到面红耳赤，不忍卒读，实在无法与西政七八级其他同学们发表的宏篇大作相比。只是这些自己至今还舍不得扔掉且难登大雅之堂的“豆腐块”、“小情调”之类的拙作，毕竟记载的是我们当年在校期间的校园生活，读来倍感亲切。

CHAPTER 23 >

第二十三章 谈情说爱篇

上世纪70年代末80年代初，在重庆高校中流传着这样一句话："川外的妹子，西政的汉子。"这也许是形容两校男女生比例的失衡状况和性别特色所在。在人们看来，两所学校地处烈士墓东西两侧，由南边歌乐山下的一条小铁路连接，校园之间校舍犬牙交错，并没有严格的地域界限，这两校男女学生流传的婚恋故事肯定举不胜举。然而，殊不知，因为校址之争打了几场著名的"东山之仗"之后，两校师生心存芥蒂，一度筑起了"死活不相交往"的精神藩篱，自然少了些许浪漫的传闻，无形中也拆散了本该可以成为美谈的诸多婚恋对象。

西政七八级典型的特征是男生多、女生少，女生只及男生数量的八分之一。在那个年代，校园恋爱是神秘而隐晦的，敢公然付诸行动者更是凤毛麟角。隔墙之外，"川外"女生虽多，但两校的隔阂令西政小伙子不敢冒"叛校"之大不韪。当时西政校园男多女少的性别比例严重失衡状况，使"柏拉图式的精神恋爱"现象居多，有例为证。

某日下午，五班的周瑞春亲眼目睹东山大楼前，七八级一位男生，勇敢地站立操场，面对川外女生宿舍引吭高歌："对面山上的姑娘……"歌声忧郁而深情，忽然听到"呯"的一声，女生窗户无情关上，歌声戛然而止，西政帅哥仿佛迎头撞上一扇玻璃，就地怔住，呆若木鸡，沉思良久，而后垂头丧气走开，其神情惨不忍睹，让诸多西政七八级男生自尊心大受伤害，只能化羞辱为动力，发誓将不知好歹的"侵略者"——川外男女生一律赶出东山大楼的坚定决心！

在八班赵旭东看来，大学校园里最扰乱心绪的无疑是恋情。现在的本科生没有谈情说爱那叫“错失良机”，而我们那个时候却是实实在在的没有机遇。首先是男女比例严重失调，女生只有50人，男生则有370多人，阳盛阴衰，狼多粮少。其次是年龄跨越年限长，构成严重不合理，岁数大的三十几，少的十五、六岁。按照人们择偶意向，校园里情侣配对的概率极低，有花无果的概率更高。由此也断了许多人的念想，除极少数不安分或竞争力较强者外，多数人只好埋头苦读书，信奉“天涯何处无芳草”，“书中自有颜如玉”。当然，这从另一个方面成就了七八级男生的学业和事业。情窦未开或者情窦难开，自然少了少年维特之烦恼，心灵宁静，而宁静致远成了许多人书斋的座右铭，对西政的男生而言，着实是实际经历的过程，也是我们亲身体验的箴言。

年轻的心是容易遗忘不悦并滋生快乐的。很快，西政400多名学生习惯了“稀烂”艰苦的学习环境，在那条泥泞的通往“川外”教学区的打开水之路，也平添了几分浪漫风景。“每天吃过晚饭，浩浩荡荡的学生队伍提瓶携桶，从东山下山，穿过大操场，再爬上‘川外’的山，到水房打开水，于是，就有不少与‘川外’女生同行者，趁此机会，边走边摆起了‘龙门阵’，最后共结‘法外’之好。”

一班的丛伟华回忆，入校后，在东山大楼西政与川外男女生混杂居住期间，同时上下课、同时打饭打水，不少七八级男生趁不期而遇之机，采用狠狠盯住对方眼睛的战法，向川外女生发动了“目中传情、暗递秋波”的战术。个别男生劳有所获，初见成效，有了相对固定的目标，也有了递送纸条的机会。曾记否，在两校学生摩擦开始期间，不少男生的战斗意志被对方明亮聪慧的大眼睛、口齿伶俐的女生所化解，甚至出卖交战原则、消极怠战、吃里扒外的事情也干上了。通过几次大规模地展开对占据我校校园的“川外”决战之后，男生大显神威，把“外敌”驱赶出东山大楼，面对重归主人的校舍，参战男生一度情绪高昂，谈笑风生，但是当看到满地的破门、烂窗、砖头，特别是目睹原先朝思暮想的外校女生空荡荡的宿舍，一想到昔日能够时常见到的一双双亮晶晶、忽闪闪的大眼睛，再也不再眼前晃现时，一度趾高气扬的脸上不由隐隐地罩上暗淡忧伤的薄霭。

七班的霍宪丹说，因为校际之争，我们跟四川外语学院学生打过架，他们那边大部分是女孩子，我们这边全是小伙子。本来如果不打架正常交往，朝夕相处，可能很多人都可能迈入谈情说爱的轨迹，结果一打架，双方的正常交流没有了。最终西政七八级的小伙子与川外女生谈恋爱的，似乎只有一至两对恋人能够成功走上婚姻的殿堂。

六班裴国智与川外女生开花结果，竟然是在两校发生震惊中外的“纷争”之后。来自黄土高坡的裴国智喜好母校食堂的扣肉，但嫌花椒太多，听说川外食堂每周也有扣肉，遂冒充川外学生特意去品尝。久而久之，竟然与川外的某一女生“好”上了，虽然经他发现扣肉的味道其实并没有比西政的食堂做得好，但能够与川外女生相谈甚欢，这种感觉自然胜过美味佳肴了。

师资班的某位男生利用家在重庆的便利条件，经常有针对性地邀川外一女生去市区玩耍，最终也缔结百年之好。当然，那时候学校里边男女生同学之间谈恋爱是隐秘的，不敢公诸于众，更遑说与川外女生的恋情了。如果被西政人知道，那付出的代价恐不堪设想。

在恋爱无人、爱情无望的情况下，少了与意中人耳鬓厮磨的机遇，七八级的男生大多只能结伴或独自一人到烈士墓、白公馆方向的松林树下看书聊天，在山下的那条锈迹斑斑铁路边上散步凝思，或者寻找一块寂静的绿茵草地，用挎包当枕头，坐在石凳上，或躺在草地中，跷起二郎腿，从歌德到拜伦、普希金、莱蒙托夫，从莎士比亚到罗曼·罗兰，用这些著名作家诗人浪漫忧郁的作品，去打发那些烦躁不安的青春时光。

上大学时，正置《庐山恋》等影片热映之时。虽然占据七八级同学脑海的大多是如何要把失去的时间夺回来，如何为建设“四化”多读书，但是他们并非草木，皆属凡人，也有美好的情感在校园里萌芽而且开花结果的实例。

2007 年 7 月《法律与生活》刊登了这样一则西政七八级婚恋往事，照文转载：

张建田发现班里杨忠民谈恋爱，纯粹是误打误撞。张是九班班长，与班里 26 岁的杨忠民交往甚好，常一同吃饭自习。但有一段时间，杨忠民变得早出晚归，吃饭时也常不见踪影。张建田起初并没有在意，班里有人笑着提醒张注意班里“阶级斗争的新动向”，这令他摸不着头脑。某日晚，张建田晚自习后，碰到班里的陆绮，张热情地询问她去哪里，陆绮没有作答，羞答答地跑开了。张建田顿时有了军人的警觉，挨个查男生宿舍，果然，杨忠民慌慌张张，形迹可疑。第二天，张建田半开玩笑地找到杨忠民，让他从实交待近日动向。杨紧张之极，问他看到了什么，张答，我都看见了，昨晚我一直跟着你呢。

至此，杨忠民与陆绮恋情大白。几天之后，张建田在校篮球比赛中不慎手腕骨折，杨忠民看望时幸灾乐祸地问：“是不是每晚跟踪我太劳累了？”以后每逢同学聚会，杨忠民、陆绮夫妇都会指着张建田说：“这家伙大学什么也没干，就跟踪我们了。”张建田哭笑不得。

这篇文章发表后，虽然有些文字修饰的因素，但涉及的基本情况属实。

由于在校期间埋头苦读，孤陋寡闻，七八级的婚恋故事知之甚少，但这个事后方知跨越三十多年的师生恋传奇，使我以为值得一书。

1978 年秋天，温晓莉以 27 岁的年龄考上了西南政法学院，而已经年届 59 岁的张紫葛教授也重新回到西政工作。张老师上世纪 30 年代毕业于武汉大学中文系，1939 年初到重庆《大公报》工作，曾任宋美龄机要秘书。解放后，张教授先后任西南师范学院、西南政法学院教授。此后命运一生坎坷，1958 年被打成右派，1959 年以“反革命骨干分子”被判刑 15 年。“十年浩劫”，劫后余生。上世纪 70 年代末平反昭雪后，张教授从“劳改农场”回到西政执教。由于多年受到非人待遇，此时他的右眼已瞎，左眼残存一丝视力，几近失明，左耳也在入狱前被打聋。他的婚姻也颇多曲折，第一、二任妻子分别给他留下了1个儿子3个女儿，第二任妻子在十年动乱年代迫于压力与他离婚。回到西政后他孑然一身，常年无人照顾，衣衫不整，一身落魄形象，一幅宽大的眼镜更难以遮盖住历经沧桑的面容，重新走上讲台的张教授很快引起了大家的同情和尊重。他的传奇经历，也使包括温晓莉在内的许多七八级学生产生了浓厚兴趣。

平时，张教授为学生授课时，知其遭遇的七八级同学争先恐后来到他坐落在东山大楼脚下的家中带老师前往教室，这个任务先是没有特定人负责，后来就渐渐由一班的李庆和四班的温晓莉两人担任左右“扶手”。同学们印象最深的是他上的第一课，讲授庄子《逍遥游》的生动情景，走路还颤颤巍巍、弱不禁风的张教授，一上讲台，面对数百学生，竟然精神矍铄，思维敏捷，滔滔不绝，引经据典，从《尚书》到《史记》《汉书》，唐诗宋词元曲，博古通今，无所不晓，整堂课上得妙

2000年12月，作者与温晓莉同学在北京聚会时的情景

趣横生,满堂喝彩。他那渊博的知识、高深的理论和魏晋名士风度的形象,一下子打动了富有个性和才识的温晓莉。温晓莉悄悄爱上了这位长她32岁的老师。在那个年代,温晓莉的选择肯定是石破天惊之举。当时有人专程赶到北京,向温的父亲反映此事。温父虽属高干,但生性豁达,不仅不生气劝阻,反而劝说来客不要干涉女儿的婚姻自主选择。后来温返京探望父亲说起此事时,老人十分通情达理地说:"你既然选择了他,我想总有你自己的道理。"温晓莉听罢泪流满面。

温晓莉本人回忆读大三时,一度走在人生的十字路口上,在遭遇痛苦不知所措的关键时刻,张老师闻知后,在不动声色的授课中,给了她极大的精神鼓励,从而使她选择陪同一生坎坷的恩师一路前行的人生道路。

在许多同学看来,温小莉应是七八级女生中有丰富感情生活、敢爱敢恨的女生。清华大学的张卫平教授曾经高度评价在校期间对她留下的深刻印象。而温晓莉那篇作于2001年暮秋深夜的《魂萦梦绕的西政》,诉说她的恩师同时也是情侣的关系时,情意绵绵,如歌如泣,文思优美,意味深长:

当我17岁,如同《聊斋》和汤显祖《游园惊梦》中的故事,在四川大巴山穷乡僻壤,曾梦里苦寻这一理想的终身伴侣:不是什么白马王子,也丝毫没有罗曼蒂克,而是一位比我大30岁,心胸如同大海般宽阔,人生阅历十分丰富、智慧凝聚中华五千年文明的敦厚坚毅之士。茫茫人海哪里有?醒来全是一声空。

正当多年苦寻不得,以致极度失望之际,西政圆了我的梦。课堂,她馈赠给了我这件人生最珍贵的礼物。西政令我魂牵梦绕,东山令我永生难忘。

冰心说过,成功的花儿后面,滴着辛酸的泪和血。又好像世界许多传记在记述伟大的成功时,总爱这样说:成功的男人背后站着一位伟大的女性,不是她的母亲,便是他的妻子(林肯、毕加索、爱因斯坦以及《中国科技史》的作者李约瑟等,他们的传记无一不这样写道)。其实,古往今来,女性的成功比男性艰辛百倍千倍不止。这话还应理解为:成功的女性背后,当有一位伟大的男性,不是她的导师,便是她的爱侣。

在今天这个知识社会,一切"学问"都可以自己琢磨,唯有这"人生"之大学问,多少人苦求终身而不得。他,正是我的人生之师、护花之神、心灵之柱、莫逆之交。他之于我,远远超出了"husband"的含义。

七八级另一位女同学在20年后的今天,用了三个"化身"概括:他是智慧的化身、道德的化身、爱的化身。的确,我没有见这般敦厚侠义的真君子:没有丝毫世俗男子的自我中心和褊狭不恭,对女性犹如平等姐妹而发乎自然地百般呵护与挚爱。我也没有遇到如此大智大勇的伟丈夫:20年来,无论遇到什么激流险滩,魑魅魍魉,他都能火眼金睛,助我化险为夷。

20年前,他慧眼独具;20年来,他的智慧、毅力、耐心,他那"威武不屈,贫贱不移,富贵不淫"的坚韧与执著,更加之他悲天悯人的博大胸襟,不断助我摆脱尘俗,升华浩然之气。我的每一点成功都含有他的心血和智慧。他之于我,远胜于海伦凯勒那位令人赞叹的老师。

太上老君的八卦炉练就了孙大圣;正是西政当年特殊的政治环境,才淬励意志,锻造奇人。他,不仅属于我,也属于我们七八级,属于西政,属于这个波诡云谲的时代,属于这片文明源远流长的中华沃土!

西政,我终生感谢你的馈赠!

婚后的张教授和温晓莉夫妇不仅爱情美满,而且两人文学创作和学术成就也不同凡响。张老师从1997年起,先后出版《心香泪洒祭吴宓》《在宋美龄身边的日子》《在历史的夹缝中——忆张治中先生》等上百万字的文学作品,因其披露了大量鲜为人知的"史料",很快引起知识界的强烈关注,书一问世即畅销不衰,使人们对张教授一生的传奇故事有了更加深刻的认知。温晓莉在无私帮助丈夫写作的同时，也将自己的教学和学问做到了淋漓尽致，除了教学深得学生的广泛好评外，先后著有《中国法制史纲》《周边国家法律的比较研究》等专著，发表学术论文 50 余篇，其研究领域偏重于法理学、法哲学、中国法律思想史等方向。

当年两人结婚后，温晓莉大学毕业分到西南民族学院教学，张教授也随她来到了成都。1988 年，已经 37 岁的温晓莉为已经 69 岁高龄的丈夫喜诞一女，女儿生性活泼，聪颖好学，2006 年以优异的成绩考上了南开大学。但是这一年的 10 月 1 日凌晨 8 时 31 分，张老师因病抢救无效，在川大华西医院溘然仙逝，享年 87 岁。张老去世后，不少人都认为他在双目失明的情况下还能出书立传，妻子功不可没。然而，温晓莉则诚挚而谦卑地说："其实这辈子先生帮我更多。"

需要说明的是，张教授与前妻所生的两个女儿，分别嫁给了七八级两位德才兼备的男生，从而成就了一家三口与西政七八级有缘的传奇故事。

温晓莉一家人

走出校园之后，七八级学生中结为伉俪、修正成果的陆续真相大白。前后共有20多位同学结为夫妻，他(她)们分别是：一班的彭士翔与毕志英，一班叶安民和师资班的祖玉琴，一班邢伟和八班的梁廷婷；二班的李洪欣与孙小迎；三班的蒋庆与吴方玲、王海与李卓玉、余明永与张晋红；九班的杨忠民与陆绮；师资班的李郁平与李春茹、胡泽君与杜万华、舒杨与李力。其中师资班有5对同学结为夫妻，哲学班三对，共运史两对，还有师资班女生与法律专业男生喜结良缘的。

时隔多年，既是同窗又是伴侣的家庭生活大多美满幸福。有的因为各种原因分道扬镳，有的重新回到了入学时的单身原点，有的因故离异后，重新择偶再续结姻缘。此外，七八级同学中除了有师生结为夫妻的情形外，还有与在校教职员工子女结为夫妻的，与低年级的小师妹结为百年之好的也大有人在，不一一列举。

三班的余明永曾诙谐地说过，我们七八级入学的年代无疑是物资极端稀缺的年代，对于男生而言，最感稀缺的是美丽的女同学。与四川外语学院打架的起因，我们已经听到了官方、校方、老师、同学的各种说法，但在个人看来，男人打架的理由纵有千千万，归根结底还是女人。西政的汉子妒忌川外的男生，绝不允许他们独享那么丰富的美女资源。对女生长相评头论足，曾是男生睡觉前必不可少的谈资，以至东窗事发，惹恼了七九级师妹愤怒告状，进而造就出一群在重庆朝天门码头上响当当的“西政汉子”！有同学心怀妒意说，难怪年龄靠后的余明永能够在男爷们众多的“西政汉子”里排除万难，勇拔头筹，在极其稀缺的女生资源中，通过自身努力寻找到自己的另一半缔结百年之好，源于他理论与实践的完满结合！

2008年出版《西南政法学院七八级纪事》一书的作者舒扬，在校期间既是学生会干部，也是舞文弄墨的才俊人士，他在这本书中谦卑地说：“兄弟我没啥子本事，至今还腼腆得有点儿怕见人，尤其是怕见女的。”令许多男生感到百思不得其解的是，这么一个号称自己性格腼腆、惧怕见女生，又没有“真才实学”的兄弟，凭什么能把漂亮的“校花”李力追到手的？须知，李力不仅长相姣好，能歌善舞，而且还是两届全国人大代表，在一线城市担任要职的一位厅级女干部！

四班女生王丽在《男女有别》一文中感触深刻：人生的追求不外事业有成，婚姻美满。但男人可能更倾向于前者，女人则更醉心于后者。记得刚入学时，男女同学的比例是 8 比 1 略强些。女同学少，这使本来事业心就很重的男生，大多打消在校谈情说爱的念头，心中想着“书中自有颜如玉”而刻苦读书，反而成为发奋图强的一种动力，这更为日后的飞黄腾达奠定了基础。而女同学呢，尽管以“物以稀为贵”自傲，但有一个美满的感情归宿毕竟是一生中的大事。可能年长一些的女同学花费的心思要多一些，个别能力、才气俱佳的女生凭借资本雄厚，大可在情场上志得意满，凯旋而归……

我记得在校期间，虽然没有婚恋故事值得夸耀，但不知谁写的一首《大学生的爱情》诗作，颇能反映当年我对恋爱婚姻的追求和理想：

当爱情的波浪，第一次冲撞我的心房，我没有犹豫，没有彷徨，我给自己插上雏鹰的翅膀。在爱的天空里，小心翼翼地飞翱啊，飞翱……

每当东方的朝霞渐渐散去，布满雾霭的天空，渐渐明朗，校园里便撒满了瑰丽的阳光。我们并肩前进，共同歌唱。我们之间没有蜜语甜言、没有亲吻拥抱，过分的亲昵，乃是产生痛苦的温床。

我们需要的是，互促互进，互助互帮，因为情人的鼓励，最能催人向上。每当暮霭低垂，晚风夹带着阵阵幽香，陪伴我们在校园里，漫步、徜徉，聆听着我们倾诉美好的理想。

我们追求的不是金钱、地位；不是时髦、漂亮。散发着铜味的爱情，结果只会是凄怆。

我们寻求的是共同的理想、共同的愿望；我们寻求的是心灵的善良、品德的高尚，这样，我们才能扬帆于生活的海洋。

当爱情的波浪，第一次冲撞我的心房；我没有犹豫，没有彷徨，我给自己插上雏鹰的翅膀。在爱的天空里，自由地翱翔啊，翱翔！

CHAPTER 24 ≫

第二十四章
女生风采录

我对七八级女生的了解，应始于那个金秋十月前往西政报到的旅途上。

1978 年国庆节过后，我揣着西政录取通知书，怀着已经成为“准大学生”的喜悦心情，兴冲冲离开闽中大田家里，途经公路、铁路，几经辗转，终于在 10 月 5 日凌晨 4 点 37 分从江西鹰潭搭上 91 次上海至重庆的快速列车。也许是改革开放之初，人员流动量不大，当时列车上乘客不多，车厢显得十分宽松，我随即找个座位，将写有“西南政法学院”（录取通知书要求）字样的背包行李搁在头顶的行李架上，便悠闲地闭目养神。

突然，一位年轻女子的声音把我从对大学生活的美好遐想中拉到现实：“这是谁的东西？”只见一位眉清目秀、一袭白衣的姑娘走到我的跟前，用手势指着我头顶上贴有“西南政法学院”字样的行李问道。“我的，怎么啦？不能放吗？”我猜想她也许是列车上的列车员。“哈，我们是同一个学校的！”她的回答干脆利落，让我惊喜异常：“你也是考上西南政法学院的新生？我也是！”几句对话，一下子拉近了距离，生疏感荡然无存。

转眼间，这位伶牙利齿、杏眼桃腮的女同学拂袖而去，正当我若有所思时，只见不一会儿，她从别的车厢里先后带来了数位七八级同学，印象中有周强、吴晓华、孟勤国、傅鼎生等人。短短的接触交谈，方知这位女生是从安徽淮南矿务局考上的李卓玉，一群陌生同学无意中相见甚欢,使漫长旅途的寂寞荡然无存。91 次列车一路向西"咣当、咣当"行进,途经新余、宜春、株洲、贵阳、遵义、桐梓、凯里、綦江等地,七八级的同学陆续从各个站点上车、从各个车厢汇集而来,大家兴致勃勃,人数越聚越多,到达重庆终点站时,已有二三十人之多。只是让我感到失望的是,在这趟列车上,除了李卓玉外再没有见到第二位女生了。这段旅途上的故事,曾经在 2008 年《法律与生活》的一篇文章中披露,但是文中只点到周强等人而没有说到李卓玉同学"穿针引线"的作用,为此她至今还耿耿于怀。

上学不久,蓦然发现七八级女生不仅数量稀少,而且年龄大多偏大,原先曾想在大学校园里解决个人问题的前景看来十分渺茫。

大学期间,七八级数量稀少的女生,也是倍加受宠的女生。从入校之后的几件事情就可以凸显出来。

一则:一班有 36 个同学,分成 3 个小组,每个小组 12 人,全班女生只有四人,一、二组分别有 2 位女生,三组则是清一色的"和尚"。

2008 年 10 月 4 日,作者与王海萍同学的合影

班级组织集体活动,几位女生成了“抢手货”。1979 年元旦,学校决定以班组为单位举行会餐,班上老大哥邓文定让杜伯强去找同组的两位女生要饭票打饭。可是,出乎意料的是,两位女生竟然回答说饭票没了! 原来,没有分到女生的那个小组不知出于什么动机,竟然捷足先登,提前将班上四位女生每人一张的聚餐饭票要走了,那么这意味着其他两个本应有女生的小组在新年会餐期间将成为“和尚聚会”。也许是缺乏美女的聚餐势必索然无味。聚餐当晚,“月儿弯弯照九州,几家欢乐几家愁”,原先打扫得窗明几净、插满鲜花的两个男生宿舍,并没有迎来本组女生的到来,宿舍里各自坐着 10 个蔫不唧唧的大老爷们,面对着从食堂里打回来的美味佳肴,大家毫无食欲,默默无语,当听到从邻近男生宿舍传来银铃般的笑声时,大伙无不咬牙切齿,攥拳挥臂,不约而同地将手伸向了啤酒瓶子,“来,哥俩好啊……”愈益高涨的猜拳声声透着满腹郁闷,积聚着对不按“规矩出牌”的三组男生的“深仇怨恨”!

二则:七八级男男女女 400 多号人(不含侵占西政领地的四川外语学院的男女生们)全部挤在门窗破败的“东山大楼”内,除了白天到外面大棚上大课外,吃、喝、拉、撒、睡全在一个楼道里。当时七八级女生住在大楼西南边的一层,面对操场,没有窗帘、没有遮挡,而男生均在北面楼层,高高在上,稍有不自重的人,偷瞄几眼楼下女生宿舍,难免隐私难保。于是,女生不干了,数次向校方严正交涉,但均无结果。师资班沉稳的“老大姐”——胡泽君无奈地表示:“看就看啰,反正他们看得见,摸不着噻。”新任学生会秘书长的洪绍泉新官上任伊始,正需靠“三把火”打开工作局面,偶尔听说此事,大腿一拍:“交给我办了!”当即找到年级办李主任通报此事,李主任闻知事因后深表同情,并告之可考虑给女生装窗帘,既可防炎热的夕阳暴晒,又可保护女生“春色”不外泄,关键还可防个别不健康人员有非分之想。但是相关营房设施配备问题非年级办职权范围之内,须向校总务处如实报备落实。于是,洪秘书长又兴冲冲跑到总务处,手舞足蹈地向处长如此这般地又诉说一通女生装窗帘的必要性和重要意义，在场有位校领导颇为不解地问道："你这么激动干啥？女生宿舍装不装窗帘与你何干？"洪秘书长理直气壮地相告："我是七八级学生会的秘书长！"两天之后，洪绍泉惊喜地发现，女生宿舍靠近操场的一排窗户上全部装上洁白的纱窗网帘！

三则：西政七八级女生数量之少，成为七八级男生相当一段时间的调侃性话题。邻近的四川外语学院，女生数倍于男生，每天晨读时，绿树环抱的川外校园一侧美女如云，偶尔出现的几个男生，也会转眼即逝，湮没在一片红粉色之中。反观西政校园，"想象不出这样一大片的蓝绿色着装的汉子间点缀着几点粉红色的校园该是个什么景象？"有的女生坦言，开学不久首次开班务会进入男生宿舍后，发现一屋子尽是秃子，有的敞胸露怀，衣冠不整，有的面目生疏，近乎狰狞，真令人感到"惶恐不安"。作为各院校的普遍现象，七八级男生也有好对有限的女生资源品头论足的"嗜好"。有的嘟囔女生太少，而相貌与学识往往又成反比，能够考上重点大学的漂亮女生更少。不知什么原因，这些私下议论竟然传了出去，惊动了学院领导。院团委召集各班干部参加"紧急会议"，要求七八级男生各寝室进行"清理脏话污染"运动，再不得随便议论女生。这一禁令是否得到有效执行不得而知，但有的班级传达年级会议精神时，招致一些男生的强烈不满，有的同学说，本校女生不议论可以，川外女生不属于本校管辖范围之内，晚上过过嘴瘾总应该可以吧！

记得李卓玉不无得意地说："因为我是西政七八级女生，所以备受老师们的厚爱和呵护，得到男同学的谦逊和礼让；因为我是七八级女生，所以自我感觉良好，校园里昂首挺胸，豪情万丈，风摆杨柳，旁若无人。"

复旦大学教授刘希贵回忆说："那时候，我们三班 35 人只有 5 位女生，可谓狼多肉少。五朵金花中，吴芳龄、李卓玉年龄稍长，谈吐有致，落落大方。张晋红、赵丽娟、黄赤宇皆是未字之年，情窦未开，不解风情，终日默默，四年之中，少与人言，现如今却巾帼不让须眉，为官为学，业绩斐然，撑起半边天空。那时候的男生都假装正经，内心波澜滚滚，表面却不形于色，遇女同学对面走来擦肩而过，皆装不见，但余光涟涟，浮想联翩，夜不能寐……”

西政七八级女生金贵，在师弟师妹的心目中也有同感。北大法学院教授尹田是西政七九级一班的学生，在他的回忆文章中曾写道：“七八级的女生少，所以，不管是长得好看不好看的，个个都是昂首挺胸，十分神气。其中有点儿文体细胞的女生，更具有校园明星风采。记得有一位姓梁的女生，黑黑的眉毛，亮亮的眼睛，红扑扑的脸蛋，说得一口好听的普通话，每天都穿着笔挺的军装，听说是校宣传队的主角后，我们七九级的男生只能远远地行注目礼，断然没有人敢靠前套近乎，更不敢有任何非分之想。”

然而，正是这群七八级女生，她们人数虽少，但在学校的表现可圈可点。

西政七八级师资班的8位女生在校园门口的合影

1979 年春天，重庆市举办“三好生”大学生篮球赛，当时学院七八级的 400 多名学生中，女生只有 50 人，是否组队参加比赛，学校一度犯愁。但在女生们的强烈要求下，体育教研室只能在有限的女生资源中选拔队伍，最终 12 名女生光荣入选，她们是王昕、王海萍、胡泽君、程远、刘琳、李玫、陈新华、李春如、毕志英、谢艳等人，由体育教研室蒋淑筠老师担任教练。当时每天下午的练球时间是在第二节课后，西政没有场地训练，比赛只能拉到外校去练打。这些队员既要上课又要训练，十分辛苦劳累。当时学校学生的伙食相当不好，为了给她们补充营养，学校每天给女子篮球队员特别增加了半斤牛奶，这更激励大家努力训练认真比赛。而男运动队员则没有这种“特殊待遇”，每当同学们看到女篮队员能够在吃晚饭前后，拿着白瓷瓶装的奶瓶喜滋滋地在大家面前吸吮着，羡慕与嫉妒的心情油然而生，“牛奶队员”的称谓由此传开了。

由七八级女生组队的校女子篮球队首次出征虽然没有拿到名次，

1978 年 12 月，西政七八级女篮队员与教练和老师在东山人楼前合影

但得到了“精神文明队”的奖励。随着七九级、八〇级女生的加盟，校女篮队的实力得到明显加强，一年一步新跨越。第二年参加市里比赛，即拿到了亚军，时任副院长王嘉惠、宋子祥亲自在校大门外为女篮运动员们颁奖。第三年，校女篮队获重庆市女篮冠军。如今，你看在当年的照片中，10 个女篮队员笑意盈盈，其中七八级女生就有 6 位，即王海萍、刘琳、毕志英、李春茹等人，背后的记分牌上赫然写着 73 比 37 的比分，西政 73 分，西师为 37 分，手拿奖杯的正是七八级的王海萍，她一幅飒爽英姿、笑傲群雄的姿态，蓝色运动装胸前印的“政法”两字格外引人注目。第四年的 1982 年，有七八级女生参加的校女子篮球队获得四川省高校女篮亚军。女篮队员名声大噪。刘琳一首《题七八级女子篮球队》为其喝彩：“绿茵场上始英姿，未卸征衣又展枝。若问花间谁最美，同窗巾帼赛须眉。”

女生的表现岂止在球场上。当年女篮队员、现任四川省高院院长的王海萍给我们讲了一个“学了就用”的故事。大三的一个夏天深夜，酷热难当，东山大楼女生寝室的门窗大开，人人处在昏睡状态。迷迷糊糊之中，忽然听见一阵仓皇奔突的脚步声和抓小偷的惊叫声在寂静的走廊过道上响起，王海萍当即从床上一跃而下，奋勇冲出屋外。这时，只见一群穿着内衣、短裙的女生围在走道尽头二班和三班女生合住的那间寝室，兴奋而略带紧张地诉说着刚刚发生的惊恐一幕。原来是有人从窗户处翻入女生寝室，被发现后从走道上逃窜，现场留下清晰的脚印。顺着知情人指点的方向，女生们果然发现地板上有几处疑似人类活动留下的痕迹。这时一个尖细的女声喊道：“保护现场！”大家猛然想起不是刚刚学了刑事侦察学的课程嘛！于是有人蹲下，按照学到的勘验方法用粉笔精细地沿着痕迹周边划了一圈，以示重点勘验；有的同学拿来一个脸盆从人群头顶传入现场，将其准确地扣盖住圈画的痕迹，做进一步的现场保护。一步步镇定有序的现场勘查，让一些紧张的女生忍俊不禁，化解了慌乱的情绪。之后，王海萍走到水房门口，无意中似乎听到有窸窣声响，她凝神细辨了方位，站在台阶往窗外探望，以不戴眼镜的视力见到一个模糊的身影贴在墙壁上，她立马冲到走道上大呼："这里有人！"反身时，只见那个身影从楼梯处拐下，惊慌失措地消失在黑暗之中。王海萍顾不得危险，立马追赶。由于自己追得太快，直到快上到二楼时才见到拿着竹竿、扫帚等家什，颇有些浩荡之势结伙下来追贼的一群彪悍男生。闻声赶来的三班李卓玉快人快语："谁咋咋呼呼的，贼呢？你们男生怎么现在才来？"大家面面相觑，一阵咬牙切齿的痛骂声过后，各自回到自己的寝室。被女生们精心保护的犯罪现场，最终也没有见到一位刑侦老师的来临。

七八级女生虽然人数不多，但性格各异，思想活跃，敢爱敢恨，让男生刮目相看。有的女生一旦较真起来，其个性和胆子令人咋舌。六班的王莉刚入校时，便在班里墙报上发表了一篇抨击"文革"的文章，内容之深刻、观点之鲜明，班上男生无不大为震撼和吃惊。有的同学指着她的鼻子说："若不是十一届三中全会及时召开，想必你是

2008 年 10 月 4 日，回母校参加复招 30 年纪念活动的西政七八级部分女生

难逃一劫!”当听到有的男生说“女生的天职是养儿育女、相夫教子,女性敏感、冲动,天生脆弱,根本不适合从事法律职业”的奇谈怪论时,女生群起而攻之,用美国19世纪70年代加州第一位女律师福尔茨的话予以坚决回击:“正因为女生天生冲动、懦弱,才更需要法律知识的熏陶、培养,使其更为理性、坚强;学法律可以使女性成为更优秀的妻子、母亲,成为更好的法律人!”

1979年11月,学生会组织200多人讨论蒋爱珍为什么杀人一案时,平时看似少言寡语的温小莉在大庭广众面前,竟然发出最响亮的声音:“不是蒋爱珍应该对社会负责,而是社会应该对蒋爱珍负责!”这让入校门仅一年之多刚学了一点儿法的“皮毛”的同学们感到如雷贯耳,声震云天。正是这位看上去温文尔雅的温大姐不仅在学校收获了一份爱情,而且毕业之后在学术研究方面也硕果累累。记得2007年12月,七八级北京同学聚会的已经临近结束之际,她风尘仆仆地赶到会场,压抑不住内心的激动告诉我们,她历经多年,克服各种困难,在人大报考的博士论文答辩今天通过了!不少男生在为她举杯庆贺的同时,惊叹年龄早过半百的女教授能获得博士学位实属不易!

在舒扬《我们的1978——西南政法学院纪事》一书中,曾不惜笔墨对七八级女生进行大量描述,其中恃才自傲、温婉清高的温晓莉,书画琴棋才艺齐全的江南女陆绮,能歌善舞的李力和梁廷婷,珠圆玉润的二重唱歌手刘琳,还有棋逢对手的吉晋春和李兴淳……在他的笔下个个女生风采夺目,栩栩如生。

值得一说的是,七八级除了法律专业的42位女生外,师资班还有8位漂亮聪慧、多才多艺的女生,其中哲学班、共运史班各有4人,她们是胡泽君、李力、李春茹、屈学武、刘琳、祖玉琴、尹晓霞、胡如葵。由于师资班的序列单列,专业学习内容相对特定,加上川籍同学占绝大多数,法律专业的男生大多对她们敬而远之,不少人在校期间连搭讪对话的机会都没有。有的男生说,看到她们八位女生,一脸正色、正义凛然的面容在你眼前晃动，你会不由自主地联想起发生在东北乌斯浑河的“八女投江”那八位抗联女战士！当年任抗联第二路军总指挥，后来成了西南政法学院的首任院长的周保中，1938 年 10 月在获悉“八女投江”壮举后，悲愤不已，在自己的日记中写道：“乌斯浑河畔牡丹江岸，将来应有烈女标芳！”

2008 年 10 月，七八级同学回到母校参加复校 30 周年纪念活动。在联欢晚会上，梁廷婷和李力的双人印度舞《吉米》引人关注。她俩的轻盈舞姿和靓丽造型，不仅赢得七八级同学们的一阵喝彩，也让所有来宾为之震撼。当女主持人幽默的话语“在座的各位，谁能看出她俩已经年过三十的容颜和身姿吗？”更是让观众们捧腹不已。随后西政〇七级的两位小师妹的双人舞蹈《藤之蔓》，虽然具有扎实老道的舞蹈功底、专业水准的基础，但让七八级同学们愤愤不平：“我们女生的孩子都比小师妹们岁数大，这种母女辈的舞蹈 PK，我们还是赢家！”

时至今日，七八级女生已经走了两位。一位是九班的李晓路，四川省委党校、四川行政学院法学教研部副教授；另一位女生是十班的新疆考生、后调至武汉大学图书馆的刘涤副教授，两人均在 50 岁这个年龄段不幸辞世，让人扼腕叹息。

李晓路，四川广汉人，1975 年参加工作。大学毕业后，曾经留校民法教研室担任老师，1987 年调离母校后，仍然从事法学教育工作。在大学实习时，我和她一同分到江北区人民检察院渎职犯罪科实习。相互接触，使我对她的工作能力和业务素质有了较多了解。她为人正直，作风正派，是非分明，严于律己，谦虚谨慎，团结同志，乐于助人，待人热情。出事前不久，她陪同女儿林晓思来北京玉渊潭我家畅谈大学生活往事，情绪甚高，我们夫妻俩陪她母女俩一同在大院食堂吃饭，并专程登上了中央电视塔参观游玩。没有想到，时隔不久，竟然接到四川同学告诉其不幸去世的噩耗，更没有想到她是被入室抢劫的犯罪分子残忍杀害。

事后，经过了解才知道，李晓路任教期间，还兼职四川某律师事务所副主任律师工作。2005 年 5 月 18 日，原在律师事务所当勤杂工的许进彬(36 岁，四川泸县人)此前因表现不佳被律所辞退后，贫困潦倒，一无所有。这一天许来到李晓路的住处，想让她为其复职说话，李晓路婉言拒绝了许的无理要求，许为此滋生不满，遂产生抢劫钱财的念头。当他确定住处内只有李晓路一人后，转身过来就将李晓路的脖子掐住，强迫李交出钱财。李晓路与之展开搏斗，并大声斥责道："你再这样我就告你！"就在这时，门外传来了敲门声。许进彬赶紧用手将李晓路的嘴捂住，李晓路奋力反抗，将他的手咬伤。罪犯自恃力大，将李的头部撞向地板，将李残忍杀害，随后将李的遗体拖到浴室，伪造了现场。

许作案后逃离前，又搜走了李晓路装有钥匙的皮包、手机和数码相机等物。次日早晨，胆大妄为的许用李的钥匙打开了律师事务所主任办公室，盗走了笔记本电脑、香烟和茶叶等物。案件很快被当地公安机关侦破，罪犯最终依法受到了严惩。然而，年仅 50 岁的李晓路同学却永远离开了自己的亲人和同学。

2005 年 5 月 22 日上午，在成都琉璃场殡仪馆举行的李晓路遗体告别仪式上，挽联上写有"西南政法大学校友会"、"西南政法大学七八级及九班全体同学"字样的花圈格外引人注目。当我们看见李晓路同学遗体的面容上，还遗留着被罪犯伤害的血痕后，无不悲愤万分！

2014 年 3 月，我有幸跟随七八级十多位女生赴以色列、约旦两国浏览观光。第一次因私出国旅游，在异国他乡能够近距离地接触和观察如此众多的七八级女生，真是三生有幸！有的女生是大学毕业 30 多年后的初次相见，有的则是首次面对面的交谈。虽然只有短暂的十多天时间，但无论是在气氛凝重的耶路撒冷，还是在怪石嶙峋的佩特拉古城，无论是在碧波荡漾的加利利湖，还是在地势低洼的死海滩畔，总能从她们的笑声、舞姿、歌喉、言谈举止中，看到七八级女生身上既有热爱生活、热爱大自然的纯真秉性，也有雄厚的文化知识底蕴和待人接物的良好情操。记得离开以色列的那一天，一路随行我们的以色列导游安东尼亚用流利的中文对被女生们封为"团长"的我伸起了大拇指："你们大学的女同学真是个个才貌双全，让人敬佩！"

大学毕业时至今日，在西政七八级为数不多的女生群体中，不仅涌现出诸多大学教授、博导、研究员，而且还有国家级别的正部级、副部级干部，更有数量相当的法官、检察官和律师，在中共党代会和全国人大代表群体中，也有她们的一席之地。恕我直言，这在全国各高等院校中，可能都是比较少见的。

由于受"女子无才便是德"的中国传统观念影响，100 多年前诞生的高等教育体系曾长期将女性拒之门外。新中国成立之后，在毛泽东"妇女能顶半天边"的口号下，女大学生历来金贵。1957 年，全国普通高校的本专科学生中，女生约占学生总数的 23.2%，仅有 10 余万人；"文革"前的 1964 年女生比例有所提高，也只占 25.7%。1977 年恢

2014 年 3 月，西政七八级部分女生在约旦

复高考之初，女大学生的比重仅为四分之一左右。其中，1978 年女生约占 24.1%。此后，高校女生数量增长极快，越来越多的迹象表明，在许多高校"男多女少"的局面已经不复存在。

自进入 21 世纪以来，全国几百所法律院校（系）中再也不会出现当年考生男女生比例严重失衡——"阳盛阴衰"的现象了，取而代之的则是"阴盛阳衰"的事实。据了解，在某些法律院校里，女生的比例甚至高达 70% 以上。许多七八级男生在深感生不逢时的同时，不由感叹世道变化之快，当年西政七八级女生那种被男生众星捧月的历史场景，恐怕在今后的文科类高校中，再也难以复制和重现了。

西政七八级女生参加学校运动会的田径比赛

CHAPTER 25 ≫

第二十五章 校园文艺风

当年，西政七八级的校园文化生活受各种条件限制，虽说不上丰富多彩，但相对而言也不单调。学校除了定期在西山废旧的操场上播放影片外，跳交谊舞、举行合唱比赛、听流行音乐等，在国家振兴文艺的强劲春风吹拂下，也构成了当年一道道靓丽的艺苑风景线。

不少七八级同学回忆自己在学校的文化生活，印象最深、频率最高的是也许是组织看露天电影。每逢周末晚上电影开映之前，在东山大楼的过道上，总能听到团委黄廷孝老师那句川味浓厚的吆喝音："同学们，看电影喽！"于是，学生们吆五喝六地拎着凳子，从各自宿舍鱼贯而出，走下坡坎，来到西山的废旧操场上，享受难得的"文化大餐"。有经济实力的同学，还时常到校园邻近的重发厂、灯泡厂、沙坪坝区等地，花上几角钱观看新上映的中外影片，诸如《少林寺》《庐山恋》《流浪者》等。

中央电视台第一次举办春节晚会，确切说来是在七八级入校之后的第一个春节，即 1979 年 1 月 27 日的羊年春节。此时学校已经放假，学生多半因为各种原因没有回家，学校每两个班级配一台 18 寸黑白电视机，大家聚拢在东山大楼各层狭小的走廊过道，观看中央电视台的首次春晚。记忆中，这台晚会的导演是周总理的侄媳邓在军，印象最深的节目大概要数《祝酒歌》了。这首歌是由施光南作曲、韩伟作词、李光羲演唱的。当荧屏出现李光羲举起酒杯，向晚会现场嘉宾一一祝酒、引吭高歌时，我们假期留校的同学们无不心情激动，感慨万分！此时，距党的十一届三中全会召开过后仅30多天，正是从这一年开始，春晚与吃饺子、放鞭炮一起，成为全国人民家家户户欢度除夕的新习俗。让我们感到吃惊的是，在中央电视台春晚即将结束时，场上演员与在座的嘉宾都跳起青春圆舞曲，敢情在公开场合之下，从今以后的男女青年可以无所顾忌地搂搂抱抱"呼嚓嚓……"

上行下效。学校有组织的文艺活动首先始于组织大家跳青年圆舞曲。西政七八级的舞会，最早在东山大楼的操场上举行。那种舞会说不上优雅情趣，意在突破"禁区"，因为西政早期曾经明令"禁舞"，不少同学对此也心存疑虑，顾虑"资产阶级浪漫情调"迎风袭来。在那个年代，学跳舞不仅需要勇气，还需要校团委做艰苦细致的思想政治工作，以至于当年活动的积极组织者卜永秀老师曾经长吁短叹："真要让七八级同学上场跳舞，比要他命还难嚜！"

之所以难，是因为那时跳舞没有相对隐秘的场地，只能在东山大楼的操场上简单清理一下地面，将就在凹凸不平的土洼地上进行。当舞曲音乐响起时，在众目睽睽之下，与异性"勾肩搭背"岂不紧张万分？经校团委卜老师、黄廷孝老师等人的一再催促，在学生会个别干部的带动下，每周末晚上的东山舞场总算勉强开场，然而好不容易组织起来的一场舞会，只见三卡收录机反复转动播放着舒缓的舞曲，却没有引来应和者，组织者急眼了，生气地说，你们怎么还这么封建，交谊舞蹈很文明，有什么不敢跳？你们不是看到电视了吗，好多中央领导都在跳，跳跳交谊舞，总比在外面做一些坏事儿要强吧？

记得当时伴奏的有一首舞曲的歌词是："白鸽在天空中展翅飞翔，广阔的道路上尘土飞扬；穿森林过海洋来自各方，千万个青年人欢聚一堂。拉起手唱起歌跳起舞来，让我们唱一支友谊之歌……"尽管大操场上音乐声震天动地，但从千疮百孔的窗户里探出脑瓜瞅热闹的不少，操场上的舞者却寥寥无几。有时直到天黑下来，稀稀拉拉的舞步才开始摇动起来，灯光昏黄，只看见人们的模糊身段，性别都分辨不清。有的同学将舞曲的歌词别出心裁地哼成"乐曲在东山楼里飘飘荡荡，舞者在操场上躲躲闪闪……”

留在不少同学记忆之中的校园情感，或许是跳集体舞第一次拉异性之手脸红心跳的感觉。有的同学说：“我被人带着像推土机似的，只会前后，不会拐弯，手心全是汗，不禁想起解放前地下党员参加达官贵人举办的舞会，想起《英雄虎胆》的女土匪扮演者王晓棠跳的伦巴舞了。”当然，有的男生只敢在自己寝室里哼着曲围着桌椅练习跳舞。有的同学硬着头皮上场，刚碰到女同学的手，立马缩回来，大惊失色地嚷嚷：“哇！有电！一种触电的感觉哟！”一次舞会后，一位男生特别兴奋，回宿舍根本睡不着，他骄傲地告诉同寝室的其他男生，他一个晚上摸了十几位女生的手，还略带着夸张地用两手相互对搓着说：有个女生的手别提有多么嫩了，引得大家一阵起哄，罚他明天请客！四班女生陈新华回想起自己第一次与男生跳舞前，还羞涩地戴着洁白的手套，跳舞时面红耳赤不敢认人，跳舞过后一溜小跑进洗漱间，摘下手套连续洗了不知多少遍手，生怕带来什么“严重后果”。其实，当我们踏着欢快的舞曲，把手臂伸向对方时，我们已经告别了那个人性泯灭、人人自危的时代。

身为一班之长的龙宗智说，1979 年 2 月中越两国开战，南疆前线战火燃烧，硝烟弥漫，而校园里却是歌舞升平，学跳舞搞得热火朝天，身为军人极不适应这种“前线打仗、后方跳舞”的巨大心理反差，但作为地方高校的班长，又得按照学校要求带头组织大家学习跳舞，他率先垂范，尝试自己带头上场，但手脚总是放不开，不时将女生双脚踩得吱呀乱叫，于是自己忙不迭声地一阵道歉之后，赶紧见好就收，知趣下场，再也不敢去参加这类舞会了。

为迎接“五·四节”60 周年，首次由七八级全体同学参与的校园歌咏比赛于 1979 年春夏之交拉开了帷幕。

1979 年 5 月 3 日晚上，东山大楼前的操场上灯火通明，人声鼎沸。全校（仅有七八级）同学全部聚集于此，举行复校后的首届歌咏比赛大会。在会上，同学们除了演唱规定的歌曲外，还演唱了诸多中外歌曲。这是入校后各班首次亮相，因此，比赛的激烈程度不言而喻。其中四班演唱的《在太行山上》、八班演唱的《华沙革命歌》和师资班演唱的《新四军军歌》首首雄浑激昂，刚健有力，加上从入场到出场，各班动作整齐，歌声嘹亮，士气饱满，通过评比，最终四班、八班和师资班脱颖而出，分别获得这次比赛的第一、第二和第三名优异成绩。

在四班袁其国的笔下，他认为那次歌咏比赛的名次归属他们班当之无愧。校团委在新学期一开学就布置“五·四青年节”全校组织一次歌咏比赛，班上党支部、班委会和团支部“三套班子”认识高度一致，全力以赴争取拿个好名次，并确定由作为班上的团支部书记的他和江明光、陈泽宪主抓此事。三人反复合计，除了按规定一首《中国，中国，鲜红的太阳永不落》必唱外，决定把演唱难度较大的《太行山上》选定为班上的参赛歌曲。《太行山上》演唱分两个声部，全班同学音质参杂不齐，要想配合好并不容易，虽然练歌的教室经常变动，但

西政七八级四班同学参加歌咏比赛后的合影

全班同学集体荣誉感较强,表现最积极的当属为数极少的几位女生了,诸如温晓莉、陈新华、王丽等,每次练唱都十分卖劲儿,力争声音不被强于她们12倍的男声所湮没。歌咏比赛正式开始那天,全班36位同学穿着整齐统一的服装,迈着整齐的步伐走上舞台。闽剧团演员出身的陈泽宪文艺范十足指挥干净利落,江明光手风琴伴奏铿锵有力,同学们唱得声嘶力竭,整个东山大楼都为之颤动,歌声尚未结束,全场即爆发出雷鸣般的掌声。

八班谢庄在《难忘的歌声》一文中回忆说,1979年4月,学校要为当时唯一一届在校的七八级学生举行歌咏比赛,规定每个班唱两首歌,一首是规定歌曲《中国,中国,鲜红的太阳永不落》,另一首为自选歌曲。由于我进校后一直担任学校乐队队长兼首席小提琴,也算有点儿音乐专长,大家一致推举我担任八班的指挥。经过我与郭梦真、梁廷婷、孟勤国、张力等同学商议,我班选定的曲目是《华沙革命歌》。为使歌曲更富有感染力,我们几人决定对其进行艺术处理,设计了富有文采的朗诵和低沉哼吟的鼻音伴唱,首段在人声鼻音哼唱的衬托下,由字正腔圆的梁廷婷和郭梦真诗朗诵。那种演唱效果一定不差!于是,大家在宿舍里你一言我一语,很快就编出了颇为不错的朗诵词,记得结尾的几句是:“同学们,你们还记得吗?伟大的导师列宁生前十分喜爱这首歌曲,当阿芙乐尔号轰击冬宫的炮声开始震响的时候,列宁对身边的同志们说,让我们一起唱这首歌吧!”为丰富歌曲的层次,增强艺术效果,我还约请了素有“政法作曲家”美称的师资班黄平同学为这首歌曲在和声上作了一些加工处理,其中二声部副旋律是由黄平亲自帮助改写的。在准备阶段,除了我自己对两首歌曲的多个细节在处理上反复推敲外,肖平、夏蔚等同学还积极配合我加开“小灶”,演练各声间的穿插配合,全班同学也以饱满的热情与我一道投入到紧张的排练中。经过激烈角逐,八班以其演唱形式新颖,齐唱、轮唱、朗诵要素齐全而获得好名次。从此,《华沙革命歌》成为八班的保留节目,一直沿袭到与七九级八班、八零级八班对口班的迎新联欢晚会上。随后,这些班的师弟师妹也专门到我们班来学唱,使歌声连同“列宁同志也喜欢唱这首歌曲”的优良传统不断传承下去。

在这次歌咏比赛中,师资班也取得了不俗的名次。两个班近60人合唱的《新四军军歌》,声音宏亮,气壮山河人多气势的优势明显高于法律专业各班,加上指挥手黄平的手势给得准确、利落,当年许多同学还清晰地记得死劲盯着黄平指挥棒那种专注凝重的眼神。毕业时,有一位女生给黄平毕业题词的落款便是“时刻盯着你指挥棒的某女生!”

事后,八班的郭梦真说,我对1979年“五·四”歌咏比赛我班胜出颇感不安,内心承认师资班比我们班的名次好。黄平的指挥颇为专业,整体情绪调动上非常成功,人数优势和女生优势都是明摆的,加上排练刻苦,准备充分,现场效果非常好。但在最后得分上师资班比我们班少了30.2分。这是赛制决定的,而那个赛制是学校委托我和黄平制定的。我想黄平可能太自信,从而给了我们班机会。我提的三大原则他都接受,评委即时打分,最后公布结果,打分共10分,分成10小项,按标准增减分数。其实在团委高老师确定师资班最后出场后,评委按印象打分,师资班最容易后来居上获胜。他们人多势众,服装整齐、美女众多(相对法律专业各班三至五位女生而言),可加分的因素众多,虽然最终也增加了一些加分条件,但总体对师资班长处帮助不大。当然我有私心,原先对我班并不看好,看在谢庄、梁廷婷等人执意取胜的份上,某种程度上给黄平挖了坑。师资班选择《新四军军歌》作为自选参赛歌曲,本身是一个很正确的决定,客观公正地讲,他们的排练水平、临场发挥和黄平的指挥都是堪称一流的。

正是在这次歌咏比赛的基础上,学校组成了院学生会合唱团。随着七九级、八零级学生的入学,合唱团成员优胜劣汰,几经筛选,实力雄厚,人才倍增,多次代表学院参加重庆市大学生调演比赛,并获得斐然的成绩。其中,一直负责合唱队的乐曲创作和乐队指挥的黄平同学自创作品《前进吧!新时代的大学生》,由合唱团参加市大学生调演获得奖励和好评，并推选到四川省广播电台进行播放，扩大了当时西政的知名度，也给“稀烂”的校园提气不菲。

当年，心惊胆战地偷听邓丽君的“靡靡之音”，以及表达男女爱情的《梁祝》等音乐作品，也成了不少七八级同学津津乐道的趣闻。

曾几何时，提起台湾的邓丽君，让人联想起“国民党反动派”、“女特务”等负面词汇。那个年头不管邓小姐主观意愿如何，但在我们的心目中，她的歌曲确实在相当长的时间内充当了台湾的“心战”工具。入校之前，我参军入伍地处东南沿海前线，对退守台湾的原国民党山东籍军人的千金邓小姐的歌曲并不陌生。当时，海峡两岸喇叭经常比着嗓门儿打“宣传战”，每逢顺风涨潮时，夜半时分总能听见对岸娇滴滴的女播音员的声音断断续续随风飘来，内容大多是“反共抗暴”的煽风点火的“反动言论”。在播送文稿之间，夹杂着邓丽君小姐那甜滋滋、酥麻麻的歌声，特别是夜深人静的时候，她的《小城故事》《千言万语》《何日君再来》等旋律，在夜空下听起来就显得格外清晰了。

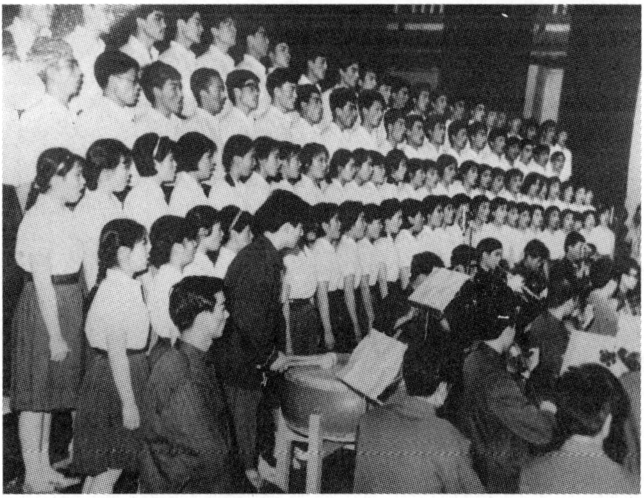

由西政七八级和七九级学生组成的校合唱团参加重庆市大学生调演比赛（敲鼓者为贺卫方）

在邓丽君走红的年代，祖国大陆还没有完全走向开放和改革，某些政治的因素，还在不时影响着音乐的领域。“在当年那样不太宽松的年代，邓丽君的歌声像春风徐徐吹来，它不仅来自台湾宝岛，同时也来自中华民族的声音，更是一个伟大民族已经觉醒的声音。”“邓丽君的歌声从远方归来，连同她的心脏同我们这个年代一起跳动。听邓小组的歌曲，能够平衡激素，调整情绪，产生按摩五脏六腑的奇效。”一些七八级男生如是说。

七八级上学之初，用苏州籍女生陆绮的话说，当年的中国，一度就是“两邓”的天下，即白天听邓小平讲话，晚上听邓丽君的歌曲，无形中“软化了我们的革命硬骨头，引发了我们的荷尔蒙狂泄。”她想起1979年同宿舍八班女军人梁廷婷的小砖头卡式机第一次传出邓丽君的歌声时，那个好听，那个惊慌，那个震撼，顿时觉得不得了了！她的歌声让我们告别了过去口号式、宣传式的战斗歌曲，走向柔性、软性和人性的音乐文化。她感叹真是一个时代过去了，另一个时代开始了！邓丽君的歌声甜美、婉约、温和，让我们反省是否需要找回我们民族生活中那些温柔淳厚的东西？是否需要找回心中遗落的那些优美的旋律？有的同学买来昂贵的三洋收录机，偷偷播放邓小姐的磁带，一个晚上接连不断地按倒退键，真正体会到什么才是“百听不厌”了。贺卫方自己坦言，听了邓小姐的“靡靡之音”后，负面情绪总会得到相当的抚慰，刺激胃口大开，总爱唱“不知道为了什么，我多吃了一个馍……”

在四班男生寝室里，每当夜深人静的时候，某个同学小心翼翼地打开收音机调到固定频道，顿时传来邓小姐歌唱前的开场白“大陆同胞们，共军弟兄们，现在我要为你歌唱一首《甜蜜蜜》……”邓丽君的歌声启迪了长期被革命歌曲洗脑的大陆青年，在我们的耳畔旁，不能都是听“革命无罪、造反有理”的豪壮歌曲，抒情的“小资”乐曲也非常优美，而且是人性之美！有的同学说，听邓小姐的歌声使我们倏然发现，原来“水深火热”的台湾宝岛还有另外一种生活场景，中国女人还能唱出这么美好的歌声？她滋润了我们干涸已久的心田，大大提高了我们的生活情趣，可谓“闻韶乐竟三月不知肉味”。那个年代，两岸关系处于敌对状态，台湾的电台还称“敌台”，当时学生宿舍敢听“敌台”，这对于绝密专业的学生来说，后果不堪设想。1979 年 1 月 1 日随着全国人大常委会发表“告台湾同胞书”后，两岸关系开始解冻，按照五班周圣言的话说，这之后听邓丽君的美妙歌声无需偷偷摸摸了，这无疑对我们的思想解放起了重要作用。

大学毕业后，一直坚守在北京沙滩北街中国社会科学院法学研究所从事编辑工作的张广兴，曾经写过一篇《梁祝》，文章语言生动风趣十足，颇能说明当时的“靡靡之音”对青年大学生而言，具有多大的影响力——

我曾经做过 X 光通体透视，说是没有发现任何音乐细胞。我总觉得奇怪，因为我在小学四年级就参加过班里的合唱。

“文革”期间，广播喇叭里播放的歌曲（好像只有国歌和《歌唱祖国》，从来不放乐曲）全都是能够让人挥拳振臂、气壮山河的。1978 年入校，20 来人分上下铺蜗居于东山大楼的大房间。一日晚归，睡友正在闲扯，忽闻一曲仙乐飘然而至。我不及洗耳，悄然恭听。忽而，那乐曲由弱而强，夺人心魄；忽而，又如泣如诉，催人泪下；再听下去豁然开朗，使我如处青山绿水之中。陶然之间，音乐却飘然远去。沉寂良久，有人求道：“老钱，再放一遍。”适闻巡夜老师在走道压低了声音唤着：“同学们，该睡觉啰！”只好作罢。

床边上有同学告我，此曲目名曰“梁山伯与祝英台”，简称“梁祝”，很著名的。我顿时有些脸红，幸好已经熄灯。“梁祝”传说知之已久，只是没有想到他（她）们俩竟然谱有如此美妙的乐曲传世。

此后，每天睡友们都早早撤离教室，回来听那每次都让人如痴如醉的“梁祝”，音量放得很小，我们只能窃听。因为它不属于“革命歌曲”，在“突出政治”、“绝密专业”的校园里，是绝不许公开“放任自流”的。那是上海知青钱永华从家里带来的电唱机和唱片播放的，在相当长的历史时期内，钱永华也因此成为我们同学簇拥和羡慕的对象。

不久，革命形势发生变化，黄庆华又不知从哪儿弄来了一个时髦的砖头录音机。于是，从咔咔作响的磁带里，我们又知道了邓丽君、刘文正等几个曾受压迫、受剥削的台湾人民的名字，还有她(他)们的《何日君再来》《小城故事》《甜蜜蜜》《外婆的澎湖湾》《又见炊烟升起》等“靡靡之音”。当然，从那百听不厌的磁带里，我还渐渐知道了“梁祝”的作曲，其实不是梁山泊和祝英台，而是陈刚与何占豪，而优美动听的小提琴演奏者名字是俞丽拿，竟然还是一个长相十分漂亮的上海姑娘。

大学毕业后，我又知道“梁祝”是一首小提琴协奏曲，分为四个乐章：草桥结拜、英台抗婚、楼台相会与化蝶。但没有想到的是此曲连日本的西崎崇子都会拉，而且拉得还像模像样，也经常在电视上看到盛中国拉“梁祝”，充满中国人的特有情感。但是由于他的长相与我心目中的梁山伯的模样相去甚远，总感觉他拉得并不如俞丽拿和西崎崇子好。其实，她们长得是否像祝英台已时光久远，实在是无法考证了。

再后来，有好事者把“梁祝”改成二胡协奏曲，更有无聊者把“梁祝”糟蹋成流行歌曲，由长得像猪八戒兄妹一般的男女在台子上故作扭捏地摇头晃脑地一通胡唱乱哼，每当看见此一场景，我就压抑不住内心的愤怒，真想立马举起眼前电视机砸到他们的猪头上去！

在我的心里，只有在东山大楼里听到的“梁祝”才是正宗的，就像在重庆街头吃到的重庆火锅才是正宗的一样……

2011年6月贺卫方发表在《南都周刊》的一篇《“60”后的红歌记忆》一文中写道，当年学校给我们宿舍楼每一层配备了一台黑白电视机。那时，许多“文革”期间遭禁的文艺作品正成批量地解禁。一天晚上，电视播放的是“文革”期间被宣布为“封、资、修大毒草”的小提琴协奏曲《梁祝》，由上海乐团演出，1959年首演时的小提琴手俞丽拿重新登台亮相。我永远不会忘记那天观看电视的情景：当音乐演绎到楼台相会哭灵时，在小提琴与大提琴之间缠绵倾诉和悲剧发生后凄婉痛楚的乐声中，俞丽拿的两行热泪竟然滚落在琴板上，我们20多个男生仿佛遭到电击，一片默然，相互间不敢看别人的眼睛……我们好像又重新活将过来了。

对于七八级学生而言，可以说，打小每个人都是听着《大海航行靠舵手》《文化大革命就是好》等歌曲长大的，一直对红歌怀有深深而复杂的情结。在不少人的嘴里，至今都会完整地哼唱《北京的金山上》《洪湖水浪打浪》《唱支山歌给党听》《我们是共产主义接班人》等熟悉的旋律，一字不差地背出那些伴随他们成长经历的歌词。能够透过听"靡靡之音"所折射出来的改革开放、思想解放、民主进步、文艺振兴等主题，则是七八级同学欣赏文艺作品的点睛之笔了。

上世纪80年代初期，七八级同学在学校里还听到王洁实、谢莉斯、成方圆等翻唱的《乡间小路》《踏浪》《橄榄树》《童年》等一批台湾校园歌曲后，感同身受，深为触动，这也成为七八级同学通过公开渠道接触流行音乐、了解台湾校园生活的开端。大家印象深刻的是师资班刘琳与十班黄松有的男女声二重唱，从电影《阿诗玛》插曲到台湾校园歌曲，曾被同学们冠以西政的"王结实、谢莉斯第二"，特别是黄松有的浓厚广东潮汕口音，唱起台湾校园歌曲，更别有一番韵味。在校期间，一曲《外婆的澎湖湾》使他俩成为公认的黄金搭档；一曲《马铃儿响来玉鸟儿唱》成为大学四年的保留曲目。特别是1982年毕业晚会上，两人身着少数民族服装，先后演唱了《踏浪》和新疆歌曲《婚礼之歌》，引起全场热烈掌声！

多年后再听到他俩二重唱，是在2005年12月北京七八级同学的一次聚会上，他俩唱的还是在学校常唱不衰的《外婆的澎湖湾》和《马铃儿响来玉鸟儿唱》等几首歌曲。令我们惊讶的是，不知是什么原因听起来他俩唱得比当年唱得更好，更令人心旷神怡。自从黄松有出事后，我想这也许是七八级同学所能够听到他们俩的"绝唱"了。

"文革"结束之后，当时文艺圈复苏的最早迹象，大多出现在电视、收音机里，从收音机里传出王佩元的《挖宝》、姜昆的《如此照相》和常贵田的《帽子工厂》后，同学们感到久违的那种直逼现实的反思与批判正逢其时，毕竟党和国家进入拨乱反正、正本清源的年代了。

那是充满青春和活力的年代，那是人们激情极容易点燃的时代。李谷一、邓丽君的一首歌，刘晓庆、山口百惠的一部电影，江嘉良、蔡振华和中国男女排的一场胜利，就能刺激大学校园里年轻人的神经，引起宿舍、校园的一番轰动和欢腾！

1980 年初春，著名歌唱家李谷一以一曲《妹妹找哥泪花流》风靡全国，她的歌曲行腔婉转、情感浓郁、清新动人。此后，她又演唱《乡恋》这首歌，但未曾想这首歌一问世，即遭到那些"文革"宠儿、极"左"的吹鼓手、愚昧的卫道士的大肆围剿，一时间潜流涌动，极尽诽谤之能事。什么"台湾有个邓丽君，大陆有个李丽君"，"灰暗颓废的歌曲"，"这种歌曲是夜总会歌曲，是与资本主义腐朽生活密切相联的"云云。更有甚者，李谷一《乡恋》中的气声唱法，竟被批成了"靡靡之音"、"亡国之音"，一度禁止在电台、电视台播放。

二班同一宿舍的王卫国、叶青、王莹文、胡登华等同学闻知此事义愤填膺，决意联名写信声援李谷一，捍卫文艺界的"百花齐放、推陈出新"。信发出大约一个月后，他们收到了来自北京的李谷一的亲笔复信（感谢信），全文如下：

王卫国、叶青、王莹文、张飞舟、吴跃章、李洪欣、殷爱荪、胡登华、佟小鄂九位同学：

3 月 5 日的来信收到了，谢谢你们为我花费时间来写这些信。你们对艺术上的热情鼓励、关心及帮助，我由衷的深表敬意和感谢。我的工作虽然取得一点成绩，与党多年的培养，与人民群众的支持爱护分不开的。今后，我只有更严格的要求自己，不断努力学习，不断探索创新。我愿用自己短暂的艺术青春，为党、为人民多做点工作，为我国民族声乐做点贡献。愿我们在各自的岗位上，为祖国的美好明天共同努力吧！

致同志的敬礼！

因忙得很,没有及时回复,请你们多多原谅!

中央乐团 李谷一

1981 年 4 月

音乐原本不是政治,但在那个年代,如果音乐演变成政治的外衣,成为表达政治主张的一种方式,人为地在严肃音乐与流行音乐之间分出是否"突出政治"判定标准,势必有悖民心。在当时敢于写信声援李谷一,说明同学们不仅关注《乡恋》的命运,也关心祖国文艺的振兴与繁荣的命运。当年李谷一这封回信不仅在二班,而且在西政校园里也引起不小的轰动,就此该九位男生所在的宿舍留下了"李谷二—李谷九"的趣谈。

岁月流逝,乡恋依旧。李谷一的这封来信,至今仍然由主笔者之一的叶青珍藏着,这是那个年代西政七八级学子敢为人先的真实见证。叶青告诉我说,拂去历史的尘埃,重温旧日笔迹,虽然寥寥数语,但时年 36 岁的湘南妹子李谷一心直口快、大胆泼辣的性情,生动地显现在字里行间。

2008 年 10 月 3 日晚 8 时许,晚风习习,月光如水。西南政法大学渝北校区笃行楼学术报告厅座无虚席、掌声热烈,整个会场汇成了一片欢乐的海洋。这里正在举行的是以"从 1978 走来"为主题的西南政法大学恢复招生 30 周年大型文艺晚会。在悠扬的音乐和动人的纪录片中,铿锵有力的诗歌朗诵《从 1978 走来》娓娓道来,引领台下 300 余名七八级校友穿越时光隧道,追忆当年,足以让人心潮澎湃、热泪盈眶。

让众多师弟师妹惊讶不已的是,即兴登台的七八级师兄师姐们为母校 30 周年的欢庆晚会献上的节目精彩不减,韵味犹存。当年与黄松有搭档的"校园女歌手"刘琳独唱一曲《我爱你中国》,龚毅演绎的李庆在校期间所作的诗作《清平乐 · 歌乐山晓》,中国政法大学校长助理王卫国用嘹亮的歌喉唱出《草原之夜》,梁廷婷和李力的双人舞蹈《吉米》……掀起了现场一波又一波的喝彩声!这群被称为"法学界神话”“西政七八级现象”的西政骄子们用自己的表演真活，着实让现场的师弟师妹们发出阵阵掌声：他们除了扎实的专业知识、高超的学术修养和影响力外，文化才艺也堪称一绝！

2010 年 9 月 19 日晚，又是一个秋高气爽、皓月当空的中秋节。在母校的田径场上，在一群身着军训迷彩服的新生中间，我们亲眼目睹了“西南政法大学 2010 年经典诵读晚会(庆祝西南政法大学 60 华诞晚会)”的精彩演出，晚会由中央电视台著名主持人撒贝宁主持。当师生们听他亲口说出：“我也是西政的校友，因为我的老师就是西政七八级毕业，让我们一起为母校燃烧年轻的激情吧！”顿时引爆了全场观众的热情！当晚，一个个家喻户晓的明星艺术家，一首首耳熟能详的歌曲，一个个精彩纷呈的节目，一簇簇璀璨夺目的烟火，将西政 60 岁生日庆典推上了一个新的高潮，我们身临其境，周身沸腾，眼望校园头上的夜空，繁星满天，北斗晶亮。

由西政七八级学生为主组成的乐队正在演奏《前进吧！新时代的大学生》

CHAPTER 26 ≫

第二十六章 我们的体育生活

入学之前，从学校印发的那份“欢迎信”中，我注意到“要努力锻炼身体”的要求，这使从小就喜欢体育锻炼的我好不兴奋和惬意。

1978 年 10 月，七八级同学入校之后，使沉寂许久的校园体育活动充满希望和生机。1979 年上半年，全校陆续开展了越野跑（男 3000 米、女 1500 米）、推铅球、拔河、穿梭接力赛跑等体育竞赛活动，同时，着手组建各类校运动队。学校力求通过这些竞赛活动，一方面增强学生的体质，另一方面选拔有体育特长的学生组成校各类运动队，参加市级比赛，提升西政人气。

当年西政的体育设施可谓惨不忍睹，与现在大学新校区的体育运动设施不可同日而语。首先，没有任何可供上课和锻炼的正经八百的体育场地，唯一不达标的田径场上，已湮没在东山大楼的山脚下，且方圆不足 200 平方米，场地杂草丛生，煤渣跑道坎坷不平，四周到处堆满了预制板、水泥墩子、沙子等建筑材料。学校要开运动会，只能借相邻 13 军部队的训练场举行。一年一度的长跑比赛，只能将就在校门口设置起点和终点，男生顺着歌乐山方向上坡绕过池塘，越过铁路，穿过化工厂，一路跑到渣滓洞折回，女生则跑到白公馆折回。

首次参加学校组织的长跑比赛，我获得长跑第三名（第一名、第二名分别是十班的侯国云和邓甲明），前三名都光荣入选校男子田径队，我主攻 3000 米、5000 米、10000 米中长跑项目。自称“老侯”的侯国云同学，河南镇平人，打小当过羊倌，吃过苦，后来又参军入伍，在连队当了5年神枪手，个头精瘦，跑起步来虽然两腿摇摇晃晃，但类似于藏羚羊疾步如飞，参加市级比赛均能获得较好成绩。邓甲明，山东黄县人，入学前是下乡知青，常年坚持锻炼，吃苦性强，体质也好，在七八级男生中，属于“飞毛腿”人物。每次参加比赛，尽管我竭尽全力，但总是落在老侯和小邓后头，排名“老三”，虽心有不甘，也无可奈何。

参加校田径队之初，学校没有场地，只能按教练要求，每天早上一个沙坪坝区来回跑。每周末下午训练时间均得到邻近的部队操场进行，条件极为艰苦，当年我们校田径队不仅没有良好的训练场地，也没有运动器械、服装和任何伙食营养补助，但大家都练得十分自觉而刻苦。印象中，女子田径队中还有胡泽君、王海萍等人。

1979年春季，我首次代表学校参加市大学生运动会，开始一路领先，后来落后，最终与名次无缘。此后，又一次与老侯一起参加重庆市首届万人环城跑，事先因准备工作不细，冲出起跑线不远，短裤绳

1978年12月，西政男子排球队的比赛英姿(跳起扣杀者为队长张建魁)

索突然断了，此时在弯弯曲曲的山城跑步，人生地不熟，无法再回到原点，只能咬牙捂着短裤坚持跑完全程，总算到了终点站——大田湾体育场。记得老侯取得进入百名之内的较好成绩，我名次已不重要。当带队老师上前询问我是否身体不适时，我无颜相告，只得点头称是。后来，由于七九级学生入校，竞争对手增多，我长跑的成绩自然大大退后，在一次校际比赛中退居到第六名，我知趣地见好就收，离开了田径队。

1978 年秋季重庆市举行高校排球赛，为了备战学校复办后的第一次市级体育比赛，体育教研室在仅有的七八级一届同学中摸底筛选，由于中学期间有一段打排球的基础，我有幸入选校男子排球队。最终包括我在内的 12 名同学，组成学校有史以来第一支男子排球队。当年的学校体育设施不是好不好的问题，而是根本没有新组建的。排球队只能在简单的东山大楼场地上开始备战训练，但从建队那一天起，我们得到了院领导和有关方面的关怀和支持，全体队员们的学习、训练和生活等方面都得到较好的安排。队员们也热爱这一集体，在平时训练中认真做到互教互学，比赛中更是场上场下一条心，充分表现出西南政法学院复办后的崭新面貌。

重庆市高等院校排球锦标比赛，从当年 12 月初开始，历时一个月，院男子排球队在八轮循环赛中，以六胜二负的成绩名列第二名。这是我院复办后第一个球类比赛取得的好成绩。其中队长张建魁的凶猛扣杀，侯建刚准确的线路传递，夏卫民扎实的二传基本功底，沈承祖强劲的拦网和气壮山河的助攻，让对手们不得不对这支来自歌乐山下的球队刮目相看。

男排球队每次出征比赛乘坐的是解放牌敞篷卡车，赛前的讨论战术，赛后载誉而归，队员们无不充满着团结奋斗的激情和喜悦。这个第二名成绩也是西政建校以来所取得的最好战绩，而冠军队是清一色体育专业生组成的院校，这一市级高校亚军的荣誉不仅使西政名气大振，使在校的师生们笑逐颜开，校领导更是喜出望外。比赛过后没两天，球队在体育教研室召开了小结会议，团委书记卜老师专程赶到西山办公楼祝贺，并在会后与全体队员合影留念。当时，大家簇拥在卜老师和体育教研室刘博森教授及其他教练老师的周围，由两位“有功之臣”——张建魁和夏卫民托举着镶嵌奖状的镜框，喜滋滋地留下了一张珍贵的黑白照片。更令大家感到兴奋的是，1979 年 1 月 12 日，院领导召开庆功会，专门给院男子排球队颁发了奖状和奖金，鼓励大家再接再厉，不断创造佳绩，为西政争光添彩！

事后，男排队长张建魁回忆说：刚组建的男排共 12 人，各有所长，短期集训即上阵参赛。在重庆市大专院校排球联赛中，征西农、战建工，迎西师，克重大，每一场比赛都惊心动魄、高潮迭起。特别是在与上届霸主重庆大学交锋时，院领导亲自率领百余学子（占七八级学生三分之一强）到场助阵呐喊，喝彩不断，使球队不负众望，完胜对手。能够在如此“稀烂”的条件下，在如此短暂的“磨合”时间里，取得如此不凡战绩，同学们无不扬眉吐气，院领导大喜过望，作出重大决定，给

1979 年 11 月，西政举行长跑女子组比赛的场面（左二为七八级女生王海萍）

予男排表彰奖励！

庆功会上，苏明德书记、胡光院长等院高层领导悉数到场，各部、委、办、年级负责人到会祝贺，七八级同学们纷纷到会场（第一教室）目睹颁奖仪式，男排队员们深深感受到胜利的喜悦，脸上无不洋溢着自豪的神情。会上，张建魁用那熟练的四川方言表态：成绩应当归于党的教育、院领导的重视、体育教练的辛劳、队员努力，此外还包括同学们的到场摇旗呐喊。他还谦虚地表示，成绩属于过去，男排要继续努力，刻苦训练，迎接下一年度联赛，再创辉煌！在热烈的掌声中，院方隆重宣布，经院党委研究决定，给予男排表彰奖励！除了奖状外，每名队员获得奖金10元、搪瓷杯子一个，并与院领导合影留念。会后，奖金迅速被队员们"消化"了，杯子也成为各人喝茶盛汤的器具。那一张受院领导接见之后，队员们在院外合照的黑白照片他一直保存至今，时时唤起那段难忘的活力四射的好时光。

事实表明，精神奖励和物质奖励并举的力量是无穷的。此后，在全市高校联赛中，西政男排一直保持在前三名的序列中，从来没有跌入第二梯队！

西政与川外在东山大楼除了"打架"之外，还打了一场男排友谊比赛，这场球也令七八级同学们亢奋不已，难以忘怀。据男排主力队员夏卫民回忆说，当时西政只有七八级一届同学，学生人数比对方少得多。球队也是仓促成立不久，远不如对方球队训练多日，球技娴熟，配合默契。基于两个学校当时那种仇视对立的状况，在东山大楼操场上举行这一场排球比赛，简直就是成了一场不见硝烟的政治竞赛，我们只能赢球不能输球，压力山大呀！比赛开始后，整个东山大楼每一个楼层、每一扇窗户都有人探出脑袋观看，每一个赢球都会招来地动山摇的欢呼声，每一个失利都会传来一片叹息声。那场球，我们的球队打得实在太好了，队员们大多超水平发挥，竟然3:0大胜对方，这个结局比赛前想都不敢想，当比赛结束的哨音刚响起，整个东山大楼响起了"西南政法万岁！"的欢呼声。这欢呼声令人激动、自豪、振奋，终身受用啊！回到宿舍，同学们的兴奋劲还没过去，他们热情地围住我们，兴奋地继续议论着这场惊心动魄的球赛，此时八班书记张志愿（张穹）也冲过来，大喊着我的名字："卫民，你们打得太好了，真他妈的扬眉吐气！"

张建魁追忆西政与川外那场男排之战，也有一番感慨。他说，当年西政七八级入校后，正值两校校方矛盾尖锐期间，西政急需一场战斗来确立"地主"的老大地位。校方、老师们对我们的忆苦思甜，同学们的鼓励呐喊，激起男排队员们的勇猛斗志，比赛前领导有令在先，只能赢不能输，尽管兵力不济，少训短练，但七八级场上场下同仇敌忾，产生了巨大的共振效应。我和老夏是正副队长，两人担任主攻，率队征战，一上球场便是饿虎下山，连呼带叫，把球技高超的"老外"——川外队员个个吓得不知所措，失误频频，发挥失常，最终的结果使东山大楼沸腾了！从此，东山大楼的西政人声音更加铿锵有力，歌声更加嘹亮！

1979 年 1 月，由西政七八级同学组成的男子排球队全体队员和老师

在校排球队里，跟张建魁、夏卫民这班正经八百出自半职业球员的老大哥相比，我感到确实技不如人，每逢上场，高度紧张，动作变形。作为助攻手，每回二传手将球传给我，接手后不是下网，就是出界，失误较多，引起同学一阵嘘声，几次上场尚未“大显身手”便被替换下来，当板凳队员的感觉并不好受。此时，正遇校组建男子羽毛球队，我恰好在七八级组织的选拔比赛中获得单打第一名（第二名为后来与我搭档双打的师资班李郁平同学），凭借球技和实力，顺利进入校羽毛球队。从此，在大学期间再也没有离开这一以李姓居多的英雄团队。

据羽毛球球队队员李庆回忆：大约是1979年底，校学生会军体部长王平给我一纸通知，内容为重庆市大专院校羽毛球团体锦标赛邀请函，他让我考虑是否组队参加。于是，一连两天早晚和课间休息时，我都在东山大楼的操场上四处转悠，依次发现并认识了李虹、张建田、李郁平等几位好手，于是组成了我为队长兼第二单打、七九级刑侦李虹为第一单打，七八级九班张建田和师资班李郁平为双打的球队。由于体育教研室无人懂羽毛球，临时派出曾获得全国自行车比赛冠军的蒋淑筠老师担任教练，学校给我们发了几块普通的木制球拍，组队一周之后即去参加比赛。原本不知深浅，大家完全是抱着“友谊第一”的目的去参赛的，没有料到首次出征，竟然连闯数关，得了冠军，而且是西政建校之后在重庆市级比赛首次获得的第一个群体性冠军，我们欣喜若狂，学校喜出望外，开始重视羽毛球队建设，球衣长短配齐，球拍木制换成铝合金，训练用球由塑料质地改为正宗羽毛，每周消耗几十筒球也不再计较了。同时，给每人每日3角钱的伙食补贴，让队员们训练动力更足。最终，我们打造了一支优秀的羽毛球队。在校期间，由于有了学校的大力支持，这支球队拿了三届高校冠军和一届市运会冠军，真正是打遍重庆无敌手，乃至于学校团委专门召开表彰大会，张建田上台代表发言，甚至有一段时间学校还公开提出“全国学女排，西政学男羽”的口号！

作为亲历者，对首次获得西政历史上第一次市级球类冠军，我在日记中有详尽的记载：

1979 年 11 月 24 日，这是一个普通的日子。在我校首次参加的重庆市大学生羽毛球比赛中，由李庆、李郁平、李虹和我组成的羽毛球队便以五战皆胜的战绩进入了前四名的单循环赛，最后与实力雄厚的重庆大学队进行冠亚军决赛。在我队李虹单打首盘取得胜利的情况下，我和师资班的李郁平配对双打，第一局以 7∶13 落后，我们没有气馁，相互鼓励，奋起直追，以 18∶15 扳回。此后又乘胜前进，一鼓作气地以 15∶9 拿下第二局，为我校赢得决定性的胜利。这是我校建校以来在市级球类比赛中所取得的重大突破！当时我们都激动不已，在教练蒋淑筠教师的带领下，我们球队一行立马驱车赶到市中心解放碑的一家酒楼畅怀庆贺！学校还专门于 1979 年 12 月 2 日晚在二教室召开了隆重的庆功大会，我穿上同学们专门为我借来并擦得锃亮的皮鞋，潇洒地代表羽毛球队上台发言。会上胡光院长给我们每人发放 30 元奖金和奖品，校团委还专门举行了文艺演出，会后大家还跳起了欢快的友谊舞。

为了宣扬校体育比赛成就，我还以“一兵”为笔名，在 1979 年 12 月的校刊第 299 期上发表了《校运动队召开庆功联欢晚会》一文，文中写道：

今年以来，我校篮球、排球、足球、羽毛球、田径等代表队在市大专院校的比赛中，分别取得了较好的战果。其中男子羽毛球队获得团体赛第一名，男排获得第二名、男足获得第三名。为了表彰优胜、交流经验，促进我校体育运动水平的进一步提高，学生会军体部于 12 月 2 日晚在二教室召开热烈的庆功联欢晚会。胡光同志和团委、各年级代表以及体育教研室的老师们都参加晚会，表示祝贺。

会场上张灯结彩，摆在讲台上的奖旗、奖品给联欢晚会增添了喜悦的气氛。在晚会上，羽毛球队代表张建田、女篮队代表刘琳分别发了言。他们代表各队运动员表示，要戒骄戒躁，继续努力，刻苦训练，珍惜荣誉，不断提高球艺，争取在明年的比赛中获得更好成绩。体育教研室主任刘博森也到场祝贺，他要求各运动队学习男排、男子羽毛球队艰苦奋斗、团结一致、勤学苦练的好作风和胜不骄、败不馁的精神。他说，虽然我校训练场地有限、条件较差，但是只要有一股革命干劲，充分发挥老师和同学们的主观能动性，就一定能够克服一切困难，取得好成绩。

接着，由院领导胡光同志向获奖的各运动队颁发奖品和奖金。在一阵阵的掌声中，各运动队队员和应邀参加的校宣传队表演了小合唱、独唱、舞蹈、小提琴独奏等多个文艺节目，整个会场掌声阵阵，充分体现了各运动队和老师同学们的崭新风貌。最后，在悠扬、悦耳的音乐声中，大家跳起了欢快的友谊舞。

在大学四年时间里，我每天都能享受三角钱的球队伙食补贴待遇，这让不少同学眼红嘴馋。当然，我们也没有让母校失望。1981 年

1979 年 11 月，西政历史上第一次组建的男子羽毛球队，获得重庆市大专院校羽毛球“三好杯”团体赛冠军（前排左起李郁平、蒋淑筠教练、李维成教练、李虹；后排左起李庆、张建田、丁昭）

12 月 5 日,在与重庆大学的羽毛球决赛中,我们男双意外败给对方,失去了蝉联冠军的希望。回校路上,我们心情异常沉重。但赛后蒋老师要求我们不要气馁,校领导也给予了热情鼓励。知耻而后勇。毕业前夕,我们校羽毛球队再次出征,于 1982 年 5 月 15 日至 17 日在市羽毛球邀请赛上,经过顽强的拼搏,力战群雄,再次将冠军收回囊中,为即将告别的母校留下了最后的荣誉!

时至今日,我一直为自己在大学期间能够为母校体育事业立下汗马功劳而自豪,通过艰苦磨砺的训练和丰富多彩的比赛,不仅增强了体质,丰富了大学生活,而且给我的课余时间也增添了无穷的乐趣。

七八级同学们对举世瞩目的体育竞技场上那些闪光的日子永远不会淡忘。

1981 年 3 月 21 日晚上,中国男排在先输两局的情况下,奋起直追,以 3 : 2 战胜韩国队(当时称南朝鲜队),夺得本届亚洲冠军,并取得参加世界杯排球赛的资格。观看之后,我在当晚的日记本里,记下

当年校男子羽毛球队在简陋的场地训练比赛的场景(左起李郁平、张建田)

了这一难忘的时刻:“比赛开始两局,中国队连连失利,同学们围着宿舍过道上的黑白电视机紧张得透不过气来,有人甚至悲观地感叹中国队准没戏了。然而,从第三局起,形势急转直下,中国队遥遥领先,于是,中国队每赢得一球,大家便欢呼一阵,不少拳头在电视前挥舞着。有的同学竟然背过身去,走进屋里,不忍目睹这揪心的场面……中国队赢了! 七八级、七九级男生居住的两栋学生楼顿时沸腾起来,人们的兴奋达到了最高点,同学们呼喊口号,击打桌子,欢呼雀跃,群情振奋,一股民族自豪感从心中溢出,不少同学竟然组队到沙坪坝游行,一路上反复唱的歌曲就是《团结就是力量》《国际歌》《歌唱祖国》等……”

上世纪80年代初,体育场上有一群女孩引发了举国上下的关注,激发起大学生“振兴中华”的爱国热忱,她们是一个特殊的群体,有着一个响亮的名字,那就是中国女排!

1981年11月15日中午,七八级的同学们与其他年级一样,以紧张而激动的心情观看中国女排与美国女排的比赛,比赛场上跌宕起

1981年12月,西政邀请国家女排队员朱玲来校访问座谈后与部分老师和男排队员合影

伏，悬念迭生，惊心动魄，中国女排奋勇拼搏、敢打敢拼，以 3∶2 战胜美国队，历时两个半小时，真叫人士气大振！更令人高兴的是，第二天的中午，我们在新落成的学生宿舍楼走廊过道上，通过黑白电视机和宋世雄那高亢激昂的解说，见证了中国女排以 3∶2 的比分战胜“东方魔女”日本队，从而以 7 战全胜的成绩首次夺得世界杯比赛冠军！这是中国大球第一次在世界上夺取的冠军！同学们兴奋异常，纷纷从宿舍里拿出瓷碗、脸盆等物狂敲，欢呼雀跃，奔走相告，彻夜难眠，有人将热水瓶抛向楼下，有的同学将课堂笔记焚烧狂欢！七九级、八零级的同学还列队走出校门，行进到沙坪坝街道游行庆祝。我也怀着激动的心情写了文章投给校刊，表达了同学们学女排的决心。

在那个刚刚经历过“文革”动乱，百废待兴的年代，女排的顽强拼搏精神，以及她们用汗水甚至是血水开创的史无前例的“五连冠”，不仅成为中国体育的一面旗帜，更成为整个民族锐意进取、昂首前进的精神动力，同时也让在校的大学生们发自心底地喊出“团结拼搏”、“振兴中华”的口号！这群女孩的名字至今我们都难以忘记：郎平、孙晋芳、曹慧英、周晓兰、梁艳、陈招娣、郑美珠……事后，学校团委专门邀请国家女排队员朱玲到学校给我们作了女排精神事迹报告，并与校男排部分队员举行了座谈会，会后在东山大楼留下了珍贵的合影。

我从军队退休受聘于中国政法大学后，有幸参加了 2014 年 12 月 8 日在北京举行的首都法学教授羽毛球邀请比赛，并获得年龄组男子单打亚军。在竞技现场——中国人民大学世纪馆二层羽毛球馆里，我看到平时那些正襟危坐的法学教授们穿着各式运动服装，挥汗如雨地舞动手中的球拍，平时不苟言笑的知名教授聚精会神地击打着飞来飞去的羽毛球，有人还不时吼上几句，这不由想起当年自己在西政校园内外的体育比赛和锻炼往事。特别是见到当年球技尚属一般的西政七九级九班的清华大学张卫平教授，虽年逾 60 仍健步如飞，长拉短吊，水平非同小可，不能不产生几分敬意！在比赛间隙，他告诉我说，毕业后他对打球产生了浓厚兴趣，为此耽误一些业余时间是很有必要的，不仅这是一个锻炼和交流的机会，而且体育与法律的精神也是相通的。如奥运会的一个基本原则就是鼓励业余运动员参与,业余就体现着民主的精神。国际奥运会的运作,需要一套规则,需要强调公平、公正,强调一种正气,严格按照既定的规则作游戏。法治其实也是一样要按规则做事。他在球场边上感叹地说,如果我们的法治建设都能像参加奥运会一样,严格遵守规则,不在体育上玩猫腻,吃禁药,违者必究,那么法治的精神就能得以真正体现,所从事的立法、司法和学术研究与交流等工作,就能够得到人们和社会的认可。

大学毕业后,我数次回到母校老校区时,总会到当年我们球队曾经作为训练场地的临时工棚、食堂等地点去走一走、看一看。1998 年 10 月回母校参加复办 20 周年纪念活动期间,我们 1979 年夺冠的原班人马,还抽空跟校羽毛球队在露天球场上进行了一场友谊赛,尽管年岁增长,围观师生众多,我们还是取得了 3∶2 的成绩。如今,看到昔日的训练和比赛场地大多已经不见踪影,但曾经洒下辛勤汗水的地方总是让人铭记在心,永世难忘。想一想当年我们就是在那样简陋得不

在歌乐山下参加校羽毛球队的经历和岁月让人难以忘却

能再简陋的训练场地上，拿着木质球拍夺得市际球类比赛冠军，一种自豪感油然而生。为母校争光的一群羽毛球队友们，经过多年的风风雨雨，各自的命运相差甚远，有的成为省级高院的领导干部，有的成了知名的教授和律师，还有的因职务犯罪在牢狱里度过，不禁让人生出“人生难料、时光无情”的感叹。

现如今，西政母校办学规模和校区扩大数十多倍，体育特长生可通过自主招生破格优先录取，学校的体育运动设备设施早已“鸟枪换大炮”了，大型多功能的现代体育馆、田径场地矗立在校园中间，十分气派而壮观。多年来，西政参与各类体育比赛佳绩瞩目，捷报频传，尤其是校男排在重庆市高校大学生排球比赛中，竟不可思议地取得31连冠的骄人成绩，真令人振奋和羡慕。虽然当年七八级的体育生活已经成为遥远的记忆，但那毕竟是真实而让人倍感自豪的一段历史，西政的体育发展史上应当有它的一席之地！

当年由西政七八级、七九级女生组成的校女子篮球队战绩辉煌

CHAPTER 27 ≫

第二十七章 军旅情缘

近些年来，住处西南一隅的西南政法大学，曾被诸多媒体誉为中国法学界的“黄埔军校”。1924 年 1 月孙中山创办的陆军军官学校（简称黄埔军校），在中国近代史上，以其培养无数立下赫赫战功的学员而享负盛名，拿西政与之相比是否恰当姑且不论，但对于西政的历史和七八级而言，其“准军校”的色彩和元素则是十分鲜明而突出的。

首先，西政创校的历史渊源与军人治校密切相关。从入校起，在

1950 年 9 月，西南人民革命大学校长刘伯承在审阅教材

七八级同学的印象中，西南政法学院始建年份是 1953 年，学校也以此举行过一系列纪念活动，如 2003 年 9 月，以七八级学子为主体，由西政北京校友联谊会与法律出版社联合推出 50 部《西南政法学院学子学术文库》，并在人民大会堂隆重召开出版发行座谈会，以资纪念母校 50 周年华诞。后来，不知从何时起，母校的创建日期往前大踏步地“增寿长岁”了 3 年，改为 1950 年。转眼之间，添年加寿，在感叹出生年月朝令夕改并非儿戏的同时，只能笃信母校寿辰的更改是经历过严肃而认真的考证了。

西南政法大学的前身——是 1950 年初成立的西南人民革命大学，校址在重庆化龙桥。1950 年初，为满足新中国成立后西南地区培养各类干部的需要，中共中央西南局和西南军政委员会决定，创办西南人民革命大学，由西南军政委员会刘伯承主席兼任校长。1952 年，在全国院系调整的背景下，在西南人民革命大学政法系基础上，学校先后接收当时的重庆大学法学院、四川大学政法学院、重庆财经学院

1953 年，原东北抗日联军第二路军总指挥周保中出任西南政法学院首任院长

法律系、云南大学法律系、贵州大学法律系等法律院校系的学生、师资和图书资料。1953 年，组建西南政法学院，原东北抗日联军第二路军总指挥周保中出任首任院长。1954 年学院从嘉陵江畔的化龙桥迁至歌乐山下烈士墓新校址，并将每年的 9 月 20 日确定为母校校庆日。从以上重新更正的学校简历中可以看出，西政建校时间无论是原先的 1953 年还是现在的 1950 年，无论是首任校长刘伯承还是首任院长周保中院长皆是闻名中外的军队名将担任，由功勋卓著的将帅掌管的学校，不是军校又是什么？

其次，西政当年的军校特征神形兼备。且不说上世纪 50 年代的较久远事情了，作为“黄埔一期”的七八级同学自拿到大学录取通知书的那一天时起，招生简章和欢迎信中的军事元素就令大家恍惚产生一种考进军校的感觉。诸如“半军事化管理”、“绝密专业”、“战斗在政法第一线”、“烈士墓旁”等醒目字眼，瞬间绷紧许多七八级热血青年的大脑神经。入校后，大家几乎清一色地身着绿军装，挎上的军用书包，每天周围穿梭不断的类似于 T54 坦克隆隆行进的推土机、不绝于耳的开山炸炮声，加上与学校相邻的部队军号声定时频频传来，校园又若隐若现地藏匿在歌乐山下的绿树青山中，完全构成一道与军营无异的独特风景。曾几何时，当年途经此地的不少游客见到进进出出校门的，都是面容严肃、不苟言笑、身强体壮、身着绿色军装、带着五湖四海口音的年轻小伙子，便疑似以为来到“军事禁区”。若没看到“西南政法学院”那块招牌，多半会认为这就是戒备森严、纪律严明的军营，而不是书声琅琅、管理宽松的地方高校校园。

再次，西政七八级中具有军旅背景的学生比例畸高。当年恢复高考后，受当时招生政策的影响，七七级、七八级、七九级当过兵的或者将现役军人招录进地方高校的人数不少。而在西政七八级同学中，这一比例之高让人咋舌，竟然占据七分之一！据不完全统计，在 423 名学生中，含退伍、现役军人在内，共有 60 余人属于“军转人员进学院”的情况。屈指数来，如一班的邓文定、戴进虎、李庆、温建鸣、白新潮；二班的王昕、王卫国、张智辉、邓文定、吴南伟、居建平、李可人、胡旭曦、鲁嵩岳、宋丹；三班的张旭、闫欣、蒋庆、韩福民、郝珠江、张辉、陈大益、刘会生；四班的陈新华、刘亚平、罗承智、江明光、梁森宏、张智辉；五班的徐育康、王平、谢岩军；六班的张广兴、毕志强；七班范忠、高在敏、刘继臣；八班的夏卫民、梁廷婷、赵国成、吴令起；九班的张建田、王凡、权东升、何建国、万涛、杨忠民；十班的侯国云、龙宗智、张波、邓标伦、杨宜生、王小江、龙宗智、成光海；师资班的谢良敏、唐忠民、刘德兴等。其中 14 位现役军人分别来自各军兵种、各大军区的陆、海、空部队，既有军队干部，也有入伍不到一年的新兵。在退伍军人当中，既有东南炮兵部队的炊事班长、中原野战大军的作训参谋，也有西北大漠承担装备保障的地勤兵，还有在舰艇服役巡视南海的水兵。当兵早的可以追溯到上世纪 60 年代中期，当兵晚的也到了 70 年代初中期，他(她)们退伍或退役自然在 1978 年之前，否则在部队要想考进地方高校受各类政策限制将十分渺茫。五班的王平 1971 年当兵，曾经在空军 32 师 95 团机务大队服役，负责维修歼 6 飞机，1974 年作为代理机械师在福建漳州机场维护飞机，在台湾海峡西侧保障东海舰队南下参加西沙之战作过贡献，1976 年光荣复员回家。九班万涛在空军航空兵 23 师临潼场站通讯营负责微波通信，负责保障轰 5 飞机，1978 年转业后，方有机会圆了大学梦。

每逢“八一”建军节，七八级同学微信群里异常热闹，具有军旅生涯的同学们纷纷亮出自己当年的军旅戎装照，使一些当年过民兵、预备役的同学，参加边疆生产建设兵团的“准军人”们也都不甘示弱，强烈要求认可他们也有军人的资历。二班李洪欣 1971 年穿上新兵服，偏遇林彪出事了，一声令下，停止招兵，军装穿上又脱下，心情郁闷地回了家。更有不少人虽然本人没有当过兵，但标榜自己出身军人家庭，或者配偶一方为军人，或者从小在部队大院长大，如此云云。这样估算下来，七八级里服过役的兵哥兵弟兵姐兵妹，连同参加“准军事化部队”的人头骤然上升至百人之上,占整个年级人数的四分之一强。如果再加上亲朋好友有军人家庭背景的,称七八级为“半个军团”,一点儿也不夸张。诸如王丽出生于西北大漠军营,王黎是来自新疆的部队子弟,李玫、朱晓武等人,上至父母下到兄弟,除去本人外全是军人,更巧合的是,一次聚会期间有几位同学妻子相互间一打听,竟然出生在同一所驻军医院!

恢复高考之后,其他各高等院校录取的七七、七八、七九级的学生中,也不乏现役和退役军人。在我国著名法学家群体中,朱苏力、李林、姜明安、杨立新、莫于川、蔡定剑等人,均是军队退伍兵,只不过确实没有一所高校能够同时容纳西政七八级这么多的“老兵油子”。难怪川外人见了西政七八级的人,总惊呼:“大兵来了!”

有人说,贺卫方进入大众视野,缘于 1998 年在《南方周末》上发表的《复转军人进法院》。其实,对复转军人格外关注的贺卫方的家庭,也具有军人背景。在他珍藏的老物件中,有一白色瓷刷牙杯用了 30 多年,其中杯上的“赠给最可爱的人”、“中国人民赴朝慰问团”的红字至今依然醒目,这是贺卫方的父亲珍藏的传家宝。贺父 1947 年加入中国人民解放军,不仅参加过解放战争,还参加过抗美援朝,后在“文革”期间被迫害致死。

复转军人进学院后,不仅给校园管理和组织纪律建设带来正能量,而且给学生日常学习和生活也带来一缕缕军旅新风。

开学不久,七八级除了师资班单独上课外,法律专业 360 多名同学被分为两个大班,分别在一教室和二教室上课。按规定要求大家首先要在统一的口令声中全体起立,以示对授课老师的尊重。口令由各班班长按周轮流值班下达。

三班的张旭还清楚地记得,开学后第一学期第三周的星期一上午上第一节课时,当上课的老师步入课堂走上讲台那一刻,他作为甲大班本周的值班长,下意识地按照部队的要求和习惯,以极其洪亮的嗓音,斩钉截铁地发出了“起立”的口令。此声一出,全大班五个班级近二百人瞬间全部站起，课堂鸦雀无声，然后一阵哗然，一片哄笑，大伙不约而同地将惊诧的目光投向声音发出的地方。张旭一时茫然，竟然不知所措，不知发生了什么重大失误，片刻之后才恍然大悟。原来同学们的笑声，源于他那习以为常的军人般的铿锵口令声，把教堂当战场了。

张旭祖籍河北昌黎，1949 年出生于江西南昌，幼时随在军医大学当教授的父亲迁居四川重庆，1968 年 18 岁的他参军入伍，从士兵、排长一直干到陆军 54 军 162 师作战参谋。自打那次喊上课口令之后，每到值日周他都有些忐忑不安，尽可能语调平和发出“起立”口令。也许是多年军旅生活的缘故，他言谈举止和生活习惯至今依旧军人本色不变。“尽管从当初离开军队转入法学院校学习直到现在近 40 年了，但军队锻造的一些东西仍然在影响着我。”如今，退休后的张旭仍有一群肝胆相照的战友，只要有时间，仍然会准时收看央视“军事频道”，并津津乐道参与对国际战争局势问题的分析判断。

2006 年 3 月，赴西沙参加《武器装备质量管理条例（草案）》立法调研活动的西政七八级同学（左起作者、宋丹、张穹、林菊生）

入校的第一个春节过后不久,西南边陲的南疆对越自卫还击作战炮声隆隆,中越之间长达 10 年的边境战争就此拉开帷幕。当时曾有传闻说入校的复转和现役军人可能要被召回原部队参战,有些同学跃跃欲试,有些同学不以为然。一班的现役军人李庆言称,如果不来西政上学,在云南大理 13 军当兵的他将作为 100 迫击炮第一炮手奔赴西线战场。当有的同学催促复转和现役军人赶紧放弃学业,离校赴部队参战时,有人显得有点儿为难:“我们还是要听祖国的召唤!”

一些同学十分关注南疆的战事,对曾经“山连山,水连水,朋友加兄弟”的“白眼狼”的所作所为,产生极大的愤怒和困惑。战后学校专门请来与学校一墙之隔的参战部队战斗英雄作报告,当听说我边防部队缴获的各类战利品几乎全是中国制造或中国生产时,大家愤愤不平,当得知越军吃的米、面甚至都比我军吃得好,又是中国产的时,同学们的心理更加纠结了,纷纷质问为何要养“白眼狼”?怎样不再养“白眼狼”?记得师资班侯建刚有一首诗作,颇能反映当时一部分同学内心复杂的感受:“中国当够了冤大头,要炮给炮,要枪给枪,粮食、饼干、罐头堆积如山,而那时的中国多少冤魂饿毙郊乡……”

在七八级同学中,除了为数不少的退伍复员军人外,以现役军人身份入校的学生格外引人注目,他们在校期间可以军装便装混穿、领取工资津贴,政治地位高尚,颇让同学钦羡。这一特殊群体——14 名现役军人,分别来自 11 个省份 13 个不同建制的部队序列,陆军、海军、空军、二炮、国防科工委和基建工程兵、铁道兵等军兵种均有,其中两名干部和 12 名战士(含一女兵),他们是:一班的李庆(李尚公)、温建鸣,二班的宋丹、李可人、鲁嵩岳、胡登华,五班的谢岩军,八班的梁廷婷,九班的王凡和张建田,十班的杨宜生、何海桥、龙宗智,师资班的谢良敏。这些人考入学校后,得知大学毕业后“总政统一分配”,在校期间享受服装定期发放、伙食费全包和薪金待遇照给等优惠政策,无定期申领困难补助和奖学金之忧。大学四年,这十几位军人衣食无忧,前程灿烂,义无反顾地投入学习和锻炼之中。

但是,鱼和熊掌不可兼得。1982 年 6 月临近毕业前夕,大家原先约好到沙坪坝举杯欢聚,不料军队毕业分配政策突然风云突变,改为"一律回到原部队报到",令大家心情郁闷,最终聚集在沙坪坝照相馆身着军装,胸前佩戴校徽合影一张,因心情不好,原定的离别宴没有吃成,有的甚至连全校师生合影照也没有参与,最终留下一段难以言状的遗憾。14 名现役军人按照学校出具的回原部队(多数为基层单位)的派遣证,一律回到四年前熟悉的军营任职"锻炼"。毕业多年之后,他们中的多数人陆续转业、退役,有的当了大学校长、教授,有的则成了知名的律师,还有的成为大军区级的军事法院院长。至今仍然在位且军衔职级最高的当属二班的宋丹将军了。2016 年 5 月宋升任中央军委纪委副书记,这使得七八级同学中有了大军区副职级别的将官了。

当年军队未实行军衔制,官兵的区别,全在于军装上身是四个兜还是两个兜,前者为干部,后者为士兵;前者每个月领取 55. 4 元的工资,后者每个月有少则 6 元多则十多元的津贴费。在现役军人中,只有五班的谢岩军和十班的龙宗智属于现役军人中拿工资的"军官",按照龙宗智的说法,穿着四个兜的绿军服入学是"有点儿拽喔"(川语为狂的意思)。为了从穿着打扮实现"官兵一致",有几位士兵学生专程到磁器口一缝衣店花费几元钱,外加两个口袋,私自将士兵军服改成"军官"制军服,外加佩戴一枚白底黑字的"西南政法学院"校徽后,顿时感到底气十足,提前找到当官的感觉了。

由于在地方高校上大学没有着装的规定,这拨现役军人汇入地方同学之中,不显山露水,言谈举止相对轻松超脱。在有的七八级同学眼中,唯独一位女兵——八班的梁廷婷格外引人注目,她每天昂首挺胸、一幅正气凛然的模样,加上时常穿着绿军装上课,没有开领的女式 66 式军装上衣风纪扣始终卡得严严实实,不透一丝气息,似乎在一个充满阳刚血性气味和男性同学居多的特殊群体里,她不这样做不足以维护军人的形象,确保自己的人身安全。

在校期间，十班的龙宗智是一名现役军官，多年之后，又成为学界比较特别的一个人。他之所以特别，盖因新世纪之前，他的身份还是一名军人，一个拥有大校军衔的大军区级军事检察院副检察长。本科毕业后，他两次重返母校攻读硕士、博士学位，自称“二十岁读本科，三十来岁读硕士，四十岁后读博士”，每次都是从军营中来再到军营中去，从实践中来再到实践中去，在法学院探讨法理合理性，又回到司法实际部门去印证其实践合理性，这样一来一去，使理论与实践相互“支援”结合，成就了他独具特色的“相对合理主义”理论，以此为名还出了一本书。

1998 年 10 月，正当贺卫方那篇《复转军人进法院》一文闹得沸沸扬扬之时，龙宗智毅然脱下曾经穿了 28 年的军装，成为著名学府——四川大学法学院的一名法学教授。2002 年他又进“法学院”回到母校，成为西南政法大学的第五任校长。不知是以军人的思维和风格管理 21 世纪的大学不合时宜，还是又当官又想做学问之间的关系难以有机统一，2006 年 10 月，龙校长践行“干好一届、只干一届”的庄严承诺，辞云校长一职又回到了四川大学法学院，从此心无旁骛地研究学问，成为携带学子的博士生导师、教授了。他自称是个跳跃于理论与实践之间的人，但终究难以在“当官”和“学问”之间自由跳跃。正如他所言：“学术是我兴趣所在，我将在这条路上继续努力朝前走。”

大学毕业之后，七八级同学涉军的经历和故事真不少。周强、梁治平、叶峰、江必新、李玫、贺卫方、黄松有、赵旭东等人，都曾经不同程度地介入军事法治建设的有关事务；张穹、青峰、孙小迎、林菊生、于安、白泉民、杜万华、肖玉舜等人，均直接参与军事立法、司法、军事法制宣传、法理研究等实际工作。梁治平在中国古法“刑”的研究中，大胆臆测“刑”与古代的战争有着共同的起源。对古人所谓“刑起于兵”“兵刑合一”有独到见解；广西社会科学院的孙小迎对近年来炙手可热的南海问题研究屡有成果问世，为国内外军事专家所瞩目。

1986 年 5 月，在司法部政策法规处担任副处长的周强多次参与军队有关部门研究制定开除军籍的有关规定。1989 年 12 月，正在中国人民大学攻读博士学位的叶峰和最高人民法院的江必新还为军队普法选编《军人法律手册》一书,出版后深受广大部队官兵欢迎。

2006年3月,国务院和中央军委等有关部门组织前往东南沿海等地部队、军工企业,参加《武器装备质量管理条例(草案)》立法调研活动,不足十人的调研组中就有七八级的张穹、宋丹、林菊生等人。按照条令条例规定,部队领导和指挥官均要向调研组的最高首长报告。当时,张穹是这个调研组的最高领导(国务院法制办副主任),在现场考察时,首次见到着装整齐、面容严峻的部队指挥员命令所属人员停止操练,握拳前后挥动两臂以跑步姿势向其奔来,张顿时感到不知所措,时任军委法制局副局长的宋丹悄悄告诉张穹准备接受报告,张惶然问道:“我该怎么应对?”宋告诉他,果断伸出手掌,大声说五个字“按计划执行”即可。“报告首长,部队正在进行操练,请指示!”“按计划执行!”“是!”一连串应答干脆利索,没有任何拖沓、玷疵,尤其是身为“首长”的张穹音质宏亮、语言铿锵、挥臂有劲,令一旁观看的许多部队领导赞不绝口,一旁嘀咕:“这个国务院领导肯定是当过兵的。”我们一旁笑着不语,实为表示默认。调研结束后,张穹兴奋地说,今后再到部队当“首长”发号施令不会发怵了。

1998年1月2日,《南方周末》在“人与法”专栏中发表了贺卫方的一篇约2000字不到的随笔《复转军人进法院》,由此在军内外引发了一场轩然大波。贺在这篇文章中阐述的主要观点是:

——我们知道,法学是一门古老的学科,世界上最早的现代大学——意大利博洛尼亚大学1088年成立时只有两个专业,一个是医学,一个是法学。医学是医治人的身体创伤,法学则是医治社会疾病,前者让个体健康,后者让集体健康。以自己几十年从事法律实践的经验体会,法学是一门相当艰深、艰难的学问,其重要程度不亚于医学。

——复转军人不应当成为法官,除非他们从前受过系统的法律教育,并且符合法官任职的规定要求。法官这一职业的性质近乎医生,同样决定着人们的生死祸福利害,同样需要专门的知识素养及技术培训，既然不能"理所当然"地安排复转军人进医院当医生，那么也不应该"理所当然"地安置复转军人进法院当法官。

该文对新中国成立以来就实行的"复转军人进法院"的制度提出质疑，无疑在社会上引起了强烈反响。1998 年 2 月 10 日，《中国国防报》和《军事博览报》同时发表了一封题为《复转军人缘何不能进法院》的读者来信。作者是一位名叫曹瑞林的现役军人，是解放军报社的中校记者。信中认为贺文是在否定复转军人在过去几十年中对政法机关的建立、恢复和发展所作出的"突出贡献"，并引用邓小平"军队干部的特长比较适合于政法工作"的谈话，证明复转军人进法院无疑是正确的。

为了引导广大读者"如何看待和安置军转干部"这一问题，《中国国防报》开辟专栏，连续刊登多期讨论，收到雪片般的大量读者来信，几乎是清一色对贺文之声讨。许多复转军人以自己的亲身经历证明，安置到政法系统的复转军人，大多可以成为好法官、好检察官、好公安干警。

此后不久，《南方周末》刊登了一个类似于"道歉"性质的"编者按"，并转载了曹瑞林的文章，似有安抚和平息许多复转军人的不满情绪之意思。但一些倾向贺文的读者对《南方周末》"道歉"表示不满。贺卫方不忍自己的观点被歪曲，于 1998 年 5 月在《解放军报》读者内参刊登了阐述本人见解的短文。文中提出："在党政军领导人都在不断地强调依法治国、依法治军的今天，如果法律被忽视，违法行为得到某些人的公开辩护，岂非咄咄怪事？"

一石再起千层浪。曹瑞林连续写了《一场不可避免的争论——我写〈复转军人缘何不能进法院〉的回顾和思考》《复转军人进法院是违法行为吗——致贺卫方先生》等文章，再次点燃一度沉寂的争论火苗。曹的文章最终表达的观点主要是："主张法院拒绝安置不具备法官资格的军转干部（当法官）是不合法的——有悖于《中华人民共和国国防法》的规定。"

这场由北大教授与军报记者引发的争论沸沸扬扬，影响深远。据说，此事过去一年多之后，某省军转干部培训班又请贺教授讲课，当主持人介绍讲课人是贺卫方时，学员们纷纷说："知道，知道，就是那个反对我们进法院的教授。"

时隔数年，贺卫方的妹妹欲从服役 20 多年的二炮某部转业到山东青岛，总政干部部负责军转工作的领导闻知此事后，要求有关部门一定要想方设法把其妹妹安排到法院，并从事审判业务工作！

需要说明的是，这场围绕军转干部能否进法院的争论风波的两个主角我都熟悉，一位是我的大学同学，一位是我的战友。两人说来还是地道的山东老乡，同年出生。双方争论的一些未经披露的来往信件材料，有的通过我中转，有的至今我还保存着有关原件。

由此看来，西政七八级与军队的缘分啊，真是一言难尽……

1982 年 6 月 2 日，西南政法学院法律系七八级部队学员毕业留念

CHAPTER 28 >

第二十八章 在毕业的日子里

从1981年底开始，随着从北京、上海等地来的有关部门领导到学校视察、讲话的次数骤然增多，频率较高，“文革”后首批政法院校毕业生的分配走向问题引起大家关注。围绕七八级学生毕业分配的各种小道消息有板有眼，到处流传，校园里开始进入毕业季的特殊时期。

纪佃澎在1981年11月11日的日记中这样写道：近几天，有关毕业分配的消息接踵而至。据悉，我们七八级许多同学报考研究生已经陆续被北京、安徽等地的高校录取。今年高校研究生考试，以西政成绩最佳，北京大学、中国人民大学、吉林大学均不如我们，司法部领导甚为满意。

前不久，中国法制报社、光明日报社专门来函我院，要求从我们明年毕业生中选拔几个法律编辑。司法部、公安部、最高人民法院、军事法院等，也要从我院选拔一批优秀毕业生进京。中央警官大学、北京大学、中国人民大学、吉林大学、山东大学、郑州大学、复旦大学、武汉大学、四川大学、云南大学、中山大学、北京政法学院、华东政法学院、西北政法学院、中南政法学院（筹建）以及筹建中的汕头大学等也需要大批老师。本院需要我们一部分同学留校。中央第一政法干校（北京）、中央第二政法干校（河南济源）、中央党校也需要师资。另外，今年还将从我们同学中招收一批研究生及出国研究生。

1982年3月13日上午，在东山大楼南边新建的饭堂兼礼堂二层会议室里,副院长吴耀森主持召开七八级毕业生动员大会。这是七八级同学继开学典礼之后近四年来到场人数最为齐整的一次。大家按捺不住内心的渴望和期盼,希望能够尽早了解自己毕业后的新归宿,重新扬起人生的风帆。

此时此刻,在学生们的眼中,疮痍满目、简陋不堪的校园已经有所改观,新建的校图书馆面对东山大楼崭露新姿,房前屋后师弟师妹们新种植的树苗露出新芽,周边草地开始绽放绿色。从每天大家兴奋不已的眼神中流露出来的不再是自卑、鄙视和无奈,而是浓浓的不舍和依恋。当吴副院长在会上透露1982年全国各级法院、检察院恢复重建,急需大量人才而毕业生稀少的“重磅”消息后,同学们一阵欢呼声!许多人不由自主地发出感叹:“我们赶上了好时机!”

兴奋过后就是焦虑不安地等待、等待、再等待。为了捱过难耐的毕业之前的这段日子,除了陆续考取研究生的同学外,余下多数同学有的精心修改论文,有的四处打探消息,有的则利用最后在校的美好

1981年12月,西政给作者颁发的三好学生证书

时光，在市郊周围游山玩水，在废旧的铁路上徜徉，回味大学四年生活的酸甜苦辣……

1982 年 5 月，同学们大多完成了毕业论文，耐心等待学校的毕业分配方案出台。这一天，六班的毕志强兴冲冲来到七班白泉民的宿舍，两人在校期间经常掰手腕，毕屡战屡败，总不服气，白泉民心想他今天来是否又要“复仇”了？哪想到，毕志强进门就没头没脑地问：“什么时候去成都啊？”白听罢感到纳闷，不知所云。毕志强脸上一本正色，声称学校推荐白到成都参加四川省高校三好学生表彰大会，而且全校仅他一人。白泉民“吓哧”一笑，不以为然地说：“七八级同学人才济济，论知名度、论学习成绩、论社交能力，我都属于普通一兵，全校四个年级两千多号人，只有一个名额，绝不可能是我。况且，上到院长、书记，下到年级办书记、主任，都不知我何名何人，岂有此等好事？”白泉民知毕志强喜好打闹，并没有把此事当真。没有想到，毕业之后分配到安徽省人民检察院的他，竟然收到学校寄来的四川省三好学生证书及奖品——一个半导体收音机。当所在单位人事部门将证书和奖品送到他的手上时，这对于刚走上工作岗位的他而言，不啻是一个极大的激励和鼓舞！

1982 年 6 月 20 日晚上，学院团委出面组织欢送七八级毕业生文艺晚会如期举行。尽管节目精彩纷呈，但大家关心的毕业去向尚未明朗，演出的热闹场面与同学们的郁闷心情交织在一起，许多人没看完节目就悄悄退场了。

1982 年 7 月 9 日上午，七八级同学再次聚集开会。听取院党委副书记、七八级毕业分配领导小组组长吴耀森正式公布了七八级毕业方案。同学们从吴副书记的嘴里，终于听到盼望已久、怦然心动的毕业分配方案。

这是当年西南政法学院七八级法律系分配方案的基本内容：

中央机关各部门（22 个单位）：铁道部 4 人，中国社会科学院 2 人，司法部（含机关和直管的北京政法学院）13 人，中央第二政法干校

(河南)5 人,华东政法学院 5 人,西南政法学院 58 人,西北政法学院 39 人,最高人民法院 4 人,最高人民检察院 3 人,海关总署 4 人,全国总工会 1 人,中国民航总局 1 人,电子工业部(四机部)1 人,交通部 4 人,邮电部 1 人,化工部 1 人,教育部 3 人,农业部 1 人,水利部 1 人,广播事业局 1 人,国防科委 2 人,国家民族委员会 4 人,公安部 2 人,总政治部 3 人。以上合计,分配到中央及其下属单位的 163 人。

地方单位:北京市 1 人、天津市 1 人,河北省 8 人,山西省 6 人,辽宁省 1 人,江苏省 9 人,浙江省 7 人,安徽省 9 人,福建省 16 人,江西省 10 人,山东省 9 人,河南省 3 人,湖北省 5 人,湖南省 8 人,广东省 22 人,广西 9 人,四川省 26 人,云南省 10 人,西藏 1 人,陕西省 7 人,甘肃省 7 人,青海省 7 人,宁夏 5 人,新疆 4 人。以上合计,分配到 26 个省、直辖市、自治区的 191 人。

根据学校分配方案的统计,七八级学生法律专业原计划分配指标 364 人,实际分配方案按照 326 人确定。因已考上研究生 35 人,其中 1981 年考上研究生 13 人,1982 年考上研究生 22 人;退学 2 人、休学 1 人。实际空出的员额,决定从西北政法学院和西南政法学院的分配名额中相应减额。师资班的 58 人的省内分配员额方案另行公布。

师资班同学虽然不在上述分配方案中,但在大学毕业之后,不少人利用母校得天独厚的条件和自己掌握的法律基础知识,大多选择报考法学专业研究生。最终这些人员学业完成后,也转入法律专业队伍,与七八级法律专业的同学们汇入一体,共同打造西政七八级的光荣与梦想。

那一天,大家翘首以盼的分配方案一经公布,同学们欣喜若狂,悬着的心终于落地。绝大多数人能够满足自己“从哪里来回到哪里去”的愿望与要求。相比之下,反而中央单位和北京等有关单位不好分配了。由于北京分配的指标居多,于是,学校将这些指标大多用于照顾那些有“特殊情况”——在校婚恋的同学们。贺卫方在西政讲演时曾经说过这样一个故事,引得会场台下众多师弟师妹啧啧称羡:我们班一位来自云南的同学，就特别想回昆明，但是他谈了一个女朋友，却是苏州人。最后毕业分配时，学校的政策是照顾人不照顾地方，可以把你们分到一起，但是没有办法照顾你们或者回昆明或者回南京，最后没有办法，算了，你们艰苦一点，分到北京去吧！

贺卫方说的故事并非空穴来风。最后结果证明，当年七八级同学分到北京的有50多人，其中在校期间恋爱成婚的，大多做到“夫妻双双上北京”。

这些年来，在号称“最后一课”的高校毕业典礼上，诸多校长名师如花笑颜地致辞情真意切，少了许多“官话”“套话”，多了些许诗情画意，这类毕业致辞总会收获师生们的热烈掌声，让即将远离母校的学子记忆犹新。那么，呈现在西政七八级同学的毕业典礼又是什么场景呢？

1982年7月15日上午，烈日高照，气温闷热，学院举行了八二届学生毕业典礼。大会会场与四年前开学典礼明显不同，经同学们精心布置，会场显得喜兴、隆重，主席台后面浅蓝色布幕上贴着形状如牛的独角兽图案，传说此兽生性正直、触不直者去之，取其执法如山、刚直不阿之意。主席台前面陈列着毕业同学精心绘制留赠母校的八副彩色国画。会场两侧悬挂着“为振兴中华而献身”和“到祖国最需要的地方去”的大幅标语，表达了当年学校领导对毕业生的期盼与要求。

上午10时许大会开始，七八级400多名学生和各年级部分留校学生和教师、行政管理干部代表参加了大会，会议由程地迥副院长主持。首先，胡光院长代表院党委和院领导讲话。他一开口，会场上霎时安静下来，人们屏息凝神倾听。与四年前讲话语气有所不同，胡院长开场一番简短祝贺之后，突然语调变硬，带着一种生气的口吻，令台下激动不已的同学们大为疑惑不解：

恕我直言，在七八级同学中，绝大多数是德智体全面发展，又红又专。少数同学发展不全面。有的功课差点，有的思想差点，有的身体差点。个别的同学还成了次品、废品。同学中有的进步快，有的进步慢,有的人还走了一个之字形的弯路。

别的话都好接受,但谁是“次品、废品”？台下的七八级同学一时间交头接耳、议论纷纷。会场气氛一下子凝重起来。

紧接着,胡院长脸色阴沉,直言不讳地说起四年来存在的突出问题：

关于我们工作上的缺点,我在这里向大家作个检讨。一是在课程设置上,前松后紧,学校复办时,教师太少,有些课开不出来,后来几门课准备好了,想让同学们多学点,就出现高年级课堂教学安排得太多、太紧的情况。二是我们的教师绝大部分是称职的,许多人一直超负荷教学,但水平参差不齐,有的教师在师德方面有问题。在课堂上宣扬自己、抬高自己,贬低别人,甚至诽谤别人,哗众取宠、胡说八道,不能为人师表！还有的教师、干部在学生中拉拉扯扯,搬弄是非,说长道短,传播小道消息,甚至揭人隐私,这些都是不道德行为,对同学在德育培养上不无影响。三是在思想政治工作上和生活管理上,曾经出现涣散软弱和简单生硬、急躁现象。因此,我们院党委和院领导应当进行自我批评！

院领导坦露胸怀的自责,说得台下鸦雀无声,师生面面相觑。面对如此豁然大度且富有责任心的院领导,一向喜好挑剔和起哄的七八级同学们,我们还能说什么呢？

开场白略显沉重、压抑的气氛,旋即又被胡院长一番语重心长的送别话题扭转开来,会场上开始出现回暖,热烈的掌声和欢呼声不时响起。

同学们,你们八二届学生是我院八十年代首批毕业生,为了加强政法战线,党和国家给了我们从全国 22 个省、市、自治区择优录取的优越条件。教学实践证明,七八级不愧为当代青年中的佼佼者。法律专业七八级党员占 54%,四年学习成绩优良者占 80%,两次考上研究生的比例占 10% 以上。纵观同学们的共同特点是政治素质好,学习积极性高。许多同学有插队、当兵、做工的经历,较为丰富的社会实践经验使同学们学习马列主义、法学理论时,能从理论与实践的结合上下功夫,因而富有成效。同学们在校的毕业论文大多具有较高的水平,科研成果不断为全国著名的报刊采用,在业务实习中受到政法机关的一致好评,不少同学确确实实地做到了德智体全面发展。

此时,同学们普遍感觉到,胡院长对七八级同学褒奖有嘉,对大家即将离校显得有些恋恋不舍,发言中充满教诲与期待:

我们希望毕业的同学们认清八十年代形势,不忘重任在肩,谦虚谨慎,以毕业为起点,努力做到:一是端正政治方向,坚持四项基本原则。这一届毕业生师资班基本上分配在省内大专院校,法律专业分配到中央各部门15%,政法院校占26%,各省、市、自治区占60%,专业是对口的,学用是一致的。无论从事政府机关工作、法学研究和教育工作,都要端正政治方向,坚信马列主义、毛泽东思想。二是继承发扬实事求是,理论联系实际的学风,继续攀登法学高峰。法学是社会科学,不能离开社会关系单纯研究它,它与经济、政治、阶级斗争等现象有着密切联系。既要看到法学领域还有许多空白需要我们去探索,更要秉持老老实实的态度,从我国的现实状况和四化建设的任务出发,坚持理论联系实际的学风,力戒浮躁虚无,这样才能有所成就。三是承先启后,继往开来。八十年代的青年应该具有高尚的道德情操、严明的组织纪律、艰苦朴素的工作作风、健康的身体。这是全院师生的愿望,也是全院师生的祝愿,愿毕业的同学们与我们共勉!

说到同学们最为关注的毕业分配问题时,胡院长作了郑重表态和说明:

关于毕业分配问题,可谓皆大欢喜,个别的不满意,实在难免。我们的分配原则是,执行上级分配方案,尽可能照顾同学需求。首先保证上级领导机关的需要,其次保证兄弟单位的需要。大学生统一分配和服从分配是社会主义制度优越性的体现。党员服从分配是党章规定的，这些不是空话，不是大帽子，而是原则，什么叫牺牲？服从组织分配没有照顾到个人志愿和困难，这也算个牺牲。分配可以影响人的一时，不可能影响人的一生，是金子摆放到哪里都是金子，希望大家愉快地走上新的征程吧！祝你们一路平安！

胡光院长近一个小时的讲话，到后来不时被七八级同学们的一阵阵掌声、口哨声连带着欢呼声打断，虽然当年没有扔学位帽的条件，老师们也不可能在袍子外面套上斗篷，更缺少鲜花簇拥的映衬，但会场上的氛围是热烈的，同学们的掌声是发自内心的，喜悦之情是挂在脸上的。

胡院长是1935年参加红军的老干部，新中国成立后，先后担任西南军政委员会办公室主任，人事部副部长，行政8级。从七八级入校后就一直关注着学生的发展，他为人开明、包容、正直、平易近人。对于七八级学生当中的一些思想偏激、言语冲动的“愣头青”们，他总是当做自己的孩子看待，晓之以理、动之以情，注意保护学生的学术自由，倡导积极探索精神，受到学生们的普遍尊重和赞扬。

如今回想起来，1982年那个夏季胡院长对七八级毕业生的致辞，从头到尾语言质朴，有自省、有警示、有关怀、有期待，听了让人心服口服，热血沸腾。

随后，刑法教研室副教授邓又天老师代表全体教师向毕业同学祝贺。他高度赞扬了七八级同学勤奋刻苦的治学精神，希望同学们毕业后坚持理论联系实际的学风，为健全社会主义法制作出新的贡献。接着七八级学生代表李杭明、师资班徐学东同学发言。他俩代表全体毕业生向党委、向母校的全体师生表示了衷心的感谢，决心要以优异的成绩和出色的工作为母校争光，表示为了人民利益，不惜以身殉职。两人满怀激情的讲话，同样获得在场师生们又一阵热烈的掌声。

四年前，一条烂路，百亩校区，晴天扬尘，雨天泥泞，斑驳陈旧的教室，频繁挪窝的学生宿舍，学习全靠听课记笔记，体育锻炼只能爬歌乐山，学外语只能到烈士墓。昔日几乎被教室外面开山炸石的炮声和推土机的轰鸣声埋没的老师讲课声音，如今历历在目，回眸往事，“润物细无声”的潇潇春雨，在七八级学子们的心田里播下民主、法治、科学的种子，在他们的思想上镌刻下追求公平正义的烙印，在他们的血液里澎湃着让劫后余生的古老祖国尽快走向民主、法治、文明、富强的理想和希望。

四年求学，四年经历，艰难困苦，玉汝于成。西政七八级可谓三生有幸：我们在校园里听到了党的十一届三中全会的时代强音，读到了中美建交的联合公报，闻到了对越自卫反击作战的烽火硝烟，看到了刘少奇、彭德怀等冤假错案的平反昭雪，听到了海峡两岸欢度新年的和平钟声，目睹华国锋淡出政坛、胡耀邦受命出山、邓小平华北阅兵、“四人帮”受审、党的十一届六中全会《决议》的出台……一件件、一桩桩，都是党之大政、国之大事，都是伴随我们大学校园生活的难忘记忆。

“毕业的时刻就要到了，这一天，我们曾经盼了很久、很久。现在

1982 年 6 月 20 日，校团委卜永秀书记（前排右四）与欢送七八级毕业联欢晚会同学合影留念

突然害怕她的到来。因为我们就要告别母校，就要离开同我们一起生活了四年的校领导和老师们！四年的生活是那样的短暂，我们还来不及好好珍惜，它就飞逝而去！四年的生活是那样的漫长，它染白了老师多少青丝，一千多个昼夜，又耗费了老师多少心血！”

“亲爱的老师，我们多么愿意重新端坐在课桌前，哪怕再听听您一节课；我们多么希望围坐在您身边，再听听辅导，再拉拉家常；我们多么盼望再到您家，聆听您热诚的批评，苦口婆心的教诲；我们甚至宁愿再次生病、住院，好重温您带来的父母的慈爱和朋友的关怀，好再尝尝您亲手煮的绿豆稀饭和香脆可口的泡菜……亲爱的领导、亲爱的老师，我们是多么舍不得离开你们哪！”

“我们就要走了，就像蒲公英种子，就要随风飘向四方。但是，无论走到哪里，我们都会顽强地生长。因为我们都有同样的生命力，都会汲取同样的养料，这就是我们老师给我们的知识和修养，无论塞北江南，天各一方，总会有一条珍贵的纽带把我们紧紧地连在一起，这就是我们老师高尚的思想和情操。”

“再见了，母校！我们就要走向社会，去担负天下的兴亡。为了中华的崛起，为了祖国的富强，我们将十倍地刻苦、万倍地努力，去读社会这本大书，我们将以丰硕的学习和工作的果实，作为答谢您的礼物。”

七八级同学们一句句发出肺腑的心里话，让在场的校领导和老师们两眼发涩、热泪盈眶。

校学生会代表、七九级学生席朝明同学代表全体在校生向毕业的师兄师姐致贺词：“亲爱的七八级同学们，我们代表七九、八零、八一级同学向你们致以热烈的祝贺！四年前，你们以优异的成绩接受党和人民的挑选，从祖国 22 个省、市、自治区汇集到西南政法学院，你们的到来，使沉寂了 11 年之久的学院又恢复了生机和活力！”

“你们以极大的热情为学院添砖加瓦，在学习、生活等各方面为后来者铺路，表现出可贵的奠基精神。”

“宝剑锋从磨砺出，梅花香自苦寒来。大学的四年是探索的四年，创造的四年，也是丰收的四年，你们在德、智、体各方面获得了出色的成绩，并开创了良好的校风，给师生员工留下了良好的印象，你们无愧于时代，你们的榜样和精神必将鼓舞一代代后来者奋发向上！”

席朝明的发言，在会场引起了强烈的共鸣，同样获得了七八级同学们热烈的掌声。“四年了，真不容易啊！”有的女生竟然热泪纵横，依恋的情绪难以自控。

当毕业的同学向母校赠送书画作品的一幕出现时，全场闪烁着摄影、录像夺目的灯光，当庄严的运动员进行曲应和着师生们整齐而有节奏的掌声响起，把大会推向高潮！

有的同学说，大学四年，胡院长等校领导把我们当自己的亲孩子看，让我们知道什么是责任、使命和感恩，参加今天毕业典礼，是对母校感情的一次升华，也是大学刻骨铭心的难忘一课。

毕业典礼之后，各班同学纷纷合影留念，使这段珍贵的历史瞬间变成永恒的纪念。在东山大楼、新落成的图书馆、毓秀湖、校园门口、沙坪坝、磁器口、童家桥，到处留下大家的青春靓影。

五班的景汉朝认为在母校的四个春秋，许多应当记住的事儿大多已经忘记，唯独毕业前的全班“合影照”让他难以忘却。

1982 年 7 月 20 日，法律专业五班的照相日子历经不断更改终于敲定下来，全班同学除江必新、尹鲁先、周瑞春、倪春南外，其他同学均已经准时到达指定位置——童家桥照相馆。

“赶紧排好队嗦……调整个头高低……紧凑一点儿噻……”满头大汗的照相师傅一头光亮的脑壳已经沁出了豆大的汗珠，仍忙不迭声地扯着嗓门一一嘱咐各位激动不已的同学们。“那个高个同学往左边移一移，挡到了后边同学的脑壳儿”，这是说谢岩军；“那位矮一点儿的同学推一推眼镜，挡住眼睛嗦”，这是指王敏远；“那个女同学的辫子向前理一哈”，王海萍和李庆凌都认为是说自己，两人不约而同地捋了捋了额头上的刘海；“边上那个同学收收腹，不要挺肚子”，景汉朝知道说到他自己了，很不情愿地将自己本来就没有肚腩的腹部往回收了收，有意识地放松一下脸部并不丰满的肌肉，微微地翘了翘嘴角儿，赶紧睁大了眼睛，使酝酿了老半天的情绪力争能够达到入镜头的极致。

“一——二——三——要得！”平时因为相貌不那么自信也不喜欢照相的景汉朝，这次合影自我感觉良好，想着自己刚才竭力拼装的神情，喜滋滋地充满得意。就在大家又说又笑走出照相馆约500米的时候，那位照相师傅突然急急匆匆地追出门外，高扬着青筋暴跳的右胳膊，操一口浓重的重庆话嗓门儿又喊：“哎呦喂，童鞋们，对不起，没得放底片！”这让五班同学们好不一阵懊恼，没得办法，只得重返现场，再经一番折腾！

1982年7月25日晚上8点钟，九班同学的毕业分手宴会热热闹闹结束了。在醉眼迷蒙中，全班同学们各自留下自己的联系方式和地址。记忆中，当时张鸣起分配到司法部秘书处工作，贺卫方和阮齐林分别考上了北京政法学院82级外国法制史和刑法研究生，叶峰考上了本校的法制史研究生，裴显鼎分配到了最高人民法院人事厅，杨忠明和周农分到了北京公安学院刑法和法理教研室，陆绮分配到北京政法学院民诉教研室，朱孝清回浙江老家的省人民检察院，李玫分配到西北政法学院国际法教研室，曹守业（晔）分配到中央政法干部管理学校，李晓路、李伟、朱晓武等同学留在西政工作……

那一晚，我在为同学们各自有了良好的毕业归宿举杯祝贺时，也为自己的前程一片渺茫而黯然。回到宿舍，我怀着复杂的心情，分别逐一找上门去，让本班和外班要好的同学在我的日记本上写下联系方式。当晚辗转反侧，一夜未眠，干脆起身在日记本上写下豪言壮语：“充分利用自己的专业特长，最大限度地发挥得天独厚的条件，始终认清社会发展的需要，心无旁骛地大胆规划自己，为实现远大的革命理想而不懈奋斗！”

离别的日子终于到了，火车、汽车、轮船，载着一个个满腔抱负、志满意得的同学们离开校门，奔向祖国四面八方。

别了，西政！别了，歌乐山！别了，重庆山城！那个难忘的年代，虽然我们从未穿上黑、蓝、红的学位袍，也没有将黑色方型学士帽和书本抛向天空的机会，但 1982 年的毕业典礼给我们留下的印记永世不忘。

由于“总政统一分配”的政策言而无信，我毕业后未能如愿调入北京城的解放军军事法院，带着些许懊丧和无奈，我于 7 月 26 日上午 7 点，随同外出招生的袁天基老师和来重庆看我的姐姐一同离开就学四年的美丽山城重庆，乘坐东方红 51 号江轮顺水东下，过三峡、至汉口，于九江下船。7 月 30 日上午 8 时 30 分到达福建三明火车站，尔后搭乘公交车回到尤溪，向父亲汇报自己的毕业去向。

1983 年 8 月 1 日，在纪念建军节 55 周年的当天，为了激励自己的斗志，我将毕业前夕的学校鉴定一字一句地郑重抄录在日记本上，并写道：“在这军人的日子里，我立志终身从军，面对征途上可能遇到的各种艰难困苦务必忍辱负重，绝不半途而废，一定要坚持到最后目标的实现！”

1982 年 7 月，西政七八级五班同学毕业合影

CHAPTER 29 ≫

第二十九章 九班的故事

大学毕业之后,西政七八级的同学们通过自身的努力,在祖国的四面八方、在自己所从事的岗位上,不断创造新的业绩,通过各种媒介不断听到他们的不凡故事,聚沙成塔,集腋成裘,渐渐形成一个受到各界和社会关注特殊的群体,从而有了"西政七八现象"的问世。令我引为自豪的是,其中不少人出自我当年上大学所在的九班。作为当年的班长,我对贺卫方、阮齐林、张鸣起、朱孝清、杨忠明、裴显鼎、曹守晔、李伯桥、王凡、叶峰、李玫等同学颇为熟识,昔日同窗四年的大学往事记忆犹新,跃然纸上。

入校伊始,学校根据管理要求,分别指定了班级支部书记和班长。来自山东龙口农村的大队书记张鸣起入学后"转岗不转行",当班党支部书记轻车熟路,众望所归,四年下来,连续当选。行伍出身的我,虽然自感水平不济,但责任心尚强,前后也任期三年。任职初期,高考的自豪感尚未消失,一副志满意得的样子,在较短的时间里,按照军队的节奏,很快掌握了全班人员的基本情况:全班同学共 35 人,分别来自全国 16 个省份和福州军区、基建工程兵等单位,其中男生 30 人,女生 5 人,号称"五朵金花",年龄最大的是 1947 年出生并来自"盐都之乡"自贡市的夏根(俗称老夏),年龄最小的是 1963 年 8 月出生、现任国家法官学院院长的黄藏勇(黄永维)。上学前,全班党员 9 人(在校期间发展 9 人),其余均为团员,出身经历各自有异,工人、退伍军人、知识青年、科技干部、机关职员、中学生等应有尽有。记得已有两个孩子的老夏用四川口音对年幼稚气的小黄说，“咱们可谓父子辈的同学嗦”。

按照进化论的理论，多样性是进化的表现，越是多样化，越能显现出活力，越能够有所创造和发展，九班的故事充分印证了这一哲理。

初次召开班级会，鸣起书记传达学校党委的若干指示，我也以军人的口吻，严肃认真地对全班同学提出具体要求，内容大致是大家身处烈士墓，地处歌乐山，珍惜上大学难得机遇，严格按照学校确定的“半军事化管理”的要求和“绝密专业”的标准，克服条件差等困难，争创“三好”班、保证学业圆满完成，云云。也许是吐字不清又啰哩叭嗦，加上一本正色大谈“革命理想”，引起同学们窃窃私语，并夹带着一阵笑声，有的同学对我那一口闽南普通话连蒙带猜，让心境尚好的我郁郁寡欢。

当时学校没有编配辅导员，班上的行政管理，主要在党支部一班人的领导下，由班长(兼支部副书记)负责。班级工作事无巨细，杂事繁多，上传下达、请假销假、读书看报、组织讨论、调整宿舍、评选奖学金等，基本上都要事必躬亲，不能懈怠。更令我烦恼的是，地方院校与军事院校管理毕竟不同，不了解这一规律和特点，在工作中难免遇到诸多尴尬。

由于学校与部队某营区相邻，起初每天一早听到军营的起床号一响，我便会按照部队作息习惯，逐个敲开男生宿舍，催促大家起床晨跑。一些同学睡意正浓，甚为不悦，有的磨磨蹭蹭不愿出门，有的私下嘀嘀咕咕：“这不是军队院校，瞎折腾啥？”“中美合作所关押的犯人也没有这么早放风啊。”学校规定晚上 11 点必须熄灯睡觉，于是每晚熄灯时间过后，在东山大楼学生宿舍走廊巡查成为我的一项神圣职责。每当敲门催促寝室熄灯时，一些苦读书的“夜猫子”总对我会咬牙切齿。一次晚自习回来，见有的同学在宿舍内私自点电炉，这一公然违反校规的现象让我怒不可遏，二话不说，上前就把电源插座拔走，若没有其他同学好言相劝，险些酿成一场“战斗”！

任职一年半，当意识到在地方高校当班长这活儿吃力不讨好后，我借故参加校运动队精力和时间不济，向支部提出辞职。此后朱孝清、叶锋两位同学陆续接任，各担任一个学期的班长。后来不知什么原因，全班同学又把班长这一光荣而艰巨的担子交给了“精力充沛”的我，使我再有机会为全班同学服务，最后有幸在每位同学的毕业鉴定表上，郑重地签上我的名字。

现任江西省高院副院长的方晓春说过，总结“西政七八级现象”，不论是西政学子明星般的列举，还是对西政人的“博学、善思、实干”的评价，总觉得有一种西政的同学秘方，至今被人们所忽略，那就是讨论课。九班在学校给人们留下的印象比较内敛，不嗜张扬，但就班内而言，学习讨论风气之盛、双方唇枪舌剑气氛之浓，令外班同学们广为称道。在校学习期间，虽然国家仅有几部法律张榜公布，可供研究探讨的法律图书资料稀少，但各种法制题材影片、“文革”案例、社会现象，都可能成为课堂上的热门话题。

2003 年 12 月 27 日，九班部分同学在西政七八级北京校友联谊会上的合影

一些同学看了日本电影《追捕》之后，第二天教室里就出现了热烈的争论。有人问，杜丘身为检察官，通晓法律，为什么遭人诬陷后竟然采取了逃避司法当局追捕的办法，而不是理直气壮地到法庭去据理力争？还有人说，被人驱使去诬陷杜丘的横路夫妇，一个横遭杀害，一个被药物弄成白痴，难道他们被杀、被害就石沉大海，永无真相大白之日？在校期间，班级组织讨论的题目大多围绕现实中的法治主题，诸如人治还是法治、法律面前人人平等、蒋爱珍案件、张志新案件等。由于班上讨论的氛围格外热烈，惊动了学校宣传部领导，专门派人来我班进行摄影报道。有的同学说得好，每堂讨论课犹如严峻的考场，逼着你罗列思维要点，阐述问题，表述观点，掌握雄辩技巧，克服羞涩心态，学说规范的普通话。我也时常想，贺卫方、阮齐林、李玫、陆绮、王凡、杨忠民等人之所以能有今天那一副能言善辩的口才，或许大多是从当年九班的讨论会和寝室的“卧谈会”中受益的吧？

学校前后为法律本科学生开设26门必修课、9门选修课，除了宪法、民法、刑法、法制史等专业课程外，还有中共党史、共运史、法律文书、逻辑学等，其中选修课包括罗马法、资产阶级民法、资产阶级法律批判、司法会试等，必修课考试按百分记，86分以上为优秀，76分以上为良好；选修课为考查，成绩按合格和不合格计。

四年下来，在七八级法律专业的360多名同学中，唯一的全优生便是出自于我班的朱孝清，堪称名副其实的“学霸”。记得入校后的第一次期末考试前，孝清虚心向我请教，我便拿出自己的课堂笔记本娓娓道来，看着他那一副洗耳恭听的样子，我的虚荣心得到极大满足。但考试成绩下来后，他的几门功课全优，而我优良参半，特别是极其简单的外语答卷竟然只得了81分，心情极其沮丧。事后，我约请朱孝清为全班同学讲授学习秘诀，他的“弄懂讲义、多看参考文章、处理好听课与记笔记的关系”等经验之谈，着实让大家醍醐灌顶。然而，尽管全班同学乃至整个七八级同学都在“头悬梁、锥刺股”般地勤奋学习，但是除了他，还是没有一人能够达到门门功课全优的水平。

当有的同学质疑他一定藏匿着不为人知的考试秘诀时，老朱无奈地连连摇头，仍然是一副谦卑有加的表情。

那时校园内外可看的法学杂志种类稀少，各班自办的墙报提供了自由表达思想和看法的平台，同学们不同观点可以直接交锋，争论的文章就直接张贴在通往教室和食堂的“必经之路”上，这些张贴在墙上的文章成了西政校园中一道最为亮丽的风景线。认真、仔细阅读墙报上的一些文章，有的观点在当时看来真是惊世骇俗，令人瞠目结舌。诸如《回到马克思》《雷锋精神与奴化意识》《试论毛泽东的功与过》等，一看标题就匪夷所思，耸人听闻。幸好当时学校的学术气氛相当宽松，人们可以畅所欲言，对各种问题——法学和非法学的，都可以发表自己的观点，进行激烈交锋。在教室红砖墙上的报刊栏下，在食堂的角落里、工地乱石堆旁、嘈杂的宿舍里，不时听到同学们大声地争论：我们不能对法律的合理性提出质疑吗？法律就一定反映正义吗？法一定是绝大多数人意志的体现吗？诸如此类问题，质疑锋芒毕露，辩论难分高下。

我们班虽然没有像其他班级自办墙报，但丝毫不影响同学们的学术研究热情。四年下来，数我班同学在全国各地和校刊发表文章和论文最多，成果斐然，据不完全统计，多达 60 多篇。其中张鸣起、李玫、贺卫方、李伯侨、朱孝清、王凡、朱晓武、曹守晔、尹向兵等人，曾经在《中国青年报》《光明日报》《解放军报》《重庆日报》《四川青年》《西南政法学院学报》等报刊发表论文、文章，内容题材各异，通讯报道、诗歌散文、讽刺小品文、学术论文等应有尽有。我至今仍然保存着尹向兵的《多么好的集体》、贺卫方的《镜子篇》、李玫的《模拟法庭开庭记》、王凡的《也谈“清官”》、李伯侨的《也谈“猫懒鼠勤”》等署名文章。这些文章有的幽默诙谐，有的笔锋犀利，如今偶尔翻阅，仍有新的启迪。

1979 年春节期间，校团委组织全体留校同学进行登歌乐山比赛，我获得了第三名。入校前曾经担任中学语文教师的朱孝清同学专门写了一篇《登山》文章，刊登在院刊里，文章不仅描写了我登山的英姿，而且描绘歌乐山周边景色的一连串优美语句给人印象尤其深刻："站在山顶，放眼远望，只见周围群山，起伏绵延，青松挺拔，密林葱笼，阵阵松涛伴着声声鸟鸣；俯瞰山下，田园葱绿，水库如镜，公路上汽车驰骋，远处茫茫烟雾中高大厂房、林立烟囱隐约可见，机器轰鸣铿锵之声依稀可闻；仰望苍穹，雄鹰搏击、振翅飞翔……"曾任国家二级大检察官、中国法学会副会长等要职的朱孝清，也许不记得这篇最早发表于上世纪70年代末院刊的小短文了，但我至今还收藏着。每当看着它就会不由自主地想起初次登上歌乐山的情趣。

班上的文艺活动十分活跃，人才辈出。1980年12月11日，在纪念"一·二九"运动45周年文艺晚会上，七八级演出的小话剧《车过盘云岭》，通过一群大学生旅游中的小插曲，展示了青年人的崭新面貌、美好心灵和励精图治的豪迈情怀，赢得师生们一阵好评，这话剧的创作者便是我班的朱晓武。在该剧的演员中，九班的同学占了近

2008年10月3日，西政七八级九班部分同学回母校参加复招三十周年纪念活动演唱日本电影《追捕》主题歌

一半,从剧照看,当中有朱晓武、贺卫方、陆绮、杨忠民、刘海平等人。在此之前,朱晓武还创作了独幕话剧《春天里的插曲》,剧本反映了某市公安局长田一围绕是否为老教授顾波平反冤假错案,而发生在家庭里的一段激烈的矛盾冲突。让我们感到不可思议的是,整个剧本竟然分三次在版面紧张的校刊上连续刊登,全文发表,可见学校的指导思想与学生的想法不谋而合,产生强烈共鸣,引起校内的极大震动。

俗话说“文体不分家”,九班体育方面的人才也是举不胜举,校排球队、羽毛球队、乒乓球队、田径队、围棋队等,均有九班同学的身影,有的在重庆市级比赛中还取得不俗的战绩!

班上的同学来自祖国四面八方,虽然年龄和家庭背景各异,但情同手足,视如一家。1979 年 10 月,叶锋同学因患急病需要马上进医院动手术,学校远离家乡,没有亲人照顾,住院将耽误学业,怎么办?全班同学心往一处想,劲往一处使。班上的党团组织、班委会专门召开会议,制定住院值班表。手术之前许多同学到医院帮助他做好术前准备。叶锋住院动手术住院期间,全班同学主动轮流到医院看护,保证每天 24 小时都有人守护在病床前,不少同学还给他买了营养品,带去书籍和收音机等。同学们的关爱和照顾使叶锋同学深受感动,出院后一个月余便投入紧张的期末考试,并取得四门功课全部优良的好成绩。

上学期间,学校正在恢复重建阶段,百废待兴,万事皆难,各方面的条件比较艰苦,但同学们苦中有乐。初入学校,学生食堂不仅油水稀少,且主打菜肴多为绿色食品——藤藤菜(空心菜),每月为数不多的定量荤菜,只能每周四中午方有口福享用,被同学戏称“法定吃肉日”。于是,班上不少同学时常出门解馋,催生了校门口小面摊的生意。当时途经此地的外来旅游者,见到一群脚穿塑料凉鞋,肩挎书包,一手抱书本一手持饭钵,胸前佩戴校徽的学生将“好运来小面摊”围得水泄不通,误以为出什么事了,纷纷凑挤过来一睹,得知事实原委，嘀咕不止："大学生吃小面啷个热闹成这个样子啥？"一次，杨忠民与许江、贺卫方到杨公桥小饭馆打牙祭，进门坐定后听女服务员报菜名时，有人馋涎竟然从口中流出，更要命的是哈喇子一长串滴落在服务员稚嫩的手背上，当服务员恼羞成怒，容颜失色，正欲发作，杨忠民、贺卫方紧忙陪上笑脸："小妹子莫见怪，好多天肚子没得油水嘛，而你报的菜名太有诱惑力哈！"在校期间，三人同一寝室，亲如兄弟，关系甚笃，时常私自结伙聚餐。其中，能言善辩、喜好美食的杨忠民在校宣传队里寻找到了自己的另一半——大名鼎鼎的苏州籍著名作家、《美食家》的作者陆文夫的千金陆绮，他俩是九班唯一开花结果的一对，婚后两人志同道合，家庭生活温馨美满。

被称为"火炉"的重庆，每年夏天滚烫如火、酷热难耐，学校临时搭建的西山澡堂每周只开一天，仅有三十来个喷头，还经常缺水断电，根本难以满足几百名同学洗澡的需求。于是，班上有的同学时常乘着月黑风高、夜深人静的时辰，拎着学校给每个宿舍发的铁皮桶，高一脚低一脚地在校园附近周边转悠，到处寻找可以"净身"的水源。一次，王凡、杨忠民等同学总算找到一处有水的蓄水池后，个个乐不可支，立马脱得精光，正洗得尽兴时，突然一道雪亮的电筒光直射夜幕下的"雾里白条"，更让当过兵的王凡、杨忠民感到恐惧的是，他们竟然听到久违而熟悉的五六式步枪发出的拉枪栓声响。原来，他们已经不知不觉中闯进山下军营食堂的蓄水池边上，被站岗放哨的战士逮个正着。

来自安徽的万涛同学入校前下过乡，当过兵，进过厂，入校后已经有认识已久、关系确定的未婚妻，两人均已过了而立之年。想到在校生毕业之后方可结婚的规定，双方焦虑不安。一次，在与校团委卜永秀书记闲谈时，老万忧虑谈及结婚事宜，卜书记认为只要双方年龄够了，可以按照"调干生"的规定批准结婚。这让万涛喜出望外，赶紧按照程序逐级申请，在很短的时间内，两人办完了所有手续并拿到了大红的结婚证书。经学校批准，全班同学纷纷出资赞助，用 20 多元钱，在东山大楼东北角二层外语教室里，为万涛夫妇举办了一次“隆重”的婚礼，原本静谧的教室装扮成五彩缤纷的喜庆现场。在婚礼上，不仅有新婚夫妇的相互道白，还有校团委领导和老师们的莅临祝贺，张奋泉的口琴、贺卫方的山东快书、周农的湖南花鼓戏唱段、赵一民的小提琴独奏《新疆之春》等节目，更为婚礼助兴添彩。据说，这是学校首次为在校本科生举办的婚礼，此前有无前例不知，但至今没有后例！

在全班同学的共同努力下，临近毕业的最后一个学期，我们班再次被评上“三好班”，当我代表全班从院党委书记张文澄手中接过奖状时，心情无比激动。那一张颁奖的照片至今我都珍藏着，它一直给了我们奋发向上的力量！如今，大学毕业已经30多年了，全班同学天各一方，其中在北京工作的同学占了近一半人数，属七八级各班在京同学中数量最多，联系也较为密切。班上其余同学分散在成都、广州、深圳、南昌、海南、重庆等地。多年来，同学们在各自的岗位上默

1981年12月，作者代表七八级九班从张文澄书记手中接过“三好班”奖状

默奉献,不甘示后,各显神通,大放异彩。有的成为著名的律师,有的当了桃李满天下的园丁,有的成为国家政法部门的领导干部和法官、检察官,虽然有些同学已经退休或者即将离任,但仍然为中国的法治建设鼓与呼。上个世纪 90 年代末,贺卫方同学的"军队复转军人进法院"等观点在社会上引起广泛反响,不仅推动了中国司法改革的进程,也促使他走进 1999 年《中国青年》评选的 21 世纪有影响的中国青年的行列。据说现在贺教授的粉丝有数百万之多,尤其受到高等院校法科女生的拥趸。从西政考上法大研究生,且毕业后一直在法大任教的阮齐林教授,在我国刑法界享有很高的影响力,教学科研成果丰厚,多年来的司法考试复习教材中,唯独他的刑事案例分析颇具权威性。在中央电视台《今日说法》栏目聘请的专家中,时常能够见到九班同学的身影,听同窗析案解疑的声音。此外,杨忠民的刑法、周农的法理、李伯侨的民法、李玫的国际经济法等,在国内法学教育界同样享有一定的声望。

在实务部门工作的同学更是比翼高飞,工作实绩突出。如在最高人民法院工作的裴显鼎、曹守晔、黄永维,在高检工作的朱孝清、叶峰,以及现任中国法学会副会长的张鸣起,在江西高院工作的方晓春、在四川省政府工作的邢泸生在泉州中院工作的郭志荣等人,都在自己熟悉的工作领域里如鱼得水,作出非同一般的成绩。被七八级同学称为"学霸"的朱孝清,体质瘦弱,面容清朗,让人看了似乎病病快快、弱不禁风的样子,但是听其讲话、发言和作学术报告时,便会感到他神情自若、中气十足、满腹经纶,尤其对专业理论和实践问题的探讨总能入目三分,令人惊叹其思维之深邃、条理之清晰、观点之精到。在 2015 年 5 月高法举行的一次司法改革座谈会上,当与会学者大多列举省以下法院、检察院人才物实行统一管理的意义和必要性时,朱孝清则提出需要重点研究的应当是"由谁来协助省级党委及组织部门和财政部门管理人事和经费"这一敏感而十分关键的问题,可谓切中要害。"不仅要善于发现问题、分析问题,而且还能提出解决问题的办法”,这正是朱孝清常年养成的职业特点。与其具有很高的理论素养和缜密的思维能力相比,朱孝清对生活的标准要求就低得多了。记得2000年,有一位西政校友去朱孝清在浙江杭州的家中看望他的家人,发现朱家的家具还都是结婚时夫人的陪嫁——那种很老旧简单的家具,吃饭也只有两、三个菜,还都是最简单的家常菜。此时的朱孝清已是浙江省人民检察院的检察长了。

王凡、尹向兵、阎民宪等同学投身律师行业出道较早,多年辛苦打拼,凭借雄厚的法律知识功底,从无到有,从小到大,术有专攻,运作有方,在不断积攒办案经验的同时,也积攒了较高的人脉和声望。

大学毕业30多年来,由于全班同学在北京的居多,班级组织的几次大的聚会活动都在北京举办,大家不论年龄大小,不论职务高低,见面一句“老同学好”、“老班长好”的称呼,足以让人眼眶湿润、心里发热。回想起2003年12月全班同学在北京三座门聚会齐唱《难忘今宵》,2008年10月在重庆歌乐山下大家哼唱影片《追捕》的主旋律“啦—呀啦,啦—啦呀……”同学们无不感叹青春美好,时光难留。

让人伤感的是,班上已经走了两位同学。四川省委党校法学教授李晓路,于2005年5月18日被入室抢劫的罪犯残忍杀害,成为西政七八级50位女生中第一位离世的女性同学。2015年3月31日班上年龄最大的同学夏根不幸病逝,陆绮不仅在第一时间告知我噩耗,而且不容分说为我和卫方预定了去自贡的机票,李玫也把给夏家的抚慰金打在我的账上。清明时节,我和贺卫方等十几位同学来到告别会上,由他代表九班同学致悼词。平时讲话口若悬河的他几次哽咽,几次语塞,使在场的我们不禁潸然泪下,感慨万端。陆绮在告别的微信里写的《天堂有美酒》,往事悠悠、情真意切,读来令人伤感不已:“上世纪九十年代初,我家搬了新房,置沙发铺地毯,还弄来了一个木轮的酒车装腔作势。某日,我们与老夏聚过,酒足饭饱又回到小楼小坐,忠民、老夏盘腿坐在地毯上,我推来木轮车,倒上洋酒继续喝,老夏高兴啊,连说好好好,这样好!大家都陶醉在好酒中……老夏人好,朋友多多，去天堂不会寂寞，况且，天堂有美酒！”

有位同学在向老夏告别的现场含泪写下《送老夏》一文：“老夏啊老夏，你太不像话，你以这种方式与我们分手，你让我们含着泪水来到你家！你的儿女需要你关爱呵护，你的妻子需要你相伴年华，你的同学需要你畅谈青春，你的朋友需要你走遍天涯！四月天本是扫墓祭祖的日子，但是我们真的不愿为你点香送花；同学们的记忆凝聚着悲伤，卫方的悼词令人鼻酸泪洒！3 月 31 日，这是一个感伤的日子，九班的同学将会永远记挂，你是全班第一个驾鹤西去的老哥，让我们痛感人生的升华！老夏大哥啊，一路走好，下辈子我们还求学歌乐山下！”

回眸 1978 年金秋时节，当我们从 16 个省份和 2 个不同建制的军队大单位，分别从工厂、农村、机关、学校、部队来到烈士墓旁，歌乐山下，来到九班时，彼此不曾相识，但四年美好的时光，使我们成为同窗，成为好友，成为一并走向新时代的同路人。“我是 1978 年考入西南政法学院法学本科的，被分在九班。在七八级的日子里，我是不起眼的那类人。虽然没有让同学们感到自豪的学术经历，但是我感到很幸运。”阮齐林如此说。尹向兵至今仍然记得他当年的准考证号为 1789，贺卫方也说到他当年的准考证是 00289，最后都有一个 9 的数字。在中国人看来，九字寓意着天长日久，吉祥如意，这真就是一种缘分啊。岁月流年，往事如烟，祝愿“西政七八级九班”同学今生今世，情谊永存！

CHAPTER 30 ≫

第三十章 甲大班同学印象记

也许是当年学校教室和教师资源紧缺的缘故，西政七八级法律专业上课时，是分为甲乙两个大班进行，甲大班包括一至五班，乙大班包括六至十班。甲大班共有学生 182 人，包括女生 20 人；其中一班 36 人，二班 36 人，三班 37 人，四班 36 人，五班 37 人。相对于乙大班而言，甲大班不少同学血脉贲张，个性张扬，能够在公众场合呼风唤雨，让人不可小觑的人才较多。当年学校学生会主席、副主席、年级

1982 年 6 月 24 日，西南政法学院法律系七八级一班同学毕业合影

总班长、文体部长等主要学生领导干部大多出自甲大班，也就不足为怪。

一班的故事

年级总班长邓文定是上世纪 60 年代参军入伍的老兵，属于“扛过枪、进过厂、下过乡”的高、大、全人物。入校后，他丰富的阅历使他自然当选为法律专业七八级党总支委员、年级学习总班长、学院文艺宣传队队长等职，连续被学校评为三好生和三好优秀生，还荣获重庆市三好生称号。尽管他担负的社会工作较多，但总能够正确处理工作与学习的关系，使年级组织开展学术专题讨论、诗词朗诵和歌咏比赛，球类、棋类比赛，文艺晚会、公益劳动等活动，有声有色，声名远扬。

在校期间，一班就是许多集体活动的策源地，也是毕业之后各类同学聚会活动的中心点。在校期间便大名鼎鼎的男排第一扣手张建魁不仅球场上身手不凡，而且即使升至省级政法机关要职，仍然对班级乃至七八级的活动一往情深，具有一定的号召力。1998 年 10 月七八级校友返校活动时，他所作的组织活动情况报告博得全场掌声就是例证。在历次七八级组织的征文活动中，一班同学组织能力强，落实行动快，完成任务好。在 2008 年编印的《歌乐情怀》一书中，全班 36 人，提交稿件 32 篇，上交率最高。在披露的许多不为人知的七八故事中，一班的贡献堪称“第一”！

喝酒、猜拳、逗乐，是一班聚会常见的景观，但讲起原则，如铁似钢，充满正能量。白新潮回忆说，我班的邢伟当时是全校闻名的花花公子、纨绔子弟，每天穿着花衬衣、留着飘然长发，整天游手好闲，吊儿郎当，喜欢四处凑热闹、瞎起哄。到了大四最后一个学期，刑伟找到时任党支部书记的他，提出要入党，并四处积极“攻关”，邀请同学过生日、下馆子,逛公园、溜旱冰。这小子葫芦里卖什么药?白书记警觉了,私下打听了一下,原来,邢伟正在追求七八级的一位女生,女方能歌善舞,天生丽质,各方面条件都好,又是中共党员。为了将她追到手,邢伟也许认为只有入党方可显示“门当户对”,提高恋爱成功率。但是,那时候班上入党有严格指标,况且临近毕业,竞争力更强。于是,白书记对已经付出许多心血和资金的邢伟同学坦率地说:“你入党积极性是好的,但是,如果按照条件你比其他同学还差些,如果发展你挤掉其他合格的同学,有点儿对不起良心啊!”邢伟闻听此言,知己知彼,连连点头,表示理解:“太为难组织了,真的入不了党也就算了。”

说到一班,不能不提及一个重要人物——李庆。李庆,曾用名李尚公,祖籍湖南邵阳,1958 年 10 月出生于贵州贵阳。1976 年插队当知青,1978 年初应征入伍到云南昆明陆军 11 军入伍,当兵半年考入西南政法学院,1982 年毕业,任职昆明军区直属军事法院,1986 年考入北京大学法律系,攻读法理学硕士研究生,1989 年毕业,任职于刚组建的中央军委法制局。1994 年从军委办公厅转业,创办北京市尚公律师事务所,从事专职律师。他称自己一生喜烟酒、好结友、常写诗、爱宠物,也是七八级公认的聚会活动热心者之一。

大学期间,李庆与我同在校羽毛球队并肩作战,同为现役军人,又同样下过乡,有着较多的共同语言。大学毕业之后,我调到解放军军事法院工作期间,与仍然在云南 11 军部队“锻炼”的他联系密切,有时公私兼顾打起军用电话一聊便是数个小时。上世纪 80 年代中期,有志成才的他不满现状,执意报考北京院校的研究生痴心不改,帝都的生活可能是他当年的梦想。1988 年 5 月,适逢军委法制局组建,我向军委办公厅的领导报到时,在大力推荐七八级的部队同学中,一个是二班宋丹,另一个则是一班李庆了。宋丹当年已经考上北京大学高法研究生班,同时也在《解放军报》借调帮助工作。李庆此时在北京大学读法理研究生,师从陈守一教授,不时约我到学校打球、吃饭。

他生性不甘寂寞，喜好挑战，好不容易进了军委最高法制工作机构工作没几年，突然向组织上提出转业的要求。"做一个优秀律师，创一个优秀律师事务所"，这是他当年离开军委机关的豪言壮语。机遇总是垂青于有准备的人，他很快就用行动兑现了自己的诺言。1993 年，李庆代理山西芮城县 1031 户果农买假红富士树苗集团诉讼案时，以下乡知青的同情心，以部队军人的果敢作风，以自己"崇尚公正"的执业道德，为千户果农拿到了 70 万元赔偿款而一举名扬京城，地、县两级书记亲自送他和所里两块牌匾，称其为"青天"！此案打出了"尚公律师事务所"的知名招牌。

李庆下海伊始，着实有一股"安得广厦千万间，大庇天下寒士俱欢颜"之胆气。1996 年 7 月，甘肃 15 岁的少年买树成来北京打工，不慎右手被绞肉机卷入机器内当场失去五指，手掌仅存三分之一，在向雇主索赔未果而进行漫无边际的申述时，于当年 10 月 6 日与父亲买玉忠一同走进了北京市尚公律师事务所。身为所主任的李庆了解案情后，当即决定，不收取任何费用，委派两位律师助其讨回公道。同时决定，全所每人捐献 1000 元，解决买父子两人的住宿困难，并动员大家为其捐献冬衣。历时两个多月的奔波，终于讨回了说法，使买树成获雇主一次性赔偿 5.9 万元。此案又为"尚公律师事务所"增添光彩。1999 年李庆被评为"北京十佳律师"。

现如今，李庆虽然已经离职休闲了，但其用心血创办的"尚公律师事务所"在北京的长安街上仍然有一席之地。在北京地铁一号线王府井站出站口上，赫然写有"北京尚公律师事务所"的指向牌！他生性开朗，口无遮拦，出手大方，乐于公益。多年来，西政七八级的同学聚会、出书、吃饭、颁奖，他是热心张罗者，也是主要出资者。

2014 年 11 月，在北京怀柔举办的同学聚会中，同学们为李庆亲自题写的颁奖词写道："下过乡，当过兵，鹏城拜佛，云贵驰骋，歌乐山下情最深。从《遥想当年》《歌乐情怀》到《西政学了学术文库》《歌乐集》；从京郊公园、巴蜀酒家到豆花酒店、世纪金源，每一次同学聚会，都有他的身影，每一回出资捐助，都出手慷慨解囊；数十年如一日，激情似火，酒酣胸袒，留下‘尚公’美名，心系同窗之情。”

大学毕业后，一班的同学大多在法院、检察院工作，在省、市级司法机关任领导职务的不在少数，他们往往能够把理论与实践二者结合得恰到好处。

李少平，1956 年 10 月生，山西武乡人，1978 年至 1987 年在西南政法学院学习，先后获得法学学士、硕士学位。1988 年至 1995 年任四川省高级人民法院审判员、研究室副主任、刑一庭庭长。1995 年任四川省高级人民法院副院长、党组成员。2002 年 11 月任四川省高级人民法院党组书记、副院长。2003 年 1 月任四川省高级人民法院院长、党组书记。2008 年任天津市高级人民法院院长、党组书记、市委政法委副书记。2013 年 10 月调到最高人民法院任副院长。多年来，他在工作百忙之余，始终不忘对司法理念和司法规律的深度思考，写出了一系列涉及刑事司法领域的专题研究报告，并出版了《司法理性与公平正义》《二十载之刑法思路》等专著。

现任北京市高级人民法院副院长的孙力，既是司法战线的一名法官，也是喜好著述立说的学者。大学毕业后，孙力曾在大学任教和当兼职律师期间，先后攻读并获取法学硕士、博士学位，1994 年调到高检机关，先后任助理检察员、检察员、检察长办公室副主任、研究室副主任、北京市人民检察院副检察长、海淀区人民检察院检察长、北京市高级人民法院副院长等职，同时兼任北京市法学会刑法学研究会会长，系京内外多所高等院校聘任教授。三十多年来，他主要从事刑事法学研究与教学、刑事辩护、刑事检察及刑事司法工作，在思考和实践探索中，形成一些带有专业特色的观点和学术成就。先后主编、合著（译）、独立撰写《罚金刑研究》《检察实务中的诉讼参与人合法权益保障研究》《公务活动中犯罪界限的司法认定》等 80 余部法学类书籍，在《法学研究》《中国法学》《法学译丛》等刊物发表论译文 100 余篇。

此外，一班还有何叔谋、刘开勃、杜伯强、邢伟、彭士翔、温建鸣、李济亚、王福坤、白新潮、张建魁、李航明、莫澄真、刘天敏等人，在各省、市和军队司法机关任职期间，工作踏实，成果显著，博得好评。而齐文远、慕亚平、李建明、李兴淳等人在各著名高等学府任教，也因学术功底丰厚，教学科研成就斐然，而博得校内外师生好评。

二班的故事

1999 年 11 月 26 日上午，正是“北雁南飞”的初冬时节，中南海怀仁堂春意浓浓。为江泽民等中央领导举办的一次题为《依法保障和促进国有企业改革》的法制讲座如期开讲。讲座人中国政法大学教授王卫国便是西政七八级二班的一员。

在这次讲座上，其核心内容谈的是国企改制和脱困，讲座的主题就是现代企业制度。为了把课讲得深入浅出，王教授创造了一个令人称奇的“马理论”。他形象地说：“如果把困境企业比作一匹病马，那么，我们在治好它以后得到的是活马的价值，而通过破产清算得到的只是马肉的价值。如果能以比较小的成本治好病马，就不应该‘杀马分肉’。”这一番通俗的语言、形象的比喻，让在座的 180 多位肩负共和国领导重任的人频频点头，表示满意。在讲座过程中，江泽民、胡锦涛和李岚清等人还不时与王卫国一起讨论法人治理结构的有关法律问题。

1978 年高考时，王卫国已经完成了从知青、军人到公务员的角色转换。“文革”前只读到初中二年级的他选择进入西南政法学院学习法律，与其军人的家庭背景和坎坷经历有关：他的父母都是北方人，在枪林弹雨中穿行南下，为新中国的解放事业立过功勋。然而，在“文革”中，他们双双遭受劫难，他的母亲最终惨死在“牛棚”！那时，他就想，母亲虽然不能复生，但国家不能再有这种悲剧发生了，不能再让别人来承受我的这种痛苦了。他认定唯有法治方能保证悲剧不再重演，于是他毅然选择了法律专业，并怀着在一片空白土地上把法治大厦建起来的使命感，昂首挺胸踏进了大学校门。

在西政母校读完本科、研究生课程之后，王卫国留在母校做了教师，并在1985年率先在国内搞起了商法研究。1989年他应邀到瑞典做了两年的客座研究员后，又应邀到加拿大一所大学做访问学者。1994年，他带着妻子和儿子举家来到中国政法大学任教。几年之内，即在经济法学界取得了不菲的成果，先后出版了《科宾论合同》《中国证券法破产法改革》等译著和专著；发表了《论民法与商品经济》《公司资本论》《论重整制度》《企业拯救制度在中国的采用比较概观》等中英文论文，这使他有幸入选进入中南海讲坛授课的著名法学家之列。

多年来，在东南亚及南海问题研究成果屡见报端，并被《环球时报》等权威媒体看重的广西社会科学院研究员孙小迎，是二班为数不多的女生之一。她与“80后”的儿子畅谈大学生活的话题时，不无自豪地说，儿子很小就特别愿意听她讲七八级的故事。她回忆上大学的当年，从广西到重庆可真是不容易，从南宁出发要在柳州和贵阳转车，而且除了南宁之外全都是中转车。当时的小妹妹、小弟弟——小波（赤宇）、小莫（澄真）、小兰（海宁）、小赖（昌方）就更不易了，他们还要从家乡搭车来到南宁。为了相互照顾，每个假期，李连宁都会组织大家一起回家和返校。刚上学那会儿还好，尽管不断转车，绿皮车上好歹还有座位。一年之后风云突变，车上“兵荒马乱”，四川出门打工的人太多，在重庆和贵阳上车时，不是男生在后面把我们往车上推，就是从车窗往里拉。车上那个挤呀，差不多是前胸贴后背，好不容易抢占个座，男生总是让着女生，现在想一想都感动得直掉泪！

有一次，小波刚坐下就睡着了，这事让同班的王莹文羡慕得不得了，一路上直感叹：这就是年轻人的优势和力量啊！有一次，终于占有了一个双人座，大家都让身材瘦小、体质较弱的王莹文睡一会儿，只见他弯腰弓背，蜷成一团，睡成一个大虾米状，竟然不顾列车一路颠簸，睡得十分香甜。此时，有一个旅客非要挤占另一个座位，小莫立即上前伸手拦住："他是患病的病号，是我们大家让他睡的，他如果不睡好，在车上犯病闹事那就得不偿失了。"吓得那个乘客顿时不再吱声了，知趣地溜到别处去了。那个时候转车签票、上车抢位、买饭打水等，几乎都是李连宁和王莹文为主出去"打拼"，有时候带着"第二梯队"的小兰、小赖助阵。孙小迎说，四年"求学之旅"虽然路途艰辛，但是最难忘怀的是青春之旅，那真是急着、挤着、累着，同时还快乐着！

曾任校学生会主席吴南卫身材高大，气宇轩昂，有着形似《红灯记》中共产党人李玉和的高大形象。他回忆当年考试时在厕所讨论的情景，逼真诙谐，令人捧腹。他清楚地记得，那是第二学年结束前的民法考试，考试时间是三个小时，期间经监考老师允许，学生可以出门上厕所。两个小时过去了，陆续有个别同学出考场进厕所，他也

1982 年 6 月，西南政法学院法律系七八级二班同学毕业合影

利用此时间外出“解除负担”，但未进门便听见厕所里争执声一片，好不热闹，估计隔壁的女厕所都能听到。原来，大伙针对最后一题代位继承的分配比例答案激烈争论。他进门后，只见蹲位、站位均满员，似乎还有人未脱裤子，直接蹲在那里，嘴里叼着一支烟。他示意大家不要“高谈阔论”后争论声悄然而止，但只听到一个声音说出答案是“三一三余一”，许多人闻声纷纷离去。然而卷子改出来后，让不少人郁闷的是，继承数额的正确答案全部是整数。

俗话说，天有不测风云，人有旦夕祸福。与当年毕业前夕白泉民获得省级三好生奖的意外之喜截然不同，二班贺剑强毕业时的遭遇可谓是喜忧参半了。毕业典礼过后，贺剑强兴冲冲订好 7 月 28 日回湖南益阳老家的火车票。当天上午天阴沉沉的，他从学校乘公交车去菜园坝火车站，车上十分拥挤，他站在过道上被来来往往的乘客挤得东倒西歪，到了火车站一摸挎包，心里头一惊，挎包已经龇牙咧嘴，皮包不见了！皮包里有其所有的证件和现金，包括身份证件、毕业证件和派遣证明等材料。没有这些东西，怎么上单位报到？他心急火燎地回到学校，向年级办老师汇报了情况，遭到老师不留情面的一阵训斥：“你就要成为一名光荣的政法干警了，怎么还这样缺乏革命警惕性呀?”说得贺剑强同学灰头土脸，央求学校能否补办所有的证件和证明。但学校没有遇到过这类事情，明确告诉补办手续十分麻烦。贺剑强在空无一人的宿舍里六神无主，焦躁不安，撑到当天下午四时许，年级办的老师通知他去办公室一趟。让他惊诧的是，进了办公室，老师的脸色风云突变，上午还电闪雷鸣现已变成春意盎然。老师对他说，你的证件找到了！原来童家桥邮政所打电话到学校，称在邮筒里发现了贺的证件。据他们推测，可能是小偷放进去的。贺剑强一路小跑来到邮政所，从工作人员那里取回自己的证件等遗失物件，尽管现金已一无所有，但他仍然双手合掌，望天长叹：“这真是个有良知的小偷啊!”

说到二班，不能不提及七八级的唯一“将官”——宋丹。宋丹，江苏泗洪人，1956 年 7 月出生于云南昆明，1972 年入伍前曾在工厂当过学徒工。上大学期间学习极其刻苦，每天伴随他的就是一个死沉沉的军用挎包，内装着书、教材和饭盒，经常见他在东山大楼一角背诵外语。大学毕业后，曾先后在昆明军区保卫部、昆明军区军事法院工作。他办案数量多、质量好，工作效率高，曾获云南省"一五"普法知识竞赛个人第一名，在《解放军报》出名挂号。1988 年中央军委法制局组建时，已经具有上北京大学读研究生资格和调任《解放军报》社工作双重机会的他，毅然要求到"一无所有"的军委法制局工作。1988 年 9 月 24 日（星期六）下午到达北京后，当天下午不顾旅途劳累便投入局里工作，此后长期负责军事立法工作，多次获得军委领导和总部有关部门的好评。

1999 年中央电视台开设澳门回归 48 小时电视直播报道时，因为有许多内容涉及澳门驻军法以及驻澳门部队等有关军事立法方面的内容，当直播策划者想请一名既熟悉军事又熟悉法律的嘉宾感到困难时，经人介绍在北京八一大楼找到宋丹，短暂时间的交谈让他们眼睛一亮，喜出望外，眼前这位看似憨厚质朴的宋大校不仅十分健谈，而且本人还直接参与澳门驻军法的起草工作，对澳门驻军方面的知识尤其熟悉。于是，策划者辗转找到宋丹所属的军委办公厅领导，得到允许后，一个集军人、法律工作者和澳门驻军法起草人员三位于一身的宋丹，首次从幕后走向直播室，在央视银屏前与亿万观众共度难忘时刻。在 48 小时的直播报道中，平时不善言谈的他侃侃而谈澳门驻军法的起草过程、规范内容以及起草中的一些鲜为人知的内幕，使观众不仅了解了澳门驻军的必要性，也记住了这位入伍近 30 年，为驻澳部队提供法律依据作出贡献的西政学子。

鉴于宋丹的突出成绩，2000 年他破格升任副局长（正师职）一职，2004 年晋升少将军衔。此后，他由中央军委法制局局长晋升到军委办公厅任副主任。党的十八大之后，新的军委领导体制变更后，政治素质和业务素质超强的他又调到军委纪律委员会任专职委员。2016

年5 月,他由专职委员升任新设立的中央军委纪律检查委员会副书记,这一职务调整,意味着他将有更多的机会和时间为国防和军队建设作出新的贡献。

三班的故事

近年来,三班新设的手机微信群名冠为“三坑”,这使人不禁联想起与母校所在地100 多公里外的一处著名旅游景点——重庆武隆天坑。那个天坑深邃莫测,景色绝伦,曾经是电影《满城尽带黄金甲》的主要拍摄景点之一。重庆天坑传闻的古老神奇传说众多,“三坑”的人物和故事也不少。

如今看来,三班可谓藏龙卧虎、人才济济,有的可谓不鸣则已,一鸣惊人。其中,既有我国人民法院系统第一个新闻发言人刘会生,也

1981 年12 月14 日,西南政法学院法律系七八级三班同学毕业合影

有在七八级同学中第一个考上研究生而提前毕业的杨遂全教授，既有在校就是知名人物的我国现今著名儒家学说奠基者蒋庆，又有在援助南京大屠杀事件幸存者维权诉讼中作出特别贡献的京城著名律师闫欣。1994 年 4 月 15 日，中国首家以个人名字命名的律师所——谢朝华律师事务所在北京挂牌正式成立，此举标志着中国允许私人开办律师所，这个勇于第一个吃螃蟹的人，也是三班的谢朝华同学。

李连宁，大学四年任期四年的三班“终身制”书记，德高望重，一言九鼎，在校期间就把三班搞得“团结、紧张、严肃、活泼”。当年考入西政之前，他曾在广西一所中学工作并承担政治课教学。高考恢复当年，他与自己任教的高三毕业班学生并肩战斗，白天教学生，晚上自己复习功课，“老师学生一起复习备考、一起走进考场”，这是特殊历史背景的产物，也是李书记入学前的真实写照。入学之后，班里开的第一个会，他就显示出当领导的才能和风采，言而有信，四平八稳，做事干练，中规中矩。当年有人断言，李书记就是当官的范儿。一语成谶。三十多年过后，他确实是班上最大的官！

1982 年 7 月大学毕业时，李连宁面临着人生抉择，是去恢复不久的国家司法部工作？还是去上厦门大学当民法专业硕士专业研究生？经过短暂而艰难的权衡后，他毅然选择了继续读书。原先他对自己设计的人生美好蓝图，是在大学里当一名法学教授，如果还有非分之想的话，最好再当一个法学院院长，此生足矣。只是让他没有想到的是，他 1985 年硕士毕业后，中央召开全国教育工作会议，作出了教育体制改革的决定，提出加强教育立法工作的任务。这一难得的机遇，使他人生轨迹峰回路转，只得放弃在美丽鹭岛留校任教的机会，进入北京国家教委政策研究室立法处，从此开始了长达 20 多年殚精竭虑搞教育立法的艰难征程。

作为见证者和参与者，李连宁在国家教委工作期间，亲历了《义务教育法》《教师法》《教育法》《职业教育法》《高等教育法》等一系列立法项目的调研论证、研究起草、制定修订等工作。1986 年时任国务院副总理兼国家教委主任的李鹏向第六届全国人大第四次会议作《关于制定义务教育法(草案)的说明》稿中,就有李连宁付出的心血。

2003年3月,当选为第十届全国人大代表的李连宁不忘履职尽责,做的第一件事就是及时提出了关于修订《义务教育法》的议案,在法律规定30名全国人大代表联名签署才能成为议案的前提下,由李连宁领衔的议案上,竟然有380多位全国人大代表签名,连全国人大办公厅负责多年法律议案办理工作的同志都惊呼,这是迄今为止我见到的签署法律议案人数最多的立法议案!该议案得到全国人大有关部门的高度重视,列入十届全国人大的立法规划,并很快进入修改议程,促成2006年修订后的《义务教育法》颁布并实施。修订后的法律条文,由原先的18条增至63条,构建的义务教育的法律制度愈益完善,可操作性大大增强,特别是把义务教育最本质的特征——免费性通过法律确定下来,引起了社会强烈反响!

三班蒋庆在校期间就是一个名人,其不仅思路开阔,见解新颖,而且涉猎广泛,功底深厚。"忽闻打叶雨稀疏,独坐幽丛好自如。耳畔红尘浑不管,一声鸟语又翻书。"在许多同学看来,蒋庆绝对是一位"宁鸣而死,不默而生"的印象派典范。

进校不久,在解放思想的大潮刚刚泛起浪花之际,他的一篇评述雷锋精神的文章《雷锋是奴化思想的产物吗?》在校园墙报上刊出,引起了较大的反响,使人们开始从另外的思维角度对一些早已习以为常的事物进行审视和反思。此后,他的思想恣意驰骋,将写作焦点对准了我们信奉已久的马列主义。当时,马克思的《1848年哲学——经济学手稿》引起了我国理论界、思想界的重视,蒋庆通过对这本小册子的研读,看到了两个马克思,一个是年轻马克思,一个是老年马克思,于是,他一气呵成地写出了文才飞扬的长篇论文《回到马克思》。这篇文章犹如重磅炸弹,不仅在学校轰动一时,而且在中国思想界和政界引发了强烈的震动,使蒋庆成为备受各界关注的"敏感人物"。

蒋庆在认真思索辨析的基础上,通过文章给马克思学说贴了很多标签，划分为封建的马克思、神学的马克思、宗教的马克思，他均将其归结为“异化的马克思”，认为只有青年的马克思学说值得推崇。此时恰逢第一次思想解放浪潮汹涌澎湃，马克思主义的异化理论风靡一时。在《回到马克思》文章的开头，蒋庆引用了韩愈的诗作“寻坠绪之茫茫，独旁搜而远绍，障百川而东之，回狂澜于既倒”。

此后，他的惊世之作不断。在《当代青年的四种类型》这篇文章中，他归纳了新中国成立后成长起来的四种青年类型——雷锋型、红卫兵型、张铁生型和“四五”青年型。其中认为雷锋型提倡“螺丝钉精神”，“绝对听党话”；“文革”中红卫兵型成为“造反工具”，其最终结果空留“两行热泪、十年辛酸”；“文革”后期的张铁生型，为目的不择手段，进入权力拜物教怪圈；唯有“四五”青年型，开始有了独立思考和反思批判精神，开始思考“大写的人”。这些观点尖锐，直击实质问题，引起了校领导的重视。有人把他的墙报系列文章称为“政法院校史上最牛的大字报”！

事后，有关部门对蒋庆有些“离经叛道”的言论甚为不满，要求校方对蒋庆做出开除学籍的处理。而学校据理力争，坚持把蒋庆视为勇于探索真理的热血青年，并禀报上级，表示会采取批评和引导的方法做好蒋庆的思想转化工作。于是，学校组织了七人帮教小组，由学校宣传部长高枫领衔，汇聚了西政马列造诣精深、能思善说的几名教师轮流帮助蒋“转变思想”。帮教工作通常定在每周二下午，持续时间长达两三个月，蒋庆独自一人舌战“七雄”，不仅原有的思想认识没有被转化过来，而且促使他迸发了更多的思想火花。

上级领导部门十分关心蒋庆的思想转化进展，他们希望西政能够树立一个转化“问题学生”的典型。然而，蒋庆毕竟是一个冥顽不化的学究，不认同的观点他誓死不附和。而帮教小组与蒋庆的讨论、辩论，始终是处在一种平等、尊重的氛围中进行的。最后双方达成的协议是：学校尊重蒋庆保留个人观点，蒋庆不再公开发表激进言论。

校领导和老师们对蒋庆的关心和爱护、开明与包容，也让蒋庆深为感动。1981 年冬天，他得知时任院党委书记的张文澄即将调任重庆大学工作，写了一篇《念奴娇送张文诚(澄)公》，便是他内心的真实写照：

冻云千里，北风紧，斑马萧萧呜咽。不唱阳关，何处是，垂柳依依堪折？歌乐为苏樽，嘉陵作酒，共醉巴天月。送公去也，迴肠又惹千叠。

回首前路茫茫，世情难料，惜今朝离别。一介书生何所有？遥寄新词切。人去楼空，燕归巢在，往事休评说。自兹挥手，愿公莫换华发。

七八级唯一的大使级“外交官”，便出自三班的段洁龙。段洁龙，1958 年 7 月出生，陕西西安人。大学毕业后，曾任中国常驻联合国代表团一秘，中国驻美国大使馆参赞，外交部条约法律司参赞、副司长、司长，中国驻悉尼大使衔总领事、中国驻新加坡特命全权大使、中国驻匈牙利大使等职务。据班上同学回忆，段大使当年在校学习相当刻苦，连续几年假期不回家，留校苦读书本，最后落了个“留守处长”的雅号。他对大学寝室同学的回忆文章，让人深感同学情谊厚重。在他的笔下，当年同居一室的众多同学的性格特点和形象特征无不栩栩如生，令人忍俊不禁：

大益哥是寝室的“至尊”，其人前庭宽阔，目光如炬，阅历丰富，一付智者高大形象，与大益哥同窗四年，少见其声高言重，撑死了一句慢悠悠的广东腔“不要这样搞啦……”堪称宅心仁厚大师兄；邱礼平广东潮汕人氏，天生眉清目秀，一卷凉席、一双拖鞋从容赴学，面对寒气日甚的山城气候，只能瑟瑟缩缩摆出“团长”架势，幸亏连宁、闫欣等众多同学雪中送炭，成就了本班“和谐班级”美名；被人称为“扎卡”者刘希贵，北京知青，云南插队，走南闯北，见多世广，是个不辱其名的“北京侃爷”，摆起四川的“龙门阵”来，操一口纯正的京腔，口若悬河，无人能比，常有痴迷者听罢竟然久久不能自拔；赵康平时喜静，不爱晨练，偶然晨跑，竟然一发不可收，脚踩一双解放鞋，竟然一口气跑进重庆市大学生前三名！此外，新元、树章的划拳排座次，得平夫妻久别的团聚风波，珠江和蒋庆的唐诗宋词的高谈阔论，宽众和遂全的“鸡与蛋”的学术争论，都令人捧腹！

毕业当年到安徽大学读研究生，后来到国家农业部工作，再到美国阿肯色大学读书的高宽众回忆说：

我是农家子弟，我知道，没有优异的成绩和过硬的本领，在这群强手如林的同学当中就没有立足之地，更不用说还想改变中国和世界了。于是，大学几年，我始终背着一个放电影用的特大号帆布工具包，天天在教室里苦读、恶补，没有节假日，也没有下馆子（家穷没有钱）。天道酬勤，第一学年功课全部优良，被学校评为三好学生，还得到了十元奖金，令我欣喜若狂！

当时学校有很好的教学制度，政治理论课和法学专业课均安排时间分小班自由讨论。三班的讨论课总是辩论激烈，气氛紧张。通过辩论，培养了大家的口才和胆量，接触到不同的思想和观点，收获很大。我记得当时班上年纪大的同学有人公开否定“文革”，批评毛主席的错误，甚至公开质疑雷锋精神。我年纪小，从小受正面教育多，刚开始很是震惊。后来感到他们说得有一定道理，因为1981年党中央的《决议》与同学们的观点基本吻合。贵州来的一位同学，干部家庭出身，曾经参军赴国外打仗，诗词歌赋无不精通，令我佩服得五体投地。这位老兄有点儿让人琢磨不透，我们学法律专业，他却耗费大量时间研究抽象的哲学，对各种时兴的思潮进行反思。直至在学校食堂里贴出大字报，提出“回到马克思”，据说都惊动了邓小平，让我曾经一度心惊胆战，几回梦中这位老兄被开除学籍，押送到首都批判。后来我到安徽大学读研究生，到农业部工作，上机关党校，到美国阿肯色大学读研究生，与各时期中外同学的接触中，对我世界观影响最大的还是在西政的这班同学。

三班的凝聚力还表现在关键时候同学间的鼎力相助。1993 年 8 月,一场突如其来的灾难降临在时任湖北省高院刑事庭长李开甫头上。正在上班的他以受贿罪被突然拘留,紧接着几个月不分白天黑夜的刑事侦查、讯问,使李本人精神几近崩溃。次年 3 月,正当全国"两会"召开期间,"湖北省高院审委会委员、刑一庭庭长李开甫许诺将死刑犯改判为死缓,收受贿赂一万元"的消息不胫而走,在全国各大媒体曝光。一时间,三班的同学震惊了,失去人身自由的李开甫的压力更是难以言状。许多同学纷纷通过各种渠道了解案情,谢朝华在北京利用掌握的信息资料组织同班同学认真讨论案情,开庭之前火速飞抵武汉,直接旁听庭审。作为被告人的李开甫在侦查人员的威逼利诱面前,是违心承认有罪,获得不坐牢的许诺?还是坚持真理,不为所动,为自己的清白负责?在痛苦和艰难的抉择面前,李毅然选择了后者。历经两年多磨难,终获无罪判决。事后他感触良久,心想如果没有在母校期间学到的法律知识和法律意识,没有同学们在法庭上为其据法释理,很可能因其"委曲求全"而抱憾终身。

在校期间,三班同学考试成绩总体好于外班,曾让人探求奥秘。担任三班班长的张辉透露了上大学应对考试的一个秘密。上学难免要应对考试,谁都想在考试中考出个好成绩。许多同学琢磨着,如果考试之前可以知道考题,甚至知道考题的标准答案,还用担心考出好成绩吗?于是,有人在总结考试经验的基础上,决心采取"先考老师再考学生"的办法。考试之前,大家在认真整理课堂笔记和参考讲义资料的基础上,在老师布置的考试范围内,拟出多道"考题",分出重点与非重点题型,作为考试复习中难以理解的问题,分别找老师解答,然后将老师的解答整理成标准答案,转抄或复制给其他同学。结果如此下来,屡试不爽,几次考卷的考题,基本上与同学复习前拟出的"考题"相同或近似。凡以此方式应对考试的同学,虽然平时学习不甚用功，但每次的考试成绩总令老师同学们刮目相看，最终这一应付考试的“绝活”和“秘诀”流传外班，引得纷纷仿效。

四班的故事

2007 年 7 月，当《法制日报》记者采访时任最高人民检察院检察理论研究所所长张智辉有关高考的话题时，这位在我国刑法、检察学研究领域颇有名气的张所长首先从办公桌抽屉里拿出一个小红本，塑料皮上的烫金字迹依稀鲜艳夺目——“西南政法学院七八级同学录”。从这个小红本开始，张智辉兴致勃勃地谈起自己的大学生活。

作为曾经是有着当兵 6 年经历的张智辉，到了西政，便被委任为四班长。他不仅善于把班级工作管理得有条不紊，而且在处理班级内外关系中堪称楷模。当年，四班与九班同住东山大楼北五层，两个班合用一个黑白电视机，学校规定只能晚上和周末方可收看。然而电视搁在哪个班就成了问题，由于九班看电视的同学较多，一度掌控电视机的时间段过长，而且每次看电视占用的场地也过大，导致四班同学颇有微词。为此，时常因为电视机归谁主管和使用产生小纠纷。张智辉代表四班为此出面与九班沟通协调，最终本着互谅互让原则达成协议，两班定期轮流保管，电视机打开时，应当为兄弟班留足一定位置，不能地盘全占，形成“本班同学坐着看、外班同学站着看”的局面。在做好本班同学的说服劝说工作后，他主动提出让九班主管电视机的建议，使两班合用电视机的矛盾得到圆满解决。

四班同学大多忠厚、实诚，在校期间为人处世比较低调，遵规守纪。1980 年夏天，四川连降暴雨，宝成铁路中断，短期难以修复。此时正值暑假临近结束，学生都要按时返校。四班的甘肃籍同学罗承志入校前系兰州的交通民警，在班上年纪最大，党龄最长，平时表现积极，群众基础很好。如果因故迟到，虽然因不可抗力原因情有可原，但毕竟会对罗大哥的形象造成一定伤害。怎么办？为了按时返校，他急中生智，穿上全套警服，背起黄色制式书包，手握两面红黄交通指挥旗帜，一路披荆斩棘，以执行公务为名，见车就挤上车“检查”，见路堵就上前“疏通”，一路畅行，按期返校。当同学们质疑他究竟用何途径方能冲破险关准时到校时，他拍拍身上的警服，扬扬手中的旗帜，风趣地答道：“在人民警察面前，任何艰难险阻都不在话下！”大学毕业后，忠厚朴实的罗承智在公安系统工作时因见义勇为而光荣受伤，曾获得甘肃省政法委的通报表彰。

在入学学生档案中，明确注明“闽剧演员”的陈泽宪，福建古田人，长得眉清目秀，一举一步透着专业演员的风范。现如今是中国社会科学院国际法学研究所所长、教授，在法学界知其是刑法理论研究“大伽”。殊不知他在大学期间就是围棋业余高手，校里校外还小有名气。更未想到，在长期的黑白棋盘中，他能够以学者研究的角度形成了自己的一套围棋人生观。他说，围棋中的“气”，是一个基本术

西南政法学院法律系七八级四班同学在学校门口合影

语。每个棋子有四口气,气越多,则棋子越有活力;气越紧,则棋子处境越危险。围棋中"气"的重要性,反映了中国传统文化和传统医学对"气"之于生命现象的重要认识。在翻译时,如果把围棋的"气"直译为"air",则不仅妙味全无,亦未得围棋之精髓。不知哪位学贯中西的高人,将围棋的"气"贴切地译为"liberty",即"自由",此译实乃深谙中西文化异同之妙译,使得在西方文化和价值观念氛围中长大的人一下子就明白了围棋中"气"的本质。若有人问起他缘何不专心致志地钻研围棋时,陈教授如此作答:"棋局如人生,得失两相宜。围棋作为一种变化无穷、妙无止境的竞技艺术,有益于爱好者启迪心智、陶冶性情、愉悦友谊。倘若成为一种职业,则难免呕心沥血、殚精竭虑、纹枰对决、残酷甚于潇洒。这也是围棋职业棋手每每羡慕业余爱好者之处。"

四班还有一位英年早逝的刘教授——刘亚平。1951 年 6 月出生于河北霸县,1968 年 3 月响应祖国号召参军入伍,任 196 师炮兵团指挥连班长,1969 年 10 月入党,1973 年 3 月复员回到家乡公社高中任民办教师。1978 年 10 月考入西南政法学院,1982 年 7 月大学毕业分配到北京政法学院(现为中国政法大学)。从 1982 年后到逝世前的 18 年时间里,刘亚平先后在中国政法大学的人事处、教务处、成教学院等部门工作,他无论在哪里,无论做什么工作,都表现出极大的热情。特别是 1984 年以来,他把全部的精力都投入到教学与科研之中。其中,主编、参编的教材、著作共 10 部之多,总计 110 万字。1994 年曾获得曾宪梓优秀科研成果奖。他讲授《刑法学》《法理学》两门功课时,五年内授课达 2250 学时,年平均授课 450 学时。超负荷的教学工作量和科研活动,使刘亚平的身体状况急转直下,先后患上糖尿病和心脏病等,但他总是对生活和事业抱着乐观的态度,三尺讲台从不敢怠慢,方寸稿纸从不停耕耘。就在他临终前的那一刻,他还在对妻儿讲述着新世纪来临后要干的一些事:批改试卷、备课、讲课、读书等一系列事儿。2003 年 9 月,我在《情系军法》一文中写道:

大家还记得四班刘亚平同学吧，毕业后分到了中国政法大学任教，尽管身体一直不好，但他却十分珍惜时间、酷爱职业。每年的授课时间均在450个学时以上，发表的教材、著作和论文也达百万字之多。2001年春节前夕，他与爱人小杜上我家时，压抑不住内心的喜悦，告诉我三件喜事：一是本人晋升为教授；二是买了宽敞的住房；三是儿子考上重点高中。我在祝贺他们的同时，劝他注意身体，适当锻炼，可是他却付之一笑。未曾想这一次竟成了我们的永别。2001年1月24日（大年初一）晚上他因心脏病突发不幸去世，殁年49岁。在他的追悼会上，许久未见的同学都出现了。重逢本是一种喜悦，此时却变成难以言语的悲哀。生命竟然如此脆弱，我们更应珍惜！何谓能力，能，学识、才能也，力，体质、体力也，“能”与“力”相辅相成，合为一体，才有旺盛的生命力和创造力。我始终认为，体育锻炼能够给人以力量，给人以乐观，给人以生命，给人以财富。不是吗？你的生命如1，其他诸如金钱、地位、荣誉等，如1之后的0、0、0……将其有机地连在一起，将能使你活得有滋有味；倘若连生命都不复存在了，余下的其他东西还有什么意义？珍惜光阴、发奋向上的精神固然可取，强健体魄，延续你的事业更加可贵。

也许是“板凳坐得十年冷，不写文章半句空”使然，四班同学大学毕业后在高等学府和科研院所从事法律科研教学活动的人较多，几近一半，如陈泽宪、孙国祥、温晓莉、张卫华、朱兴有、陈新华、刘亚平、邢志来、张翔飞、冯亚东、吴中林等，他（她）们不仅在本科院校（所）属“中流砥柱”人物，而且在国内学界也屡有建树，久负盛名。

五班的故事

五班共37人，大学毕业后成为法官的有16人，几乎占了“半壁江山”，故被戏称为“法官班”。涌现出诸如江必新、景汉朝、王海萍、周瑞春、尹鲁先等一批国家高级职别法官人物。2000 年 5 月，在五班的一次班级聚会活动中，该班的谢瑞生曾作一首“七律”：“低调先功后显山，居中不意法官班，零年首聚海南岛，从此相邀流水潺。”

五班的王昕入学前当过兵，出身老红军家庭，大学毕业后也曾经在湖南长沙市法院工作过。她回忆当年参加学校组织的赞颂祖国诗歌比赛的“现丑”往事时，别有一番感慨。她耗尽心血创作的作品入选后，究竟由本人还是他人上台朗读，这使她颇费一番脑筋。本班的女生王丽（与四班女生王丽同名），声线甜美、体态轻盈，然而在她的声音里她始终找不到激昂的诗情。于是，她把高傲的目光投向为数不多的帅哥俊男们。十班的黄松有眉清目秀，他与师资班刘琳二重唱《阿诗玛》主题歌风靡全校，举手投足均有“文艺青年”风范。可是，当穿着十分时髦、套着短小九分裤的黄松有如约来到东山大楼二层的女生寝室见面时，有过军旅生涯的王昕见其奇装异服穿戴颇为不悦。两人一合作，黄的潮汕普通话令王昕心灰意冷，最终只能忍痛送走“黄君”，自己单独上台亮相了。

王昕记得上台那一天，女生们献计献策，献财献宝，有位女生还捐出一双白色的高跟塑料凉鞋，鞋带是系在脚腕上的，漂亮别致，但是略显大些，她试着总体感觉良好，就顾不得那么多了。当天她的抒情朗诵和激情表演十分圆满，唯独下台时，面对喝彩声、掌声心情激动而步履慌乱，当只剩下两级台阶时，鞋带不知被什么东西扯住，身子一个踉跄，一百多斤的她径直向前飞去。当下一片惊叫、起哄，她脑子一片空白，此后的瞬间没有留下任何记忆。她似乎听到有的男生调侃：“王昕上台诗歌朗读，下台做了一个漂亮的前滚翻，真可谓又说又跳，才艺双全哟！”最终，王昕的诗歌创作和朗诵表演得到优秀奖，下台时的“飞翔表演”没有得到什么奖也在情理之中。

仔细观察五班毕业后从事法官职业的同学，可以发现有一个共同特点，植根实践，创新理论，山积而高，泽积而长。

江必新，1956 年 9 月生，湖北枝江人，1978 年考入西南政法学院法律专业。1985 年 1 月从西南政法学院法律系中国法制史专业毕业,获法学硕士学位。同年同月进入最高人民法院,历任助理审判员、审判员、副庭长、庭长、审判委员会委员、最高人民法院副院长等职。2004 年 5 月至 2005 年 2 月,任湖南省高级人民法院代院长、党组书记;2005 年 2 月至 2007 年 12 月,任湖南省高级人民法院院长、党组书记。2012 年 11 月任十八届中央纪律检查委员会常务委员会委员。先后著有《行政诉讼问题研究》《行政诉讼疑难问题探讨》《国家赔偿法原理》《中国行政诉讼制度之发展》等著作 40 余部,发表论文百余篇。1999 年被评为"全国十大杰出中青年法学家",2005 年入选"当代中国法学名家"。

景汉朝,1960 年 11 月生,河北深县人,入学时是班上年龄最小的学生之一。大学期间学习勤奋刻苦,为人谦和,思维深邃。大学毕业时,他谢绝母校的挽留,来到石家庄邮电专科学校当了一名从事法学教学工作的教师。1984 年调到河北省高级人民法院,从书记员做起,28 岁当副庭长,32 岁当庭长。1994 年选调到最高人民法院工作,3 年后又被调回河北省高级人民法院任副院长,分管经济审判、执行和法官教育工作。在省级法院领导岗位上,他依然重视知识的学习和积累,先到北京大学读了硕士,又回到西南政法学院读博士,虽然一直在实践部门工作,但始终与学术研究有着不解之缘,著述颇丰,成果显著,先后发表学术论文数十篇,出版《经济合同法审判实务》《审判方式改革实论》《中国司法改革策论》《平衡:公正与效率——司法改革演讲录》等著作多部,并多次获奖,被学界和媒介誉为"实践的思考者"。景汉朝告诉我们,司法实践中蕴含着无限的理论,学术研究与审判工作实际上不仅并行不悖,而且是互相包涵、相辅相成的。试想,哪个案件的审理能离开理论的指导?哪一个疑难问题的定夺绝对与学术无关?如果我们将平时研究案件中遇到的问题,在茶余饭后整理出来,那该是多么新鲜、多么富有价值的理论思想财富呀!近些年来,他在最高人民法院工作期间,对司法改革投入了大量的精力，被海外媒介称为“专家型法官”“司法改革的理论家和实践家”。2002年12月，中国法学会“第三届全国杰出中青年法学家”评选揭晓，时任河北省高级人民法院副院长的他脱颖而出，是获奖人中唯一来自司法实践第一线的人选。2009年6月任最高人民法院副院长。

王海萍，女，1956年11月生，山东龙口人，1978年考入西南政法学院法律专业。1982年进入贵州省高级人民法院工作，历任书记员、审判员、经济审判庭和告诉申诉庭副庭长、刑事审判庭庭长、副院长。1998年至2000年在中国人民大学法学院法律专业学习，获得法律硕士学位。2007年任贵州省委政法委副书记。2012年1月15日，到四川省高级人民法院工作，任党组书记、代理院长等职，2013年1月29日被四川省第十一届人大第五次会议选为四川省高级人民法院院长。王海萍父辈是南下干部，“革干”家庭背景使她养成吃苦耐劳、坚韧不拔的刚毅品格。在校期间，除了学业优良，还是校女子篮球队的绝对主力之一，在田径赛场上，她也是长跑队的佼佼者。如今，在全国省级高级人民法院中，她是为数不多，有“货真价实”法学专业背景的女院长。

2010年，人称“小福建”的福建省高级人民法院副院长周瑞春出版了一本名为《判重南山——法官思维札记》的新书，同班同学江必新欣然为之作序。江必新在序中为同学文笔喝彩叫好，非同一般：

三十年前，瑞春与我同时迈进西南政法学院的大门攻读法学。他在班里年龄较小，人称“小福建”。喜欢夜读而昼卧，有人戏称“蝙蝠”，不少人误认为其“散漫”，而我以为是“散才”。呈现在我们面前的这部著作似证实了我的“慧眼”。与我们惯常看到的“老八股”、“新八股”、“现代以及后现代八股”不同，与我们耳熟能详的“官样文章”、“学究宏论”相异，他全用散文或随笔式的笔调述说法学和司法问题：时而描写，时而议论；时而考据，时而解说；时而抒情，时而白描；时而沉吟，时而激昂；时而回忆，时而倾诉；时而冷静，时而浪漫……在书中，我们不难读出他作为法官的自豪感，还能读出他“替天行道”的使命感，不难读出他“守望法律”的正义感。他期望所有法官具有高超的“德才学识”，期望法官铭记“公廉慎勤”，不仅用于率人，而且先行正己。如此，则道德文章俱备矣！

周瑞春与我属于福建三明市同乡，当年考上大学时就是一名省内小有名气的“文学少年”。福建人民出版社 1978 年出版的高中生优秀作文集，其中就收录了他撰写的题为“春到茶乡”作文。因家庭居住地相邻，大学四年我们经常结伴而行，一同乘坐从闽中山城到重庆山城的火车、汽车等交通工具，两人还曾在我姐姐提供的医院乒乓球桌子上一起打铺盖过夜。有感于江必新的推荐，我专门拜读周瑞春《判重南山——法官思维札记》这本书，不能不佩服瑞春的兴趣之广泛，涉猎之广博，知识积累之充分，资料素材之厚实。在书中，从天平到独角兽，从登闻鼓到申明亭，从规矩方圆到文房四宝，从武则天的铜匦到现代的举报箱，都可以成为瑞春诉说法律正义的物质载体；从格言、民谚到诗词、戏剧，从蒙书、家训到对联、佳句，从中国书法到外国绘画，都成了瑞春挖掘法律文化内涵的丰富资源；从松江太守到柳公绰，从平民缇萦到皇帝唐太宗，从张释之到戴胄，从纪伯伦到迟轲，从培根到蒙田，从科克到莫尔，都成了瑞春论说法治精神的人格载体。瑞春生于福建茶山，精于茶道，对茶情有独钟，能够将法文化、社会性、生活感、人情味、艺术美融于一壶，可谓匠心独具。江必新形容这本书犹如一壶“五味俱全”的“功夫茶”，真是实至名归，一点也不为过。

CHAPTER 31 ≫

第三十一章
乙大班同学印象记

西政七八级法律专业乙大班涵盖六至十班。其中六班 37 人，七班 37 人，八班 36 人，九班 35 人，十班 37 人。相对于甲大班而言，乙大班的大多性格腼腆、性情温和。既缺少一班那种事事欲领风骚、十处打锣九处响的大家风范，也没有三班那种喜怒成趣、争当人杰的豪迈气势。这种富有内涵却不显山、不露水的处世风格，往往会产生“不鸣则已、一鸣惊人”的效应。有人统计，七八级同窗中出省部级“高官”20 多人，乙大班占了七成！这不能不看出乙大班确实有诸多“出乎其类，拔乎其萃”的人物。

六班的故事

在现任国资委法制局局长周渝波看来，六班是七八级中最为散漫又最为自鸣得意的。想当年，在学校和年级组织的各种公开场合，别的班级同学奋勇争先，跃跃欲试，尽展风采，而六班则不然，由 30 岁老大哥组成的班支委沉着老练，不为所动，带动着全班的风气沉稳有余，朝气不足。有一次班团支部歪打正着地捧回了一个奖牌，竟然让大家高兴得手舞足蹈，欣喜若狂。1979 年纪念五四青年节全校（仅有七八级各班）举办歌咏比赛就有惨痛的印证。只见各个班级准备充分，临上台前突然换下各自衣服，变魔术似地全换成统一着装，演唱技巧层出不穷，演出效果目不暇接，一个更比一个轰动，而准备严重不济的六班同学仓促上阵，狼狈不堪，再加上唱得又是难度较大、艺术水准要求极高的山西民歌《交城的山啊交城的水》，其演唱效果完全可以用惨不忍睹来形容，最后的结果可想而知。

通过此件事之后，全班痛定思痛，“知耻而后勇”，团结向上的心劲大为提升，在后来学校召开的体育运动会上，拔河和接力比赛都是六班显示集体荣誉感的重大项目，六班连下两城，拿了两个第一，使“散漫班”的“美誉”烟消云散！

自称“混沌如我”的顾培东对六班有着自己独特的见解和描述。顾培东认为，我所在的六班，是最不容易用语言概括和表述的群体。六班人平实、善良，安守本分，决不招惹是非，这样便显得六班整个环境和气氛沉闷与压抑，缺少应有活泼与生机。六班人之间本无深层次矛盾，但是在需要取得共识的问题上从不往一壶中撒尿。大学期间，六班选举班干部，被提名者五花八门，比提名者更众；有时三十多位“选民”中，候选者只要有五六票便足以当选。不仅如此，选举过程还不消停地常常爆出不少惊人之举，罢免你的班委却选你当副班长，弄得班上为官上任者的命运沉浮跌宕。

在毕业后的若干年后，顾培东曾不止一次对六班这种现象作过精辟地解析：是江浙人拘谨的性格磨去了六班人的锐气？还是中原人散淡的习性消解了六班人的心志？是年长者饱于世故带给六班人过多的岁月沧桑与人世间的炎凉？还是年少者声音柔弱不能为六班人增添些许生机？是官宦后裔的孤傲成就了六班固执的性格？还是布衣之子的自卑孕育了六班人封闭的心态？转念一思，或许彼时的世界刚刚从狂乱向理性复归，人们对是非功利的辨识难免失之肤浅，更何况我们还处在“少不更事”的青春岁月。在此境况下，就个人的体验而言，六班人彼此的作为与举措又有多少考究的意义？当年同学间的芥蒂，在毕业后不久的相逢一笑中自然泯灭，而以往的抱憾与缺失则早已湮没在今天的安逸与畅达之中。不仅如此，即使在当时，对知识的渴望和对个人价值的追求，已经盖过了对周边是非曲直的计较;对六班的淡漠则更多地凸显对七八级整体的认同。思及于此,一切就释然了。

自诩为"一个非典型学者"的顾培东,着实是对做学问这一视为神圣事业乐此不疲且不亦乐乎者。他,1956 年生,江苏盐城人。1984 年获法学学士、硕士后留校任教,1987 年调入四川省体改委,正逢升任体改委秘书长大好机遇时,竟然辞职下海创办律师事务所。早年在校完成本科、研究生学业期间,山不厌高、著述甚多,时常能够在各种刊物墙报上见其大作频发。毕业之后更是如虎添翼,硕果累累,先后出版《法学与经济学的探索》《社会冲突与诉讼机制》《大陆法系》等专著、译著10 余部;发表论文近百篇。1992 年担任行政职务起,便被评为首届"全国十大杰出中青年法学家",享受国务院特殊津贴。1995 年被人事部、国家科委等 8 个部委列入"千百万人才工程"第一层次人选,1999 年被评为全国优秀律师,2005 年入选《当代中国法学名家》。

记得六班有位同学曾说过这样一件趣事,在全国首届杰出中青年法学家评选揭晓后,有的高校举办酒宴,一片庆贺和欢呼声:"我校有一人入围!"此时有我班人士在场,秉承六班传统,不动声色,轻声低调,喃喃自道:"我班一组就有两个当选!"全场顿觉无声,惊愕不已,死活不信,但当报上真实姓名之后,大家旋即一片欢庆,欣然为西政七八级六班的殊荣干杯!

六班女生崔卡娜大学期间从未对外人说起自己四年学习与旅途的艰辛劳苦,三十年后才告白天下。她是从福建闽中苏区宁化考上西政的,毛泽东诗句"宁化、清流、归化……"前两字即是。在她的记忆中,1978 年入学时车厢人不多,显得十分冷清,此后全国开始改革开放,流动人员骤然增多,长途贩运也不再是"投机倒把",每个旅客都是大包小包往车里拎,铺盖行李一大堆,使原本空间就十分拥挤的车厢更是水泄不通,这可苦了我们这些中途转车的女生了,经常被挤得上不了车,只好由送站的好友从车窗递进去。上车后根本没有座位,有的则在车厢接连处蹲着,有的男生干脆钻到坐椅下面睡觉。当年的火车是用煤作燃料,燃烧不尽的煤灰粉尘从车窗飘进车厢落在每个人的头、脸和全身,几天几夜的旅途下来,全身上下与从煤矿井下上来的掘进工没有什么区别,鼻子里全是黑糊糊的,脸上还有一道一道的黑色线条。这种只有在后来春节返家的农民工才能体验到的恐怖经历,在她的脑海里永远难以忘怀。

张广兴,1954 年 3 月出生,河南洛阳人。1982 年大学毕业后,即在地处沙滩北街 15 号的中国社会科学院法学研究所的院子里上班,从给刚出生的儿子打牛奶起,勤勤恳恳三十多年硬是没有挪窝。他长期从事有"国内法学第一刊"之誉的《法学研究》编辑工作,从一个普通的编审人员干到杂志总编辑,大量阅读学术论文来稿,使其视野开阔、受益匪浅,对学术规范问题研究透入骨髓,形成了自己独到的见解。2012 年 5 月回到母校开设讲座,校领导希望他能够结合理论与实践给师生们讲讲他参与合同法、民法典等法律的起草工作,然而他却执着地要求谈学术规范问题。在讲座中,他就学术规范及其范畴、法学研究存在的学术规范失范问题、法学研究论文写作中必须遵循的道德规范、创作规范、形式规范、注释规范和文字规范等 5 个规范原则进行了详细的讲解,让当场听众无不大呼过瘾,也让组织者喜出望外。他的随笔散文也堪称一绝,回忆大学生活撰写的《梁祝》等文,更是文笔诙谐,妙笔生花。

柯汉民,现任最高人民检察院副检察长,1955 年出生,23 岁前一直在乡村和县委从事基层工作。父亲曾是湖北大冶基层法院的工作人员,从小家庭的熏陶,对他专业方向的确定和人生道路的选择起到了重要作用。考大学前,柯汉民是县委书记的秘书,恢复高考第一年考上了华中师范大学中文系,由于他喜爱法律和新闻专业,最终选择了放弃。在老书记的鼓励下,1978 年他再次参加高考,在填报志愿时义无反顾地报了西南政法学院。功夫不负有心人,他终于如愿以偿,从此与法律结缘。在校期间,除了学习法律专业知识外,他还经常在校报院刊发表一些案例分析的文章,引起同学们的热烈讨论。

柯汉民回忆刚入学时,来自全国各地的七八级同学聚会,大家所持的方言成了一大"风景":既有东北的"大渣子"味儿,也有西北的"羊粪蛋"腔儿;既有江南水乡的吴侬软语,也有闽奥粤地的"鸟语南音",南腔北调,五花八门,真可谓天南地北客,五湖四海音。彼此一交流,涌上心头的,当然首先是对祖国辽阔地域的自豪和"有缘千里来相会"的激动,但麻烦也很快随之而来:口音重的,别人疑为"天籁之音",互相不理解对方的含义,交流十分困难。柯汉民是湖北人,世居荆楚之地,自然乡音难改,在这方面免不了要吃些苦头。鉴于口音问题已经影响到课堂交流、课外活动以及与同学的交往,成了学习和生活的"绊脚石"。为了实现自己上大学学法报国的美好理想,他上大学竟然首先从学习普通话这个看似微不足道的小事情做起,经过自己刻苦努力,终于能够用相对标准的普通话与老师同学们交流了。

2007 年,柯汉民在接受《检察日报》采访时说,大学期间我喜欢钻研问题,不仅能将 1979 年颁布的刑法、刑事诉讼法很多条文一字不差背下来,而且喜欢研究这些法律条文背后所蕴含的立法原意和法律精神。他看的书也相当庞杂,中外各种法系的书籍都有涉猎,还阅读了很多文学和历史方面的书。每到寒暑假,他几乎都要联系有关单位实习,法院、检察院和律师事务所更是首选。他回顾往事认为,四年的法律专业系统学习和知识的积累,为我打开了法学的大门,引领我踏入了一个全新的领域,但更重要的是,它帮助我养成了一种职业思维能力,锻炼了我的职业精神,更坚定了我的职业理想,这些都让我一生享用不尽。

大学毕业后柯汉民调到最高人民检察院工作,尽管当时高检刚恢复重建,办公条件较差,但经历过"稀烂"校园的磨砺和打造,他已经能够坦然地面对一切,并在人才济济的机关里如鱼得水,施展才能,最后走上了二级大检察官的位置上。

六班的夏勇,湖北荆州人,1961 年出生在楚文化的发源地。从 1982 年大学毕业后,考上研究生,从留校当助教起,师从杨景凡、林向荣教授学习法律史，后在北大获得法学博士学位，师从我国著名法学家陈守一教授，并在哈佛大学做访问学者和博士后。几位德高望重的导师言传身教，国外法学理论的交流与合作，使夏勇学到的不仅仅是法律学问，还学会了一种甘于寂寞的境界和勤奋笔耕的良好习惯。博士毕业后，他到中国社会科学院法学研究所工作，先后任研究员、所长、联合党委书记等职。在此期间，也是他个人学术研究成果频出的黄金时期，共出版个人专著、主编、合著及学术译作20多部，主要著作和译作有《公法》《人权概念起源》《法律与革命——西方法律传统的形成》《人的权利与人的多样性》等；主要论文有《法治是什么——渊源、规诫与价值》与《人权的道德基础初探》等。有学者评价，他的学术成果立足于中国的传统文化和现实需求，重点在权利理论，涵容相关的宪法和法治理论，富于创见，逻辑严谨，文字精练，影响面广，不乏思想深度，有的专著一版再版，部分内容还被译成英、日、法、韩等文字。1995年被中国法学会评选为首届“全国十大杰出中青年法学家”。

2000年9月夏勇作为主讲人走上中南海的讲坛时还不到40岁，他主讲题目是中西部大开发的法治保障问题。在两个半小时的讲座中，他理论联系实际，深入浅出，并出色地当场回答听课领导的提问，受到了中央领导同志和有关部门的高度评价。当时，记者在报道这位中南海怀仁堂法制讲座的特邀主讲人时，形容他“气度儒雅，一派大家风范”。2000年，夏勇与贺卫方一同被《中国青年》杂志评选为“可能影响21世纪中国的100位青年人物”之一，从2005年起任国家保密局局长、国务院法制办副主任等职。

七班的故事

有人说，七八级七班是一个出知名人物较多的班级，诸如周强、毕志强、梁治平、付鼎生、白泉民、霍宪丹、朱苏人、刘晓星、张豫生、高在敏、王育君、杨年合、王云海、赵明非等人。遥想当年，七八级的许多有影响的事件也往往有七班的背景。

1980 年 6 月，正值大学第五学期期末，学校兴建了两栋六层学生宿舍楼，供七八级、七九级男生入住。即将搬离东山大楼拥挤学生宿舍的同学们，原先满怀希望地认为可以住得更加宽敞一些，可谁曾想到，院长办公会议公布新宿舍分配方案后，每间不足十平方米的宿舍仍然要求上下铺住 7 人一室。学校的这一方案立刻引起了同学们强烈不满，无不怨声载道。失望之余，七班几位同学率先在一层走廊贴出“强烈抗议”，并声言“学校若不改变 7 人一室的居住方案，则拒绝搬家！”一时间，诸多班组纷纷响应，大字报铺天盖地，整个东山大楼的气氛顿时变得紧张起来，有的班级甚至以“罢课、不考试”等相要挟。

然而，在学校“强有力的思想政治工作”“强攻”之下，加上学校选择期末考试与放暑假之际搬家，利用了学生忙于应试，无心恋战，或探家归心似箭的心态，迅速分化瓦解，腾笼换鸟，将学生陆续引入进新的住处。新学期开学，七班几位“抗议”主角回校后面对已经空空荡荡的东山大楼，生米煮成了熟饭，虽心有不甘，也无可奈何地接受既成事实，嘴里虽然骂骂咧咧，也被迫乖乖地随大流卷起铺盖，搬到新宿舍楼内，感叹自己命运不济，也深知在“稀烂”的学校里，不能有过高的奢望了。

带着河南开封县高考文科第一名荣耀的七班房晓东入校时心高气傲，遇上逻辑考试快速做完试题便早早离开考场。心想如此简单之题型，优秀十拿九稳。几天之后，逻辑考试成绩下来了，他满心欢喜打听自己的成绩时，有的同学议论，全班只有两人不及格，他轻蔑一笑，“真笨，逻辑都考不合格！”赵明非在旁边一言不发，悄悄拉着他来到无人之处对他说：“你知道考不及格的是谁？”“谁呀？”“其中一个就是你！”他一时怔住，顿觉山河失色，天旋地转，仿佛空气也凝滞了,脸烫口干,他形容自己的心脏快速地坠落,深不可测,当他缓过神来,不顾一切地拔腿就往逻辑教研室跑去。当他气喘吁吁地站在阳作洲老师面前请求查卷时,心神不定的他全然没有原先的那股傲气,阳老师透过厚厚的眼镜片高深莫测地看着他,慢吞吞地扬头说:“我查查卷子再说吧。”几天之后,成绩下来,评分及格。他知道这个分数完全是照顾性质。通过这件事,对房晓东的触动很大,打那以后,他少了些轻狂和浮躁,沉下心来,始终保持在如饥似渴的求知状态中。事后,他说最终能以满意的成绩走出大学校门,得益于逻辑考试的“不及格”。

现任中华人民共和国最高人民法院第十任院长周强,是当今家喻户晓的首席大法官。1960 年 4 月出生,湖北黄梅人,从 1978 年 10 月 4 日入校至 1985 年 7 月 23 日研究生毕业,周强在歌乐山下的西南政法学院校园度过 7 年美好时光,相比七八级本科同学而言,他对母校、对老师有着更深一层次的情愫。多年来,每次只要有机会到重庆开会、出差,周强都会抽空回母校老校区看看,并探望走访许多熟识的老师们。

1982 年初,已经是西南政法学院副教授的金平可以带研究生了。他一次偶然从《西南政法学院学报》上看到了周强写的案例分析,感觉这位七八级学生有着热衷解决实际问题的潜在特质,就主动约周强到家里聊聊,两人就法学学术问题交谈甚欢,于是,他成了这个好学年轻人的硕士研究生导师。有一次,周强在金老师家中看到《史记 · 商君列传》,立刻借回宿舍研读。在阅读期间,周强对商鞅著作《商君书》中的一句“国皆有法,而无法使必行之法”产生了浓厚兴趣。他结合中国法制的实际,认真研究了商鞅提到的“没有一条法律能够确保国家制定的法律切实执行”的问题,并向导师金平提出自己的疑惑,金平肯定了学生的提问,并鼓励周强继续思考这一问题。若干年后,周强就任湖南省委书记期间,在一次到学校探望金平老师时,两人仍就当年这个问题展开了热烈讨论,他虚心地向老师袒露自己对这个问题的现实感悟和重新思考。

20 世纪 80 年代,金平撰文参与经济法与民法关系与地位的论战,他麾下的学生和导师站在一起积极参与。在 1985 年发表的一篇论文中,周强和一位支持经济法的学者展开了辩论,他认为经济法在社会主义法律体系中,对于行政法、民法等基本法或部门法而言,只属于从属地位,不成其为一个独立的部门法。

金平教授至今记得,周强在研二那年,学校要求研究生深入企业或农村开展调研活动。在调研回来后的一次课堂讨论中,周强提出的问题最多,他直言不讳地说,企业的经营权根本无法得到保证,从生产什么产品、多少件,到企业中的人事安排、领导岗位由谁担任,主管部门层层干预,法人制度有名无实。周强不无忧虑地发问:“主管部门派人任职,这样的人到底称不称职?中间有没有腐败?这里面存在的问题很多、很多。”为此,周强得出结论,国家应该及早制定民法和公司法,以法律形式规范企业法人的自主权、经营权、人事权等内容,确保企业依法经营。

1985 年 7 月,周强研究生学业完成。在调任司法部前夕,他到金平导师家辞行,老师以《送周强君赴京工作》一诗相赠,其中写道:“许国不畏身家累,除弊应如金石坚。”周强到北京工作后,曾任司法部法规处处长、办公厅副主任、部长办公室主任、法制司司长。1995 年调入共青团中央书记处,任书记、常务书记。3 年后的 1998 年,38 岁的周强当选团中央第一书记。2002 年起,担任中共十六届、十七届、十八届中央委员,第九届全国人大常委会委员等职。

2006 年 9 月,周强从北京调至湖南,被任命为湖南省副省长,随后,被选为代省长。先后任湖南省委副书记、代省长、省长、省委书记、省人大常委会主任。他担任省长一职时是当年全国最年轻的省长。在湖南任职期间,法学专业知识扎实的周强,向湖南展示了“法学家治省”的决心,从查处“郴州特大腐败窝案”到将省辖内 55 个行政执法部门的“权力清单”公之于众,特别是促成全国首次全面规范政府行政程序的地方性立法——《湖南省行政程序规定》出台，并自2008 年 10 月 1 日起施行，使人们看到了依法治省的创举和希望，也看到了第一个吃螃蟹者所具有的法律思维和“心忧天下、敢为人先”的胆识。

党的十八大召开之后，周强面临新的挑战。2013 年 3 月 15 日，在十二届全国人大一次会议第五次全体会议上，周强当选最高人民法院院长，与昔日同窗的江必新、李少平、景汉朝、杜万华等人一同肩负人民的期待，掌管共和国的司法大权，在大力推进司法改革，努力开创人民法院工作的新局面方面作出不懈努力。

记得从 1959 年一届全国人大四次会议起，“两高”就实行向大会作工作报告制度。2015 年 3 月，十二届全国人大以超过 91% 的赞成票，通过了关于最高人民法院工作报告的决议。这是自 1990 年实施按表决器审议“两高”工作报告以来在国家最高权力机关获得赞成票最多的一次，表明最高人民法院的工作跃上了一个新高度，赢得了越

1982 年 6 月 26 日，西南政法学院法律系七八级七班同学毕业合影

来越多全国人大代表的“点赞”！当人们为高法成绩击掌喝彩时，周强院长有着更为清醒的认识：“我们既要看到成绩，也要看到差距，始终保持清醒的头脑，在成绩面前要永远谦虚，在人民面前要永远谦卑。”

对七八级学生的成长，仍然健在的金平教授非常关注，他利用每次学生来校看他的机会，语重心长地对学生们说，中国是一个大国，要很多优秀的政治家，“但是不要做政客。”金平教授的务实思想和“德”字当头的为人准则，可以说深刻地影响着七八级的学生们，这种影响，一直延伸到学生们离开学校后的人生道路的抉择。

“尝追随法儒孟德斯鸠，以文化阐释法律，以法律阐释文化，创为法律之文化解释。”这是七班梁治平大学毕业之后多年涉行学术之旅的真实写照。梁治平，1959 年生，辽宁锦州人。在校期间，嗜爱读书，默默无闻，大学毕业之后，以中国艺术研究院中国文化研究所为基地，以法律专业知识与中国文化现象为视角，潜心著书立说，硕果累累。他在阐述法律文化的失落和沉积的同时，往往能够冷静、客观地看待历史和现实。时至今日，他仍然认为，关于中国法的讨论，基本上只集中于“是什么”和“为什么”问题的层面上，而对于中国古代法“不是什么”和“为什么”的实质性问题却没有展开，更没有在此基础上就中国古代法作全面而系统的总结和评判。而这正是他本人近年来努力去做并且已经接近完成的一件事情。2013 年他在新书《法律何为——梁治平自选集》中，对自己多年来的主要学术成果作了如下描述：

主要从事法律史及法律社会学等领域之研究，著作八九种，文章数十篇，主编法学类丛书两种，编辑社科类书刊一种，组织学术活动愈百；曾游学欧美，讲学港台，足迹至于海外，略为人知。

以读书为乐，以学术为业，研究涉乎古今，比较及于中西，惟古文不精，西文欠通，学术碍难专精。虽然每著一书，每撰一文，必苦心孤诣，力求发人所未发。立言不求传世，但求无愧己心，不负读者。

入学界数十载，先执教鞭于大学，后专著述于研究院，以发表之文字计，年不过数万言，若以申领课题之数量论，则一无可陈。惟平生所为，率皆无违乎己心，故亦足自满也。

七班还有一位具有检察官与法官双重阅历的人物——白泉明。白泉民，1955 年 7 月生，山西左权县人，大学毕业后，到安徽省人民检察院工作，先后任书记员、调研室副主任、检察员、反贪污贿赂局副局长、局长、检察委员会委员，1995 年 11 月任安徽省人民检察院副检察长、党组成员。2001 年调任最高人民检察院检察员、侦查监督厅副厅长、监所检察厅厅长，2002 年获安徽大学法律硕士学位，2008 年任最高人民检察院检察委员会委员，2009 年任最高人民检察院办公厅主任、新闻发言人。2013 年 1 月 25 日，在山东省十二届人民代表大会第一次会议上，当选为山东省高级人民法院院长、党组书记。二级大法官。白泉民任职半年之后，薄熙来案便在济南中院依法开审，举世瞩目，反响强烈。将如此大案要案放在山东法院系统审理，对上任伊始的白院长而言，该是一个多么大的考验！

八班的故事

对七八级八班的最初印象，源自于入校后的第一次期末考试引起的风波。不少同学说，写西政七八级的历史，没有这个故事没有意义。而这个故事的当事人与八班同学有关。

入学第一学期，校学生会尚未成立，七八级成立了总班委，负责整个年级的各项工作，其中八班的夏卫民担任学习部长。那一年开学后七八级上的语文课是马克思主义文风，由语文教研室高绍先老师主讲。记得第一堂课高老师板书一挥“读马列万卷宝书，擎法律一把利剑”，立刻引起课堂一片轰动。“什么时候了，还马列不离口？”一些同学对学校设这门功课有意见，除了平时说些风凉话之外，有时课堂秩序也不是太好，这让高老师略有感觉。临近年终考试前，同学之间突然风传，因为学生们不乐意上语文课，语文教研室决意要来“狠招”，期末语文考试可能要出一道题型，默写某一篇长文中的某一段落。于是，相信传闻的同学就开始死记硬背，不信的同学则不以为然。当然，对此“传闻”一无所知的许多同学，拿到卷子时只得自认倒霉了。

考试当天，试卷发下来后，夏卫民一看果真有此题，内容与传说的一模一样，这时的考场也出现不小的骚动，有兴奋异常的，有捶胸顿足的，还有出口骂娘的。八班的孟勤国等人当即表示强烈不满，议论纷纷，但在监考女教师的劝说下，考试还是正常进行着。

紧张的考试结束后，身为学习部长的夏卫民课下主动与监考的女教师进行交涉，要求她代其向语文教研室提出两条意见：一是默写作文是用来考小学生的，这样出题对大学生而言不太合适；二是既然已

1981 年 6 月 28 日，西政七八级八班部分同学与重庆沙坪坝区法院刑庭的同志们合影

经出题，那就要遵守出题规则，不宜以泄题方式影响学生的复习考试。从未见过这种场面的女教师在众多学生面前感到压力，悻然而去，没有料到回到年级办公室便委屈地大声痛哭。这一阵阵的哭泣声传来，令同在甲大班监考遭遇学生质疑的高绍先老师怒不可遏。他回到东山大楼之后，见到正在年级办公室与周棣华书记闲聊的夏卫民时，便质疑学生的做法，几句争执与辩解，使双方火药味趋浓，高老师气愤地以“影响考场纪律”为由，手势一击，一声“给你零分！”便夺门而去。这不仅让夏卫民感到吃惊和无语，也再次引起了围观学生们的强烈不满。

事后，夏卫民按照周书记和老师的要求，只得将事情经过写了个材料留在办公室，最终他本人语文成绩得了及格。让他感到不安的是，他本人并没有因此受到校领导和老师们的批评，倒是高老师受到了校领导的批评。同学们欣慰地看到，双方当事人并没有因考试引起的这场风波而影响师生的友情。在高老师担任学报主编的时候，夏卫民的两次投稿均被采用，而且都是高老师亲自约他到编辑部改稿子。2008 年秋天西政七八级同学回到学校聚会时，高老师与夏卫民同桌吃饭，相谈甚欢。正聊在兴头上，同桌一旁的赵旭东对正在吃饭的高老师抱怨：“啊呀，高老师啊，当年大学的语文考试出题太怪了，害得我都没有考好。”正吃着饭的高老师赶忙放下碗筷，一脸尴尬，按夏卫民的话说，他当时真想冲过去，狠狠敲打这个脑子进水的“大学教授”。说起此事，夏卫民有衷地感叹：“高老师的博大胸怀真是让我受益无穷！”

一班的吴南卫告诉我们，1979 年寒假那次期末考试，听说老夏与高老师因考题问题在考场外争执，我作为总班委领导，一度替老夏担心。假期回到兰州家里，便给院党委写了一封信，信中说，“文革”刚结束不久，年轻人都有些冲动，希望学校领导和老师们能够原谅学生。开学后到校没几天，团委卜老师见面对我说，老吴，你的信院党委成员都传看了，大家都同意你的意见，你帮了老夏了！

作为涉案当事人的孟勤国说，那场与老师的吵架确实是学生不尊重老师之举，如今想起来真不应该。无论怎样，学校考场的秩序必须维护，有意见可以考后再提，更不应该当场面对监考老师质疑考题的问题。当时我头脑也发热，试卷刚发下来，我一看是要求写出《毛主席纪念堂》一文的分段段落大意，感觉出这类题型真没意思，但分值却很高，题目与原先一些学生的猜想和泄题内容大致相同，心情非常不爽。考试那天，我回头正与老夏诉说此事时，监考的女老师过来二话不说便认定我们作弊，我们气不打一处来。于是，吵架风波便由此产生，在校内造成十分不好的影响。

时隔多年，八班出了不少在国内有名气的民法专家，如徐国栋、赵旭东、孟勤国等人，其就学故事不失精彩。

徐国栋，辽宁北票人，入学年龄 17 岁，现为厦门大学法学院教授，我国研究罗马法的著名专家。他说自己当年上大学时，一心相当作家，对学法律根本没有兴趣。入校时学校布置了一篇作文，题目是《跨进新的领域》，实际上是让大家谈谈对专业的感受，当时他的作文曾被老师当做范文念给同学们听了，让他洋洋得意，更觉得“怀才不遇”。在他的作文中有这样的字句：“法律，在我幼稚的心中，是一个苍白的字眼，因为它经常和恐怖联系在一起。”相当一段时间，“徐作家”大部分课程都没有去听。每次考试之前，班干部看到他那种满不在乎的状态，就要敲打敲打他：“徐国栋啊，该准备了，要收心了，考得好坏这关系到班级的名誉。”迫于压力，他在就考前临阵磨枪，认真准备一个星期左右上考场，考试成绩公布后，虽然没有一门优秀，也没有一门不及格。他坦率地说，考试学习成绩和法律知识都来自于同学们的教育和帮助。

一位八零级的学生与徐国栋一样想当作家，入校后擅自在外租房写作，被学校勒令退学。这一“反面教材”公布后，促使徐国栋“改邪归正”。鉴于学校的规章制度的威慑力，徐国栋开始重视法律专业学习了。他一个人竟然找来了 12 个借书证，就这样还不够用。商务印书馆出版的那套汉译名著，他全部翻看不说，还通读了七八级使用的所有教材，这样他还认为大多不解渴，自己便经常往市区的书店跑，乐此不彼。1983 年他回到西政进修时，适逢北政江平教授来讲学，他立即被民法的魅力所感染，立马决定改学民法，从那之后一直执着地坚持到现在。他想起自己从不喜欢学法律到爱得如痴如醉，经历一段曲折的过程。直到现在，他都非常感谢母校对其的宽松和包容，逢人就说，如果当年西政根据我的表现开除我，勒令我退学，那真就没有我的今天了！

自称“天生懒散、学习轻松”的孟勤国在校期间每晚看电视雷打不动，即便是在十分紧迫的考研期间，他也一天不拉地按时守在电视机旁，直至“雪花”眼前飘，有的同学调侃说这位与鲁迅先生同乡的江浙才子，当年以高分考上西政后，天天占据荧屏面前，他这种状态岂能考研？他不以为然，仍然我行我素。一次考试见到有道批判伯恩斯坦的政治题，分数竟然达 25 分，绝不容忽视！但他本人事先根本就没有看完那本厚得令人生畏的共运史讲义，不知这位伯兄到底说了些什么？在考场里，见同学们笔下唰唰响，窗台上的几只麻雀喳喳叫，孟勤国心里嘀咕：“哼，我能以初中文凭混进西政，未必今天就过不了这批斗关？”于是，静下心来，琢磨着有什么捷径可钻。好一阵子冥思苦想，突然灵光一闪，伯恩斯坦不是共产国际叛徒吗？那就肯定与马克思主义背道而驰了。得了，伯恩斯坦反对无产阶级、反对暴力革命、反对共产党的领导，反对……顿时，他的灵感如喷泉，笔下顿时沙沙声响，酣畅淋漓，一气呵成！

有一次期末考试后，孟勤国遇上一位同学愁眉苦脸地问他“法制史考包公的法律思想，书上没有啊？”他哈哈一笑，眉飞色舞，不假思索地回应：“没看书难道就没有看过《铡美案》吗？包公法庭上敢于力斩忘恩负义的陈世美，不就体现了刚直不阿，执法必严，法律面前人人平等？”问者若有所悟，应者笑声朗朗！

大学毕业那一年，一纸留法预备生的录取通知书飘然落到歌乐山下的孟勤国的手上，得意忘形的他兴冲冲地挑着行李来到风景如画的武汉大学校园报到。岂料乐极生悲，导师一记闷棍击来，委婉地用外交辞令的口吻告诉他："孟勤国同学，很抱歉地告诉你，今年的出国留学生的英语分数提高到了 70 分，你少了 4 分！"从此，让他郁闷的是，谁都知道他的高学历是"出口转内销"。从那以后，痛定思痛，他开始脚踏实地，勤奋读书，苦心钻研，术有专攻。每当听到校园内外传来的诸多赞扬声时，他都不胜唏嘘：未过半百，竟然满头白发，虽然内心神闲气定，但再难以重现当年风光了！

赵旭东，1959 年生于风光旖旎、人杰地灵的渤海湾南岸——山东省栖霞县的一个乡下小镇，1976 年高中毕业分配到县农机厂当砂工。1978 年他的命运与七八级的其他同学一样，因为高考而发生重大转折。大学毕业的那一年，成绩优异的赵旭东被推荐提前报考研究生，曾志向研习刑法，因为在他看来，刑法的内容清晰，与社会生活环境联系密切，中国人"重刑轻民"的传统观念影响根深蒂固，使他对刑法有着一种情有独钟的天然喜爱。

由于应考时间仓促，赵旭东初次考研没有如愿以偿。然而，"塞翁失马，焉知祸福"。当时北京政法学院江平、张佩霖、巫昌祯合编的一本民法学教材（油印稿）流传到西南政法学院，他看了爱不释手，正是这本油印小册子给他的心灵带来了极大的震撼。小册子内容十分丰富，与一般的教材讲义风格完全不同，为此，赵旭东决定将他钟爱的刑法改换成民商法，毫不犹豫地报考了北京政法学院。第二次走进考场，他以专业成绩第一名被录取，并成为著名教授江平招收的首批硕士生！

从此，他的事业与命运与中国政法大学江平教授紧紧地联系在一起。1991 年他再次以优异的成绩考取江平的首批博士生后，在导师的再三相劝下，选择留校从教，开始他艰辛、清贫却不同凡响的学术生涯。赵旭东长期致力于商法的研究，尤其在企业法、公司法和法人制度的研究领域，对许多重要理论和实践问题，包括公司法的调整对象、企业集团、集体企业法人以及商法的定性和范围等，都有着独到的见解和重大的学术创新，是公认的我国公司法和企业法专家。由于他的学术成就突出，2002 年被评为“全国杰出中青年法学家”。2006 年 7 月，已是中国政法大学民商经济法学院副院长、博士生导师的他与另两名学界知名的法学教授何家弘、宋英辉被最高人民检察院任命为副厅级官员，开始为期一年的挂职经历，这在高检历史上还是第一次，属于开创之举。从民商法教授到高检民事检察厅副厅长的“华丽转身”，让他一时不太适应，自嘲“不适合做官”，并认为挂职虽不是“当官”，但对于自己更多地了解我国司法实际状况、促进院校的教学、科研工作很有益处。许多人看到，“当官”后的“赵厅”与在学校的表现明显不同，由于有“官衔”在身，处世明显低调得多，更不太愿意抛头露面了，每当与媒体接触时，言语更加谨慎，生怕给高检机关“添乱”。

屈指数来，在八班同学中，除了有响当当的“民法班”称号外，还涌现出诸多政界和司法界明星、文体人才。诸如张穹、谢庄、刘作明、金其高、刘平、郭梦真、陈国亮、肖平、张猛、姬敬武、赵可星、伍在阳、孙虹、梁廷婷等，他们不仅在校期间大显身手，毕业后也大放异彩。西政七八级中第一位走上部级领导岗位的，当属张穹（张志愿）同学了。早在西政学习期间，就曾在《中国社会科学》发表论文《论我国刑法主客观相统一原则》。我国第一部研究毛泽东法制思想的专著也出自于张穹之手。1993 年，当选为河南省人民检察院检察长，他在“当官”的同时不忘做学问，其擅长的刑法理论研究造诣功底极其深厚，先后主编出版数十部刑法学领域的教材和理论学术专著。此外，八班吹拉弹唱，能歌善舞的同学不少，他（她）们各自的爱好和特长毕业至今仍然发扬光大。对摄影爱好达到极致的刘剑同学，一生爱好摄影，在校期间就为同学留下不少珍贵的照片。大学毕业后，无论在青海高级法院任职，还是在南方深圳当律师，对远赴荒郊野外，拍摄奇异自然风光如痴如醉，废寝忘食。近些年来，他与二班的王莹文搭伴、先后20多次进西藏雪域高原拍摄雪山美景，其摄影作品《天域》影集出版，并于2010年荣获全国金奖。有一次，西政黄廷孝老师到深圳看望七八级同学时，偶见刘剑那古铜色的面容，竟一时想不起来他究竟是谁，那幅历经沧桑的“高原红”脸庞在黄老师看来，与土生土长的藏族牧民无异，与他早年在校期间所认识的细皮嫩肉的“小毛孩”刘剑模样相差甚远。有一首《天域》道出刘剑的志向：“少识虽识高原风，奋进世事仍似空。那日放下计较事，逆流盘上万山葱。欲凭光影写雪域，藏地悟道几春秋。回望险途依山过，人生何止一两峰。”

“军中一绿花，学院一枝花。已是惊艳又才高，惹得众人夸。夸也无甚用，徒然相思加。三十年后又相见，徐娘更胜花。”八班吴令起诗中所写的这枝花便是指同班女生梁廷婷，校文艺宣传队员，七八级的唯一女现役军人。说来也许人们不信，当年八班与九班同在一大教室上课，座位相邻，梁廷婷、孙虹两女生与我同桌（长桌椅拼凑而成）四年，竟然相互间没有说过一句话，“同桌的你”没故事。大学毕业后的1984年春天，当时我利用在解放军军事法院的一次出差机会到广州，见到正在军区军事法院工作的梁审判员，总算架起了对话的桥梁。当天有幸在同是七八级同学的邢伟、梁廷婷夫妇俩热情邀请下，在其温馨而简朴家里共聚晚餐。

十班的故事

十班是一个特性鲜明，内涵丰厚的班级，这与其人员构成区域辐射面广、少数民族兄弟多有关。胸怀祖国，放眼全班，东西南北中、工农兵学商全包圆。在校期间，首任班长龙宗智曾经将班上几个少数民族同学，形容为壮族不壮（韦绍英）、白族不白（王小江）、哈族不哈（巴合特何德尔拜，哈即鲁莽）。入学前来自新疆维吾尔自治区吉木乃县的巴哈特，年方十八，但长得人高马大，满脸络腮胡子，模样阳刚威猛，但为人处世十分谦卑，学习极为刻苦。当年七八级从新疆、西藏招生，学校要求尽量招收少数民族学生，但最终只落实新疆这位哈萨克族学生。大学四年，每逢周末，5位来自新疆的同学都会不约而同地来到当年招生的张延斌老师家里作客吃饭，有时一起包饺子。新疆来的女生刘涤，虽然是汉族，但长相如维吾尔族姑娘，新疆舞蹈跳得煞是好看。“想家的时候就来！”张老师这句温馨的话让巴哈特、刘涤等几位新疆同学听了心里热乎乎的，逢年过节，同学们就毫无顾忌地在老师家里唱歌跳舞，宛若其乐融融的一家人。

十班与九班番号相邻，平时上大课时座位紧挨一起。印象中，该班对考试成绩高度重视程度非同小可。每逢考试前，龙班长总会把授课老师请到自己小班内解题释义，传授秘诀，而对外班人员严防死守，闭口不谈，实施保密措施。有一次考试时，曾有十班同学紧张得晕厥倒地，被抬出考场！足见十班人士对学习成绩的器重胜过一切。

1982年6月23日，西南政法学院法律系七八级十班同学毕业合影

王永新给我们讲了这样一个故事：一次上司法文书课时，余继志老师上课，讲得头头是道，条条框框不少，可我本人心神飞驰，均没注意听讲，最后课堂练习写起诉书，全无规矩，更无格式，直铺直抒，草草上交作业了事。第二次上课时，余老师走到前排询问："哪位是王永新同学啊？"我惶然起身回答："正是在下"，心想是福是祸只能听天由命了。余老师点头示意我坐下，走上讲台继续开讲。我渐渐觉得老师所提出的问题似乎与我有关，最后发现整堂课用的反面实例，竟然就是我上次交的作业。课后余老师通过其他同学转告我："同学们学习要认真哟，别的同学考不好有平时成绩补救，但王永新没救！"老师的忠告如雷贯耳，令我羞愧难当、幡然醒悟，于是就有后来的"认真"二字。大学四年所学功课39门，成绩优秀的不足一掌，但司法文书赫然其中，我对余老师感激涕零，至今不忘。

十班同学毕业后，走向天南海北，高度分散，公检法司律、科教文卫商，行行皆有该班同学的身影，有的足迹遍及美加澳，驰骋"新西兰"。无论境内境外，体内体外，都有不凡声响。

我熟识的林菊生，湖北孝感人，1956年10月26日生，大学毕业后直到1998年7月，在中国船舶工业总公司工作，1998年调到新组建的国防科工委工作，历任国防科工委政策法规司副司长、司长、安全生产监督管理局局长等职，在首次月球探测工程中荣获二等功！林菊生在国防科工委政策法规司工作期间，因工作关系与我有着较多来往。由于国防科技工作职能和业务范围涉及军队大量法律事务，协调难度较大，但在国务院法制办张穹同学、中央军委法制局宋丹同学等的鼎力相助下，在军地双方各有关部门的大力支持下，使一批国防科技工业生产和行业管理的法规、规章和规范性文件得以起草和制定、颁发出来，初步建立起国防科技工业政策法规制度体系。在许多场合下，我们几位同学一起外出参加立法调研，一同字斟句酌推敲法规文稿，一并揭示国家和军队部门利益立法弊端，深得军内外人们好评。由于长期工作劳累，忘我工作，导致林菊生同学积劳成疾。记得在他病重期间，宋丹约我一起前往医院探望，他仍然念念不忘工作，盼望早日出院返回工作岗位。但不幸的是，林菊生于2008年3月14日病逝，享年51岁，他英年早逝，令人痛惜。他去世当日，凝聚着他大量心血的《武器装备科研生产许可管理条例》由国务院总理、中央军委主席联合签署令公布于世，军民融合依法共管军工科研生产的局面就此形成！

龙宗智，从大学班长当到西政校长，其阅历本身就让人称羡。他，1954年9月出生，四川成都人，出身医生家庭，军旅生涯丰富，钟爱学术研究，崇尚务实创新。数年来从事刑事诉讼法学、证据学和司法制度研究，紧扣司法实践，探讨司法改革和司法操作中比较突出的制度与程序问题屡有建树。由他首创的刑事诉讼"双重结构"理论以及司法改革与司法操作中的"相对合理主义"理论在学术界和司法实务界产生了重大影响。其代表著作主要有：《相对合理主义》（1999年）、《上帝怎样审判》（2000年）、《刑事庭审制度研究》（2001年）、《理论反对实践》（2003年）、《徘徊于传统与现代之间》（主编，2005年）等，曾在《中国科学》《法学研究》和《中国法学》等权威核心刊物和各类专业期刊公开发表学术论文和文章200余篇，科研成果曾荣获国家司法部和省级一、二等奖。

在十班同学中，经历坎坷、命运多舛的不在少数。洪绍泉，1953年11月出生，籍贯安徽含山。9岁时即在《中国少年报》发表诗作《给理想插上翅膀》，1964年以当地全镇第一名的成绩报考宣城中学，但因父亲系"历史反革命"而未被录取。1968年11月下放宣城县水阳公社双丰大队插队知青，曾任小学校长、教师兼勤杂工。1973年以全县文科第一名的成绩考取安徽大学中文系，但因张铁生交白卷事件引起的"批判白专道路"运动而被作为"资本主义的草"取消录取资格，后遂以"可以教育好的子女"进入芜湖电校工业自动化班就学，1975年分配至芜湖柴油机厂任钳工、电工等。1978年参加全国首次统考，由于热爱文学缘故，填报3个志愿全是北大、复旦、南大的文学类专业。但没有料到的是,收到的却是西南政法学院的录取通知书。事后他才知晓,原来是代其送志愿表的朋友见其表上5个志愿栏没有填满,就自作主张随意把他加上了。

洪绍泉当年对报考西政一时感到十分郁闷,他曾听亲友说,“政法就是搞阶级斗争的”,因而不愿去上,曾找到省招生办要求改录,省招生办说没有办法换,并告诫他说“如果不服从调剂,以后不准再考!”他犹豫再三,还是头脑中的“大学梦”的理性占据了上风,终于在录取通知书规定的报到时间的最后一天,乘着“东方红”号轮船抵达重庆朝天门码头。

在西政读书期间,他自称不是顶好的学生,但作为通过竞选而产生的校学生会首任秘书长,头两年皆被评为校三好学生。上学期间,由于在重庆市中心解放碑张贴“蛊惑人心”的大字报,创办了在全国产生较大影响的《同音》,发表《明天——中国从集权走向社会化》的小册子,结果被冠以“思想反动、学术不端”的帽子,虽经校领导和全校师生员工一再“挽救”,还是于毕业前夕被“勒令退学”,回到原上学前的单位——芜湖柴油机厂“监督劳动”。走出校门的洪绍泉,很快从人生的低谷走出,不久被中科大聘用参加创办合肥联合大学。2000年,他创办了自己的律师事务所,2010年起参与创办和众大学城。如今,洪绍泉在多个省市身兼数职,并有若干专著问世。2012年洪绍泉在离开母校三十年期间,作了一首三十年有感的诗作,倾诉了自己大学期间的复杂情感:“渣滓洞下读专政,沙坪坝上论民主,解放碑旁齐民泉,嘉陵江边童音怒。弹指重聚一二年,华夏钟馗三六五;空前绝后七八级,法界大儒十九数。”

黄松有,1957年出生于广东汕头市澄海县一个贫苦农家。大学期间,能歌善书(书法),多才多艺。大学毕业后进入广东省高级人民法院工作,1997年调任湛江市中级人民法院院长。在湛江期间,他组织领导了震惊中外的湛江系列走私案等大案要案的审理,并因此获得广东省高级人民法院授予的个人二等功表彰。2002年,45岁的他升任最高人民法院副院长、国家二级大法官，分管民事审判和执行工作。在司法系统之外，黄还兼有全国青联常委、中央国家机关青联副主席等一系列金光闪闪的社会职位，同时还是中国法学会诉讼法研究会常务理事、民事诉讼法学专业委员会副主任，清华大学、西南政法大学、中国政法大学、国家法官学院等高校法学院兼职教授。2008年出事前，他发表了大量有关民事审判和司法改革的论文和专著，其主编的有关民事审判和司法改革的法律释义、案例汇编等法律实务书籍为数众多，不少观点在司法实践中被采纳，由此被业界公认为“学者型”法官、著作等身的法学精英。

2007年12月4日，全国第七个法制宣传日这一天，中央电视台直播了时任最高人民法院副院长、二级大法官黄松有亲自审理的一起家庭财产纠纷案。当时，他对着亿万电视观众宣布：“家事如天，此案的发展过程反映了改革开放以来中国家庭财产结构发展变化的轨迹。”黄松有贪污受贿一案于2010年1月19日被一审宣判后，时年52岁的黄松有成为外媒评论的“中共建政60年因涉嫌贪腐而落马的最高级司法官员”。对于黄同学的东窗事发，不少同学在为之感到惋惜时，总觉得凭借手中权力，一个电话、一张条子，就轻而易举地改变一个司法案件的结果固然应当罚当其罪，但其与犯罪无关的法学理论贡献和司法实践经验、不应不分青红皂白一概抹杀，更不宜采信“因人废言”“因人废事”之做法，这才是我党倡导的实事求是的科学态度。

十班的同学说来也真不幸。近些年来，因各种原因离世的同学竟然有6人之多！其中英年早逝的有张曦、邓标伦、林菊生、颜嘉明、刘涤（女）、成光海，比例如此之高，真让人痛惜不已。每次看到十班那张在学校留下的全体同学合影照片，看到那些离我们远去的一帧帧青春面孔，我们心里总是一阵阵酸楚和悲恸。

不知是珍惜同学情谊驱使，还是重振士气使然，近年来，十班的班聚活动比过去搞得更加有组织、有气氛、有激情、有深度。每次班旗一展，各地同学群起响应，班歌、班帽、班印等一系列"形式主义"的载体也应然而生。最令人感动的是，由张绮篆刻的"班印"一方小小印章周身竟然镌刻着全班37位同学的姓名！每次从微信上看到现场直播的十班班聚活动画面，情真意切，笑场十足，无不让七八级同学看了热血沸腾，泪流满面……

1979年3月，西政七八级十班全体同学在东山大楼与校领导和老师合影

CHAPTER 32 >

第三十二章 师资班和法律 11 班的故事

西政七八级师资班共有 59 人,其中哲学专业 30 人,女生 4 人;共运史专业 29 人,女生 4 人。在我看来,师资班是法律专业 10 个班的加强和后备力量,是一个不可分割的有机整体,同属西政七八级的大家庭。除了当年专业的设置和基本成员构成有所不同外,同住东山大楼,一起参与校际各类活动,有着共同语言和理想志向。每次七八级同学聚会,大家不分你我,说长道短。曾记否,入学之初,在师资班同学面前,法律专业一些同学还有些自卑,毕竟这拨人都有着为人师表的素质和底蕴,有着黑格尔等大哲学家的思维方式,更有着共产主义运动史的正反两方面经验教训的知识积累。

在师资班近 60 人中,才郎俊女多,传说的故事也多。当年,长相姣好、能歌善舞的李力"纯属意外"地走进了西南政法学院,并以优异的成绩毕业留校任教。可刚迈上讲台的一次经历,给李力留下了很深的印象。一个学生课后怯怯问她:"李老师,您为啥选择学法律?"李力不解:"学法律不好吗?"那个学生说:"学法律有什么好,你不像学法律的人……"让心气十足的李老师一时无语。

殊不知,当年一心想考进四川大学的李力在接到录取通知书的那一天,虽然未及晴天霹雳,也确实大吃一惊,她收到的是自己没有填报,甚至压根儿就没有听说过的"西南政法学院"的录取通知书。她自己一直对工科比较感兴趣,从没有想过会学法律。然而,接下来的一切都歪打正着,顺理成章。渐渐喜欢上法律的她,一口气在西政读完了本科、研究生课程，然后留校任教，从学生到讲师、从副教授到正教授、从法律系主任到广州省政府法制部门主任、从第九届全国人大代表到第十届全国人大代表。这个穿越巴山蜀水来到南岳峻岭的女性，在法律的职业上不停地往前走，一路上如鱼得水，成果丰硕，可以说对法律的执着和热爱构成了她美好生活的亮点！

李力的大学生活也属“岁月如歌”。她回忆说，从大二学期开始，学校为参加重庆市一次文艺汇演排练小话剧，话剧剧本是九班朱晓武创作的，剧目名称是《春天里的插曲》，大致写一个“文革”受迫害的老教授平反后回家与亲人团聚，家人对平反冤假错案认识不同而产生矛盾的故事。剧中，主角教授由一班邓文定扮演，公安局长由九班杨忠民扮演，八班梁廷婷饰演公安局长千金，学生会主席二班的吴南伟扮演教授之子（公安局长女儿的恋人），刑侦专业七九级的何挺扮演局长的随员，李力本人则扮演教授夫人。

为了保证这一自编自演剧目的演出效果，学校专门从校外请来知名导演刘老师。自“文革”辍学之后，李力登台演出不多，但自认从小能歌善舞，形象尚好，舞台感俱佳，充满自信。在分配角色时，对于出演与自己年龄相距较大的中老年妇女，她未加思索便应承下来，没有料到一上台排练，便受到性格泼辣的刘导一顿训斥，原有的自信心在导演声色俱厉的指责中荡然无存。此后，每次排练由于自己举手投足不到位而在同学面前萎靡不振，自我感觉越来越差，甚至失去信心了。

有一天排练时，由于天阴心情郁闷，总觉得头晕眼花，浑身发抖，正准备打退堂鼓时，猛听到刘导兴奋地对我喊道：“对了，就是这个感觉，保持住！”歪打正着，李力终于在浑身筛糠一样的颤抖中进入了戏中的角色！尽管那种深陷于角色的感觉似乎再也没有出现过，但从那以后，挨训斥少多了。正式演出时，虽然因扩音器故障没有达到最佳的演出效果，但《春天里的插曲》还是在市大学生演出中获得了成就奖！这次排练和演出使她在校园的文艺生活中感到快乐无比。其中担任小话剧的顾问和导演助理的江南才女——陆绮因为经常指导她们的排练,也与剧本中的"公安局长"杨忠民成就了一段让人倾慕的美好姻缘。

李力的老公——舒扬,正宗地道的川北人,也是一个不甘寂寞、奋笔疾书的七八级学子。大学期间舒扬如同他的名字一样,肆意舒展才艺,在文坛十分活跃,常有精美诗作见诸校刊墙报。本科毕业之后,随同李力在西政研究生部学习,获得外国法律思想史硕士学位,尔后留校任教。8 年的母校生活,使其不仅收获了知识,同时也收获爱情。1988 年,他与 30 出头的云阳美女、漂亮夫人出川入粤,应聘到广州大学法律系任教,升至教授、党委常委、副校长。2005 年起任职广州市社会科学院党组书记。

长相憨厚朴实的舒扬无论是任教还是当官,均笔耕不辍,著述丰硕。不仅前后出版近 20 部学术著作、发表百余篇学术论文,而且为七八级树碑立传呕心沥血,废寝忘食。在 2008 年入读西政 30 周年之际,他出版《我们的 1978——西南政法学院纪事》(南方日报出版社)一书,使西政七八级同学们的奇闻轶事,破天荒地结束"内部传阅"的层面,走下"神坛",名正言顺、堂而皇之地出现在国家认可的公开出版物的平台上,这堪称填补西政七八级大作之空白。他在书中后记中写道:"通过一本书,我斗胆地想使西政七八级的品牌实现增值甚至希望有所繁殖"。舒扬的开山之作,自然激励我们义无反顾地接过他的接力棒,续写七八级神奇故事的新篇章!

近些年来,师资班的侯建刚和刘琳在七八级微信群中表现分外抢眼,名声显赫。记得二班的张武说过,西政七八级写诗的不少,真正称得上诗魂、诗仙的当属刘琳和侯建刚两人了。世上一切在他(她)们两人眼中皆可化为诗歌的形式,尤其刘琳诗的想象力鲜人能及,除了热爱便是天赋。曾戏称自己"大学本科期间不是打球就是唱歌,看着共运史就打瞌睡"的刘琳,入学前原先报了川大中文系,可惜先被西政占先录取了。而爱好戏剧、擅长体育的侯建刚称自己入学之初,对哲学专业一点也提不起兴趣，改行不成，就能够逃课就一定逃课，后来上课睡觉，晚上 10 点过后抢一水瓶，泡杯浓茶进教室读闲书。如今时光荏苒，两人殊途同归，一致赞同“少年唱歌，老年赋诗，养生健脑，防患痴呆”。

在校期间两人同为校运动队主力队员，侯为男排队友，刘为女篮队员。侯吟诗作词，刘歌声嘹亮，均有上乘表现。侯建刚一首《刘琳和我》写道：“神交三十性本初，春花秋月等闲度。青春不老系国忧，热血永沸为民苦。率真善处人和事，坦荡直面道与途。自由如歌趋仙境，物我皆忘至圣徒。”

五班的谢瑞生曾经写了一首《七八级女生刘琳》：“巴山奇女胜嫦娥，丽质天生自淡如。高语琅琅惊落雁，浅行款款动缃荷。师朋共领梅兰气，学教双推桃李多。最是夜莺歌唱起，百花千鸟竞着魔。”

1978 年考入西政后，经学校安排，刘琳开始与黄松有合作唱二重唱，这一唱珠连璧合就是整四年！从电影《阿诗玛》插曲唱到当时时

1979 年 5 月，师资班女生胡泽君（右二）参加校田径运动会 1500 米比赛的情景

髦的台湾校园歌曲，两人配合默契，珠圆玉润，被同学们冠以“王结实、谢莉斯第二”。由于黄松有是广东潮汕人，说得一口闽南话，唱起台湾闽南风味的歌曲更是神象音似，惟妙惟肖，一曲《外婆的澎湖湾》使她俩成为校园公认的金牌搭档，而更多的同学则戏称他俩为“阿诗玛”和“阿黑哥”。其中电影《南海风云》的插曲《西沙，我可爱的家乡》和电影《阿诗玛》插曲《马铃儿响来玉鸟儿唱》，更成了每次晚会的保留节目。

在刘琳看来，她和黄松有都有唱歌的天赋，嗓音条件都不错。大学毕业之后，刘琳在高校任教之余，不仅开始了正规的歌唱训练，还参加了相当专业的声乐比赛和表演。2006 年 12 月在北京七八级同学的聚会时，黄松有与刘琳再次合作演唱当年常唱的《外婆的澎湖湾》和《马铃儿响来玉鸟儿唱》等歌曲，同学们一致惊叹，演唱技艺和音质不减当年，甚至比以前唱得更好了！

大学毕业后，刘琳一直在高校从事法学教学工作，同时喜爱声乐和格律诗词写作，名作迭出，影响力不容低估。2013 年 12 月，刘琳在七八级同学中创办了一个微信群——歌乐台。创办当日，她专门作诗一首“旧时铜雀台，香陈玉门开。今日歌乐台，欢迎同学来！”此后，七八级同学每天新作都在群上不断问世，好评如潮。有的同学惊叹：西政七八现象曾有多人总结，但西政七八级出诗人还未有人提及，法律是理性的化身，诗歌是情感的宣泄，两者本难以和谐共处。谁能料到这群已属“烈士暮年”的法律人毅然扔下爷饭娘羹，诗情迸发，浪遏飞舟，除了既有理性又有激情之外，恐怕别无他解！

侯建刚，1958 年生，山东恳利人，哲学专业本科。校男排主力队员，1 米 85 的个头，修长健壮的山东大汉身板，大大咧咧的模样。让人没有想到的是，他还是一个内心丰富、诗意十足的“文艺青年”。第一次在校见到他在《四川文艺》等刊物发表的诗歌作品时，曾有人半信半疑，同名同姓的人多着呢，难道真是你的作品？直至我们看到他的稿费单后大家才无语了。近些年，看到他的诗作频频发出，有时达到一天一篇或者数篇之多，不能不认可他无愧于七八级的诗仙奇才了。

2008年，侯建刚读了舒扬撰写的《我们的1978——西南政法学院纪事》一书之后，遂以《歌乐山的伊甸园——也谈“西政七八级神话”》为题，发表了自己的读后感想，感情真挚，叙述生动，不妨转载如下：

格老子，这个龟儿子的舒扬，你娃头儿太有才了！一段区区四年的大学岁月，竟然被你娃洋洋洒洒地弄出了三十万字来！

一位日理万机的广州市社科院党委书记（现广州市电大党委书记），一位蜚声学坛、著述颇丰的大学者，竟然能够、而且愿意如此倾情地投入大学往事的回忆与写作上去，这只能说明当年的大学生活给了他太多、太多快乐而有精神价值的回忆，这些东西早已进入了他的血液与骨髓之中，成为了他一生的财富。

在广州飞往成都的飞机上，我如饥似渴地读完了舒扬的这本大部头，整个阅读过程是那么的惬意。万里高空上是一片白茫茫的如絮云海，我心中不断涌起一阵阵波涛澎湃的激情，那是温馨的回忆和愉悦的价值认同。掩卷思量，最大的感觉就是：功夫在诗外，得来全不费工夫，为了这本价值不凡的倾心、倾情之作，我要万分真诚地说上一句：“舒扬兄，费心了，多谢了！”

记得很清楚，1978年10月4日，我们在西政领导、教职员工、乃至家属们苦等多年的望眼欲穿中来到歌乐山，学校的领导和师长们如同晚年得子一般，把每个学生视为自己的心肝宝贝，慈爱之情、怜爱之喜难以掩饰，常常娇宠到放纵、溺爱的程度。由此，歌乐山成为了我们七八级学生的伊甸园。

我们的老院长胡光是一位德高望重的老革命，同时也是风度翩翩的儒雅学人。1957年，为了让尽可能多的学生免于右派之劫难，他顶着巨大的政治压力就是不肯出卖自己的学生，为此，他受到了行政降级处分。在七八级新生的开学典礼上，他还专门讲到这段经历，把当年没有保护好每一名西政的学生，作为自己人生永远的追悔、永远的心痛。

胡光院长已去世十几年了，现安葬在成都磨盘山革命公墓，恰巧与我父亲的墓碑仅五米之遥。每年清明去给家父扫墓时，我都会在老院长的墓前伫立良久，追思这位革命老人慈祥、宽厚、儒雅的音容笑貌。

1980年秋天，校园里的民主选举刚过去不久，“自由主义思潮”甚为浓烈。此时《四川文艺》编辑陈晓到重庆组稿，他先到西师，然后和西师热衷政治理论的黄云开、王康、熊郁、李宪等人与川外的陈维刚联系后，来到西政找我，我约了蒋庆、温晓莉、王卫国与本班的杜庆国、韩德云等人与他们谈论哲学与时政。这件事立即被有关部门获知。我被定为“组织者”，公安部门打算直接找我“谈谈”。

这时，年级的武清芳主任挺身而出，她斩钉截铁地说：“侯建刚是根红苗正的革命后代，而且人也十分正派，他不可能反党、反社会主义！”她阻止了公安部门与我的直接见面，而是把我约到她家里了解情况。她对公安部门的人说：“侯建刚很清高，你们去直接找他，肯定要碰钉子，谈不出好的结果！”

当时，西政有一位我父亲的老朋友担任副院长，他是看着我长大的，但是在这种时刻，他都没有站出来为我说话。而我在进校之前并不认识武主任，她毫不含糊地站出来保护了我，使我觉得能在西政求学，能遇上这么慈爱的师长，真是莫大的人生之幸！

毕业后，我与武主任保持相当一段时间的通信，以后多次到西政去看望她。只要有可能，她都会像迎接远方游子一样把我叫到家去，腾出最好的房间让我住下，宋子祥副院长会满心欢喜地亲自操刀，弄出一大桌美味佳肴，一家人一边饮着美酒，一边家长里短地聊着，那种感觉真像回家一样。所以，以后我一直称武主任为“武阿姨”，称宋院长为“宋伯伯”。

2008年10月，是“西政七八级”入校三十周年纪念日，约三百名同学从天南海北重聚歌乐山。同学们无论是官居几品，学富几车，富甲几斗，只要重返歌乐山，大家都如同快乐的孩童一般，人人脸上都洋溢着灿烂的笑靥，怀旧、叙情、感恩，成为同学们共同的愿望和莫大的享受。歌乐山收藏了我们青春的脚印，见证了七八级人那饱含理想主义、英雄主义和浪漫主义的激情燃烧的青青岁月。

母校以最高的礼遇迎接七八级游子的归来，学校的书记、校长多次反复情真意切地说道："七八级为西政争得了无上的荣光，西政永远以七八级为骄傲！"

每位同学报到时都得到了一枚校徽，大家都无比虔诚地把它佩戴在胸前。我们这群四十、五十、六十岁的老学生们漫步在昔日播撒理想和青春的校园中，徜徉在草木葱翠的歌乐山下，与在校的大学生相遇，他们都以无比羡慕和崇敬的眼光对我们施以深深的敬意。

我特地走进自己当年的寝室，现在是三位研究生的住所。当得知我是故地重游时，他们都热切地把我请进房间，聚精会神地听我畅谈关于知识、想法、包容心的年轻人成才真经和自恋、自卑、自信的人生感悟。他们深有感慨地说："师兄所讲的这些东西，是我们在书本里，在课堂上从来没有看到、听见的。"

当年的歌乐山犹如金庸笔下的神功练场，她远离都市的浮华和尘世的喧嚣，曾几何时，我们这一群童男童女心无旁骛地在那里洗礼灵魂，修炼功法。当我们离开她的时候，犹如七剑下天山，梁治平、蒋庆、顾培东、舒扬等一大批学友犹如郭靖、黄蓉、韦小宝，个个身轻如燕，身手不凡，一套套独门独派的文化组合拳如行云流水，出神入化，剑剑封喉，刀刀见血，在中国思想文化界的圣殿里"搅得周天寒彻"。

重返歌乐山，长时间的激情飞扬，思绪翻涌。在那些日子里，老是情不自禁地哼起美国民歌《可爱的家》："纵然游遍美丽的宫殿，享尽富贵荣华，但是无论走到哪里，都怀念我的家……"

感谢你，歌乐山，我的青春的伊甸园！

感谢你，歌乐山，你为我们西政七八级人营造了一个梦牵魂绕的精神家园!

读罢全文,感触真切:不愧是制造师资人才的摇篮,师资班出来的人真可谓是“人才辈出,豪杰如云”。虽然大学四年,仰视这群“准老师”们阳春白雪,多数人与我们“下里巴人”接触不多,但凡交往者,每人都有一段可圈可点的故事。共运史专业的李郁平,男子羽毛球队员,在校期间与我搭档男子双打四年的球友,性格内在,少言寡语,赛场上偶有失误,主动揽责,平凡寓于肚量。毕业后方知他不仅球场上是高手,情场上也留一手。他身在共运史班,找的对象竟然是哲学班的美女、校女篮主力队员李春茹。大学毕业之后,他脚踏实地,始终在母校学报编辑部勤勤恳恳做“嫁衣裳”工作,妻子却一路绝尘,任西政多年的党委副书记后,如今又成了重庆工商大学的党委书记,见面我们都畏惧三分。

师资班里,还有一对鲜为人知“位高权重”的夫妻。男的为共运史班的杜万华,1954 年生,四川雅安人,是西政培养的本科生、研究生。1985 年毕业留校任教,曾担任学校法理教研室主任、法律系主任。1996 年调入最高人民法院,挂职北京市西城区人民法院副院长,历任高法台湾事务办公室副主任、民事审判庭第一庭审判长、政治部副主任等职。2007 年 6 月 29 日任最高人民法院民事审判庭第一庭庭长。现如今,已是国家最高审判机关的副部级审委会专职委员。他的夫人是谁?大家心知肚明,我也不必在此赘言。2013 年 7 月 9 日,最高人民检察院大检察官颁证暨宣誓仪式在北京郑重举行时,由七八级学生、最高人民检察院副检察长朱孝清主持仪式,最高人民检察院检察长、首席大检察官曹建明为 21 名大检察官颁发一、二级大检察官证书,其中,给最高人民检察院党组副书记、常务副检察长胡泽君颁发一级大检察官证书。获得此荣誉的正是“杜委员”的另一半。

讲完师资班的故事后,顺便讲一讲西政七八级十一班的故事了。

有人疑惑不解,七八级除了师资班,只有法律专业十个班级,哪来的十一班啊？

2003 年 3 月 12 日晚上 7 点，在西政老校区——沙坪校区小礼堂内，中国社会科学院法学研究所教授张志铭在作《论中国宪法的完善》为题的学术讲座之前，道出了西政十一班的由来："在一些聚会中，我经常荣幸地被西政七八级的一些朋友封为第十一班班长。告诉同学们，他们没有这个班，但他们比较大方，愿意在十个班外再添上一个班，为西政收罗一些对西政感兴趣和友好的人士。尽管我也知道，有很多人也被封为班长，但我总觉得我是唯一而称职的班长！"全场掌声、笑声喧腾，欢呼声一片！

2004 年 3 月 23 日晚上，在西南政法大学沙坪坝区岭南厅，著名青年法学家邓正来(老邓)受聘为西南政法大学名誉教授的典礼隆重开场，当龙宗智校长将聘书郑重地交给邓正来时，他对听众们这样讲道："因为我们两人都是七八级的，曾经在这个校园共同生活，开始还在一栋楼吃喝拉撒，甚至还在一起打过架。当然，我身体比较弱小，不敢往前冲，邓教授当时与我们学校也有特殊的感情，所以也肯定缩边边(躲后头)。"

此后，一脸笑容的邓正来向与会的师生们就职演说，他颇为幽默地向大家说起了他与西政七八级的深厚渊源："大家都知道我是四川外语学院七八级的学生，但大家不知道我也是西南政法学院七八级的学生。记得当年，我们两个学校的同学一起住在东山大楼里，每天都在东山大楼的工地里借着灯光晨读，每周三敲着碗、拿着肉票到一个工棚打勺子面吃。我们一起读书，一起学习，在一个球场上打球、比赛，也在一起打了一场全国闻名的架。记得两年前，在一次西南政法大学七八级北京同学的聚会上，我不仅受邀与会，还正式任命我为西南政法大学七八级法律专业十一班的班长。"话音一落，博得满场"噢"声一片。"七八级十一班班长"的故事由此传开。

邓正来，1956 年生于上海，1978 年从西安考上四川外语学院。在学校里他花了一年多的时间，差不多把在大学里应该学的最难啃的外语专业课程全部自学完了。大二的时候,他就不顾两校之间存在的“危险”境地,经常“流窜”到七八级学生的宿舍,听长道短,逐渐对法律产生兴趣。于是,他就开始两校之间明里暗里流动上课的经历,上午可能在川外的教室听课,下午就到一墙之隔的西南政法学院七八级的大教室“蹭课”,由于大教室可容纳数百人,几个班的学生穿插期中,也没有点名、查人、报到之说,老邓的“蹭课”轻车熟路,不仅形成了经常化,而且竟然使不少人误以为他也是西政七八级学子之一。

在七八级蹭课的日子里,邓正来不仅深入了解了卢梭、洛克、康德、休谟等著名法学家、哲学家的思想,还遇到了对其影响颇大的罗世英副教授。“他是当年西南政法学院最优秀的老师之一。罗教授那时单身一人,每天晚上,七八级的高才生都会去他家里聚会,相当于一个小小的沙龙。这个小沙龙结束以后,就是我与罗教授的单独交流,几乎每天晚上我都跟他在一起喝茶、谈学问。他看到我爱好学术,又读过很多书,所以非常赏识我。我认为自己就像他的一个私塾弟子,但是他不这么看,与我兄弟相称。”邓正来在自述中这样描写罗世英老师。

通过这种在西政“旁听”和“偷拳”途径,邓正来也知道了李浩培、王铁崖、陈体强等国际法一流大家的名字。这些名师当时都任教于北京的外交学院,在“追求一流教授、学做一流学者”的信念支撑下,1982 年邓正来从歌乐山下的“两校”毕业后慕名师而来到京城,考入了北京的外交学院,师从李浩培、姚壮先生,成为一名国际法研究生。在几位大师级的老师门下求学可谓如沐春风,其研究生毕业论文是《美国现代国际私法流派》。1984 年读研究生期间,邓在法律出版社出版了处女作《昨天 · 今天 · 明天》,一看标题有点儿像是上世纪 90 年代由崔永元、宋丹丹和赵本山出演的春节晚会小品名称,但那可是 20 世纪 80 年代国内影响最大的《走向未来》丛书中的一本“杰作”。离开外交学院之后,邓正来创办并主编《中国社会科学季刊》《中国书评》等刊物,发表《中国法学向何处去》等文章。1987 年他毅然告别体制，走向江湖，成为中国第一个学术民间个体户，成为一个完全独立自由、学术著作等身、学界名声大噪的学者。可惜的是，寂寞的欢愉并没有给他带来长久的幸福，自由的思想没有换来不灭的学术之光。2013 年 1 月 24 日 6 时 50 分，邓正来在上海复旦大学附属肿瘤医院病逝，享年 56 岁。他的英年早逝，不仅是我国法学界的一大损失，是川外七八级的一大损失，更是西政七八级的一大损失！

1982 年 4 月 18 日，七八级师资班黄平指挥校合唱团参加重庆市大学生调演比赛的情景

CHAPTER 33 ≫

第三十三章
黄松有案及其他

近些年来，西政七八级同学在相聚言谈时，总是竭力不愿提及那些“出事”的同学们，对其中的黄松有案件更是讳莫如深、语焉不详。

黄松有，1957 年 12 月 21 日出生，广东省汕头市人，汉族，中共党员，在职博士研究生，原系最高人民法院副院长，曾任中共广东省湛江市中级人民法院党组书记，湛江市中级人民法院院长、湛江市法官协会会长。2009 年 8 月 21 日，因涉嫌受贿犯罪、贪污犯罪被逮捕。此消息被新华社播发后，许多同学的心里充满惋惜与沉重。

作为大学期间同居一室的同学，我对黄松有并不陌生。他与我具有可直接用闽南话对话交流的便捷条件。大三期间，分配学生宿舍时，由于相邻班级，他分到我的寝室，朝夕相处一个学期后，便毕业离校。临毕业时，他给我亲笔留下的详细通讯地址是“广东省汕头市澄海县莲上镇兰苑村”。上大学期间，他在十班，平时话语不多，但对校内外各项活动乐于参与，不仅写得一手好字和文章，而且嗓音特好，特别是他与师资班刘琳的男女声二重唱，堪称校园每次晚会的压轴节目。

据黄松有自己介绍，由于家庭贫困，他打小学习十分刻苦。1974 年高中毕业回到家乡——潮汕平原“修理地球”时，在家门口贴有自作对联“日出锄头粪箕筐，夜来箫弦琵琶筝”，横批是“乐在其中”。当年高考前，作为回乡知青之一的他，挑灯夜读的“最低纲领”是能够“农转非”，端上“铁饭碗”。他之所以上了“西政”，除了高考成绩是硬指标外，还源于当时这所绝密专业可优先录取的重点大学，考生家庭出身要根正苗红，而他祖宗三代皆是贫农。

2008 年 9 月，黄松有为纪念西政七八级同学入学 30 周年，在撰写《聚是一团火　散是满天星》的纪念文章中，曾写道：

怀揣着自己对法学的渴望，在学校条件十分简陋的情况下，我们开始了研习法学和描绘社会主义法制蓝图的大学生活。学生总是以学为主，那时的我们总是如饥似渴地捧读书籍，激烈地争论学习中的难题，那股积极向上的热情和上进的劲头令我感怀至今。

那时学校没有网络，难得看电视，更没有卡拉 OK。但我们的生活依然丰富多彩，课余同学们聚在一起，以共同的兴趣爱好交流切磋。我喜欢书法，自己规定每天午间半小时用旧报纸临摹名家字体，从唐代欧阳询、柳公权的楷体到现代麦华三的楷书和行书，有时还用小楷毛笔作笔记。毕业前，我的楷书作品毛泽东《水调歌头 · 重上井冈山》获四川省大学生书法比赛二等奖。

此外，音乐也给我们带来了极大的精神享受和无穷的力量。学生宿舍、走廊、冲凉房里总是回荡着快乐悠扬的歌声。而我作为西南政法学院文艺宣传队的一员，每次演出的保留节目，就是与师资班的刘琳同学的男女声二重唱。

1982 年大学毕业后，我和黄松有还不时有通信往来。后来再见面时，已经是 1999 年 6 月，他因审理“98 湛江特大走私案件”表现突出，从广东湛江市中级人民法院院长一职调到最高人民法院担任民庭庭长。由于高法机关办公所在地与我当时天安门南池子的住处隔着长安街相望，两人有了接触机会。每当同学聚会时，他称自己“不抽烟、不喝酒、不打牌”，但他兴致上来，能够通过耍点儿小魔术、学各地方言等技巧活跃气氛。他到高法工作时间不长，但刻苦学习，有较强的理论功底，加上具有丰富的基层司法审判实践，在各种刊物发表许多论文，著述颇丰，其中个人专著就有《中国现代民事审判权论》

《经济审判实用全书》《人间正道》等。在司法界,黄松有曾一度被誉为“推动中国法制改革的领军人物、前途无量的学者型官员。”

2008年10月初,正当来自天南海北的七八级同学汇聚在歌乐山下,在黄松有为学校建校史陈列馆所题写的“聚是一团火,散是满天星”的大字横幅下踊跃签名报到时,一个不祥的消息在同学中不胫而走:原定要参加聚会的黄松有不来了,恐怕出事了。这位曾经让母校老师和同学们都引为自豪的黄松有,果真的出事了吗?

西政七八级同学逢十(年)一度的聚会落幕不足十天,事先的各种传闻和猜测终于成为令人难以言状的现实。一系列涉及他的消息接踵而至,让人扼腕叹息。

2008年10月15日下午,刚参加完国务院有关会议回到办公室的黄松有,被中纪委调查人员带走,随后他的办公室和住所都受到搜查。

2008年10月28日,第十一届全国人民代表大会第五次会议经表决,免去黄松有最高人民法院副院长、审判委员会委员、审判员职务。

2009年8月22日,《人民日报》头版发布的一则消息,让种种猜疑得到了权威的确认。

新华社北京8月21日电 日前,中共中央纪委对最高人民法院原副院长黄松有严重违纪违法问题进行了立案检查。经查,黄松有利用职务上的便利,为他人谋取利益,收受巨额钱款;违反规定,收受礼金;生活腐化。黄松有的上述行为严重违反党纪政纪,其中有的问题已涉嫌犯罪。根据《中国共产党纪律处分条例》《中华人民共和国公务员法》的有关规定,经中央纪委常委会审议并报中共中央批准,决定给予黄松有开除党籍、开除公职处分;将其涉嫌犯罪问题及线索移送司法机关依法处理。

黄松有受贿、贪污案

被告人黄松有，男，1957年12月21日出生，广东省汕头市人，汉族，中共党员，在职博士研究生，原系最高人民法院副院长，曾任中共广东省湛江市中级人民法院党组书记、湛江市中级人民法院院长、湛江市法官协会会长。2009年8月21日，因涉嫌受贿犯罪、贪污犯罪被逮捕。

被告人黄松有涉嫌受贿、贪污犯罪一案，由最高人民检察院于2009年8月20日立案侦查。2009年11月17日侦查终结，2009年11月18日，最高人民检察院将该案经河北省人民检察院移交河北省廊坊市人民检察院审查起诉。河北省廊坊市人民检察院受理案件后，于当日依法告知了黄松有有权委托辩护人等诉讼权利，并在法定期限内讯问了黄松有，听取了黄松有委托辩护人的意见，审查了全部案件材料。2009年12月30日，河北省廊坊市人民检察院依法向河北省廊坊市中级人民法院提起公诉。被告人黄松有犯罪事实如下：

一、受贿罪

2005年至2008年，被告人黄松有利用担任最高人民法院副院长的职务便利，接受请托，为他人谋取利益，或者利用职权、地位形成的便利条件，通过其他国家工作人员的职务行为，为他人谋取不正当利益，非法收受广东法制盛邦律师事务所陈卓伦、广州佳德利房地产开发有限公司董事长肖渊韬、四川冠宇投资有限公司董事长林寻东、北京某高校教师赵某某、广东正大方略律师事务所律师陈文等人给予的人民币360万元和港币30万元，共计折合人民币390.066万元。

1. 2005年1月至2006年下半年，黄松有利用担任最高人民法院副院长职务上的便利，接受广东法制盛邦律师事务所律师陈卓伦的请托，希望黄松有帮助促成其代理的一起执行案件双方当事人执行和解。黄松有利用职务便利，向最高人民法院执行工作办公室的案件承办人打招呼，并作出书面批示，使该案件达成了执行和解。为此，黄松有于2008年5月，收受陈卓伦给予的人民币300万元。

2. 2006年5月至7月，黄松有利用担任最高人民法院副院长职务上的便利，接受广州佳德利房地产开发有限公司董事长肖渊韬的请托，为该公司与广州建南房地产开发有限公司债务纠纷案的处理，请求广州市中级人民法院有关领导提供帮助。黄松有即向广州市中级人民法院相关领导打招呼，为肖渊韬提供了帮助。为此，黄松有于2006年5月至2007年初，先后三次收受肖渊韬给予的港币30万元，折合人民币30.066万元。

3. 2006年9月，黄松有利用担任最高人民法院副院长职权、地位形成的便利条件，接受四川冠宇投资有限公司董事长林寻东的请托，为其兄林作万涉嫌行贿被广东省佛山市人民检察院立案侦查事宜，希望黄松有通过该院有关领导提供帮助，使林作万由监视居住变更为取保候审。通过黄松有向佛山市人民检察院负责人打招呼，林作万被取保候审。为此，黄松有于2008年春节前，收受林寻东给予的人民币30万元。

4. 2006年底，黄松有利用担任最高人民法院副院长职务上的便利，接受北京某高校教师赵某某为最高人民法院民一庭审理的一起土地转让合同纠纷案件，向其提出的请托，希望黄松有对一方当事人的利益给予关照。黄松有对该案提出明确意见，合议庭据此改变了原处理意见。为此，黄松有于2007年下半年，收受赵某某给予的人民币10万元。

5. 2007年5、6月，黄松有利用担任最高人民法院副院长职务上的便利，接受广州正大方略律师事务所律师陈文的请托，为广东省廉江市信用投资发展公司与广州南亚房地产发展有限公司执行案提供了帮助。为此，黄松有收受陈文给予的人民币20万元。

二、贪污罪

1997至1998年，广东省湛江市中级人民法院审理的中美公司破产还债一案，由广东粤法拍卖有限公司、广东法建拍卖有限公司进行了资产拍卖。被告人黄松有利用担任湛江市中级人民法院党组书记、院长的职务便利，隐瞒事实真相，伙同时任湛江市司法局副局长的陈文、粤西代办处负责人项光文，以粤西代办处参与中美公司资产拍卖操作的名义，将湛江市中级人民法院取得的对该资产拍卖佣金中的人民币308万元，通过湛江市法官协会转入粤西代办处账户，由三人非法占有，黄松有分得人民币120万元。

2010年1月14日，河北省廊坊市中级人民法院依法组成合议庭，公开审理了此案，法庭审理认为：

被告人黄松有身为国家工作人员，利用职务便利为他人谋取利益，利用职权、地位形成的便利条件，通过其他国家工作人员的职务行为，为他人谋取不正当利益，非法收受他人财物，其行为构成受贿罪；黄松有利用职务便利，伙同他人骗取本单位公款的行为还构成贪污罪。检察机关指控被告人黄松有犯受贿罪、贪污罪的事实清楚，证据确实、充分，指控的罪名成立。黄松有受贿数额巨大，虽具有在被调查期间主动坦白办案部门不掌握的部分受贿犯罪事实，认罪态度较好，且案发后大部分赃款已追缴的酌定从轻处罚情节，但其身为最高人民法院大法官，所犯受贿罪社会影响恶劣，应依法从严惩处。黄松有伙同他人共同贪污数额巨大，情节严重，且系主犯，亦应依法惩处。对黄松有所犯受贿罪、贪污罪，依法应数罪并罚。

2010年1月19日，河北省廊坊市中级人民法院依照《中华人民共和国刑法》第三百八十五条第一款，第三百八十八条，第三百八十二条第一款，第三百八十六条，第三百八十三条第一款第一项、第二款，第二十五条第一款，第二十六条第一款、第四款，第五十七条第一款，第五十九条，第六十九条，第六十四条之规定，作出如下判决：

一、被告人黄松有犯受贿罪，判处无期徒刑，剥夺政治权利终身，并处没收个人全部财产；犯贪污罪，判处有期徒刑十五年，并处没收个人财产人民币50万元，决定执行无期徒刑，剥夺政治权利终身，并处没收个人全部财产。

二、在案扣押的受贿款项人民币300万元上缴国库，贪污款项人民币278万元发还湛江市中级人民法院。

三、其余赃款继续追缴。

被告人黄松有不服一审判决，向河北省高级人民法院提出上诉。

河北省高级人民法院依法组成合议庭审理了该案。法庭审理认为：

上诉人黄松有身为国家工作人员，利用职务便利，为他人谋取利益，或者利用职权、地位形成的便利条件，通过其他国家工作人员的职务行为，为他人谋取不正当利益，非法收受他人财物，其行为已构成受贿罪。受贿数额巨大，犯罪的社会影响及其恶劣，虽有主动坦白部分受贿犯罪事实、认罪态度好、大部分赃款已追缴等情节，亦不足以从轻处罚。黄松有利用职务便利，

伙同他人骗取本单位公款的行为还构成贪污罪。贪污数额巨大，情节严重，且系主犯，亦应依法惩处。对黄松有所犯受贿罪、贪污罪，依法应予数罪并罚。一审判决认定事实和适用法律正确，量刑适当，审判程序合法。上诉理由和辩护意见法院均不予采纳。

2010年3月9日，河北省高级人民法院依照《中华人民共和国刑事诉讼法》第一百八十九条第一项、第一百九十七条之规定，作出如下裁定：驳回上诉，维持原判。

在2010年第4辑的《最高人民检察院公报》中，我们通过国家司法部门印发的案例，大致了解到黄松有受贿、贪污案件的整个来龙去脉。

被告人黄松有因涉嫌受贿、贪污犯罪一案，由最高人民检察院于2009年8月20日立案侦查。2009年11月17日侦查终结，2009年11月18日，最高人民检察院将该案经河北省人民检察院移交河北省廊坊市人民检察院审查起诉。河北省人民检察院受理案件后，于当日依法告知了黄松有有权委托辩护人等诉讼权利，并在法定期限内讯问了黄松有，听取了黄松有委托辩护人的意见，审查了全部案件材料。2009年12月30日，河北省廊坊市人民检察院依法向河北省廊坊市中级人民法院提起公诉。被告人黄松有犯罪事实如下：

一、受贿罪

2005年至2008年，被告人黄松有利用担任最高人民法院副院长的职务便利，接受请托，为他人谋取利益，或者利用职权、地位形成的便利条件，通过其他国家工作人员的职务行为，为他人谋取不正当利益，先后非法收受广东法制盛邦律师事务所陈卓伦、广州佳德利房地产开发有限公司董事长肖渊韬、四川冠宇投资有限公司董事长林寻东、北京某高校教师赵某某、广东正大方略律师事务所律师陈文等人给予的人民币360万元和港币30万元，共折合人民币390.066万元。

案情一：2005年1月，广东省法制盛邦律师事务所主任陈卓伦，因代理一起标的上亿的执行案件，在北京华侨大厦宴请黄松有，希望此案能得到执行和解。陈卓伦承诺，事成之后分给黄律师费300万元，以示感谢。黄松有给最高人民法院执行办公室案件承办人打招呼，并作出“加大调解力度”的“重要批示”。2007年5月，当事人双方终于达成和解协议，陈律师也开始兑现诺言。但为了规避风险，陈没有将钱直接给黄松有，而是和黄商定成立一家公司，将钱划到这家公司的账户。2008年5月底，陈电话告诉黄松有“钱已汇到公司。”后陈得知黄将要出事，又把这笔钱划了回来。黄松有虽然没有得到这笔钱，但仍然应认定为受贿性质。

案情二：2006年底，黄松有利用担任最高人民法院副院长职务上的便利，接受北京某大学教授、兼职律师赵某某为最高人民法院民一庭审理的一起土地转让合同纠纷案件提出的请托，黄松有对该案提出了明确意见，致使合议庭改变了原处理意见。2007年9月，黄松有收受赵某某给予的人民币10万元。

案情三：2007年5月至6月，黄松有利用担任最高人民法院副院长职务上的便利，接受广州某律师事务所律师陈某的请托，为广东省廉江市信用投资发展公司与广州南亚房地产发展有限公司执行案提供了帮助。为此，黄松有收受陈某给予的人民币20万元。

案情四：2005年5月，广州佳得利房地产公司与广州建南房地产开发有限公司发生债务纠纷，前者公司董事长肖渊韬请黄松有帮忙，判决对方土地归其公司，黄松有利用担任最高人民法院副院长职务上的便利，给广州市中级人民法院相关领导打招呼，为肖提供了帮助。为此，黄于2006年5月至2007年初，先后3次收受肖渊韬给予的30万港元。

案情五：2006年9月，四川冠宇投资公司董事长林寻东哥哥林作万涉嫌行贿被广东省佛山市检察院立案侦查，林寻东找到黄松有，希望通过该院有关领导提供帮助，使林作万由监视居住变更为取保候审。黄松有给佛山市人民检察院负责人打电话，林作万由监视居住变更为取保候审。事后，林寻东为表示感谢，于2008年2月在北京潮皇食府送黄松有人民币30万元。

二、贪污罪

1997年至1998年，广东省湛江市中级人民法院审理的中美化学工业有限公司破产还债一案，由广东粤法拍卖有限公司、广东法建拍卖有限公司进行了资产拍卖。被告人黄松有利用担任湛江市中级人民法院党组书记、院长的职务便利，隐瞒事实真相，伙同粤西代办处负责人项光文等人，以粤西代办处参与中美化学工业有限公司资产拍卖操作的名义，将湛江市中级人民法院取得的对该资产拍卖佣金中的人民币308万元，通过湛江市法官协会转入粤西代办处账户，由三人非法占有，黄松有分得人民币120万元。

据2010年第4期《民主与法制》报道，1997年湛江市中美化学工作有限公司破产拍卖。在时任湛江市中级人民法院院长、湛江市法官协会会长黄松有的运作下，由广东粤法拍卖有限公司和法建拍卖有限公司承担拍卖任务，约定佣金1540万元。拍卖完毕后，广东省法官协会通知，拍卖佣金一半由湛江中院处理。湛江中院党组决定，将700多万元佣金交给法建拍卖有限公司分支机构——粤西代办处308万元，剩余归中院所有。后来，给代办处的308万元，代办处负责人和黄松有商量私分，黄松有尽管十分犹豫，但心想这反正不是法院的钱，是人家愿意给的，便点头答应。于是，黄和代办处负责人等3个人分掉了这笔款，黄松有获得120万元。事后，黄松有心有后怕，没有取回这笔钱，始终放在代办处负责人那里。庭审时，黄松有就此表示："这一生从没敢想过贪污法院的公款，这是我的心里话。"

有人说，黄松有起先被中纪委调查，源于广东"烂尾楼"拍卖案，但他后来被指控的犯罪事实，又和"烂尾楼"毫无瓜葛，这是令他根本也没有想到的事情。

广州"中诚广场"被称为"全国第一烂尾楼"。2002年7月，广东省高级人民法院指定广州市中级人民法院负责解决"中诚广场"债务纠纷，对其进行拍卖。而广州商人范骏业控制的两家名不见经传的公司在竞拍中胜出，以低价购得"中诚广场"后，很快出手转卖，净赚4亿多元。这种反常现象受到有关人员举报，引起中纪委重视。2008年6月，已经离任近一年的广东省高院执行局局长杨贤才被中纪委带走调查，在此调查期间，发现黄松有利用最高人民法院分管执行工作的身份，在拍卖期间曾向杨贤才发出暗示，由此方才启动对黄的调查。

在历经审查长达一年之久后，黄案由检方移交法院审理。

2010 年 1 月 14 日，河北省廊坊市中级人民法院依法组成合议庭，在廊坊市经济开发区人民法院公开审理了黄松有一案。开庭当日上午，在廊坊开发区法院审判厅 1000 米外路口，警方已经设立警戒线，严禁无关人员进入。而在审判大楼的公示屏上，黄松有的开庭公告信息在不时地滚动着，其信息显示黄被控的罪名就是受贿、贪污两宗罪。

廊坊市人民检察院起诉书指控，2005 年至 2008 年间，黄松有利用其担任最高人民法院副院长的职务便利和职权、地位形成的便利条件，在有关案件的审判、执行等方面为广东法制盛邦律师事务所律师陈卓伦等 5 人谋取利益，先后收受上述人员钱款共计折合人民币 390 万余元。此外，黄松有还于 1997 年利用担任广东省湛江市中级人民法院院长的职务便利，伙同他人骗取本单位公款人民币 308 万元，其个人分得 120 万元。为此，应以受贿罪、贪污罪追究黄松有的刑事责任。

法庭上，公诉人出示了相关证据，黄松有委托的律师龙宗智、高子程出庭为其进行了辩护。媒体记者以及 60 余名群众、黄松有的部分亲属旁听了案件庭审。法庭没有当庭作出判决。为黄松有担任辩护人之一的是当年的大学同窗龙宗智，曾任西南政法大学校长、军事检察院检察员、副检察长，大校军衔。当记者询问对于开庭当天黄松有是否认罪，以及律师为黄松有作何种类型辩护时，龙宗智均以“对不起，无可奉告”打发各路记者，庭审后匆匆忙忙离开法庭。另一辩护律师高子程则告诉记者，在庭审中他为黄作罪轻辩护，他认为黄松有在湛江任中级人民法院院长期间所犯罪行并非贪污，而应是受贿一罪。此外，在法院认定的 390 万元受贿款中，黄实际只拿到 90 万元，另外 300 万元还没有兑现，量刑上应予从轻处罚。

2010 年 1 月 19 日上午 8 时，河北省廊坊市经济开发区人民法院审判庭内，我们再次目睹黄松有被带进法庭。此时人们发现，这位曾无数次坐在审判席上的司法高官，如今头发有些发白，当年红润的面庞也苍老了许多。当他根据审判长的提示，霍然地起立时，听到对自己的如下判决结果：

廊坊市中级人民法院认为，黄松有身为国家工作人员，利用职务便利为他人牟取利益，利用职权、地位形成的便利条件为他人谋取不正当利益，收受他人贿赂的行为构成受贿罪；黄松有利用职务便利，伙同他人共同骗取本单位公款的行为构成贪污罪。黄松有受贿数额巨大，虽具有在被调查期间主动坦白有关部门未掌握的部分受贿事实，认罪悔罪，且案发后大部分赃款已追缴等酌定从轻处罚情节，但其身为最高人民法院大法官，知法犯法，进行权钱交易，收受巨额贿赂，社会影响恶劣，应依法从严惩处。黄松有与他人共同贪污数额巨大，情节严重，且系主犯，亦应依法惩处。

一审法院认定被告人黄松有犯受贿罪，判处无期徒刑，剥夺政治权利终身，没收个人全部财产；犯贪污罪，判处有期徒刑15年，没收个人财产人民币50万元，两罪并罚，以受贿罪和贪污罪决定执行无期徒刑，剥夺政治权利终身，并处没收个人全部财产。

听到这一判决后，他显得有些惊讶。很快，他镇定了一下，当庭表示要和自己的辩护律师商量一下是否上诉。随后，他被戴上手铐，在警车的押送下，直奔北京秦城监狱。

此后，在法定期限内，被告人黄松有不服一审判决，向河北省高级人民法院提出上诉。其上诉理由是：一审判决认定被告人贪污的308万元，是湛江市法官协会收取的拍卖佣金，而根据《中华人民共和国拍卖法》和《社会团体登记管理条例》的相关规定，法官协会无权收取拍卖佣金，因此，涉案308万元不是贪污罪的犯罪对象；根据相关《协议书》《拍卖成交确认书》的约定，308万元属于拍卖公司所有，不属于湛江法院的公款，因此，不应构成贪污罪。对于另一笔收受300万元贿赂的认定，辩护律师认为，黄松有并没有得到财产控制权，对于收此贿赂尚存不确定因素，犯意尚未确立，也应当改判。

河北省高级人民法院依法组成合议庭审理了该案。2010 年 3 月 9 日，河北省高级人民法院依照《中华人民共和国刑事诉讼法》第 189 条第 1 项、第 197 条之规定，作出驳回上诉、维持原判的裁定：

法院查明，2005 年至 2008 年间，黄松有利用担任最高人民法院副院长的职务便利，为广东法制盛邦律师事务所律师陈卓伦等 5 人谋取利益，先后收受上述人员钱款共计折合人民币 390 万余元。此外，黄松有还于 1997 年担任广东省湛江市中级人民法院院长期间，伙同他人骗取本单位公款人民币 308 万元，个人分得 120 万元。案发后，已追缴赃款人民币 578 万元。

一、被告人黄松有犯受贿罪，判处无期徒刑，剥夺政治权利终身，并处没收个人全部财产；犯贪污罪，判处有期徒刑 15 年，并处没收个人财产人民币 50 万元，决定执行无期徒刑，剥夺政治权利终身，并处没收个人全部财产。

二、在案扣押的受贿款项人民币 300 万元上缴国库，贪污款项人民币 278 万元发还湛江市中级人民法院。

三、其余赃款继续追缴。

2010 年 3 月 17 日，黄松有贪污、受贿案终审判决的宣判地点，仍在一审法院廊坊经济开发区法院内，但合议庭组成人员均为河北省高级人民法院的审判人员。

二审法庭审理认为，上诉人黄松有身为国家工作人员，利用职务便利，为他人谋取利益，或者利用职权、地位形成的便利条件，通过其他国家工作人员的职务行为，为他人谋取不正当利益，非法收受他人财物，其行为已构成受贿罪。受贿数额巨大，犯罪的社会影响极其恶劣，虽有主动坦白部分受贿犯罪事实、认罪态度好、大部分赃款已追缴等情节，亦不足以从轻处罚。

黄松有利用职务便利,伙同他人骗取本单位公款的行为还构成贪污罪。贪污数额巨大,情节严重,且系主犯,亦应依法惩处。对黄松有所犯受贿罪、贪污罪,依法应予数罪并罚。一审判决认定事实和适用法律正确,量刑适当,审判程序合法。上诉理由和辩护意见法院均不予采纳。

需要说明的是,在法庭内外,我们自始至终没有发现原先媒体爆炒的黄松有"生活腐化"之类的事实和证据之类的传闻。据其辩护律师高子程透露,原先报道黄松有落马与黄光裕案有关,且黄"对未成年少女特别有兴趣"等,都是子虚乌有的传闻,没有任何事实依据,检察机关未对此进行指控。然而,在最高人民法院 2010 年 1 月 19 日印发的《关于在各级人民法院领导干部中集中开展党性党风党纪教育的紧急通知》中,曾出现"要深入剖析黄松有腐化堕落的思想根源,并从中吸取深刻教训"的字样,让人又疑窦丛生。

作为昔日同窗,黄松有案给我们留下了什么反思和启示呢?

《人民法院报》评论员文章写道:"黄松有身为党的高级干部,二级大法官,背弃党的宗旨,无视党纪国法,大搞权钱交易,严重地损害了人民司法事业和人民法院的司法公信力,影响极其恶劣,一审被判无期徒刑,可谓咎由自取,惩当其罪,罪有应得。""黄松有严重违法犯罪问题的发生,对党和国家的事业造成了极大损害,对全国法院造成了严重的负面影响,对最高人民法院的威信和形象造成了极大伤害,对法院队伍的思想造成了巨大的冲击。"显而易见,四个"造成",语气之重磅,凸显了高法领导和机关的愤怒之情,揭示了黄松有案件具有不容低估的"社会危害性"。

原本前途无量,最终狱中终老。诚然,当年看到黄松有无数次拿起法槌,以法律的尊严震慑犯罪分子,我们曾经为之自豪和骄傲;如今,当他被熟悉的法槌敲击着自己的灵魂,成为锒铛入狱的罪犯后,我们的心情又格外复杂。

作为新中国成立以来因贪腐被判刑的最高级别的司法官员,黄松有这个“地标”式案件，不仅注定成为社会看待司法部门的一道难以弥合的疤痕，也成为七八级同学们难以言状的心痛……

记得黄松有在自己的博士毕业论文中曾经这样写道：“保持清正廉洁，加强自身修养。”“法官穿上法袍，不再是普通人，应与其他社会成员保持距离。”我们不禁时常感叹，面对五彩缤纷的世界，面对错综复杂的社会乱象，面对共和国现行司法体制制度存在的各种弊端，一个人、一辈子的言与行能够始终保持高度一致，该有多么难啊！

《民主与法制》刊登的署名文章指出：“黄松有从贫苦学生到司法高官，在身处巅峰、志得意满之时，堕落为大贪官，说明什么？一个人在顺利如意之时，越容易放松思想警惕，越容易出问题。”

那么，作为同一母校，作为当年的同窗和师长，如何看待黄松有的今与昔？

同是西政校友的著名民法专家梁慧星认为，黄松有案件是法学教育界的问题。作为科班出身的法学博士，堕落到这种地步，法学教育界应好好反省，是不是没有对学生进行人格、品德、道德、忠于法律的教育？

已经84岁高龄的西南政法大学教授常怡得知黄松有出事的事情后，心中倍感痛心和郁结，因为他就是黄松有的博士生导师。在他的印象中，黄松有行事不仅低调，而且完全可以用小心谨慎来形容。然而，令他始终百思不得其解的是，那个不愿意给律师事务所题词且不嗜烟酒的“好学生”，在这么十分敏感和容易招惹是非的职位上，缘何会犯这种叫人难以置信的低级错误？他有时只得压抑自己的情感，不时地宽慰自己：“本来我认为学生的成就可以跟老师画等号，就像很多老师一样，学生好了，做老师的脸上光彩，其实并不能画这个等号。同样，反过来，学生失败或者犯了错误，甚至犯了罪，也不能跟老师画等号。我也不清楚这算不算在为自己辩解。”面对记者的采访，已经进入耄耋之年的常教授一脸苦笑和解嘲着说。

常老师语重心长地告诉我们,黄松有这一事件对法院系统的建设来说着实是一件很坏的事情,要求我们从思想认识、制度建设上进行反思。在市场经济条件下,你无论做什么工作一不小心就容易犯错误,这是因为市场经济条件下各种诱惑太多,稍微放松警惕就容易出错甚至犯罪。一个人权力太大,就会有人供他,一不小心就会出问题,成为别人的奴仆,为别人(行贿者)办事,黄松有就是例证。一个只能出法官的学校,却也可能产出知法犯法的法官,我们很是揪心,表明我们学校的教育做得还很不够。但是,在常教授的眼里,他始终认为黄松有过去的路走得很艰苦也很努力,尽管后来出了事,但总不能抹去他原先的表现和成绩嘛。

《澳门日报》评论道:黄松有从受人尊重的国家二级大法官沦为阶下囚,有个人因素——贪图金钱美色,也有制度因素——对法官的权力监督不足。

某省级检察机关的一位同学告诉我,近些年来,查处的法院人员腐败窝案中,律师既是向法官行贿的主要人员,也是法官与行贿当事人的“中间人”,平均一个出事的受贿法官就可能牵出 5 个以上的行贿律师。这一说法是否准确姑且不论,但多年来,法官的出事与律师的“沟通”关系十分微妙,则是公开的秘密。

2010 年 1 月 19 日,在黄松有案一审判决的当天,最高人民法院印发了《关于在各级人民法院领导干部中集中开展党性党风党纪教育的紧急通知》中,明确要求全国各级人民法院从即日起,结合黄松有这一反面典型,在各级法院领导干部中开展一次党性党风党纪教育活动,力争取得“查处一案,教育一片”的效果,强化干部廉洁自律意识,促进公正、廉洁司法。

长期以来,司法腐败一直备受诟病,因贪腐落马的法官、检察官屡见不鲜,与社会风气、制度机制欠缺等不无关系。司法腐败现象的屡禁不绝,一方面说明今天建设法治社会,各种社会矛盾纠纷大量涌入法院,使法官“寻租”机会剧增;另一方面也说明,我们对于法官的监督与制约的制度并没有及时跟上。黄松有与以往许多法官一样，都是通过不法律师做"掮客"，这也说明在法官与律师之间必须尽快建立有效的"防火墙"。黄松有的受贿借助了不法律师，而不法律师可能也在引诱他下水的过程中起到关键作用，其中"同窗情"也许最容易让人在不知不觉中落下陷阱和泥淖。

窃以为，如果同学或者校友之间关系处理不好，甚至为了顾及同学或者校友的请托而丧失做人原则，置法律规定于不顾，那么，"同窗同学"、"学兄学弟"关系将有可能置你于死地，这绝非危言耸听！

曾几何时，在广东省律师界，身任省律师协会副会长、广东法制盛邦律师事务所主任陈卓伦，可谓是大名鼎鼎的通天能人。陈的知名度源于两个方面：一是年轻有为，凭借自己的勤奋敬业创造的辉煌业绩，为业内人士望尘莫及。仅 2000 年这一年，陈卓伦的个人年收入超过一个亿，成为广东省第一个年收入过亿的律师，这情形在全国也属罕见；二是他与时任最高人民法院副院长的黄松有和广东省高级人民法院执行局原副局长杨贤才这两位重量级人物的特殊关系非同一般。

昔日风光无限的"明星律师"陈卓伦，1964 年出生，1986 年毕业于西南政法学院，毕业后被分配到刚刚组建不久的广东省律师事务所，成为一名职业律师。从上个世纪 90 年代起，由于天资聪颖、工作勤奋，很快在广东律师界渐露锋芒，声名鹊起。先后当选为中华全国律师协会理事、广东省法学会副会长等职，被授予"全国优秀律师"、"广州市十佳律师"等称号，被广东省人大常委会聘请为立法顾问。2006 年组建法制盛邦律师事务所时，陈卓伦成为该所最早的合伙人之一。

陈卓伦和黄松有是通过杨贤才介绍相识的，都是毕业于西政的校友，又同是潮州人，两人很快成为知己。1999 年 6 月，黄松有从广东湛江市中级人民法院院长调任最高人民法院审判委员会委员、民事审判庭庭长后，陈经常到北京看望黄松有，两人一直保持着密切的往来。

2002 年 12 月，黄松有升任最高人民法院副院长、二级大法官，主管全国法院系统的执行和民事审判工作，而这个领域又恰好是陈卓伦代理案件常常所涉及的范围。黄松有的高升和手中的重权，无形中使陈卓伦的腰板硬实了很多。在陈卓伦的心目中，北京有师兄黄松有在上面撑腰，广东有挚友杨贤才罩着，他所代理的案件没有攻不过的难关，没有打不赢的官司。在日常生活中，擅长于与办案法官沟通关系的陈卓伦也从不避讳外人知道他与杨贤才、黄松有的“铁三角”关系，以至于许多律师有了案源都会慕名找到陈卓伦，求他鼎力相助，毕竟“没有陈卓伦摆平不了的事儿，没有陈卓伦拿不下的案子”，只要陈卓伦同意代理的案件，几乎都是凡诉必胜，凯歌高奏。

2008 年，中央纪委在调查“中诚广场”有关司法人员涉嫌违法违纪问题的过程中，顺藤摸瓜，发现了包括黄松有、杨贤才、陈卓伦等人在内的经济犯罪行为。

2008 年 6 月 28 日，杨贤才在广东被中纪委双规。2010 年 5 月 31 日，杨贤才被保定市中级人民法院一审判处无期徒刑，剥夺政治权利终身。

2008 年 7 月 21 日，陈卓伦以涉嫌行贿犯罪被河北保定检察机关依法刑事拘留，8 月 1 日被依法逮捕。2010 年，陈卓伦被保定市中级人民法院一审判处有期徒刑 10 年，本人当庭表示认罪服法，不再上诉。

2010 年 1 月 19 日，黄松有以犯贪污罪和受贿罪被河北省廊坊市中级人民法院判处无期徒刑，剥夺政治权利终身。根据法庭审理认定，在黄松有贪污公款 120 万元、受贿人民币 390 余万元中，就包括陈卓伦送的 300 万元。从审判结果上看，如果没有陈送上的 300 万元人民币这一数额和情节，黄松有或许还不至于被判重刑。从这一点上说，正是陈卓伦把黄松有这位校友加挚友送入人生政治生命的尽头。

在受审期间，陈卓伦说了一番发人深省的话，令我们不由得沉思良久:“其实,律师每一次送钱给法官都感觉是一次对心灵的侮辱,是失去人格尊严的表现,但也是一种无奈。因为律师是无权无势的群体,律师在与法官交往的过程中,始终是有权的人和无权的人在交往。”陈卓伦的言辞虽然有为自己开脱罪责之意,但其中寓意应当让我们每个“有权有势”的同学警醒。

据他交代,送给黄松有的300万元钱款,起因就是广东一起合同纠纷案,当事人上诉到最高人民法院,陈是代理律师,自然应为当事人鼎力相助,只能到北京求助黄帮助协调,最后案件调解结案,陈给黄好处费300万元,事情就这么符合常规而礼尚往来,这也是我们多年来司空见惯的个别法官、检察官与律师之间打交道的“潜规则”乱象。

孟德斯鸠在《论法的精神》中指出,一个国家出现腐败不是因为那里的法律太宽松,也不是因为那里的官员太贪婪,而是因为那里的人民太懦弱。尽管我们不完全赞成把孟的话照搬到当下的中国社会环境下,但是,在实际工作中,肯定没有人对法律设置行贿罪、受贿罪持有异议,多数人也不愿意为谋取私利而去行贿法官、检察官,但相当一部分人却要违心地去做这类下作的事情。为什么?因为受贿者有权可沽,而行贿者有利可图,二者构成了一对既相互对立又相互统一的利益共同体,这或许也是当今中国社会“法不责众”、行贿受贿现象难以根治的原委吧?

记得就在黄松有一案被公开披露不久,北大朱苏力教授在2008年12月5日珠海召开的“第四届中国青年律师论坛”上,作了一场《法律人特别正义吗?》为主旨的讲座。他针对一段时间来中国法学或法律界的一种说法,似乎法律人特别正义,进行了颇有见地的阐述。他认为这个说法有积极的社会功能,但这个命题是不成立的。他列举了“台湾有陈水扁,大陆有黄松有”作为阐述问题的论据:“陈水扁当年是台大法学院那届学生中学习成绩最好的,司法考试成绩也最佳,并且是大学在读期间就通过司法考试的极少数学生之一。

黄松有则是号称‘黄埔一期’的西政七八级学生，法学博士，学者型法官，是不少著名法学院校的博士生导师，不久前他的论文还获得了第二届钱端升法学研究成果奖的三等奖。说这些，不是说他们个人的违法犯罪行为与法律科班有什么关系，我其实认为没有关系，说句不好听的话，再过 20 年，可能几乎所有出事的法官都是科班出身，因为那时很可能所有法官都基本是科班出身了。尽管如此，这还是表明，法学教育或法律知识多少与法官清廉和智慧与否没有什么内在的因果联系。”朱苏力教授正色告诉我们：“我们法律人必须反思，乃至必要时要挑战我们的职业现状，对我们的知识、职业以及作为利益集团保持足够的警醒。这不是自我贬损，只因为我们面对的是正在崛起的整个中国；我们忠诚的，必须首先是 13 亿中国人！”

中国政法大学法学院许身健教授也给我们讲了这样一个故事，水门事件让美国前总统尼克松声名狼藉，让其大学母校——杜克大学法学院也避之唯恐不及。学院本来有一幅尼克松画像，系 1969 届毕业生所赠。1974 年，学生不满尼克松水门事件丑闻，把画像偷走藏在电梯天花板上，校方就坡下驴，从此将画像束之高阁。1997 年，法学院开展是否把尼克松画像重新挂起来的争论，最终双方各执一词，不了了之。1981 年，尼克松希望把以他名字命名的总统图书馆落户在杜克，遭遇师生强烈反对，最终尼克松只好把图书馆建在了加州老家附近。1994 年尼克松去世后，杜克大学开始羞答答正视尼克松在大学的历史。2011 年，法学院首演音乐剧《难捉摸的尼克松》，主要描述尼克松在杜克竞选学生会主席的风趣事儿，包括法学院院长在内的 50 名师生参演，博得观众热烈掌声。现在，杜克法学院正在考虑将尼克松的画像重新挂上永久展示，纪念并传扬其贡献，尤其是与中国恢复正常关系的英明决定。

尼克松上世纪 70 年代因水门事件而曾经让母校蒙羞，也发生过在校期间，伙同其他同学夜间撬门进入院长办公室偷看考卷成绩被人逮着的糗事，然而 1934 年他以状元成绩被杜克法学院金奖录取，刻苦攻读3年均拿到奖学金，还担任学生会主席，并以全院第三名的成绩毕业，这些都是不争的事实。从尼克松逐渐从杜克之光到杜克之羞再成为杜克之荣的变化看，我们不仅应当归功于时光的功绩，也应当归功于历史的使然。

同样，评价黄松有的成功与沉浮，无论作为母校还是作为我们每一位同学，也应当秉持一种客观、理性的观点和态度。在我看来，当人们在评价某一个人的功过是非的时候，学会用历史唯物主义的眼光正视一切是最可取的做法。

CHAPTER 34 >

第三十四章 永远的大学

20 世纪50 年代(1951 年),曾经有一部叫《我的大学》的苏联电影在我国上映,苏联著名作家高尔基也有一部著名的传记文学作品《我的大学》。在七八级同学的心目中,什么才是值得魂牵梦绕一生一世挂念的大学?

2005 年,由七八级部分同学撰写的文章在法律出版社结集出版,书名为《我的大学》。该书作者之一的梁治平是这样评价自己的大学:“初识校园,未免有几分失望,然而这只是开始。很快我就发现,还有比泥泞的道路、简陋的校舍和残存的校园更加令人失望的东西:教材老化、课程无味、师资欠缺、资料匮乏。对一个初入大学渴求新知的青年学子来说,还有什么比这更让人感觉失望的呢?不过,回到那个年代,我们的遭遇与其说是特例,不如说更接近于常规。重要的是,在那样一个社会激变的当口,大学具有一种特别的意味。更何况,在有些方面,我的大学与众不同。”

当年的大学与现在的大学有何不同?

——在西政七八级这些同学当中,年长的 30 多岁,经历坎坷,阅历丰富;年纪小的才不过十五六岁,刚出校门,一脸稚气,这种代际混杂的“奇观”现象在今日高等学府已不复再现。当年的情景固然不属正常,但不同人生经历和阅历的撞击,每每产生意想不到的结果,直到今天我们仍然不应否定,即使在最好的大学,一个学生只要有心,从他同伴那里能够学到的应当不见得比从老师那获得的知识的更少。此外,年龄差异和生活经历的纷杂多样,对于学科和学制单一的高校而言,也是一种千载难遇的平衡和补救。

——新生入校即无学长,而且从大一到大四总是老大,毕业由国家统一分配,这种情形在当今中国高校岂不是不可思议?应该说,这种格局无益于健全的教育,反易养成养尊处优,乖戾之气。所幸,七八级同学那时思想已基本上成熟自立,不致滥用权利和自由;敏感的心灵、旺盛的精力和求真的冲动,加上有开明的领导和自由的空间而获得解放,容易酝造出一种独立思考、蓬勃向上的局面。梁治平说得好,身为西政七八级的一分子,即使不参加学生组织,不参与辩论,不卷入任何一个中心,也一样能够领受和享有那种自由、独立和开放的精神。这种精神来自于那个生机勃勃的开放年代,也来自于师生之间平等、和谐的关系,更来自于学校对于自己学生的极大信任与尊重。

——大学的伟大,不在富丽堂皇的高楼,也不是众多有名无实的教授,而是大学蕴含的历史和老师们身上焕发出来的对知识的热情和国家命运的思考。最珍贵的,不是大学教授教的都是真理,而是他们愿意认真追求真理而让学生体察、吸收的情怀。早年西南联大,就那么一个草棚子,条件那么差,缘何培养出那么多杰出人才?当年延安抗大,学生在尘土飞扬的操场上上课、就餐,缘何走出那么多战功卓著的将才?西政七八级的开学典礼就在废旧的游泳池中举行,当年有教授职称的老师寥寥无几,吃饭、就餐、唱歌、跳舞、打球,全在东山大楼的操场上进行,学习、复习只能将烈士墓、歌乐山视为课堂,学校条件之差令人难以想象,但这丝毫没有影响学子们在校的学习热情和毕业之后的成才之路。其实说真话,当年西政领导和老师传递给七八级学生的东西远甚于单纯的知识。他(她)们待人的真诚,对学问的执着,还有强烈的责任感、使命感和正直的人格,在学生的生命中烙下了深深的印迹。

多年来,在法律界,在诸多社交场合下,只要对人说起我是西政毕业的，人们都知道这说的正是坐落在重庆市沙坪坝的那所不同凡响的大学。如果接着说起我是七八级的，那么对方往往都会不由自主地对你刮目相看，有的人甚至惊叫："哇噻，这是一届很有影响力的学生！"

对于七八级绝大多数学生来说，不知从何时起，都对上大学充满了痴心着迷。然而，真正对其内涵和价值有诸多感触的，还是始于入校之后在这一坐落在歌乐山下的这所大学的耳濡目染。

什么才是真正的好大学？什么才是一所大学真正的传统？从招生简章中肯定是看不出来的，从校园的面积多大、高楼多少、教授多寡也看不出来，这要从学子们对母校的心里话才能寻找到答案。

国家行政学院教授杨小军说，我从未进过大学校门，大学的印象是从一部电影中生成的。这部电影名叫《决裂》，反映的是工农兵大学生的生活，其中葛优的父亲葛存壮扮演的老教授给学生讲马尾巴的功能，引起课堂学生的哄堂大笑那一幕难以忘却。电影里的校园

2003年9月11日，西政张国林书记、黄廷孝老师与部分七八级学生在北京人民大会堂举办的《西南政法大学学子学术文库》出版座谈会上

环境优雅、人们气质高雅，给人以神秘和崇敬之感，当初我想那才叫大学。而我们入校时面对的校园，是那么孤零零、烂稀稀、冷飕飕，这也叫大学？简直就是一所“五七”干校！

汪钢说，在西政的岁月，是我一生中最重要的时光之一。春秋四载，奠定了我的职业、我的人生。当年的热血青年，现已是两鬓斑白，但在我的脑海中，校园的记忆仍然历历在目。那本绿色的学士学位证书看上去虽然简陋，但在我的心目中，它远远胜过博士学位的分量！

贺卫方说，我在西政读了四年本科，身上永远有这样一个烙印，那就是你是西政的人！无论我走到哪里，我都会自豪地对别人说，我是西政出生的人。我们每当谈起自己的母校，想起自己的母校，就不可避免地有一种无法抑制的情感在心中涌动。

八班的老大哥宋有文，1978 年考上西南政法学院前，已经有两年的农村经历、八年的公安工作经验。当问起当年过了 30 岁了为何还要考大学时，1948 年出生的他告诉我们，“为追求知识！”大学是求得知识的“天堂”，修“性”养“心”的乐园。西政四年，给他的人生树立上新的里程碑；是西政老师孜孜不倦的教诲和传授，铸造了他法学理论的基础，是西政精神练就了他厚德重法、伸张正义的品德。

王莉说，1978 年的西政虽然没能给我们一个漂亮、舒适的环境，但却给了我们一个奋斗、拼搏、温馨、浪漫的氛围。遥想当年，校舍设施破烂不堪，缺水断电家常便饭，师生教学的热情是那么空前高涨；曾记否，宣传队里的嘹亮歌声，校球场上战绩辉煌，校园画苑妙笔生花，走廊过道琴声飞扬……毕业时，老师们感叹：再也没有七八级这样的学生了！

程国林说，七八级不愧是我们人生的转折，事业的起点，梦想起飞地。在那里，我们度过了没有酷暑、没有寒冬，全都是明媚的春天……老师们情同父母，同学们亲如手足；在那里我们接受了良好的教育，广泛涉略政法、财经和文史哲，从此成了饱学之士，在努力和拼搏中实现自身的价值！

徐育康说，西政是我脱胎换骨的重生之地、第二故乡。西政培育了我，我爱我的母校。我不但把第一个孩子送来母校，我还鼓励第二个孩子报考西政，让西政传统代代相传。

方向说，我庆幸拥有一群最优秀的同学，一群造福人类的同学，是他们，把法治与生命融为一体，尽心诠释着法治的真谛，展现着法治的活力；我庆幸拥有一群最可爱的同学，一群造福社会的同学，是他们，把法治与生活融为一体，让我尽情享受着法学的无穷魅力，享受着法治的无穷乐趣。

张武说，时至今日，上西政仍是我一生中最正确的、也是最重要的选择，我的妻子出于对母校的崇拜，不但选择了我，还把我的女儿也送到了西政去了，成为我们第二代校友。据我所知，七八级两代人选择西政就有十来人，有的还有将第三代送西政培养的计划。我时常扪心自问，是什么力量促使我对西政有难以割舍的情怀？我的回答是，西政有那种以中国法治建设为己任的境界和刻苦钻研的精神。2003 年，我送女儿上西政作为学生家长代表发言，给新生们回忆当年我们在废弃的游泳池里参加开学典礼的情形，我激情难抑地告诉新生们，艰苦的生活可以磨炼有志青年的意志，优越的生活环境和条件并不见得能培养出优秀的学生！

徐国栋说，我在西政并不是一个好学生，但是我是属于西政的。从本科到博士再到后来的几个研究单位工作，其学历血缘关系相当多元化，自视为“杂交”。我从一个小地方到一所大学，年龄当时在班上是倒数第三，多数同学社会经验很丰富，从他们身上我学到了很多东西，尽管我后来也进过不少大学，但我们是一起光着屁股（洗澡、同寝室）长大的，那可是人生的塑造期，聚积着多么朴实深厚的感情啊！一句话，我是属于西政的，同学我也只认西政的！

李伯桥说，难忘的 1978 年，我们一群工农兵，汇聚到歌乐山下，成为了同学。眨眼之间，光阴荏苒，我们已是鬓发染霜。多少往事，均成云烟。但同学的那份情谊，却长留心中。无论是高官平民，还是教授商人，聚在一起，还像当年那样意气风发，童心未泯。因为在我们心里，总有个同学的情结，它们将会伴随着我们的终身！

毫无疑问，每位大学学子都不会吝惜对母校的溢美之词，每当校庆来临之际，总会以不同方式向自己的母校献上美好的祝愿和丰硕的成果。而西政七八级同学的做法别具一格，非同凡响。

2003 年 9 月，国内法律图书出版史上之浩大工程——西南政法大学学子学术文库由法律出版社出版了！在这 50 部著作中，七八级学子占了“半壁江山”，共计 25 部，其中有：于安《降低政府规制——经济全球化时代的行政法》、王卫国《改革时代的法学探索》、龙宗智《理论反对实践》、石慧荣《商事制度研究》、阮齐林《中国刑法上的量刑制度与实务》、江必新《中国法文化的渊源与流变》、杜万华《马克思法哲学与法律社会学理论研究》、李少平《二十载之刑法心路》、李连宁《依法治教的探索》、陈泽宪《刑事法治之探索》、张穹《司法路上的思考》、张建田《中国军事法学研究的回顾与思考》、张智辉《理性地对待犯罪》、青锋《罪与罚的思考》、赵旭东《企业与公司法纵论》、贺卫方《超越比利牛斯山》、宫晓冰《追求与使命》、顾培东《从经济改革到司法改革》、黄松有《中国现代民事审判权论》、梁治平《在边缘处思考》、舒扬《星空下的法律》、景汉朝《司法实践中的理论探索》、程燎原《清末法政人的世界》、慕亚平《和平、发展与变革中的国际法问题》、霍宪丹《二十年法律教育之见证——不解之缘》。

按照每部书平均 30 万字统计，25 部书共达 750 万字。这沉甸甸的学术成果足以为母校提气，让校友喝彩！

这一年的 9 月 11 日上午 10 时，正是北京金秋时节，也是西政校庆的月份，在人民大会堂举办隆重的丛书发行座谈会。为一套校友丛书的出版而选择在国家最高权力机关的议会殿堂举办实属罕见！这在中国人文类高校史上可谓前无仅有！

在程燎原所著的《清末法政人的世界》一书可以得知，中国近代法学教育肇始于清末修律，至今已经有百余年的历史了。在中国清末近代法治的开端，一群新式法政人艰难地开拓出能够初展专业优长的广阔天地。那么，在20世纪七八十年代的中国改革开放之初，一批为数不多也不少的七八级西政人聚集在西南一隅，与北京大学法律系、吉林大学法律系、湖北财经学院法律系、中国人民大学法律系等院校的七七级、七八级学子们齐名，在不同的高校里，在开明与思想独立的校风熏陶下，在扎实而严谨的学风影响下，开始昂首挺立在中国法治理论与实践的风口浪尖上！

近些年来，各地高校纷纷改名，升格成风。这当然寄托了当事者的良好愿望，意味着有可能争取到更多的社会资源。西政也难免追逐主流，由原先的“西南政法学院”改为“西南政法大学”，校区也从沙坪坝区搬至渝北区，现如今，校园面积扩大，学生人数增多，高楼林立，教授如云。然而，在七八级学子的心目中，他们更喜爱原先老校区的模样，更愿意将自己的母校称为“学院”而非“大学”。在多数同

2003年9月11日，高绍先老师在《西南政法大学学子学术文库》出版座谈会上发言

学看来，改名、变脸、贪大求全，也许能带来某些眼前利益，但如果不能把更多精力放在提高教学质量和科研水平上，不能为国家和社会输送更多合格人才，那真是有点得不偿失了。

据说，当年郭沫若给"西南政法学院"题词颇费周折。第一次写来"西南行政学校(院)"，错了，学校求其再写；第二次，手迹"西南政治学院"又错了，再请郭老重写；第三次，不知郭老是不耐烦还是惜字如金，只题一个字"法"。这次，学校领导不好意思再让老先生馈赠笔墨了，只好将"治"字换成"法"拼凑而成，因不是一挥而就。七八级同学们入校后，戴上校徽时，初看"西南政法学院"六个字曾感到怪怪的，但不知实情也不便多问。

1995 年 4 月西政更名为"西南政法大学"后，学校决定仍用郭的手书校名，可是此时郭老早已驾鹤西去数十载，请他老人家下凡给学校题字显然是不现实。怎么办？学校将这一艰巨而光荣的任务交给校宣传部高级美术设计师郭锡能老师代为复制。郭老师查阅大量资

1995 年 4 月，西南政法学院更名为西南政法大学，托校牌者(右)为时任西政党委书记胡泽君

料，复印郭老30多个不同风格的“大”字，反复比对，最后选用其书写毛泽东诗词《浪淘沙北戴河》中的“大雨落幽燕”的“大”字，大家认为其运笔、章法、形态、风格都与原校名字相近，起笔笔法如出一辙，放入其中，极其匹配，欣然采纳。面对如此移花接木的做法，若郭老在天有知，不知作何感想？

由此我联想起1970年《新华字典》修订出版时，周总理看了字典封面上“新华字典”的字，追问这是谁题的字，编辑人员回答是集鲁迅的字。总理脸色严峻地指出，鲁迅怎么可能为《新华字典》题字，集字的做法是对鲁迅的不尊重。最终，1971年商务印书馆出版的《新华字典》没敢用鲁迅的集字。

如今，西政作为七八级的大学母校已经落户新老校区两地。相比而言，渝北新校区蒸蒸日上，人气旺盛，而烈士墓旁的老校区显得荒凉、寂寥。据说在20世纪90年代的部属院校改革中，西政被下放到重庆市管理，由全国性大学变为地方性大学。这直接导致了一些知名教授学者的出走，师资大量流失，生源质量也不同程度地受到影响。在20世纪90年代中期国家启动“211工程”后，由于“211工程”要求大学的综合性，法学单科见长的西政与之失之交臂，这被认为是西政衰落之始。此后，没有评上“211工程”的重大打击，使偏居西南一隅曾经飞黄腾达的西政逐渐声弱式微。

出于兴趣，我了解了当年几所政法院校申请“211工程”的坎坷过程。1994年7月，国家教委根据中共中央、国务院1993年2月13日颁发的《中国教育改革和发展纲要》及其实施意见，按照文件指出的“重点建设100高等学校和一批重点学科、专业，到21世纪初接近或达到国际一流大学的水平”的目标要求，制定《关于重点建设一批高等学校和重点学科点的若干意见》，决定设置“211工程”重点建设项目。当时司法部部属院校中，共有5所申报“211工程”项目，但条件较为成熟、优势较为明显的是当属中国政法大学和西南政法大学，两所大学实力相当，究竟申报哪一所，司法部犹豫不决，反复权衡、终难决断，最后索性以“两校优势互补、互相不可替代”为由，将两所院校一并上报。

收到司法部的报告后，国家教委也是左右为难，无法舍取，干脆一并驳回申请，强调“一个部委只能申报一所院校进行‘211 工程’预审，到底进哪一所，由主管部门进行行政拍板”。于是，司法部党组 1996 年 10 月作出决定：“鉴于国家教委的意见和我部的实际情况，要争取实现一所院校进入‘211 工程’，一所院校滚动进入的目标。”但究竟呈报哪所院校，仍然举棋不定，态度比较暧昧。

此时，全国通过主管部门预审的院校已达 98 所，在国务院各部委中尚未确定本部门的预审院校里，仅剩司法部和建设部。1997 年，司法部在对 5 所部属院校高校综合评估的基础上，最终确定中国政法大学为部属院校中唯一重点建设院校，并申请开展预审工作。但令人惋惜的是，教育部“211 工程”首批项目的申报程序已经终止。此次西政和中国政法大学，都与“211 工程”失之交臂。

不久，中国政法大学通过高等院校教育管理体制调整改革时来运转，5 所司法部属政法院校陆续通过共建转由地方或教育部管理，法大利用天时地利，抓住机遇，锲而不舍，于 2000 年正式划归教育部管理。2005 年 10 月 16 日，教育部一纸批文，同意中央专项资金为法大“211 工程”二期建设项目投资 2500 万元，法大就此正式跨入国家“211 工程”第二批院校行列。

那几年，在中央“把中国政法大学建成我国政法教育中心”的指示下，中国政法大学迅速崛起。但在西政许多学生眼里，中国政法大学的学术影响力与西政无法比肩。

可以看出，1997 年底“211 工程”的申报失利是西政困境的标志。时任西政校长的种明钊说，那几年他只顾拼命创造条件以符合“211”标准，学校为此扩大招生数量，也建立了一些虚构的机构以充实学校规模，但西政和中国政法大学最终两校都没有进入“211”。失利不仅意味着两年辛劳的白费，更意味着将不能获得更多的财政支持。当时每年 2000 万元的财政拨款,70% 用来发工资,科研投入、学校基础建设常常感到捉襟见肘,力不从心。

1999 年末,西政校园开始传出这样的消息:西政将被并入重庆大学! 高校合并本是当时中国教育体制的一次重大改革,改革的目标是组建多科性、综合性大学,提高高校综合实力。但“西政将被吞并,我感到家园被毁了”。最为震惊和痛心的当然是那些曾经为西政的建立和恢复付出全部心血的教职员工,包括那些留校任教的七八级、七九级学生们。

历经各方面努力,西政最终虚惊一场,但是这场护校风波也震惊了公安部、司法部和教育部,由三部派员赴渝解决相关问题时,相关决策使西政又遭遇了校史上最大的变故——下放重庆市管理,由全国性大学变为地方性大学。据说当年国务院规定大多数部委不再具备教育管理权,部委所属的一些著名院校与部委脱钩,或者并入教育部所属院校,或者划归地方,此举的出发点和目的是“改革中央和地方

2008 年 10 月,西政七八级部分同学在西政恢复招生 30 周年纪念大会上

的条块分割体制,避免大量重复建设"。

在这次部属院校调整中,中国5所政法院校的命运各不相同:中国政法大学是最大的受益者,成为政法院校中唯一被整体划归教育部管辖的高校;中南政法学院与中南财经大学合并,成为中南财经政法大学的法学院依然存在,由教育部主管;华东政法学院、西北政法学院和西南政法大学被分别下放地方管理。听说"下放"之前,西政校领导到北京四处请求"收留"——教育部不要,司法部不要,公安部不要。时任校长田平安心如刀绞,欲哭无泪。任何奔波和恳求无法改变西政的命运!从此,西政的体制由原先引以为傲的全国重点院校,一夜之间蜕变为重庆管理的地方高校,原先曾经汇集"五湖四海"各地学子的校园一度充斥了西南地区特有的口音。

随之带来的后遗症是学校"人心散了,队伍不好带了"。许多骨干老师心灰意冷,开始有组织、有批次的另谋高就了。仅2001年至2002年一年间,就有8位青年教授离职,4位青年博导调离,其中包括七八级学生、法理学教授程燎原!大学毕业后一直"严防死守"的程教授,出于对母校的深厚感情,曾经几度放弃从政机会,与同仁一道,齐心协力想方设法帮助学校渡过难关,终因不被理解而离开学习和生活达24年之久的西政而远走他乡,赴湘潭大学任教。

得知程燎原"远走高飞"的消息,著名宪法学教授王人博在学校的领导和老师们面前流下热泪:"程燎原走了,我可能也待不久了。"时隔不久,在京城2003年春季开学的中国政法大学的讲台上,出现了他那瘦弱而疲惫的身影。面对热情的法大师生,他坦言:"在西政生活了23年,那不是人生的一个短暂瞬间,让我时时感受到离家的凄凉。"

针对法大的崛起,西政有些师生不免不服气:"法大是占了北京之地利、人脉之熟络之便宜。"在北大任教的七九级九班的张卫平比喻更恰当:"在京外打十炮,不如京城放一枪。"他深有体会地说,人往高处走,北京的确是做学问最有利的位置,最能体现学术研究的"马太效应”。

2002 年 4 月,时任校长田平安和党委书记李化德分别被免去各自职务。七八级学生龙宗智从任教的四川大学来到母校接任校长一职。龙宗智临危受命是尝试自己能否肩负脱困的重任与挑战,但西政的艰难困苦超出了他的想象。2006 年干满 4 年校长一职之后的他,义无反顾地又回到了四川大学任教,从事自己喜欢的学术研究和教学工作。在他看来,在现阶段教育体制之下,在中国要当好一所高等学校的校长实在是困难重重,难以言表。“有些东西是一个校长可以改变的,有些则无能为力,特别是对一个原先是全国重点院校而今落难为地方高校而言,在教育已经锐变成产业化、市场化的情况下,地处西南一隅,靠什么拴心留人?这是西政的难题。若重庆不是直辖市,其处境可能更悲惨。”

有识之士指出,西政这些年的命运起伏,完全可以作为中国高校改革的一个镜鉴。然而,在我们看来,西政没有评上“211 工程”也许“坏事变好事”,浴火重生,凤凰涅槃。更有利于激发全校上下发奋图强,利用其浓厚的历史底蕴,发扬当年复校后的白手起家、艰苦创业的精神重振雄风。有人说,西政不改校名,更适合做一个单科院校,做到小而精;更无需为是否“211 工程”而牵肠挂肚,耿耿于怀。

当然,现实是十分骨感的。按照现行体制,只有往综合大学去发展,才有雄厚的资金来源,才能笼住人心。事实上,我们也注意到,从 2007 年至 2013 年,教育部每年都会在工作要点中提及“985”和“211”工程,但从 2014 年起的工作要点中,很难再找到相关字眼。特别是近年来的教育部部长在全国教育工作会议上讲话中,不再占用大量篇幅提及“985”和“211”,而是花大量时间阐述高校的“双一流”建设问题,提出将“985 工程”、“211 工程”、“优势学科创新平台”、“特色重点学科建设”等重点建设项目,统一纳入世界一流大学和一流学科建设规划,这是教育改革的发展趋势。这是否意味着重新会给包括西政在内的原先没有入围“985”和“211”的高校新的机遇呢?

大学之大，硬件固然重要。况且，大学的形象和声誉与其地理位置和占地面积、师生数量等有一定关系。诸如美国的哈佛、耶鲁大学和斯坦福大学、英国的牛津大学等，虽然无校门、无围墙、无牌匾，但无一不具有地标性的著名而古老的建筑群，有着面积数十公里甚至数百公里不等的园林般的美丽校园。然而，我们理应坚持的信念是：大学之大，不只是有大楼、大师，还要有一种生生不息的大学精神！

曾记否，上世纪70年代末80年代初的大学生活，一年掰成几瓣用，一年顶得平常年份好几年，多年禁忌被打破，理性的见解得以见天日，大学的生活从来没有那么充满青春朝气。就处在歌乐山下的当时西政而言，没有正经的操场、宿舍、礼堂、主楼、阶梯教室、图书馆和草坪，更没有罗马广场和多功能报告大厅，甚至连游泳池也因“不务正业”开过会后即填埋。但是，对于绝大多数七八级同学而言，却没有过多的任何怨言，我们仍然觉得是这个时代的幸运儿，大家都豪情万丈把烈士墓周边幽静的环境、整座歌乐山脉视作我们的校园，把山脚下的嘉陵江水视为荡涤心灵的理想港湾，让民主法治的思绪在云山雾水中生腾飞扬！

顾培东说的好，四年的生活并非恢宏壮阔。实践充分证明，简陋的教室挡不住法学智者的思想传播，狭窄的校园无法限制法学智慧的升华。我们在本应静谧的课堂上闻听开山“礼炮”和“推土机”的轰鸣；我们在干涸的游泳池中接受有关“刀把子”、“嘴巴子”、“笔杆子”原理的洗礼；我们在没有法典的社会中学习法律。保卫“东山”、攻打“川外”、女排连续夺魁、足球冲出亚洲……所有这些，都曾点燃了我们青春似火的热情！多少个狂欢之夜，我们热泪洗面，以至于放肆地点燃了为我们御寒保暖的草垫棉絮，敲破了洗足濯首的唯一瓷盆。

曾经主导过义务教育法、教师法、教育法等立法工作，现任全国人大法律委员会副主任委员的李连宁说，尽管大学就学条件很艰苦，但学到了很多东西，为我们打开了一扇法律智慧的大门，认识到中国必须走中国特色的社会主义民主法治的道路，不仅要搞经济建设，也要搞法治建设，这是我们坚定不移的信念。

梁治平在《我的大学》一书中，有这样一段见解精辟的话："同今天的许多大学相比，我的大学简陋、残破和狭小的不宜称为大学。但那确确实实是我的大学。我这样说，并不只是因为我曾经把一段青春留在了那里，也不简单是因为她一直被人们叫做大学，更不是因为我认为大学只应如此。我的大学之所以无愧于大学之名，是因为她保有一种开放、自由和平等的精神。我曾经在这样一种精神氛围中学习和成长，她独立而自由的精神早已融入我的生命经验，成为我身心的一部分。"

一千多个日子的风尘再聚再散说长不长，说短不短，大学生活使我们收获了思念，放下了牵挂，洗去了烦恼，凝聚了信念。

四年的时光足以让花开花落四处，雪飘四回，婴儿行走自如，爱情走进殿堂。这就是大学，一个人毕生的怀念和魅力镌刻之所在。

印度著名文学家泰戈尔在《我的大学》一书中曾有这样一句名言："我跨过此生的门槛之际，我并没有发觉，是什么力量使我像一朵嫩蕊在这无边的神秘境界中开放。"

毕业后的1988年、1998年、2008年……每当十年一度的金秋十月来临，我们还会在山城相聚，在歌乐山下回眸，还会像当年我们走进这"稀烂"的校园就学一样，把酒言欢，把歌唱上，旧地重游，拍照留念。因为在我们的心底，对西政总有一种终生也割舍不了的情怀：永远的同窗、永远的青春、永远的母校、永远的大学！

CHAPTER 35 ≫

第三十五章
“西政七八现象”与“西政精神”

2013 年 3 月,台湾东吴大学潘维大校长在与西政签署两校学术交流协议时,认为网上流传的一种观点很有道理,即研究中国法学教育,在民国时期及后来至今的台湾不可回避东吴大学,而新中国成立后至今不可回避西南政法大学。

那么,中国法学界从何时起有了“西政七八现象”的说法?

1993 年 3 月,时任国务院总理的李鹏为西政建校 40 周年题词

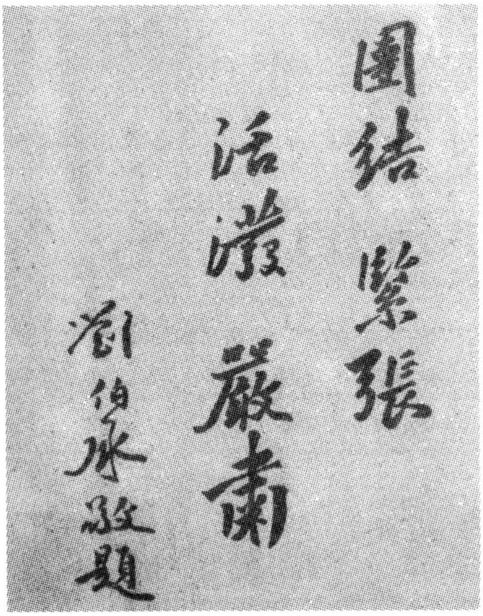

1950 年 9 月,西南人民革命大学校长刘伯承题词

“西南政法学院成立40周年”，这是学校期盼的应景之作，但没有任何褒奖之意，也没有评价之词。如今想来，这个题词的意义着实是“官本位”使然，毫无沾沾自喜可言。这也说明直至上世纪90年代初期，关于西政七八级的现象还没有引起社会上的关注。在1995年12月30日上海《文汇报》刊登的中国名校专版中，我们注意到，在时任西南政法大学校长种明钊的一篇评述学校教书育人质量优良的整版文章中，对于西政学子的表现只字未提。时隔三年之后的1998年，当近200名西政七八级学子返回母校参加恢复招生20周年活动时，有关七八级和“西政现象”的说法，也没有在媒介和学界上流传开来。

“是金子到哪里总会发光”。历经二十多年的时光检验，毕业之后散落在祖国四面八方，尤其在政界、司法界、学术界的七八级学子的各种突出表现和精神风貌，在各自的岗位上建功立业、崭露头角，渐渐地成为学界和社会开始关注的特殊群体了。在新旧世纪交替之际，《南方周末》《中国青年》《法律与生活》《民主与法制》等报刊，陆续刊载报道有关西政七八级的人和事。有的媒体百思不得其解：地处西南偏僻的一所法律专门学校，她培养的一拨学生却在法学界、实务界有着相当大的影响。这一现象似乎有悖常理，地处经济文化不发达的地区，也并非名牌大学的西政，缘何以培养出一大批优秀的人才？何以给人们一种群星灿烂的感觉？

透过西政，有人联想到整个七七级、七八级现象，并断言：“在任何地方，只要有七八级的，他一定在闪闪发光；在任何岗位，只要有七八级的，他一定胜任愉快。”

果不其然，恢复高考之后的七七级、七八级为主体的这些“天之骄子”大多集中在学术和实务两个领域。学术上的优秀，其判断标准是学术影响，包括学术成果、职称以及在学术团体中的职位；实务界是否优秀的标准就是行政职务，职务越高自然推断为越优秀。虽然后者并不尽然，但由于他们的名字曝光率高，在“官大压死人”的中国现阶段的社会里，更容易使人们耳熟能详。

在20世纪70年代末期，恢复高考制度伊始，积压了十几年的人才突然被“释放”出来，大有“井喷”的感觉，各路英雄好汉纷纷跨过“独木桥”，云集为数不多的高校，圆了大学梦想。西政七八级法律专业的“先发”是360多人，七九级的“先发”达到400多人，八零级达到600多人。这意味着在新三届中的西政在校生之和，已经大大超越全国各政法院校（系）人，连1977年就提前招生的北大、吉大和人大等院校的法律系相加上也望尘莫及，而西政，不仅将重点院校的金字招牌揽入怀中，而且在大学招生中也优先招收到一批“很好的球员”。

在国内外法学和法律界看来，西政是一块响当当的牌子，是一坨闪光光的“金子”，数字是枯燥的，也是最有说服力的。在2005年《当代中国法学名家》收录的176名法学名家中，有32位西政学子入选；在前五届50位（全国十大杰出中青年法学家）中，西政学子占据15席；在北京大学、清华大学等国内众多高校的法律院（系）中，都有西政七八级学子执掌教鞭。许多西政七八级学子已经成为相关学科的领军人物，他们的学术研究和许多课题为中国的法制建设作出了重大的贡献，这一现象受到学界和社会关注不足为怪。

孙小迎说，一次在广西北海参加西政同学聚会活动，席间一师弟问：师姐是哪一级的？她直言相告：七八级的，周围一群师弟们大声惊呼：“哇噻！七八级对我们来说就是一传说！”孙小迎不禁感叹：“我们有这么古老吗？”

一次，西政搞校庆活动，负责会务工作的一群漂亮的小师妹们正围着一位侃侃而谈的师兄听其讲当年大学往事，当一位报到的七八级同学在签名簿上写上自己的年级和名字时，那位谈兴正酣的师兄余光一瞅，话题立即戛然而止，面色尴尬地向师妹们连连摆手说道，“他是七八级的大师兄，你们可以问问他”，随即调头即走，走出不远，回头向七八级的师兄郑重地弯腰、敬礼。

诚如毛泽东所言：“人多，热情高，干劲大。”“一大批”作为一个数量概念与招生的数量当然有一定关系。为什么北京大学、吉林大学、中国人民大学、中国政法大学没有“一大批”呢？这与天时有关，与“先发”有关，也与人数相对较多有关。

如何看待西政七八级现象？何谓“西政精神”？近年来，一些媒体、老师、同学见仁见智，各持所见。

当年与西政七八级学生接触最多的高绍先老师总在思索，以七八级学生为主体的“西政精神”的精髓是什么？他认为这是西政人多年来讨论的一个问题。有人概括为团队的精神、务实的学风、尊师爱生的传统，等等。他在当院长期间，曾经提出“思想解放，政治坚定，学风端正，校纪严明”，并作为西政的办学特点。而作为一个在西政校园里从学生到教师，从教师到院长，又从院长到教师的高老师，体会最深的一点就是西政的师生关系：教师爱护学生，学生尊敬教师。西政的老师除了“传道、授业、解惑”外，能够全面关心同学的成长，给予他们多方面的指导，包括个人生活领域。这种传统从胡光、苏明德时代创立，复办后历届领导班子的继承与发扬，由此形成独具特色的传统。这种传统的形成有特定的历史背景、特殊的经历，培育了特殊的感情。如果当时学校的条件很好，一切正常，一切正规，西政的师生们便不会有这种特有的强烈感受。这也和所谓“不经一番彻骨寒，哪有梅花分外香”的道理一样，大家都格外珍惜这段来之不易的校史。这不只是一个过程，而且已经化作了一种西政的精神。

2002 年 6 月，正在中国人民大学读博的温晓莉，对什么是“西政七八级精神”有独到的见解。她的解析是从北京电影学院“七八级”诞生了蜚声海内外的中国电影史上一代“豪杰”——张艺谋、陈凯歌、田壮壮、李少红等人说起，这群影视大腕曾自豪地以“我们七八级”为题，在《大众电影》上发表过一篇 impressive article，从而引起国人对“七八级现象”的极大兴趣和关注。

温晓莉认为，西政七八级也是如此。尽管恢复高考后的本科教育，与现在相比“是极其简陋的”，但“这些产品的质量还不错”。事实上，西政“七八级”不仅是西政历史上的“空前绝后”，是中国法学教育史上的骄傲，更是今天尚未脱稚嫩的中国法律界公认的“精品”。

那么，什么是我们“七八级精神”？这个“品牌”是怎样形成的？“七八级”概念的内涵是什么？温晓莉教授严格按照学术论文惯用的论点、论据、论证，逐一为我们进行了缜密的阐释。

七八级的底气是时代赋予、历史造就的，也是自我塑造的。它是西政历史上 Idealisim 最为高扬的一届，它的 ldealisim 不似过去的盲从，而是充满了“人文批判”的精神。迄今，尽管在时代发展中有个别人落伍，而在不同的领域张扬着、追求着的绝大多数人，体现着这一精神，使得七八级这一群体从整体上超越了平庸、恶俗和浅陋，而始终在西政历史上居于喜马拉雅最高点。七八级作为一个群体，其整体精神之恢宏、志向之高远、所持之阔大，令后来者折服，令中国法学界所刮目。

常规发展的平衡状态下，不可能出现七八级这样后人匪夷所思的大面积的精英人才和另类人才。社会动荡和时代潮流的大起大落造就了七八级，为七八级提供了成才的机遇。七八级因此是西政历史上经历最复杂、年龄跨度和差距最大的一届。说它“空前绝后”，不是说它白璧无瑕。对经历了那场“把灵魂深处的魔鬼呼唤到战场上来反对”的“文革”一代人来说，不仅看到甚至熟谙社会最阴暗的一面，而且自身就带着污秽和肮脏。如同西政一位老师的客观评价：最好的出在七八级，最坏的也在七八级。因为它不是学校的象牙塔的产物，而是整个社会这个大舞台、大熔炉造就的。它虽然挟泥裹沙、鱼龙混杂，但它不甘于平庸和浑噩，更不甘于沉沦。荷花出污泥而不染，方亭亭于污秽。这需要多大的毅力去自省、反思和拼搏？七八级之可贵也正在于此。作为一个群体，它永远保持着一种“Do my best everyday”的“苟日新，日日新，又日新”的奋发向上精神。

时代造就了七八级，让一群有着复杂经历、满腹冲天抱负、一腔“忧国忧民”之忧的个人，在那特定的时空聚集一堂，互相激荡、切磋、砥砺；四年的切磋，碰撞出的不是易逝的才智火花，而是划破时空的思想电光。现在总结“七八级精神”还为时尚早。七八级的成就还将依它未来所创造的发展空间，经受着历史的考验和评价。假如中国未来真会出现如西方文艺复兴群星灿烂的时代，但愿最璀璨的晶莹闪烁中，会有我们西政七八级。

什么是“西政七八级精神”？2005 年 9 月，二班张武在西政安徽校友会成立大会上的发言中，他认为应当从当年七八级入校的历史背景说起。

首先，招收的学生认识的起点高。七八级当年入校的时候，“文革”砸烂公检法，整个社会正如江青被审判时所说“和尚打伞，无法无天”。即使是“文革”前十七年，中国的法治建设也是在法律虚无主义的影响下，不受重视。我们作为西政复办后第一届法科学生，无论是自己入学前的坎坷经历，还是面对校园破烂不堪的现实情况，大家都耳闻目睹，痛彻心扉，加上无论学校领导还是老师们对“头生子”学生的期望值都很高，认为中国未来法治建设的重任就义无反顾地落在了我们肩上，使之产生强大的激励动力，促使大家对知识孜孜不倦追求，对刻苦钻研的精神倍加弘扬。2003 年西政首次出版 50 部专著，其中半数出自七八级学生之手就足以见证。这实际上是七八级学术功底的一种充分展示，也彰显七八级学子的知识水平是经得起历史的检验。

其次，西政老师严谨治学的态度和为人师表的师德感染了同学们。我们还清楚地记得教政治经济学的种明钊老师讲授课程时，竟然能够大段大段地将《资本论》背出来，令同学们目瞪口呆。有的同学学习时因对《资本论》中的一个观点感到不好理解便请教他，当时他没有及时答复，此事过后没几天，种老师找到学生寝室，带着《资本论》专门进行答疑解惑，让同学们感触深刻。在校四年期间，每到节假日和周末，老师家里都挤满了求知欲极强的七八级学生，在请教老师知识的同时，也饱尝了可口的饭菜，这种精神和物质的极大享受和收获，是当今大学校园难见到的特殊风景。正是师生的近距离接触，使教学相长，无形中增加了学业的厚度，扩大了学生的视野，才有可能造就西政现象的出现。

最后，西政领导的宽容与引导。严格说来，七八级学生思想活跃，情绪波动大，容易起哄，无论是与川外打架还是上街张贴大字报，在校期间没有少给学校领导添麻烦。然而，校领导都给予了极大的包容和疏导。1979 年初，许多要求平反昭雪的蒙冤者在申诉无门的情况下，纷纷找到西政，要求学生为他们答疑解惑，主持公道，提供法律服务。学生会决定各班成立法律服务机构（相当于现在政法院校开设的法律诊所）免费为民服务。在请示胡光院长、苏明德书记时，一路绿灯，并在十分紧缺教室的情况下，专门腾出一间办公室供法律服务机构使用，学生们每天办理来自全国各地的法律事务，接待大量来访者和求助者，虽然占用了许多业余学习时间，但是增长了才干，增加了对社会法治现状和问题的深刻了解，在全国产生了很大影响，也使同学们毕业后马上能够适应专业工作的需要，为他们的成长进步创造了很好的条件。十班的莫家齐等几人将谈社会主义民主和法治问题的大字报贴到闹市区解放碑后，引起社会广泛反响，公安机关不仅摄像拍照，而且派人来校调查，胡院长和苏书记出面承担责任，同时与涉事同学逐一谈心，并予以殷切期望，其关怀爱护之情，使他们至今回想起来都没齿不忘！

2007 年 5 月，江必新在接受《法制日报》记者采访时，针对“西政现象”是这样回答的：应该说每一所院校都为国家培养了大批人才。如果真有什么“西政现象”的话，我认为西政当时具备这么几个优势：首先，西政保留了一支好的教师队伍，这是一笔极为宝贵的财富；其次，西政的老师非常敬业。由于地处偏远，老师们把精力主要放在了培养学生上，心无旁骛。他们备课、授课非常认真，真是精益求精。那时候，老师几乎没有从事法律实务工作的，比如当律师代理案件啊，写自己的专著、论文啊，老师的核心任务就是培养学生。最后，西政当时的图书馆资料相对比较完整。这些图书有民国时期留下来的旧法文献，中国自古以来的法制史料，建国后翻译过来的大量前苏联的法学文献和政治学、法学等社会科学名著。丰富的图书资料为老师和学生们的学习研究提供了条件。还有就是西政远离政治中心，学生面临的社会诱惑比较小，他们极少从事兼职或其他社会活动，他们一门心思就是读书、读书、再读书。因此，西政培养出来的学生其基本功相对说来比较扎实。

另外，西政还有一个得天独厚的优势，便是主动要求司法部把师资培训班设在西政。每次办培训班都邀请全国各地一些著名的法学专家来讲课。这些专家在授课之前，一般都要给全校的学生作一个报告，把法学界的最新研究成果报告给大家。所以，尽管西政地处偏僻，但是吸纳了全国最新的研究成果。西政当时还请了其他学校的不少优秀老师来举办讲座。最后，就是西政当年招生比较早，规模也

1996 年 11 月 3 日，西政七八级部分同学在北京劳动人民文化宫合影

比较大,学生比其他学校多一些,而且当时七八级、七九级的学生年龄比较大,他们的社会经验较为丰富,知道怎么珍惜时间,怎么努力学习,所以成才就比较快。

2008 年 7 月,新华网记者采访李玫和霍宪丹时,当主持人提出为什么会产生“西政七八级现象”的原因时,两人侃侃而谈,见解深刻。

——占了天时。“文革”中法学教育几乎空白,我们统计了一下,1966 年到 1972 年的 7 年间一个学生都没招,1974 年到 1976 年北大等院校招了 180 人,这 10 年中间几乎是空白,西南政法学院率先恢复招生,而这个跟邓小平有关系,西政重新恢复招生报告正好是邓小平同志自告奋勇管教育的时候亲自签批的。西政恢复招生的时候,其师资力量基础还在,所以占了天时。天时还体现在聚集了十年的社会优秀青年同一时间如潮水般涌现出来。这些人又来自工厂、农村、部队,具有不同的社会背景,丰富生活阅历和不同年龄层次,这正好符合法学教育的基本规律和基本要求。那十年间的人才一下聚集到一起了,不同的年龄段,不同的社会阅历,不同的知识背景,不同的兴趣爱好,大家在一起共同学习实践性、运用性极强的法律,在思想上,性格上,在人生经验上相互发生交汇和碰撞,这样反而有利于大家对法律的理解与思考。

——占有规模效益。400 多人占据了当年全国法科生的“半壁江山”,整体规模在这儿摆着,倍增效益很突出,所以数量的优势转化成人才的优势了。1978 年,高考恢复,西政迎来了“文革”后的第一批招生。根据司法部教育司统计资料显示,1977 年恢复高考后全国法律本、专科仅招 280 人,1978 年,全国法律专业招生人数是 729 人,其中西南政法学院招了将近一半,364 人。此外,还有 59 名师资班的法科“预备队”学员。西政七八级同学潜心学习,几乎不受外界的影响。多少年后,不与世争、不事浮躁、潜心学问,也就成了西政人标志性的气质。同时,他们特别务实、简朴,甘于物质的淡泊。这些品质一直延续到后来的人生历程当中。

众所周知，七八级学生喜好质疑与批判，这绝不是一种年轻人情绪化的宣泄，而是建立在他们耳闻目睹“文革”前后中国社会的巨大失落与反差，亲历过如何从听领袖的话，从忠诚的革命派转变为被教育者的角色的苦难岁月，建立在恢复高考之后通过广阔而深邃的知识积累基础上的理性论证与反思。西政七八级人的独特之处在于，他们强烈意识到这种国家领导体制的不足与缺失，意识到这种教育体制的局限性，需要付出极大的努力，力求突破僵化的思想禁区。从图书馆到阅览室的手不择卷，从烈士墓旁的朗朗书声到歌乐山道上的玄思妙想，寝室卧谈中的唇枪舌剑，无不显示出这所专业略显单一的大学中的师生们，如何不拘泥于法学一科、寻求超越的努力进取。这样孜孜不倦的追求境界，在当代的大学生中已经很难得到足够的体现。在七八级学生中，除了那些从事法律实务与教育和法学研究的群体中，经常可以在他们的工作中、文章中、发言中显示出他们多学科的知识修养之外，不少人进入政坛，或者从事着法律之外的业务都能胜任愉快，一些人甚至成为国内外知名的作家、旅行家、摄影家、诗人、哲学家、儒学家等，令人瞩目。

——特定的地理条件。学院远离市中心，地处偏僻的歌乐山麓，平时学生很少到市里去，排除外界的影响，相对能够集中精力，专心致志学习。即便有时候出去一趟，学生大多就是买书去了，只要听说来了什么新书，不少人总会赶到市区新华书店去买，有时候为了节省费用，不少人几乎步行到市中心，然后再步行回来。“文革”十年，中国的法学教育几近空白，政法系统出现了人才的断层。幸运的是，虽然十年没有招生，但西政的师资力量却奇迹般地保留了下来，原校的90%教师留校，坚持到了1978年西南政法学院率先恢复招生。当时，那里汇集了全国较多顶级的法学专家，直到20世纪90年代，西政的法学师资力量都是其他法学院校所望尘莫及的。反观现在的法学院系，不要说学生，就是老师，也存在着工作浮躁、急功近利的倾向。有的人热衷于参加各类研讨会、评估会、专家会、论证会，实际上是弃学趋利；有的人乐衷于揽课题、找项目、谈资金，而无心于做学问；不少课题洋洋洒洒几十万言，其实是靠学生东拼西凑而成，导师大名赫然在目，名不符实。

——良好的校风。与四川的人文地理结合在一块儿，西政营造了一个良好的学习氛围。在七八级学生就学的校园里，无论是学生还是老师，一开始就处在一种逼仄压抑的心态之中，自己的家园被他人占有，历经艰苦费尽心血考上的竟然是“稀烂”的大学，法律教学缺乏必要的设施和条件。在这样的情况下，师生们的忧患真正是刻骨铭心，难以排解。特别是经历“文革”浩劫之后，大家亲自经历，正在国家和个人都在反思的节点上，恰逢入学上课，此时社会主义民主与法治建设提上议程，但书本上仍充斥着“左”的那一套，窘迫苍白的书本上的法律理论与社会现实的实际状况之间的巨大反差，让七八级同学经常面临不仅物质贫困而且精神恍惚的巨大痛苦。尽管位居西南一隅，多少有些远离帝都闹市，但这种由于专业的特殊性而加剧了的忧患意识却没有须臾少缓，甚至正因为与政治中心距离的遥远而更得到强化！在法律教育和法学研究方面，这种忧患意识与理性和开放的精神相结合，塑造了七八级同学乃至后来几届学生好学深思、热心讨论的尚智风气和不盲从、不迷信的学术品格。在七八级就学的四年间，校园里面百家争鸣，学术墙报放言无忌，思想交锋新论迭出，某些观点和论证，今天看来虽然有的不免稚嫩，但是，在当时的舆论环境下，却颇有石破天惊、冲破牢笼之感。

在七八级学生的心中，普遍存在着一种强烈的忧患意识。这与他们所经历的年代和阅历密切相关。“士不可以不弘毅，任重而道远。仁以为己任，不亦重乎？死而后已，不亦远乎？”曾参的话最能够表现改革开放之初中国知识分子那种强烈的忧患意识和责任感。在思想解放的旗帜下，对民主、法制、真理的追求，理应像张志新那样，非常执着，不怕得罪任何权威和领导，努力改变中国缺少民主法治的传统习惯，根除“权大于法”的社会痼疾。

《法制日报》记者曾经请张智辉点评一下七八级现象的整体概貌，他回答道：一是他们善于思考不盲从；二是他们特别珍惜学习生活，深知他们进入大学的机会尤其可贵；三是他们关注个人的命运与国家的命运密切相连，我们这拨人特别关注国家大事，关注社会现实问题。

四班的张卫华说，“西政七八现象”的形成与法学的实践性和母校重视理论联系实际的教学模式有着密切的关系。他认为，尽管随着主客观条件的变化，当年西政的人才培养过程中的某些做法和办学理念需要有所变革。但毋庸置疑，只要法律科学实践性强的特点不会改变，西政注重实践教学和职业能力的培养的传统就不会过时，而且应当继续发扬光大！

师资班付建民说，我一直在琢磨一个问题，当年那么破败的校园、恶劣的环境，怎么就造出了如此多的学术精英和社会精英？这是什么东西竟有如此大的魔力？或许是一种精神？这是一种什么精神？是踏实、勤奋、自由、严谨，求真的勇气？思想的无畏？是创造的渴望？或许什么都不是，或许什么都是，或许这正是“西政七八精神”！

十班的张怡说得好，外人说起“西政七八级现象”，无不让人回忆起那时校园学习的饱满热情和对真善美追求的执着。同时，作为一种不可复制的符号，如果说西政七八级有什么得天独厚的特质，我认为，他们拥有不可多得的世事沧桑的人生历练和当年思想解放、宽容大度的人文环境。那些博学博爱、乐于奉献的老师们对我们关爱备致，莘莘学子在因陋就简甚至是水池搭棚作教室的环境里，对知识如饥似渴，对真理不懈信崇。那时的学子们尽情地享受着思想本真的狂野与放纵，探索民主和法治精神成了大家学业的追求，仿佛是在挣脱禁锢灵魂的魔咒，犹如逃离“文革”的文化荒漠，冲刺着努力实现人生的自我。歌乐山下的这块弹丸之地，已然成了我们一生一世魂牵梦绕的精神高地！

在张弘的心中，“西政精神”和“七八情怀”就是“青年律政学子精神”,那是一种“天下法治,匹夫有责”的精神,一种独立思考、自由求索,开放图法治,变革护民权的精神。

青锋说,大家都在总结“西政现象”,说得各有道理。但是同样是这些人,如果撒在别处,那肯定是形不成“西政现象”的。如果换另外一拨人在西政,那还是有“西政现象”的。因而,我感到从这个意义上说,“西政现象”的根本在于西政的老师,在于老师们所蕴含或通过言传身教所体现的思想精神和价值取向,以及这种精神价值的传导。在课堂上,张紫葛老师讲的古汉语,让我们听得如痴如醉;高绍先老师讲的大学语文和马列主义文风,使我们跃上一个台阶,获得了用母语进行书面表达的相对自由;廖俊常老师的刑事诉讼课、卢云等老师的国家与法理论,使我们体会到了法律科学的无穷魅力;董鑫、邓又天等老师的刑法课,影响了我若干年的专业选择;杨永敬老师的历史学课程、林向荣老师的外国法制史、孙守煌老师的外国法律思想史等,使我有了一定的世界眼光。正是有了这一批德高望重的老师们所教授的一门门课程,方才积聚了能量,构成了以后人生的基础,形成了在竞争中能够大步奔跑不落伍的能力。尽管现在许多知识点已经记不起来了,但学习过程却使我们获得了新生。

新中国儒学代表人物蒋庆说,我们七八级的同学尽管在政治、经济、学术等领域都取得了很多的成就,但无论官居何位,术有多精,我们依然是这个学校的学生,依然热爱我们的母校,依然热爱我们的老师。

北方工业大学的朱苏人教授说,是母校让我认识法律,给了我一个向法学殿堂攀登的阶梯。

2016 年 10 月 21 日逝世的西南财经大学的冯亚东教授生前有感而发:似乎上天对西政七八级格外恩宠,但其实“文革”极“左”的流毒在当时的政法院校也未能幸免,我们中的一些人是从夹缝中拼命挤出来的。我是从西政走出去的学生,回到母校我始终有一种“学生”的心情,母校让我们受益终身,我永远都是西政的学子!

五班的李庆凌说，七八级所在的西南政法学院，是求学的宝地、生命的绿洲。在那里度过的四年光阴，给了我知识、友情、力量和人生理想，对我的生活道路产生了深远的影响，那是我人生历程中一段美好的时光。

五班的侯建中说，不论你在国内还是在世界各地，不论你是高官小吏还是商界骄子，“西政七八级”把我们紧紧地连在一起，我们对这个名字倍加呵护，分外珍惜。

王卫国说，能够成为七八级这一特殊群体的一员，是我一生的荣幸！我们的兴奋与苦闷、呐喊与深思、批判与自省、学习与创造，都与国家的前途、人民的福祉息息相通。我们对“十年浩劫”有着深切感受，对祖国命运有着深刻思考、对民主与法制有着真切渴望、对知识和真理有着真诚追求。我们是共和国在特殊历史时期选拔和培养、并将永远为之自豪的一代人。从本科生、研究生到教师，直至 1994 年调入北京，我的学术履历有 17 个年头填写着母校的名字。离开之后，无论在哪里，我的心、我的情都未曾离开过那片故土，因为包括我父母在内，我们把生命中最宝贵的年华都献给了这所学校。

九班的贺卫方说，西政七八级已经成为中国法律界一个广受尊重的品牌。但是无论是从事理论研究教学工作的，还是从事司法、政务工作的，或者弃政经商发家致富的，或者代人诉讼、理财的，学问再深、名气再大、官职再高、赚钱再多，都摆脱不了一个共同的历史情结——我们是西南政法学院七八级同学。

一位西政的师弟说，“西政七八现象”对西政的学子是一种极大的激励，是一种推动他们不断进取的精神动力。“西政七八现象”与“西政精神”是紧密联系在一起的。尽管是针对特定时代，但我们总可以从西政七八级师兄师姐们中得到一种强烈的心理暗示，“西政人”具有成为优秀人才的传统，这种传统基因，具有“遗传特性”，从无数成功的师兄师姐们身上，可以看到他们具有与我们相同的“基因”，只要努力我们也能够成功。我们应当从“西政七八现象”中升华出一种精神——“西政精神”，通过我们自身的心理暗示和努力奋斗，就会对自己的前途永远充满着信心和希望。

西南政法大学校长付子堂对“西政精神”有其独到的见解。他认为，自强不息是西政精神的核心。西政学子当自强不息，勇敢前行。修身乃自强之本、坚持乃自强之基、担当乃自强之道。只有自强才有自信，只有自强才有自尊。其中自强乃是其中点睛之笔。西政七八级蕴含的精神是我们这所大学的精神气场，也是每一位西政学子应该具备的文化素质。

精神的力量是无穷的，而无穷的力量则归于群体的奋斗拼搏。那是一个令人难忘的时光、难忘的热土，聚集起一群热血学子，所有这些精神的塑造与形成，与此千丝万缕，密切相关！

1982年7月，西南政法学院校园全景远眺

CHAPTER 36 ≫

第三十六章
从“西南联大”想开去

有人说，一代人有一代人的际遇。在撰写本书时，我通过阅读大量资料，蓦然发现与西政校名中皆有“西南”二字且时隔七十多年前的“西南联大”，也堪称中国教育的奇迹。

1937 年“七七”事变爆发后一年内，中国有 91 所高校受到日军破坏、25 所被迫停办。在这种紧急情况下，国民政府毅然决定沿海各高校内迁。这期间，一座享誉中外的高校——西南联合大学（简称“西南联大”）诞生了。抗战之前，全国共有各类高校 108 所（含专科），分布于沿海沿江地区。日本发动侵华战争后，把摧毁中国高校和教育作为重要战略目的。随着北平、天津相续失陷，1937 年 8 月 19 日，北京大学、清华大学、南开大学三校管理层与国民政府教育部协商南迁事宜。

当年 9 月 10 日，三所学校在教育部命令下联合组成国立长沙临时大学，并于 11 月 1 日开学。然而，好景不长，一个月后，日军占领南京，京沪失守，日军进而逆江而上，武汉告急，战火危及长沙，仅维持了 4 个多月的国立长沙临时大学（“西南联大”前身）被迫于 1938 年 1 月 19 日起西迁昆明。其中一部先赴昆明筹建“西南联大”，其他教职工和学生限于 3 月 15 日以前在昆明报到。师生分三路入滇，于 4 月 28 日会合。6 天之后，改名“西南联大”、并于 1938 年 5 月 4 日正式开学上课。

由原三校校长组成“西南联大”常务委员会，由梅贻琦任常务委员会主席。设文、理、工、法商、师范5个学院26个系,共3000余名学生,190余名教授均为国内一流学者。在异常艰苦的条件下,全校教职工以孔子"饱受波折,东奔西跑,栖栖惶惶,被困于蔡,绝粮于陈,但对教育事业始终如一"的古训自勉,为抗战教育尽心出力。"西南联大"在抗战硝烟中坚持办学,被费孝通称其为"中国近代教育史上的一座丰碑"。美国弗吉尼亚大学历史学教授易社强(John Israel)认为,"西南联大是中国历史上最有意思的一所大学,在最艰苦的条件下,保存了最完好的教育方式,培养出了最优秀的人才,最值得人们研究"。抗战结束后的1946年5月,历经八年办学的"西南联大"结束使命,原三校才分别迁回原址复校。

从当年"西南联大"披露的一些史料中,可以看出这所学校与西政当年的学校复办无论在理念、风格上还是在条件、传统上,都有许多惊人的相似之处。

——入学报到含辛茹苦。抗战爆发后,北京大学、清华大学、南开大学西迁,在昆明组成"西南联大"。当年来昆明报考"西南联大"的学生很多,大家取道各有不同,历尽艰辛。其中,有一位历史系的刘姓学生直接挑着一担行李,从家乡河南一步一步走来;物理系一位姓应的同学,是宁波人,在西康买了一头小毛驴,一路骑着来到昆明。七八级同学报到时,虽然没有步行骑驴来到学校的事例,但是一路含辛茹苦来到学校的也不在少数(本书中均有专门章节涉略)。其中师资班女生屈学武述说自己1978年10月8日,扛着沉重的藤箱和被盖卷一路辗转倒车,狼狈不堪地到学校报到的情景,让人记忆犹深。家住在广西南宁的刘广新,当年从老家到重庆一千多公里路程,需要分"三步走",第一程乘坐火车从南宁到柳州,第二程转火车从柳州到贵阳;第三程转火车从贵阳到重庆,旅途两天两夜,而当时乘火车并没有联票之说,故每段旅程都需要履行购票、取票、排队上车、抢占座位等程序,其情景如同打仗一般,苦不堪言。乘绿皮车的艰辛万苦,在吴跃章、李春敏、崔卡娜等人的回忆文章中,皆有"恐怖"的诉说。正应了孟子那句名言："天将降大任于斯人也，必先苦其心志，劳其筋骨，饿其体肤，空乏其身，行拂乱其所为也。"

——住宿条件十分艰苦。抗战时期，"西南联大"的校舍、宿舍条件极其简陋。校舍高度分散，还借用了昆明当地的很多房屋、学校、祠堂，其中自建的、集中成片的校舍叫"新校舍"，新校舍由一条土路分割成东西校区。汪曾祺回忆道：西边是学生宿舍，用土墙和草顶建成，土墙上开几个方洞，插几根树棍，就成了窗子。挨着土墙排了一列双人木床，一边十张，一间宿舍可住 40 人。宿舍里像样的桌椅也没有，两个装肥皂的大箱摞起来，既当书桌，又当衣柜。西政七八级入校时，400 多人吃喝拉撒睡全在东山大楼里，数十人居住一室司空见惯，因为条件的恶劣而发生两校学生打架冲突的事件，进而惊动北京、轰动世界。直到大三才住上新盖的学生宿舍楼，直到大四毕业时，才看见学校的图书馆拔地而起。在七八级同学的眼里，根本没有田径场、礼堂、食堂等的清晰概念，若提到到游泳馆只会想起那次难

1958 年的西南政法学院校园一瞥

忘的开学典礼的“会场”。

——教学设施差强人意。当年“西南联大”的教室,全是土墙做的,屋顶上盖着铁皮(涂了绿漆),下起雨来,铁皮屋顶被雨点打得乒乓作响。西政七八级就学的大教室虽然并非土墙垒成,但也属于简易大棚性质,几百名学生分成两个大班上课。简易教室的四周用红砖临时砌成,顶棚用牛毛毡覆盖,冬天寒冷、夏天炙热,但无论路多么烂、楼多么旧,宿舍多么挤,教室多么热,都没能阻挡同学们的求学欲望,也没有影响老师们的教学热情。也许正是这种艰难的环境,才激发了同学们的苦读精神,铸就了大家吃苦耐劳的品质。师资班游建说,当时学校的条件很差,除了东山大楼还有点儿大学楼房的模样外,其他诸如学生食堂、有些教室,都像是简易工棚。一下雨学校到处一片泥泞,常常要穿着雨靴涉过泥沼去上课。所谓的学校图书馆,其实只有两间屋子,内间放书、外间借书。至于校图书馆的藏书,用现在的眼光看,百分之九十可以当废纸卖。

——伙食条件酸楚难耐。抗战时期,“西南联大”食堂的伙食戏称“八宝饭”,红色的糙米,还夹着沙子、木屑,甚至老鼠屎,食堂的常备菜是盐水煮芸豆和紫灰色的魔芋豆腐,烂糊糊的淡而无味。偶尔有一碗回锅肉、炒猪血,那就算打牙祭了。因学校伙食差,口袋里有点盘缠的学生就在昆明市区到处找吃的,一到星期天就出去吃馆子、汽锅鸡、过桥米线等,有的学生把价格便宜的胡萝卜买来当水果吃。人们常常看到三两成群的“西南联大”女学生,手里提了一把胡萝卜沿街走。到了宿舍里,不顾淑女形象,嘎嘎地咀嚼得津津有味。七八级女生是否如此作派不得而知,但男生的情况也是如此(在本书的伙食变奏曲一章中有专门的描写)。三班的“老大哥”陈大益说,他来自贫困农村,享受甲等助学金,每月 20 元除了伙食费外,还得节省几元钱买点书。平时一个星期才能吃二三两肉,有时忍受不了,只能星期六晚上到食堂买上 3 角钱的猪肉,打一饭勺子猪油,买几棵青菜煮火锅,一些同学闻讯也来参加,吃得风卷残云,不亦乐乎。

不容置疑,“西南联大”是一所光荣的学校,是世界教育史的奇迹。奇迹出现,绝非偶然。魏晋哲学家王弼说过,“物无妄然,必有其理”。它之所以能够创造如此辉煌,是有着怎样的办学理念、治学精神?

——首先,名师胜任本职,堪称楷模。常言道,一个高校,老师是魂,教授是宝,而其他教学大楼等都不足为称。“西南联大”将三所名校会聚一堂,虽然在长沙合并为一校时暂称“临时大学”,后来西迁昆明,地域有别,但名师如云则是不争的事实。在那苍黄翻覆、陵谷变迁的大时代,在那风云变幻、波澜壮阔的岁月,历史的浪潮将“西南联大”的知识分子推上了风口浪尖,他们在改变中国命运的同时,也改变着自己的人生。在20世纪剧烈变革的中国,当学术遇到政治,当知识分子面对政客,产生了悲剧,也铸就了风骨。生于晚清,学于欧美,“西南联大”众教授学贯中西,传统文化与现代文明在他们身上融合,是他们的精神印记。晚清时期,西方的坚船利炮打开了古老封闭的农耕帝国,内忧外患使先知先觉者开始新的探索,国家独立、民族富强,便成为生于晚清那一代知识分子的终极梦想。在他们身上,不但有着中国传统的士人精神,而且还有现代公共知识分子的硬汉品格。闻一多面对黑洞洞的枪口,拍案而起,由对政治的不甚关心到全身心投入其中,从一位纯粹的学者成为振臂疾呼的民主斗士;朱自清不顾病衰之身,宁死不吃美国救济面粉,足以让人敬重。抗战后期,国民党在军事上的溃败,政治上的独裁专政,再加上严重的腐败,导致不少“西南联大”教授将目光投向遥远的延安。当年延安中共的政治主张,成立联合政府,得到联大教授的积极响应;民盟的成立,吸引了一批思想激进的联大教授。当年“西南联大”知识分子群体议政、参政、从政,出发点就是爱国。他们所具有的品格集中表现为独立精神、自由思想,言论自由、倡导民主与人格独立。士人精神与现代品格已经水乳交融——家国情怀忧天下,不畏强权争自由。与传统的士大夫相比,法制、人权这些西方文明的核心观念,与新文化运动中的“德先生、赛先生”,成为联大教授的精神底色。

西政七八级学生入校时,在“无法无天”的年代里,在失去“半壁江山”的校园里,虽然名师名教授稀少,名声毫不显赫,但却集中了当时全国50%以上的法学师资队伍,其中既有恢复返校的张警、张紫葛等教授,也包括学校各学科的带头人,他们向莘莘学子传道、授业、解惑,倾其所能共同将法为何物尚不明晰的学生,领入了法学教学与科研的圣地。正因为有了他们的辛勤耕耘,在这座巍峨葱郁的歌乐山下,在西政这块热土上,才能培育出许多优秀的人才,催生诸多的教学和科研成果。他们在这里演绎成的每个故事,都构成了西政的底蕴和值得守望的精神家园。

——其次,按照教育规律办学。办学方针实事求是,教学方式百家争鸣,不强求纳入一个呆板的模式、教授老师之间相互听课,允许按照各自教学风格授课,形成20世纪三四十年代“西南联大”的办学特色。想当年,“西南联大”教授们坚守了一个这样的传统:坚守学术

2008年10月3日,在西政召开的改革开放与中国法制建设30年论坛盛况

的独立和思想的自由，不党不官，人格独立，为社会代言，为百姓请命，行使对政府的监督和批评的权利。“违千夫之诺诺，做一士之谔谔。”许多教授们将双重身份——中国传统文化中士人的风骨与现代公共知识分子的担当，完美结合发挥到相当高的人生尺度，铸就“位卑未敢忘忧国”的精神境界。

时隔四十多年之后的西政开学之后，校领导不断在召开会议上反复强调一定要按照教学规律搞好教学工作。据1956年入校就学的吴光辉老师回忆说，上世纪50年代西政的培养目标是“高级法律人才和法学家”，但自1957年“停课鸣放”“帮党整风”开始，随着犹如雨后春笋般的政治运动接踵而至，原先以教学法律为主的政法学院变成了以教学政治政策为主的政治学院，法律业务课的比重一降再降，最后降到20%；政治理论课的比重则一再攀升，直至升到60%。显然，这与当初确定的培养“高级法律人才和法学家”的初衷是格格不入的。西政1978年复校后坚决果断地调整了课时，加大了专业学习时间的比例，重视课堂讨论和学术论文的写作，同时利用各种机会，让学生走出校门、面向社会、深入实践，为毕业之后能够直接进入司法实践第一线，坚持理论与实践相结合打下了坚实的基础。

——第三，自由宽容、博大深宏的学风。崇尚学术自由也是“西南联大”的一大传统。自由是学术创新的前提，独立探索方能收获自己的果实，成就感来自于辛勤耕耘，并使发现和培育未来的超越者成为可能，这是“西南联大”的教育境界，也是西政当年的真实写照。曾为学生的汪曾祺回忆自己当年在学校学习时的情景时，记得在皮名举先生的“西洋通史”课上交了一张规定的马其顿国的地图，皮先生阅后，批了两行字：“阁下之地图美术价值甚高，科学价值全无。”“西南联大”的老师常将“讲出东西来”和“讲不出东西来”作为教学水平高低的分水岭。闻一多等老师课堂上考据训诂，学生们反映其教学高明之处，是在深潜之余，有独到见解和议论。当时学校不懂外语的钱穆只因中国历史课讲得好，很受学生推崇，在职称上没有因不懂一门外语而受到任何影响。撰写论文，学生可以不同意导师的意见，只要持之有故，有充实的根据，教师就会通过他的论文。“西南联大”学生曾经给他们老师编了一个小册子，每个老师都有一个漫画式的夸张描述，有褒有贬，每个老师看了都很高兴，那种师生间亦师亦友的感觉在西政七八级学生中也有同样体会。下课后尽管学生可以不同意老师意见与之争执，上课听得不中意可以敲打碗勺以示“不满”，但老师们总是笑脸相迎，坦诚相待。七八级学生进校之初，正是中国开始发生重大变革的年代，校园里民主运动的风潮狂飙突进，我们都热血沸腾地投入其中，尖锐、激进、甚至“反动”的观点和言辞比比皆是。许多老师虽然对学生的有些观点并不赞同，但从来不给扣上政治帽子，甚至是以欣赏和疏导的态度鼓励大家独立思考，探索真理，关心国家大事。不少同学都亲耳听胡光院长说过，一定要吸取 1957 年反右运动给学生造成伤害的沉痛教训，绝不要再搞“左”的那一套，对所有的学生都一律本着关心爱护之原则。

贺卫方说，在那个时代，西政对批判和论辩精神“表现出了非常可贵的宽容”，经常讨论一些非常前卫的问题，有些观点在当时看来简直是惊世骇俗，但学校并不视为大逆不道，洪水猛兽。九班的尹向兵大三学年刑法课上完后，老师要求学生暑假后每人交一篇论文。他对老师课堂上所阐述的社会危害性是犯罪的本质特征有不同看法。他认为任何一种社会行为之所以被认定为犯罪行为，其本质是这种行为触犯了统治阶级制定的刑律，触犯刑法之违法性才是犯罪的本质特征。为了论证自己的观点，他几乎整个暑假都在北京北海公园旁边的首都图书馆查找资料，并作了 5 万多字的读书札记，可谓废寝忘食，殚精竭虑。开学后，他将自己一万多字的论文诚惶诚恐地交上去后，对自己“标新立异”的观点和成绩不抱乐观。但老师最后给的论文成绩是良好，授课老师还专门附了一张字条，大意是老师不同意你的观点，但绝对尊重你的探索精神。这件事令他至今回想起来都十分感动。

多年来，不断地听人说西政七八级的人如何，但是你没有听到一个人说西政七八级的人思想很保守，头脑很僵硬。有人说遍布全国各地的西政七八级同学，所具有的质疑、探索、开明、开放乃至不苟且、不媚俗的这样一种精神状态，在一定程度上影响了中国的政治体制改革和依法治国进程。这绝非偶然。记得七八级进校不久，人们开始对刚刚结束的“文革”进行反思，这种反思最早起于何处不易考证，但是在西政七八级当年创办的墙报上，这类反思的文章并不鲜见，诸如对马克思主义的正本清源、对雷锋精神的重新评判、对“文革”究竟是好还是糟的辨析，凡此等等。在学生们的头脑里，过去一直矢信不移的“理想”、“真理”，也是可以重新进行质疑、讨论、思考和研究的。“开放、自由、平等”，法学界著名学者的梁治平这样评价当时的西政学术校风。

“西南联大”在抗战大后方极其艰苦的环境下，培养出一大批一流人才，这一教育史上的奇迹，被世人津津乐道。“西政七八级现象”也被称为法学教育不可复制的“神话故事”。对今天的高等教育改革而言，两个均含有醒目的“西南”二字的教育奇观，给我们带来哪些重要启示呢？

一是大众教育切忌不能丢掉“大学精神”。“西南联大”的梅贻琦有句脍炙人口的名言：“所谓大学者，非谓有大楼之谓也，有大师之谓也。”当年许多优秀学生正是羡慕大师之名，方才投奔十分寒酸和简陋的联大校园。看如今，不少大学，大楼、大门越修越气派，学术上却没有多少建树，这与缺乏真正的大师不无关系。一部分高校变得越来越市侩化、官场化，有人形容基本上就是个衙门，老师只是里头的棋子任人摆布，要评职称、做课题，必须按道道画，听命学官的意见，这种现象与“西南联大”的办学理念和精神固然格格不入。教授治校、自主使用教材，学校的事情全是教授说了算，学生对课程的选择有很大的权利等，这些都是“西南联大”可资借鉴的经验。

西政 1978 年复校后，学校没有完整的教学大楼，没有如今大学校园里一应具备的各类教学设施,有的只是废弃的游泳池、破旧的图书馆,教室是毛毡、竹棚房搭建,但由于学校领导开明,老师团结奋斗、学生勤奋努力,依然在恶劣的条件下创造了教书育人的奇迹。当年学校的领导强调从严治校,总是深入学生宿舍,进入上课课堂,倾听学生意见,与学生一起听课,希望能够给学生营造宽松的成长环境。记得胡光院长对学生说过,个人需要自由发展,老师也需要自由发展,我们院领导的职责是创造条件让师生们教学相长,自由发展。对学生提出的一些合理化建议和要求,校方总能够得到反馈和解决,诸如食堂伙食改革问题、图书借阅问题等,甚至大龄学生在校期间的结婚问题,毕业后的夫妻分配地点问题等,只要合情、合理,都能引起校领导的重视和妥善解决。梁治平深情地说过:“平日,若非有人提起,甚至想不到我的大学。然而,她独立而自由的精神早已融入我的生命经验,成为我身心的一部分。这种精神来自于那个生机勃勃的开放的时代,也来自于当年师生之间的平等关系,来自于学校对于自己学生的信任与尊重。我知道,有一天我将重返母校;我也知道,那时我看到的校园,会比当年的现代许多、美丽许多。但愿她那种自由独立、开放进取的精神依然如故。”

二是学术规范是治疗浮躁的良药。“尊重个性、学术自由”是“西南联大”的治学精神之一。当年,“西南联大”提倡师生平等对话和启发式教学,允许学生跨学科、跨专业自由选课,从不干预。由于师资充裕,“西南联大”常常是几位教授同时开设一门课程,观点流派各异,学生思想空前活跃。当然,学术自由只是联大精神的一个方面,与之对应的是规章制度的严格。据说“西南联大”入学时,一个班有40多名同学,毕业时仅有20多人。反观西政的学术自由也是可圈可点的。活跃的思想是西政七八级学子的特点,努力探索新时期民主与法制途径是西政人的梦。七八级那代人与现在的大学生的阅历有太多的不同,他们经受过社会的磨难和动荡经历。反“右”、三年自然灾害、“文革”、林彪事件等,伴随着他们的幼小、青年时代,该长身体时“挨饿”，该长知识时“停课”。有幸“搭上高考最后一班车”后，遇上改革开放、思想解放的好年景，随着知识的增长、阅历的丰富、学习的深入，对“四人帮”现象、对拨乱反正、平反冤假错案、改革开放政策等，不仅有理性的认识，而且从情感上也有鲜明的憎爱与取舍。在学校学习期间，正置思想解放的活跃期，同学们讨论问题异常踊跃，在许多问题上各自有不同观点，往往会争个面红耳赤。回过头来看，当年《回到马克思》《雷锋精神与奴化思想》等文章，其探讨的问题都力求从事物的本质出发，联系中国的实际，能够在校内外引起强烈反响并不是偶然的。学生撰写学术论文，学校高度重视，配备优秀老师一对一加强指导工作，使在校期间能够在全国各学术刊物发表论文的西政七八级学生比比皆是，更遑谈那些刊登在班刊墙报上影响了诸多人的许多“指点江山、激扬文字”的厚重文章了！反观如今大学的诸多学生，特别是人文社科的学生们普遍感到大学好“混”，不少同学都是考试前临时抱佛脚，老师也是睁一只眼闭一只眼。至于能够在大学本科阶段发表有影响力的论文，那是比较罕见的，以致一些著名的法学刊物，明确规定凡研究生学历以下的在校大学生来稿，一概不予刊发，便是例证。

三是把象牙截塔建到坚实的大地上。在中国，无论如何，高等教育不能关起门来，要关注中国的国情、关注社会的现实，把象牙塔建到坚实的土地上。目前，高等教育有一个普遍现象不容忽视，许多大学生虽然掌握了大量的知识，但社会经历普遍欠缺，生存本领较差，也不珍惜自己的大学生活。学生从进校园的第一天起，便开始忙于考证、打工、实习，为找份好工作做准备，至于如何将理论运用于实际，如何把学业作为事业而不是就业(课生)来认识就不关注了，这样的教育模式固然很“入世”，但与真正意义上的大学教育相去甚远。当年“西南联大”学生行程 3500 华里，从长沙到昆明，历时 68 天，常要借宿农家茅舍，步行沿途还要布置做社会调查、采集标本。除了上课，西政七八级的同学的课外实习、法律顾问组活动，以及每次寒假、暑假期间提倡的社会调查活动，都是轰轰烈烈，活跃异常。七八级同学入校时的平均年龄为22周岁，普遍都经历了那场史无前例的"文革"，他们耳闻目睹了"文革"期间的"红海洋"和"大串联"，常年累月朗读过包括他们在内的亿万人民都能热血沸腾的"最高指示"，见证了全国到处武斗的腥风血雨，体验了上山下乡的蹉跎岁月。入校之后，除了课堂上课之外，他们千方百计地走向社会，了解社会，利用寒暑假时机，主动到司法机关帮助办案，在实习期间做调研工作。四年期间的发奋读书和勤奋思考，使毕业之后很快就能在社会上、在单位上站稳脚跟，并风生水起，大展宏图。这类事例在西政七八级同学中实在是举不胜举了。

张智辉从学校毕业后来到高检机关从事检察理论研究之后，他认为法学家不能坐而论道，空对空对发表所谓学术见解，最重要的是理论要为实践服务。他每年都花费许多时间下去参加调研活动和开座谈会，掌握大量第一手的调研材料，同时积极参加法律文件的起草工作，在法学家群体中为自己赢得"务实派"美名。回顾自己的学术理念，他是这样说的："我的思想里为什么会有这种务实的传统？早在部队服役时、在大学读书时就打下了深深的烙印。西南政法学院的老师就非常务实，每一门课都有案例讨论，为什么西政的学生毕业后很受社会欢迎？就因为他们毕业后上手快，适应社会的准备充分。"

景汉朝大学毕业之后，在邮电部邮电学校任教时，在学习和研究刑法时，发现刑法中只规定了主刑的数罪并罚问题，而未规定附加刑的数罪并罚问题后，旋即在1983年的《河北法学》发表了自己的处女作《数罪中数个附加刑的并罚问题初探》，直到今天这一刑法理论问题仍然存在探索的必要。1988年，《经济合同法》实施不久，他在总结办案经验的基础上，又出版了第一部个人专著《经济合同法审判实务》。

从"西南联大"毕业的中国科学院院士、著名化学家申泮文认为，"西南联大"的成功给我们三点启示：一是校长负责制，民主办学；二是名师们的教育风范；三是优秀的师生群体。在"西南联大"当年的学生中，名气响亮的除了杨振宁、李政道、汪曾祺、殷海光、任继愈等外，还有梅贻琦、傅斯年、潘光旦、张奚若、汤用彤、冯友兰、朱自清、吴晗、杨振声、川岛、魏建功、王力、陈演恪、罗常培、吴宓、卞之琳、李广田、姚从吾、陈省身、华罗庚、吴大球(酋)、周培源、钱瑞升、梁思成、林徽因、季羡林、钱钟书等。有人也许会说，“西南联大”之所以产生这么多名教授和社会名流，是因为该校由清华、北大、南开三所名牌大学组成，底色好。若是推理，我们也不妨把新中国成立以来全国百余所重点知名大学整合在一起，看看在这半个多世纪里，到底出了多少具有独立思想、独立精神的知识分子？

“西南联大”毕业后成为台湾著名思想家的殷海光这样说过：“那时我们刚从北方搬到昆明，上一代的文化和精神遗产还没有受到损伤；战争也没有伤及到人的元气。人与人之间交流着一种精神和情感，让人非常舒服。”他回忆说，在“西南联大”上学时，常常一个人在附近的翠湖边思考。下雪了，他一个人站在旷野里，任由雪花飘落在

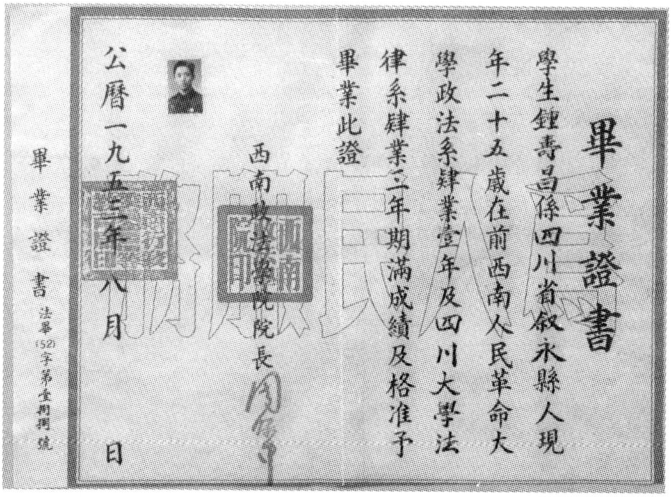
畢業證書

學生鍾壽昌係四川省敘永縣人現年二十五歲在前西南人民革命大學政法系肄業壹年及四川大學法律系肄業三年期滿成績及格准予畢業此證

西南政法學院院長

公曆一九五三年八月 日

畢業證書 法畢(52)字第壹捌捌號

1953 年 8 月，由西南政法学院院长周保中签发的毕业证书

他赤裸的脊背上……这些浪漫的情思与行为，所体现的仍然是一所大学的个性和精神，这也往往是一个时代的个性与精神。这意境和感触与西政七八级学子当年入住东山大楼，经常在烈士墓、歌乐山、铁轨旁读书、思考、锻炼、交流而抒发出来的情感，是多么的相映成趣啊？

据说，当年的“西南联大”体育课也抓得很紧，学生其他功课都及格但体育不及格仍不能毕业。特别是英语学习抓得更紧。据《我心中的西南联大》一书披露：1943 年，中国派遣远征军出国到缅甸，与美英联军共同作战。中国军队急需大量翻译到美英军队中当译员（一律授予上尉军衔）。此时正值寒假，在校学生们只差半年毕业，“西南联大”号召全校四年级男生都去当翻译，体检合格后培训一个月即入伍上岗。结果，“西南联大”学生英文基础比较扎实，文、理、法、工各科学生入伍后都能胜任。“西南联大”学生入学第一年，英文、国文（语文）都是重点必修课，必须学好，这两门功课不及格不能升级。当时教大一的英文、国文的教员人才辈出，后来都成了知名的诗人、专家、学者。西政七八级不少同学入学之前，从 ABC 学起，克服种种困难，历经自己努力，都在外语方面有所突破。六班的王黎同学，十五六岁即去了新疆生产建设兵团，ABC 是第一次接触，但他毫不气馁，成天抱着一部录放机学英语，口中念念有词，遇到不明白的地方就问。功夫不负有心人，大学临毕业前的一次出国人员选拔考试，他居然考了第一名，达到出国人员英语水平要求，令人惊讶不已。话说回来，由于在校期间的认识不足，条件所限，七八级中的许多同学至今都为当初没有学好外语而抱憾。1998 年，当我们返回母校参加复校 20 周年纪念活动时，一班的张建魁代表七八级为母校捐赠 15 万元购置语音教学设备所说的一番话，道出了我们的难言之隐。

作为军人，令我震撼的是，“西南联大”学子的从军报国之情同样令人动容！“西南联大”曾经掀起四次从军热。在中国抗战的历史里，“西南联大”的学子中，有一批特别的人，他们主动弃文从武，奔赴抗日第一线，在血与火的洗礼中，谱写了一曲救亡图存的悲壮战歌。据不完全统计，联大办学8年，共有1100多名学生参军。除了纪念碑上的镌刻的834个名字外，史称“800壮士从军”，还有近300名从军学生，因为各种原因，甚至连名字都没有留下。他们当中的很多人参加了孙立人的新一军，在缅甸重创日本第18师团，一洗南京之耻，立下赫赫战功，不少“西南联大”学生为国捐躯，血染疆场。如从联大考入巫家坝空军航校的12名飞行员中，就有5名阵亡烈士。外语系的缪弘，他本是美军的翻译官，但他投笔从戎后，坚决要求上战场，提着冲锋枪和中国同胞士兵一起冲锋，在一次战斗中不幸中弹牺牲。正像他生前在诗中写道：“没有人知道历史曾在此走过，留下了英灵化入树干而滋生。”1945年7月6日，时任美国总统的杜鲁门下令给中国战区做出卓越功绩的人员授予铜质自由勋章，在52名受奖的上尉翻译官中，就有梅祖彦等12名“西南联大”学生。在现今的北大校园，有一座比照云南昆明“西南联大”旧址上的原碑1∶1复制的国立西南联合大学纪念碑，碑的背面赫然镌刻着抗日战争期间从军的834名学生的姓名。

在2010年9月纪念母校建校60周年华诞会上，西政现任校长付子堂说过，20世纪50年代，西南政法学院无愧为新中国法学教育的“西南联大”。如今看来，无论是从学校的地理位置、校园境况、办学理念、师资素质、优秀生源、育才成就等各方面进行一番比较，西政神形都更像当年的“西南联大”精神的传承者，更具有启示我们对新的历史条件下如何促进高校改革的沉重思考。

CHAPTER 37 ≫

第三十七章
忧郁的法科生

西政七八级的同学们，年龄以“50 后”的居多、家庭普遍都有兄弟姐妹，1950 年（不含）前出生只有 22 人，1960 年（不含）后出生仅有 26 人。他（她）们的下一代，年龄“80 后”的居多，独生子女居多，由此便产生了“50 后”与“80 后”二代人喜怒哀乐的故事。

七八级学生的多数子女——“80 后”也许受其家庭影响，不少步其父母后尘，踏上了学法的旅程，甚至与父母同为一个母校的也大有人在。应当承认，绝大多数七八级的子女们发奋学习，靠自己的努力为父母争光添彩，这在同学们的许多回忆文章和相互交流中不断得到印证，诸如一班的莫澄真，二班的孙小迎、张武，三班的韩政，五班的徐育康等诸多同学，都为自己下一代的茁壮成长溢于言表，自豪不已！

毋庸讳言，任何事物和现象都有两面性。在西政七八级的下一代中，也有让父母伤透了脑筋、操碎了心的“反面典型”。

有一位七八级同学的儿子，从小聪颖好学，父母教育有方。高考那年，成绩超出当地一本线 100 多分，轻而易举地考上了一所名牌法科大学。读大学时，他身上的种种花环曾经让其父母骄傲，也让同龄人羡慕——班长、团委副书记、中共党员、学生会部长……大学生时代能当的“官”，几乎一个不落；优秀学生干部、三好学生、优秀毕业生……大学里能够拿到的荣誉，几乎一样不少。然而，不知何故，与学生时代的“无限风光”相比，大学毕业已经十余年，至今仍然没有找到一个称心如意的工作岗位,始终处在"险峰"的高位上左盼右顾,迟迟不能为用人单位相中。父母好不容易帮他找到工作了,却总是心神不定,未能进入稳定状态。由于眼光极高,频繁跳槽,至今只能闲置在家,恋爱不谈,工作不找,天天在家打游戏、玩电脑,让父母大为揪心,脸面上再难见到当年眉飞色舞谈儿子成功的灿烂表情。

另有一位七八级同学的女儿,从小学、中学直到高考,一路成绩俱佳,高考当年分数上国内名牌大学绰绰有余。在选择就学的高等院校时,女儿提出到外地甚至国外学习,见见世面,学会自立,但其父母不知是财力不够,还是不愿千金女儿远走高飞,暗地里派来救兵,让大学同学对女儿的择校进行开导教育,最终让其进入一所著名的政法院校学习。原本已经认为可以松一口气的父母见女儿进入高校后,回家次数越来越少,交流越来越难,从卡上打钱要求越来越多,似乎隔着一条不可逾越的鸿沟。四年本科下来,经了解,孩子明明是上了正宗的政法院校,但从事的活动大多是"非法专业"的事情,诸如参加模特比赛、时装表演、市场销售……。虽然拿到学位证书和毕业文凭,但竟然对"被告人"与"被告"、"上诉"与"申诉"分辨不清。百思不得其解的是,为什么成为孩子的偶像不是知名法学家而是那些叫不出名的外国歌星?不明白现在的大学怎么与当年他们就学的西政校风和精神风貌截然不同?孩子考上大学后,在一度欣喜过后,方才发现原可高枕无忧的自己,又被套上更为沉重且无法驾驭的"马车"。

被人们称为"80后"、"90后"的子女们,有的至今不能理解父母的苦衷,依然在自由的大学校园内按照自己的思维方式学习着、生活着。不少人迷恋网络,崇拜金钱,学习上不像父母那样有较强的专业意识,发奋钻研、刻苦读书;生活上不能像父辈们那样能够以艰苦为乐,独立意识强,擅长与同学和老师沟通,有的在外人看来总显得那么自信、自负、任性、虚荣。那种用网络、偶像组成的世界,真正让"50后"的父母们好生迷茫、困惑,这些孩子怎么就不知道感恩呢?这难道是集万千宠爱于一身,自己倾注大量心血培养出来的下一代吗?

邓小平曾经有句名言：十年最大的失误是教育！我们隐隐约约都有感觉了，果然是教育出问题了。

著名作家池莉曾经说过："看重文凭，是个知识，但是一个错误的知识。真实有效的知识可以让我们做正确的事情，正确的事情可以让我们生活得更加体面、舒适、便捷、文明程度和科技水平更高。而这种知识，只能够来自于没有遭受教育阉割的自我精神。"

依我之见，如今的大学生当然不是普遍有问题，但有问题的肯定本领不足是主因，而本领不足则来源于学习动力不足。前面所述的那位七八级同学的男孩，在大学里主次不分、忙碌不停就是真实写照。忙着跟老师搞好关系，成为他们的"贴心人"；忙着跟同学搞好关系，成为他们的"代言人"；忙着跟社会上的人搞好关系，成为他们的"自己人"，在他看来，关系学才是真正的学问，"官职"和"荣誉"才是真正的成绩。于是，在最应该求知若渴的大学校园里，他将大量的时间用在不务正业的校内外社会活动中，根本挤不出时间来认真学习看书。大学期间，除了读书，大学生固然应该具备一定的组织协调能力和社会活动能力。但是，正如农民的主业是种地、工人的主业是做工一样，学习才是学生的主业啊！事实证明，专业知识是学生的核心竞争力，也是谋求饭碗的看家本钱。如果大学生偏离主业，热衷于"当官"和"花环"，最终将得不偿失。如今的大学学习，随着信息呈几何倍数增长，易得性大大增加，电脑、网络、手机给大学生的学习带来极大便利的同时，也在无形中使得学习变得更加零碎、肤浅、表象、浮躁，就业难的压力使得不少人围着构筑人脉关系和考取一长串有名无实的证书而奋力拼搏，更难以沉下心来做好人生规划，把学习看作自己的事业和责任，树立专业志向，实现专业学习和兴趣学习的有机统一，成为一名合格的大学生。

愤然之余，更多的是无奈，因为让"50 后"不明白的事情接踵而至。由于在校学习的不努力，专业知识基础不牢，好不容易盼到自己子女毕业了，本以为能够卸下沉重的思想包袱和经济负担，孩子却不能像自己当年,怀揣一张派遣证,即由国家分配到本专业相应的工作岗位上,从此衣食无忧。现今大学毕业早就不包分配,学校不管就业,工作要靠自己去找。工作的压力虽然是孩子的,但心理负担却是家长的。为了孩子的前程,他们忧心忡忡,焦虑不安。孩子英语考试不及格,出国深造无望,若通不过国家司法考试,进法院、检察院和当律师无门。一旦通过各种关系总算进了企业事业单位或者民营企业,但没过多久,专业知识欠缺、不谙处理人事关系、盲目自大的毛病,令所在单位领导头昏脑胀,同事们避而不及,最终只能以劝其离职,“另谋高就”打发回家!

让“50后”们想不通的是,这些从小在蜜糖罐里里长大的孩子们竟然以为天下最苦的是他们,毫无理由地羡慕起他们的父辈来。一位七八级同学教育自己的下一代,大谈特谈当年他们是如何如何地刻苦学习时,其女儿一句话让其父母无言以对:“我如果处在你们那个年代,表现会比你们更加出色!当我们读小学的时候,读大学不要钱;当我们读大学的时候,读小学不要钱;当我们还没能工作的时候,工作是分配的;当我们可以工作的时候,工作却找不着……我们这一代到底招谁惹谁了?”

作为第一代独生子女的父母,“50后”与其子女“80后”的关系,从某种意义上说,有的可以说相当紧张。作为新中国成长起来的一代人,西政七八级同学亲身经历或者见证了新中国所有的动荡,他们有着艰苦岁月中磨砺出的隐忍、朴素和勤勉以及执着,他们上过山、下过乡、当过兵、进过厂,他们不仅拥有丰富的经历,也拥有踏实的实干基础。然而,他们不得不直面这样一个严峻的现实情况——“50后”绝大多数是第一批赶上计划生育的人,在那“花儿香,鸟儿鸣,春光惹人醉”的时代里,他们迎来了自己的下一代,在中国数千年伦理社会中,第一次出现六个成年人围着一个孩子转的奇观景象。这一代父母,本能地要把自己年轻时未能实现的人生理想,转嫁给自己的子女,而不管这些孩子有什么想法。由于只有一个孩子,他们有的更不肯有一丝一毫的放松，更愿意全天候地靠百般溺爱的做法关注他们的成长。从“胎教”开始，他们用最功利、最实用的手段，不遗余力地想用生活上的百般“溺爱”，换取对子女未来人生的支配权。然而，20世纪80年代又是中国人个性启蒙的时期，自我意识首先在他们的子女身上觉醒。就像理想主义、集体主义是“50后”与生俱来的宿命一样，现实主义、个性主义、享乐主义也是“80后”与生俱来的宿命。两者的矛盾是根深蒂固的，也是难以调和的。

有一位“80后”的法科本科生，向我们简述他大学四年的“学习生活”：

大一时，刚刚入学有一段适应的过程，此时摆脱高中的紧张应试生活，脱离父母的管束和关照，对大学校园的崭新生活充满新鲜感，校园五彩缤纷的社团组织到处招兵买马，让你跃跃欲试。作为大学生活很重要的一个组成部分，社团活动是锻炼自己交际、组织能力和结交新朋友的机会。不少人参加社团活动，从大一开始到大三都需

1996年11月3日，西政七八级部分同学和他们的子女们

要投入相当的时间和精力。如不能正确处理学业与课余的关系，在获取4年之后找工作时用人单位也许看重的社交能力的同时，有可能失去上课安心听讲、下课认真看书的机会，知识储备不足的“短板”显现，特别是大学自学的良好习惯和本专业的知识和技能很难补救。

大二时，许多同学开始在外界和父母的督导和教育下，开始思考自己前程“路在何方”？在校园静谧的环境下有的人开始安分守己，原先热心参加社团活动的同学陆续退出，有的人开始醒悟，逐渐集中更多的精力关注自己的专业学习能力培养方面。学习成绩不错的同学可能会在大二新学期开始转换专业。有人可能会面临大学英语四级、六级考试等与今后就业以及保研相关的机会（保研要过六级，或者至少四级优秀）。有着出国学习打算的同学得开始准备托福、GRE等考试。

大三时，专业学习才成为大部分同学的重心。不少同学可能会更多地参加一些和专业相关的课题研究活动，或者开始抽时间考一些职业技能证书。此时，大学英语课程结束，对于此前不关心英语学习的同学来说，也许会发现自己的英语水平自高考之后已经降到了历史新低。为改变这种状况，有的同学开始准备考托福、BEC等英语，以增加自己就业时的竞争力。

大四时，这是一个相对忙碌又松闲的时期。此时大家都会开始反思自己的四年究竟学到了什么？面临毕业自己应该何去何从？于是，一部分人决定找工作或者创业，一部分准备考研（保研），还有一部分人开始申请出国留学，还有极少数人可能学习基础不牢，学习成绩欠佳而处于绝望或者麻木、浑沌的状态。在这一年中，学生可能面临保研、考研、考公务员、申请出国、找工作，凡此等等。

一位法学教育研究者说道：“许多法学院的学生或许并不是不喜欢读书，而是没有时间或顾不上读应当读的书：大一考计算机，大二考英语四六级，大三、大四复习考研、考公务员以及参加各类职业资格考试等。”

想当年,西政七八级学生“端着饭碗,看着教室、食堂红砖墙上张贴的各种像‘大字报’一样的文章,都是一种享受……”今天的大学校园里,各种各样的培训海报、招生广告也构成了一道风景线。今昔两道风景线,喜兮?忧兮?

人们常说,选择合适自己的就好,但往往我们现在的一些大学生分不清什么是最适合自己的。其中,就业难的困境始终萦绕在这些学生的脑海中,也是他们时常抱怨的沉重话题。

2015年11月29日《人民日报》刊发的一篇《致还在沉睡的大学生:你不失业,天理难容!》文章,令我看了感慨万端,深有同感。该文点出了时下部分在校大学生的现状,希望我们的下一代能够珍惜自己的大学时光,可谓情真意切,语重心长。

学无所成,怪学校;考试挂科,怪老师;犯错受罚,怪制度;人际孤独,怪同学;就业困难,怪时代;孤立无援,怪父母。只有责怪,没有反思;只有骂人,没有检讨。如此处事,老板即使是你爹,他敢录用你吗?

图书馆里没有你的人影,运动场上没有你的人影,公益场上更没有你的人影。你退化的不是肌肉,你退化的不是责任感,你退化的是最基本的生存能力。像你这样的人,唯一适合的岗位是看守坟墓。今天,这一古老的职业已经消失,你的失业也就成了必然。

存在的价值在于不可替代性。责任心、吃苦精神、写作水平、做事能力、专业修养、操作技术、学问素养、与人相处,有哪一方面是你的看家本领?有哪一点是他人不可替代的?你不失业谁失业?

文章最后大声疾呼:少壮不努力,老大徒伤悲!帮帮忙,把你身边睡觉的同学叫醒吧!

台湾文化名人陈文茜曾说过:叛逆的青春是可爱的,但胡闹的青春是可怕的。

中国大学生的现状,竟然也被外界所关注。据美国《华尔街日报》网站报道，在中国，晚睡晚起的大学生享受“叫醒服务”，“起床协会”风靡中国大学校园！

文中夸张地认为，中国的大学生同世界其他地方的大学生一样懒散。中学时期学业紧张压力大，学生们往往天不亮就起床开始“填鸭式”的学习，所有努力全都为了一件事：高考。一旦考上大学，压力随之变小，学生们便会懈怠起来，有时会变得非常懈怠。鲜明的对比让很多人对抛弃过去严于律己的做法感到后悔。于是，“叫醒你的不是闹钟，而是你的梦想”——由此，催生了校园的“起床协会”，而这种起床协会的发源地竟然是久负盛名的北京大学！这与当年七七、七八、七九级等几届学生入学后，绝大多数人每天起早锻炼，朗读外语，然后以充沛的体力和精力投入一天的紧张学习的良好习惯相比，存在天壤之别！

2016 年 5 月在北京大学召开的高等教育改革创新座谈会上，1977 年考入北京大学法律系的李克强考察清华大学和北京大学后，回忆自己当年的大学经历时说，我记得我上大学的时候，每天吃过早饭就去图书馆抢座位。为什么？因为学习的氛围很重要。

有人将包括西政七八级在内的新三届大学生与现在诸多法学院的本科学生作了一番对比。

他们历身“文革”，尤能痛定思痛：上山下乡，获得天将降大任前必备的底层磨砺；试手考场，于十届学子里漫沙淘金；重入学府，接受了系统的高等教育；改革开放，创造了人尽其才的社会环境，投身社会，在各领域、各行业、各学科一如潜蛟出水，飞龙在天，可谓备万物而于我，临万事而不惑。即使不入大学校门，其德才学识和“社会大学”的阅历，足以躬身于“三立”之不朽，况且他们百里挑一好不容易拼死拼活地挤过独木桥，佩戴上久违的大学校徽，“知艰辛、知无涯”，怎能不时时奋勉孜孜呢?!

当年我们，在大学读书时，七八级因为是首批学生且数量极少，物以稀为贵，因此“万千宠爱于一身”。而今扩招愈演愈烈，法律本科学生数量之多，已经使不少教师对学生失去了足够的热情。许多硕士生导师无法叫出自己学生的姓名，本科生更是“舅舅不疼、姥姥不爱”。

毕业时，七八级学生是最早的法律人才，社会需求量大，自然备受欢迎。而现在法学院毕业生却要面临用人单位挑三拣四的诸多要求。特别是法科学生的培养主要是在“象牙塔”里进行，培养出来的学生更多地被实务部门称之为“学院派”，其含义在此更多的似乎是指“空谈家”，即不善于解决实际问题。客观地说，我国的法学教育是高中毕业后的继续教育，学生的年龄普遍较小、社会阅历较浅，对法律的认识和运用难免出现幼稚。而改革开放之初的法科学子，其年龄较大、社会阅历丰富，在实际工作中理论联系实际经验相对娴熟，这也是其“神话”、“奇迹”之所在。面对两代人的差别，有人断言：“法科学生的黄金时代已经一去不复返，法律院校的后辈们再想重演七八级精英荟萃现象，无疑是痴人说梦。”

除去客观原因以外，许多精神层面的因素也被认为是“七八级神话”不再重现的原因。首当其冲的便是当今法学院一些学生的读书劲头似乎与西政七八级学生存在较大的差距——

清华大学的于安教授颇为忧虑地说：“上大学时，我们真有没有什么书读，弄到一本书就抢着读，现在很多学生是有许多书可读却不去读。”

顾培东谈到，大学期间，置身于众多“骄子”之中，自惭形秽，唯有好好读书，考得好的成绩才可以示人。殊不知好好读书、考出好的成绩构成了学术这条不归之路的始端。彼此西政学生读书精神，不一定空前，但敢谓绝后。偏处一隅的孤寂，知识解放所激发出来的求知渴望，同学间不可言说但足可感受到的强烈竞争，伴以杨景凡老先生凌厉而近于冷酷的目光，造就了令人窒息的读书氛围。三年研究生期间，我不敢有丝毫疏懒与懈怠，读书和写作构成当时生活的全部内容。

2015 年,有一所大学的法学院曾经对大三学生做过一个“学生综合状况系统问卷”,其中关于阅读的调查结果让人无语凝噎。

“大学三年来,全年级近 600 名学生中,有 23% 的学生没有读过一本法学著作(教材除外,下同);52% 的学生读了 1 至 3 本法学著作;15% 的学生读了 3 至 6 本法学著作;6% 的学生读了 6 至 9 本法学著作;只有 4% 的学生读了 9 本以上的法学著作。”

中国恢复因“文革”中断 10 年的高考后,最初的七七级、七八级两届学生是从 2000 多万考生中筛选出来的,加上服膺“书山有路勤为径”的古训,晨曦诵读、挑灯夜读,是十分普遍的现象。当年法学著作稀少,西政七八级同学大量都是阅读文学、历史、政治著作,以及马列的著作,多数人都通读过,而且不是一遍两遍。教师和其他教学资源的匮乏,反倒使西政的法学教育显得格外宽松、自由,甚至有人在婚姻法考试中交了一篇小说以求代替,也能得到任课老师的接受。从读书来说,七八级前后是一个读物贫乏、国门洞开的年代,从这一点上说,那一代大学生有其先天专业学习资料不足的受限性。但正是基于此,使他们不囿于法律专业领域,有了更多的时间广泛博览群书,其思想视野怎么能不更开阔呢?一个攻读法律还热衷于文学的人,其文风怎么能不更富有激情呢?

因为刚恢复高考不久,升学率极低,那时候的大学生就是天之骄子,把校徽戴在胸前就是一种自豪和炫耀。谁考上大学,就是全家的光荣,全学校的光荣,甚至是所有熟人的光荣。在那样一种耀眼的光环之下,大学里的绝大多数人都是心无旁骛地学习,不需要担心毕业后找不到工作,更不必担心生存与前途问题。对于绝大多数七八级同学来说,法律专业是自己一生的事业,而不仅仅是谋生的手段。即便毕业后一部分人最终没有专业对口地从事法律事务,但是四年的系统学习带来一种潜移默化的改变,那就是法律人特有的坚定、理性和嫉恶如仇等品质。

如今,许多法科学子把自己的未来,形容为“玻璃窗上的苍

蝇”——前途是光明的,道路是没有的。为什么呢?原因何在?有人评价当今有些大学生的表现和状态:

——法律专业功底不扎实、实际工作经验欠缺,法律内外的知识储备不足,使用人单位觉得法科毕业生只能“打打水”、“跑跑腿”,不可不用,但难以重用。

——一本毕业生找不到工作就读研,读研后还是找不到工作就去刚成立的法学院校当老师,由此恶性循环,从而培养出更多找不到工作的法学学生。

——上大学,填报志愿,不知道自己的兴趣特长,大学毕业找工作了,同样不知道自己的兴趣特长。自己都不认识自己,还有谁能认识你?

——你说你有专业,除了玩手机略显专业外,你能响亮地说出你还有什么专业特长吗?不论什么课,对你来讲都变成了手机操作课。拿笔的时间远没有拿手机的时间多,看黑板的时间远没有看手机的时间多,你让谁去相信你是一个有专业、有本事的人?

——讲大道理的时候你是老子,伸手要钱的时候你是永远的儿子。你可以欺负你的父母亲,但社会上的人和事能任由你说了算吗?

一位七八级同学说得好,大学是帮助学子们学习的地方,是阅历不同的同学们聚集一起学习的地方,是真正树立人生志向的地方。大学四年是人生中系统、深入学习专业知识的黄金时期,从某种程度上说,你积累有多厚,走得就有多远。

在美国加州戴维斯法学院,一位在国内完成法律本科、硕士学业现在美国攻读法学博士学位的“80”后女生,直言不讳地告诉我:“当今中国法律院校本科学习说白了,就是一个普法教育,研究生教育等于重复一遍,根本不注重学生的实际能力素质的提高和理论思维方式的培养,这样教育出来的学生在每个国家都必然存在就业难的问题!”

面对近年来司法职业的“精英化”趋势与法学教育“大众化”发展

的矛盾,众多法律人开始了反思和探索。

令人深思的是,缘何多年来就已经暴露出来的问题,仍然至今没有得到根本解决?

客观上说,无计划的盲目扩招、司考难、专业的非排他性、法学教育与人才市场的脱节等,似乎都是就业难的合理解释,但是主观上摆脱“专业不对口”、“非传统的法律行业不入”等就业观念的桎梏,将法律人的理性思维、法律精神、法治理念薪火相传,也许是广大法科生应该正视的首要问题,而不仅仅是解决“面子工程”和就业吃饭问题。

20 世纪 90 年代中期开始的高校改革,在推动我国高等教育大众化的同时,极大地助长了高校“铺摊子”式的扩张。高等教育的评估从以质量为中心转向一系列的符号数字为中心,高校引为自豪的,不再是培养了多少真才实学的大学生,而动辄以拥有多少个本科毕业、多少个硕士点、博士点、覆盖多少个学科作为论成败的依据,这种法学学科建设与改革难免举步维艰,一些涌入社会各行各业的法科生面临的困境便不难理解了。

德国哲学家黑格尔说过,一个民族有一些关注天空的人,他们才有希望,一个民族只是关心脚下的事情,那是没有未来的。

通过对中国法科生现状和问题的深入探析,如何顺应中国法学教育的发展趋势,加速完成高校法科专业改革任务,成了近年来学界持续升温的热点焦点问题。

CHAPTER 38 ≫

第三十八章 法学教育的美丽与哀愁

多年来，每当听到电视剧《西游记》的主旋律——《敢问路在何方》时，让人不禁想到“中国法学教育的路向何方”这一沉重的话题。

自 1978 年实行改革开放 30 多年来，我国已经成为世界上发展速度最快、规模最大的法学教育大国。

下列一组数字，颇能说明法学教育 30 多年来走过的发展历程：

1977 年恢复高考，全国三个法律学系，共招收法律本、专科学生 200 余人。其中北京大学法律系 83 人，吉林大学 58 人，湖北财经学院 59 人。

1978 年招生的法律院校为“一院五系”。其中“一院”即西南政法学院，“五系”为北大法律系、吉大法律系、中南财经学院法律系、中国人民大学法律系等，共招收学生 723 人，其中西政人数最多，占居一半。

1988 年，全国高等学校法学院系 63 所，在校学生本科生 14188 人，研究生 973 人，专科生 3781 人。共有教授 79 人，副教授 346 人。

1995 年，全国法律院（系）增加到 140 所。

1999 年，全国 300 余所普通高等院校设置了法律系或法律专业。

2002 年，全国高校设立法学院（系）或法学专业的 330 多所。

2005 年，全国设置法律本科专业的普通高等院校 559 所。

2006 年，据教育部统计，全国设置法学院系或法学专业的普通高校突破 600 所，是 1992 年的近 10 倍。

2009年发布的中国法治蓝皮书——《中国法治发展报告(2009)》披露:截至2009年11月,全国共设立法律院系637所,30年来增长了105.67倍;有115所法学院校和科研机构具有招收法律硕士研究生的资格,在校法律硕士研究生4万人左右,较10年增长了4倍多;法学本科在校生30万人左右,法律专科在校生达22万多人,30年增长了200多倍。

2015年7月29日,西南政法大学校长付子堂在《法制日报》上披露:2015年,全国开设法律院校的最新统计数字是718所。

一个人的法治梦想,理应在大学校园的时候孕育与升华,而今这个梦想与蓝图的实现,似乎横亘着一个名门的优越与蓬门的窘迫的现实障碍。恢复高考伊始,西政七八级绝多数学生入校时是在"服从统一调配"的志愿上被迫招录校门,现如今法学院已经成为最热门的专业之一,法学院的创设有"家家户户冒炊烟"的感觉,招考的学生如"过江之鲫"越来越多,法学学府烟囱林立,法律院系一拥而上,在校法科学生日益增多,喜乎?忧乎?

反观美国,1779年美国历史上出现第一位法律教授,法学从此纳入美国大学体制,美国19世纪开设设独立的大学法学院,1870年全美法学院数量31所,100多年过后,直到2015年不足200所。

2008年5月,我在接受《法律与生活》杂志记者吕娟的采访时,年轻的女记者抛给我一个问题:"在人们认为西政七八是一个神话的同时,对比下来,现今法学教育质量的陨落,原因有哪些?"

我当然不能完全认同吕记者关于法学教育质量的"陨落"这一过于悲观的评价。然而,我们耳熟能详的一个常识是,数量与质量总是呈反比例关系的。"少而精"者固然常有之,然"多而精"者鲜为之。规模越大未必质量一定越低,但法学毕业生的就业率已经引发的就业危机、声誉危机和质量危机已经引发人们的关注。

进入21世纪以后,当中国的法学教育以"大跃进"的方式在井喷式发展之中,从1977年的223人到2007年的10万多人,30年间,法律专业本科生增长448倍；从最初的3所大学开设法律系，到2007年的600多所法律院系，其数量增加了155倍！不可否认，扩招推动和繁荣了我国的法学教育，满足了人民群众接受法律教育的需求，也为国家培养了数量众多的法律人才，但也带来了法学教育的混乱，极大地损害了法学教育的声誉和学生的质量，其表现之一就是法学院学生的就业越来越困难。

2009年由麦可思公司发布的《中国大学生就业报告(2009)》蓝皮书显示，法学大类毕业生就业率排名倒数第二，仅法学一个专业失业人数在全部本科专业小类中排名第一，高职大专毕业生法律大类就业率排名也是倒数第一。

据悉，法科毕业生的年平均司法考试率设定在大约10%，但司法考试合格者却只有半数从事律师、法官、检察官工作；法务低端市场的人才供应严重过剩，但法务高端市场的人却极其匮乏。显然，法学教育的投入、产出与需求之间关系存在严重失衡的隐忧。

有的法学院毕业生仅有百分之四至百分之五的人从事法律职业，其余90%多的毕业生从事的是“非法职业”，而以法律为业之后，又有诸多人因各种原因而被淘汰或转行。一个好的法律院校理应能够给学生提供较高的成才率和事业的成功率，如果不能对学生的专业和未来发展负责的法学教育，就不应认为是好的法学教育。

中国法学教育事业肇始于清末。自清光绪二十一年(公元1895年)天津大学堂首设法科，开启近代意义上的法学教育和法学研究以来，我国法学教育事业整整走过了两个甲子的素锦年华。20世纪80年代以后，中国法学教育事业实现了“跨越式”发展，其规模之大、发展速度之快，令人百感交集。一方面，法学教育规模不断扩大，法学院系数量不断增加；而另一方面，法学专业毕业生质量却每况愈下，就业愈加困难。在依法治国基本方略的引导下，各行各业对法律人才的需求正旺，为什么就业率如此之低？难道过去炙手可热的法学专业真是变成“并不实用”的鸡肋了吗？

中国政法大学法学院院长薛刚凌认为,目前法科教育问题主要是毕业生数量庞大,质量参差不齐,专业不对口问题突出,诉讼类、民商法和刑法等专业的毕业生众多,而行政法领域中人口、城市、卫生等方面的研究人才凤毛麟角,上述问题导致供求严重不平衡,也导致法科学生就业难。

有的学者指出,今天的中国法学教育不仅存在法学专业门槛过低、教育理念僵化、教学方式落后等问题,还存在着法学毕业生就业困难与国家急需的高端法学人才缺失的矛盾。经调查了解,现在硕士毕业生中选择从事法学研究的学生不足10%,国内一些著名的法学刊物甚至明确要求,凡硕士生的论文原则上不予刊发。这与当今法学教育中基础理论扎实并富有较强的研究能力的人才缺乏直接相关。

有人对近年来的法学毕业生的素质缺陷进行了归纳:实践能力差、素质参差不齐、缺乏法律思维能力、职业伦理观念不强、知识结构

2008年10月3日,西政校长付子堂在纪念复办30周年大会上发言

不合理。

有的教授对我国法学教育存在的问题进行了抨击：扩招导致了法学教育质量的整体性下降，法学教育与实践严重脱节，教育理念落后、教育内容不科学，等等。

自从 2002 年国家建立统一司法考试制度以来，它与法学教育的关系就一直存在一定矛盾。曾几何时，每年仅有 10% 左右的通过率将许多本科毕业生无情地挡在了司法机关大门之外。在含金量极高的司法考试中，还出现了一个奇怪的现象：不少法学本科生经过系统的四年专业学习不能通过司法考试，而一些非法律专业的学生或者一些法学专业的自考生通过读几本司法考试教材，经过几个月的冲刺复习却能够顺利通过考试，有的省市司法考试的状元出自于从未受过法律教育的自考生。这对我们的传统的法学教育来说，无疑是极大的讽刺。

一位在读的法律硕士生对如今的法学教育也提出了自己的诸多困惑：一是法学专业的学生就业难，许多法学专业的学生就是找不到工作；二是用人单位要求法学毕业生通过司法考试，而对于找工作的大四学生而言，原先他们根本没有资格参加司法考试，结果法学院学生只能拼命考研；三是许多老师上课如走马观花一般，难得一见。尤其是一些名师由于校外活动繁多，更难得见学生一面。四是国家一方面喊着法官、检察官稀缺，另一方面许多专业人才进入无门，而许多杂牌人员通过各种渠道却堂而皇之进入公检法部门，这些人如何进去的不得而知。

当年西政七八级学生毕业时，法律专业的 80% 以上的学生主要去向就是专业人才奇缺的司法机关和法学教育单位。现如今，虽然每年法学毕业生都以 20% 的增长率递增，但司法机关能够吸纳的法学毕业生人数越来越少，能够从事法院、检察院和律师工作的比例不足 15%，多事人从事的是工作岗位均是“非法专业”。

更让人联想到的，许多学校的师资力量、教学设施、教学方法、图书资料等诸多指标根本跟不上持续膨胀的法学教育规模。尤其是1999年,高考扩招步伐正式启动后,除综合性大学法学院系和专门的政法院校外,财经、工科、农科、医科、水利、师范等院校均争先恐后地创办法律系。通过"铺摊子"式扩张形成的法科专业,虽然学科似乎建立起来了,师资力量也从其他东拼西凑的教师中聘请来了,学生也招来了,但其作为独立学科知识的排他性却远未形成,教育质量的大幅度下降,是一个众所周知的事实。

如何解决法学教育泡沫化问题?如何化解法学与社会实践相脱节问题?如何使法学教育走出目前的困境?中国的法学教育路向何方?

有识之士认为,中国法学教育改革势在必行,但改革一定要从实际出发,培养社会真正需求的法律人才。

——改革招生条件。学习英、美、德等国做法,将法学教育的门槛大幅度提高,要求学习法律的必须具备一定的社会经历和本科其他教育。美国的法学教育属于职业教育,而本科阶段不存在法学教育。美国本科不设法律专业,全靠通识教育打底。德国的法学教育共分为两个阶段,即大学基础教育阶段和见习阶段。前者以传授比较抽象的法学理论知识以及训练案例分析技术为主要内容。学生结束第一阶段学习,并且通过第一次国家考试后,虽然具备了从事法律职业的资格,但若从事法律职业,还必须经过见习阶段的学习,并且通过第二次国家考试。2006年7月,在教育部再次调整大学专业目录之际,一些大学校长就强烈呼吁,本科应当取消管理、法律等专业。本科层次培养的法学专业毕业生,很难从事相应的工作,而专业的法律人才是需要更高层次的知识结构。此后,学界提出诸多取消法学本科、推行"大学后"教育,建立"二段式"国家统一司法考试和通过考试后的职业培训模式等建议,但时至今日仍悬而未决。

——明确法学教育定位。法学教育到底是通识(素质)教育还是职业教育?到底是普法式(大众)教育还是精英教育?到底是人文教育还是科学教育或者两者兼有？这一连串问题连主管法学教育多年的有关部门领导、校长至今都困惑不解，怎么苛求社会给你回答？曾任华东政法大学校长的何勤华认为，法科教育已经从职业教育转变为通才教育。20 世纪五六十年代，中国的法学教育属于职业教育的范畴，政法院校培养的毕业生主要都到司法机关工作。但是自从 1998 年我国高校开始扩招以来，法科教育已经从职业教育转变为通才教育。毕业生 92% 到了非司法机关工作，只有 8% 到司法机关工作，在这种情况下，没法说法科教育还是职业教育，只能说是一种通才教育。通才教育在现阶段比较适合中国国情，并它对于建设法治国家来说也是必要的。

改革开放之初招收的西政七八级学生，5% 至 6% 的高考录取率相对现在高达 80% 以上的录取率，当然应当划归精英教育的范畴。毕业生中 80% 以上所从事的工作都是专业对口，均在司法机关工作或者从事与法律直接相关的律师、政府法制、法学教育等，亦属职业教育。有的学者建议我国应当借鉴德国模式，将法学教育定位于素质教育和职业教育的结合，在法学教育中既要注重理论知识的培养，同时也要注重实务能力的提高。当然，不同的法学院应当根据自身条件可以有所侧重，如研究型大学的法学教育可以更加侧重于素质教育。

长期从事法学教育研究的霍显丹为我们提出了法学教育的“三重境界”：一是让学生知道法律是什么，对应专科教育；二是进一步知道法律为什么是这样？深入了解法律知识体系背后的政治、经济、科技、文化、历史和社会等因素，对应本科教育；三是让学生能够提出你认为法律应当是什么样？培养有创新精神、创造性思维和创新能力的人，对应研究生教育。这对于明确我国法学教育的定位很有启示作用。

——改进教学方法。法学是实践性科学，而我们获得的是什么样的法学教育呢？重理论知识传授，轻职业技能培养，重理论讲解轻实践训练。沿袭多年的传统讲授法教育模式，势必教师照本宣科，学子昏昏欲睡，实务界啧有烦言。目前法科本科教育中存在的突出问题：一是理论脱离实践；二是实践性教育普遍不足；三是在许多单科性的法律院校中，存在着学生们综合性知识比较欠缺的问题；四是学生整体素质的下降。美国顶尖大学本科教育的一个重要特点是千方百计地提供各种机会，增加学生与社会的接触，采取的都是英美法系特有的案例教育，这与当年西政复办后，因教材的严重缺乏只能让七八级同学大多侧重课堂讨论、案例教学等有着相似之处。许多西政老师都是从实践第一线回归课堂，对社会上发生的重大法治事件或案例十分敏感，马上可以搬到讲台上讲授并交给学生一起讨论使七八级学生从中受益匪浅。19 世纪末，主持哈佛法学院长达四分之一世纪的兰代尔，能够将哈佛法学院引领成为世界法学教育的龙头老大，至今经久不衰，与其叱咤风云，一手擘画"案例教学法"有着直接的关系，他早年有一句名言流传至今："有效地掌握法律原理的最简捷的和最好的途径，或许不是唯一的途径，就是研究体现这些原理的案例。"他一再强调，法学是一门科学，经由试验（案例书——不加剪裁的案例资料汇编），在导师的启发下（苏格拉底诘问式），学生自主地获取知识和推理方法。

在七八级当年的教学活动中，除了上课外，实践教学的比重较大，且形式多样。四班的张卫华印象较为深刻的就有三个方面：一是讨论课较多，讨论形式不拘一格。有以班级为单位的课堂讨论，也有以学习小组（通常一个班分成三个学习小组）进行讨论；讨论可以由老师主持，也可以由学生班长、组长主持。二是典型案例的庭审观摩。学校借助与司法部门的密切联系，时常选择典型案例，通过"走出去、请进来"的方式让学生参加旁听观摩。这种教学方式很受学生欢迎，尤其是由学生们熟知的老师们参与庭审的案件，更大大增强了学生们的学习兴趣和学习效果。有一次，同学们集中到市区法院旁听有"廖铁嘴"之称的廖俊常老师的庭审辩护之后，无不为其法庭"风采"

和能言善辩的口才所折服。三是真刀实枪的实习。与现在的法科学生实习往往只能干一些诸如整理、装订卷宗之类的杂活不同，当年七八级的实习是与司法人员并肩办案，共同工作，有着充分的实际操练机会。加上实际部门人员对来自校园的理论十分兴趣，而大学生对实际工作一线的人员又十分敬仰，形成了相互学习的良好愿望。不少实际部门更是放手大胆让学生参与直接办理案件，没有任何顾虑，学生们更是通过实习的实践活动，深化了所学的书本知识，得到了较好的职业训练机会。这些人员毕业之后很快进入工作状态，并且表现突出，自然深受实际部门的欢迎。

——严控法学教育规模。全国高校法学院系越办越多，法科学生越来越多，究其原因，主要是法律专业办学成本低，加上法学专业是当下显学，文凭谁都想要，市场需求量大，“相对好混”。由于办学标准不统一，教学质量难保证，导致毕业生难找工作，社会评价自然会降低。这正是法学教育的困境。从社会需求而言，法律人才好像不缺，但高端的法律人才又很难寻求，基层的法官、检察官严重断层、缺编，有的贫困县至今没有一名律师。近些年来，法学专业就业率之所以比较低，与法学教育的盲目扩张存在紧密的联系。况且，不受节制的法学教育规模在较大程度上影响了法学教育的质量，败坏了法律院校的声誉。据不完全统计，党的十八大以来接受纪检部门调查处理的副厅级(含)以上官员中，具有法学学历背景的就占半数以上。

我们认为，应当将法学专业就业率定位在专业对口的基点之上，否则侈谈就业率没有实际意义。法学教育既然已经定位为综合性教育，你要求四年本科生在既无实践经验又无扎实专业理论功底的情况下，去从事法官、检察官、律师等对应职业是不现实的。可以考虑将就业率作为法学专业招生的重要指标，对于就业率偏低或者很低的法学院，必须控制其招生规模；明确限定法学教育的办学条件，建立评估评价机制，对于法学教育办学条件不达标的法学院系，应该采取果断措施取消其招生资格。在尚不具备取消法律本科的前提下，我们需要做的只能是谨慎地控制法科教育规模，通过建立健全强制退出机制，让那些不符合专业设置门槛的学校有序、知趣地退出法科教育。

——提高教师责任心。如何增强法学院校（系）大学教师的责任心，是一个迫切需要正视解决的问题。当年西政汇聚了虽然在全国不算出名的老师，但由于整个国家法学教育的多年停滞，恢复招生的机遇又客观上将所有返回三尺讲台的老师们的激情点燃，他们责任心强、热情高涨，对教学倾注心血，对学生言传身教，极大地弥补了师资整体水平的短板，也起到了教学相长的显著效果。特别是当年为七八级上课的教师，绝大多数不具有教授的头衔，但具有丰富的实务工作经历和经验，有的还长期在政法部门担任领导职务，因而在教学工作中理论联系实际正是他们的优势所在。

近些年来，随着国家法治建设的不断加强，法学日益成为一门显学，许多知名法学教授被冠之以"法学家"、"学科带头人"等美名，成为社会上的香饽饽，他们因各种原因随意跳槽、走穴，频繁地被邀请参与国家和地方的诸多立法和司法活动，经常出入中南海、人民大会堂和各省市的法制讲座，还有各种挂职、兼职、专家论证、司法考试辅导等。在看到他们向人们宣传法治精神的同时，我们不得不关注他们的本职岗位应当是在校内还是校外？

徐国栋曾经给我们说过这样一件事。1999 年 3 月中旬过后，中国国内突然出现一种现象，各城市之间的航班瞬间显著增加，乘客中行步匆匆的知识分子模样的人徒然增多，他们每到一个城市，总是提着空的黑提包去，提着鼓的黑提包回来，结果这一不正常现象引起某外国使馆情报处的猜测。经调查才发现原来是中国人大颁布了新的《合同法》后，法学教授们在全国各地忙碌着讲课赚钱。其实这种现象岂止合同法，法学界不少学者学风浮躁、唯名利是图、唯钱是图已经成为一种怪象，那么，谁还有时间和兴趣去琢磨那些教书育人的正经议题呢？

说实话，现在大学的有些老师与学生联系不多，形成“放羊”现象，“上台讲课、铃响走人”很普遍，即使在十分严肃的硕博论文答辩会上，也是形同虚设，明知学生论文质量不行，能够坚持原则的甚少，面对学生事先摆放的热茶果盘，坚持原则的底线可能守不住，最终大家嘻嘻哈哈就把程序走完了，然后一同与通过答辩的学生其乐融融地共进饭局，这样培养教育学生的方式堪忧，也与师德相去甚远。

可喜的是，2010 年 5 月 30 日，中国政法大学、西南政法大学、华东政法大学、中南财经政法大学、西北政法大学组成“立格联盟”。所谓“立格”是由英文“legal”音译而来，含有建立规矩、建设制度、树立标准的意思。作为法学教育五校成立的“立格联盟”每年轮流举办一个论坛，其主题就是要为法学教育的规范化、为中国法律人才培养质量的提高贡献力量。

西政目前所面临的形势，与全国数百所法律院校面临的挑战如出一辙。与 1978 年恢复建校之初迥然不同，学校办学中的逆境，已经从物质条件的艰苦转变为当前空前激烈的教育质量的竞争和教育改革的紧迫性。西政要继续占领法学教育的高地，保持领先地位，就必须始终秉承尊师爱生的传统，发扬求真务实的精神，继续向学生推崇尚思善辩的学风。

以西政七八级为代表的学子开创的“西政精神”，今天也同样面临着机遇和挑战：一些西政学生以“如何弘扬西政精神”为题讨论西政今日面临的现实，他们关注“西政精神”是否还能延续？七八级的现象是否还能重现？

“在以七八级为代表的西政新三届的学生身上，我们看到的是西政的精神和西政曾经的辉煌。这种精神使我们看上去显得与众不同，每个西政人都应有这样的一种精神，然而这种精神在我们身上正在一点一点地变得模糊起来。这确实是一件令所有西政人都需要考虑的事情。”付子堂校长如是说。

由于近几年来法科毕业生的就业率排名是倒数的，仅仅将就业率作为考核专业优劣的唯一指标未免狭隘,但如今的法学教育的现状着实值得我们深刻反思。我们的高校是否应该是理性、尊重客观规律和提倡科学的地方?

叶安民告诉我们,高校以何人为傲,当以自身培养子弟为首。迎合世俗,拉名人壮校威,必不入流,毁高校独立自主,培养人杰之初衷,更不足取。

中国的法学教育不能脱离当代中国的法治现实。法学是一门应用性很强的学科,其特点决定了法科学生必须能够熟练地运用它。但法律尤其是成文法律肯定有明显的滞后性,当学生从法学院系毕业后,在学校学习的知识、条文、制度等,有可能就已经不适应社会的形势或者已经被修改或被废止。因此,法学教育不能仅仅教育学生学习显现的法律,掌握具体的知识、条文和制度,更需要的是启发学生掌握条文、制度背后的精髓和原则。只有这样,法科学生毕业后才能面对不断变化的社会情势,运用法律的精神和原则处理各种各样的法律问题,以不变应万变,真正成为社会主义民主与法治的有用之才,这才是中国法学教育的正确出路所在。

CHAPTER 39 >

第三十九章 西政七八——我们的精神家园

遥想当年,西政七八级的不少同学们依稀记得,当我们聚集在东山大楼的走廊过道里,在两个班合用一个黑白电视机里,从央视台直播的首体举办的新星音乐会上,首次听到了这样一首动人的歌曲:"再过20年,我们来相会,举杯赞英雄,光荣属于谁……"当时谁都可能觉得20年啊,那是一个多么遥远而梦幻的未来啊!

可是如今,时光已经过去的不是一个20年,而是进入第二个20年的末端了。此时此刻,我们又要发出"时光荏苒,岁月如歌"的感慨了!

西政七八级,是一个十分看重感情、凝聚力极强的集体。平常间以各班为单位的大小聚会较为常见,十年一度的较大规模的返校聚会已成定式,不同凡响。

1998年10月1日至4日,七八级280多名同学回到母校参加入校20周年活动,这次是与"21世纪中国法治展望学术讨论会"联系在一起的。大家交流毕业后的经历与感想,共同展望21世纪中国法治的走向与前景。

2008年10月4日至7日,七八级300多名同学回到母亲参加入校30周年活动,这次是与"改革开放与中国法制建设30周年回顾与展望学术研讨会"结合在一起。除了热烈的研讨会外,还编印了《歌乐情怀——西南政法大学七八级同学入学30周年纪念文集》,并作为返校给母校的主要贺礼。同时,在渝北新校区为七八级认养的12

棵(喻示 12 个班级)桂花树(喻示丹桂飘香的十月入学日)举行培土仪式和桂花树林命名仪式。

多年来,七八级的聚会形式主要是“三点成一线”,“三点”即以同学比较集中的北京、成都、深圳三地为地点,“一线”即在重庆母校老校区,规模较大、人数最多。

谁说岁月侵人不留痕,莫道当年年少轻狂时。同学们聚会,有趣的事情很多。无论是 1998 年还是 2008 年的大聚会,每个前来的同学面前都佩戴着一个聚会证。毕竟承受着时光的流逝,当年眉清目秀、傲气十足的帅小伙儿,现在成为皱纹密布的小老头,昔日沉鱼落雁、闭月羞花的美丽校花,如今变成步履蹒跚的老太婆。“你们班来了几个人?还能认得出来吗?”不少同学相互拥抱在一起,左一拳头右一巴掌的,扯了半天,相互间竟然是谁、哪个班级都不知道。“你是叫什么来着?”抓耳挠腮的握着手久久没有放开,但对方的名字始终回忆不起来了。为了参加聚会的同学方便交流,有心的组委会精心为每

西政七八级同学聚会上的锦旗交接(左起为霍宪丹、王卫国、李庆)

位同学制作了写有姓名、班级的聚会证。我们注意到，一些毕业后二三十年从未见面的同学在热情打招呼握手时，两眼紧盯着对方胸前的同学聚会证不放，生怕喊错了名字陷入尴尬。双方当年毕业时相互写了留言的，如今再题字留言时，最大的变化就是，曾经的万丈豪情，很多都归于成熟淡定了。当年的青春寄语往往引经据典，如今大多是自己主创原创，留言也变得更加朴实无华。当年的“胸怀理想，向往明天”往往变成“淡泊人生，知足常乐”；当年的“不思进取的生活是没有意义的”，如今往往是“人生苦短，珍重健康”，云云。

西政七八级同学聚会，时间无论长短，地点无论何处，收获的不再是吃吃喝喝，而是收获了思念、放下了牵挂，洗去了烦恼，追忆了时光。不少同学说得好：“我喜欢同学聚会的这种感觉，开怀畅饮，无所顾忌，什么矜持、什么身份都抛到九霄云外，浓浓的同学情溢满心中，仿佛又回到了当年。曾经不敢说不敢表白的暗恋，都可以肆无忌惮地说出来，脸上洋溢着少男少女般羞怯的笑容，仿佛又回到纯真的大学生时代。”

同学见面时的惊喜的尖叫，热烈的拥抱，让我们这些年近六十岁、七十岁的同学重新焕发了青春。我们结伴回到母校，回到当年住的宿舍，回到东山大楼，混迹在学生食堂里与在校生一起打饭，徜徉昔日的礼堂、课堂所在地，到当年歌乐山下亘卧的铁轨上徘徊，每天彻夜不眠的长谈，对今昔生活的一次次愉快对话。没有功利色彩的同学聚会，总能以给人以欣喜，让人留恋。发达的同学一掷千金，聚会开销赞助慷慨大方；当官的同学光环闪闪，言谈举止多了几分慎言。当然，有更多的同学都和我一样，在努力保持着一种和谐的心态：大家都是同学，是曾经处于同一起点的一群人，都是西政七八级这一名字把我们组成一个温暖的大家庭！

我们知道，中国的各所大学，通常都有自己的校歌。1897 年问世的上海南洋公学师范院的《警醒歌》，抗战时期的《西南联大校歌》，直到现今全国数以千计的高校校歌，无不个性鲜明，魅力四射，韵律悠扬。而一个年级竟然有自己的“级歌”尚不多见。2014 年 4 月 25 日，由侯建刚词、谢瑞生曲的《西政七八级之歌》呼之欲出——

歌乐山下青春飞扬，烈士墓旁热血激荡。负笈东山胸怀理想，莘莘学子济济一堂。披星戴月发奋图强，苦思冥想宏图热望，为家国觅圣道，为正义织法网。不计冬长春短，任由云来风往。只为美梦成真，只为理想张扬。学习，学习，荣耀的西政七八级。进取，进取，卓越的西政七八级。

歌乐山下青春飞扬，烈士墓旁热血激荡。起锚扬帆劈浪远航，扬鞭策马驰骋疆场。精忠报国不负春光，励精图治构建法网。才学砥砺精进，德能汇集力量。不计荣辱毁誉，矢志民富国强。只为美梦成真，只为理想张扬。奋斗，奋斗，荣耀的西政七八级。光荣，光荣，卓越的西政七八级。

我们的聚会，与其说是对同学之情的难以忘却，不如说是经历了沧桑世故的七八级学子自然而生的对大学一种母爱般的无限怀念之情怀。同学聚会，或许我们尚未成为英雄，但我们都将自己的艰辛和不易掩藏，在不同的岗位扮演着正义的角色，那种直抒胸臆的心与心的倾注如同海水，热切奔涌的进取姿势，就像重庆这个城市的历史令人亢奋不已，总愿给母校的画卷添上浓墨重彩的一笔。

聚会，其实更是一次心灵的充电之旅。在这里，同学们重温了青春的记忆，重温了师生情谊，也重温了同学之间真挚的友情。2015 年 6 月 18 日，十班的张克年在班级云南聚会之后，抑制不住内心的感慨写道：“在云南，短短几天，老顽童般的激情和快乐，一晃而过，该说再见了，不忍不舍，该要分别了，不情不愿。33 年前，我们一起度过了一千四百六十个日夜，似漫长，却转眼即逝。回顾那时，精彩的片段、生动的细节仍清晰定格在记忆里。那时，同学们奋斗、执着前行。图书馆、教室、宿舍、食堂、球场，五点一线，留下求知健体的身影。刑法、民法、婚姻法，记录着大家积累的智慧和能力。东山大楼墙上的爬山虎、遍布校园的夹竹桃和丁香花，见证着我们纯真的同窗情。那时，学校、老师一直在努力让同学们把书读好。记得考试时，居然有冰彻的绿豆汤，冒着寒气的冰棍，有雪白的湿毛巾、有呼呼作响的电风扇。同学们在班级讨论会上侃侃而谈，意气风发，指点江山……对教学内容，对教室占位，对饭菜质量，提意见，有的客气，有的生气，无一例外，都弥足珍贵。这样的四年，我们和学校一起成长，一起慢慢变成了大写的‘西政七八级人’。”

“同学是没有血缘的亲情”，这句名言在西政七八级同学中屡被印证。2007 年 11 月 8 日师资班杨小平的孩子被确认患白血病赶赴北京救治期间，全班同学闻讯后在极短时间内凑齐总额高达 179200 元的巨额善款，解决了他们一家在北京医治的燃眉之急。杨小平拿着同学们捐助的钱热泪盈眶：“这是我们的命，我们的缘，同窗岁月酿就了我们浓浓的情和爱！”八班的金其高是华东政法学院教授，2013 年 8 月因病送治上海医院就治时，八班及兄弟班同学在微信里得知他的病情之后，纷纷慷慨解囊，仅一周时间就将捐助的 112700 元钱送到了他家人的手上。金教授在医院里情不自禁地流下了激动的泪水，他女儿在医院通过手机向各位叔叔阿姨含泪连声道谢！

随着时光的推移，截至 2016 年 10 月，西政七八级已有二十一位同学以不可抗力的各类病痛、事故等原因离我们远去，参加同代人的追悼会，向昔日同窗的遗体告别，此时此刻你会觉得非常的失落，开始严肃地面对生命有限的事实。第一次感觉青春已逝，第一次感觉各种疾病开始缠身，第一次有了“老了，不如当年了”的感觉。从同学的每一次聚会到参加同学的每一次追悼会，你会痛感过了一定年龄的人就像过了保修期的机器，随时面临轻者维修（治疗）、重者报废（死亡）的潜在危险，更加珍惜同学之间的每一次聚会。

当年负责七八级学生管理工作的张作之老师说，七八级同学入校后，各种年龄段的学生团聚在一起，同吃同住同学习，使得相得益彰，取长补短，形成了一个很有战斗力和凝聚力的特殊群体，使得他们即使毕业多年之后因专业对口,接触较多,相互之间藕断丝连,交情难忘,最终形成任何高等院校可能都难以比拟的深厚同学情谊。

然而,面对人们对西政七八诸多溢美之词的同时,我们也要清醒地要看到自己的不足。

孙红旗说,面对被称之为"西政七八现象",我们不可沾沾自喜,西政七八级也有先天的不足和后天的局限:地理上的偏于西南一隅,法学专业的单一性,仓促构建的知识体系、老师水平的参差不一,薄弱的外语水平,以及群体数量的不足等。

七八级的总班长邓文定说,"西政现象"并不是七八级学生所能创造出来的,把金箔尽往自己脸上贴可不是西政七八级的风格。更何况这与工疆僻土比,与新中国振兴比,只不过是万里长河中一朵闪光的浪花,交响曲中一个和谐的音符。在面对人们的赞扬声中,"西政现象"毕竟是在历史特殊时期的特殊产物。这得益于当年西南政法学院保护、保留了一支强大敬业的师资队伍,抢占了"十年动乱"后

2008 年 10 月 4 日,西政七八级部分同学合影留念前

的复校先机，树立了“博学笃行，厚德重法”的优良学风，在中国最需要法治的时候不失时机地输送了一批奇缺人才。正所谓“石压笋斜出，岸悬花倒生”，时势使然矣。“天行健，君子以自强不息”，历史责任在，何计身后名？

温晓莉说，虽然有人认为自己已经得到的名声、财富、权力而自得，但更多的西政七八级人却在省思：人生过半，这辈子值得吗？不想则已，一想起就会使我们在那歌舞升平中已经麻木了的灵魂局促不安起来。“三十功名尘与土”，名气和财富是我们人生当结的果子吗？三十年的追求，三十年的拼搏，三十年的岁月蹉跎，我们当年想改变中国政治现状和宏远抱负实现了多少？我们人生的根基究在何处？愿我们在天命之年、不惑之年，能继续追究真理，找到那真道的光。正视这光，生命才能结出真正的果子。

龙宗智说，就我主观愿望，也力求使理论较合于现实并使实践比较理性化。然而，中国的事情少不了复杂和麻烦，期望值不能过高，因此，我主张一种“不求最好、只求较好”的“相对合理主义”，应是符合中国当代国情实际情况的。

张穹回顾人生履历，感触颇深地认为，人类似可分成两种人，一种是理想主义者，另一种是现实主义者，这是造成人类进步的两种动力。在我的人生历程中，前期理想主义者占主导地位，后期现实主义占主导地位。今后，应把现实主义和理想主义适当的混合，保持着适宜的状态。在我的仕途中，犯过不少错误，留下很多遗憾、醒悟，历经风雨、挫折，深刻体会在理想主义的主导下，傲骨、激扬是致命的缺点，多次把不屈的头颅碰在现实的墙壁上。理想幻灭一旦进入了现实，看问题就会更客观、更冷静。在中国的仕途上，老庄学说更具有指导意义。因为他的教义在中国本土，他会指导你进入一个人生大境界，就是“圣者无名，大者无形；贵而不显，华而不炫；才高不恃，位高不傲”的境界。

外界对西政七八级同学的赞赏，往往过于看重在这一特殊群体里出了多少高官,似不全面。记得2008年返校期间,七八级300多名同学在聚会晚会开怀畅谈时,同学们蓦然发现当中唯独缺少了一些部级以上领导职务的同学。原来,具有部以上领导职级的同学已被时任重庆市委书记的薄熙来单独约见去了。这让在礼堂久久等候聚餐、召开晚会的同学们颇有微词。这几年来,不少媒体在宣传七八级的"西政现象"时,也是过于强调我们当中出了多少大法官、大检察官等,其实这只是西政七八级人多势众使然。1977年恢复高考时,只有北京大学、吉林大学和湖北财经学院三所院校率先恢复招收"文革"后第一批法律系学生,严格说来,他们也是中国法学教育的先行者,更是西政七八级法律人的"师兄师姐"。例如,号称"中国法学第一班"的湖北财经学院法律系只有一个班共50来人,也是群星闪耀,人才辈出。不仅产生了2名部级领导、10余位厅局级领导干部,也涌现诸如王利明、黄进、吴汉东、方世荣、余劲松、李仁真等一批全国著名的法学教授。北大法律系77级83人中,也涌现出李克强、姜明安、龚祥瑞、陈兴良、郭明瑞等政界和法学界的一批重量级人物。可以说,老大哥院校的出才率堪称不低,值得赞叹!

多年来,我们在关注"西政七八现象"时,不免把眼光太多地集中在地位显赫的一些高官和某些知名度较高的学者身上,以至于可能忽略了更多地以平实的风格扎实勤勉劳作、默默无闻拼搏的同学们,他们同样是七八级群体中的重要角色,同样值得敬重和骄傲!当年七八级同学来自四面八方,毕业后又天各一方,各自在自己的岗位上努力地工作、学习,让母校的精神熠熠闪光。他们不放弃、不抛弃,放飞梦想,超越自我,共同为"七八级现象"增光添彩。

在歌乐山下的老校区里,尽管仍然云山雾罩,浓荫密布,但再也没有当年的冠盖云集,人声鼎沸。在这里,我们看到宣传栏上醒目地张贴着从这所校园里走出去的数十名大法官、大检察官的近照,可说是满目耀眼,熠熠生辉。但政界浮沉,世事难料,西政能否永远仅以这些校友为荣?在有的同学看来,西政七八不同凡响之处,并不在于其在改革开放中培养了一大批各个层级的高官与大款,而在于其为中国的民主与法治建设培养了一大批直言、敢为、有识、执着的顶级学者、律师和思想家,这些人实实在在地成为照亮中国法治建设的半边天!在2008年七八级入校30周年活动时,媒体披露了这一届学生中省部级、厅局级干部有多少人,知名的法学教授和学者有多少人,缘何不能借此宣扬他们这些人当中究竟有多少人的学术思想、工作成果奉献给了中国的民主法治建设事件?对推动党和国家一些重大决策的出台产生多大的作用和影响?

这些年来,大学间的攀比日益激烈,最重的砝码就是毕业生中出了多少高官和富人,这已经成为引领人们价值取向的时髦。但这终究会成为过眼烟云。历史终将证明,能够成为时代的罕物和珍宝,必将成为文明的积淀和历史的传承,就是不哗众取宠、脚踏实地的那些实干家、思想家们。

据说,西政后来的师弟师妹们也有着诸如七八级那个时期所具有的一些“敢想、敢干、敢革命”的“光荣传统”。1999年12月,受在高校体制改革中西南政法大学将下放并并入重庆大学传闻的影响,学校学生发生了骚动、准备上街游行事件,一些学生在宿舍楼内起哄,唱国际歌,在办公大楼挂出“强烈抗议西南政法大学并入重庆大学”、“保卫西政,强烈抵制”等标语,有的点燃报纸、床单,有的向楼下扔暖水瓶,有的毁坏宿舍窗户,有的学生拨打110报警,谎称“西政发生暴乱”。这些情景,总让人不禁想起当年我们的东山之战、观看中国女排决赛之后等的年少轻狂的情景。

事后方知,当年2月,重庆市曾就西政、川外、医科大学和建筑大学等院校合并到重庆大学一事征求有关方面的意见,国家司法部又召开了有关高校管理体制改革会议,讨论了有关院校并校的问题。此事传出后,在西政部分师生中引起强烈的不满情绪。一些教师认为,西政经过40多年的发展,走过许多弯路,目前发展势头正旺,害怕合并会伤了元气;而一些学生认为西政现在是全国政法院校中的“大哥大”，排名超前，毕业生供不应求，害怕合并后毁了牌子，影响就业分配。后来并校的传闻不攻自破，师生的焦虑虚惊一场。

据了解，西政作为全国重点大学，在20世纪90年代末进行的政法院校管理体制改革中，原本是与中国政法大学一并交由教育部直接管理，但由于当时发生了学生反对并入重大而上街游行的事件，影响了有关部门和领导的决策。此事发生后，接着又传来西政学生计划于1999年12月31日澳门回归之日，组织在渝高校学生上街游行的消息。一时间风生水起，搞得各级领导十分紧张。司法部立即派出工作组进行认真调查，发现所谓的组织上街游行，纯粹是子虚乌有的谣传。据了解，此前流传的西政学生上街游行事件与事实也相差甚远。由于一些新闻媒体楚雨巫云地无中生有，添油加醋，导致对西政的整体形象和后来的发展造成不容低估的影响。

“办学非一日之功，育人需百年始成。放眼法域，强校如林。居安思危，履薄临深。机遇随挑战而生，希望并困难而存。”这是西政高绍先老师撰写的《西政赋》中的一段词句。当年，高老师对西政学生的印象既有赞誉也有批评。对西政七八这一拨他十分熟悉而喜爱的学生不无自豪地夸赞：半个世纪之后，西政七八级异军突起，群英芬芳，不仅有一批位居要津的部（军）级以上高层领导干部，而且涌现出一批在新中国法治建设史下可留下印记的著名专家学者，更有一批在法治建设领域作出卓越成绩的人才，以七八级为主要标志，连同受其影响的七九级、八零级西政“老三届”为代表的成长模式，被法学界称为“西政现象”。

但他也直言不讳地指出：“西政学生有一个十分不好的习惯，喜欢半夜起哄，随便一点小事，停电、停水，都可能刺激他们狂躁的神经，于是在万籁俱寂的夜晚，东山大楼的男生宿舍会突然发出一阵阵原始的呐喊，声震数十里，连沙坪坝都能听见，有时，还会伴随着敲脸盆、烧草垫、砸水瓶……”联想当年我们的所作所为，真有点儿汗颜了。

法人许身健教授告诉我们说，法律人一定要争口气，西政七八级同学更应当如此。当国内法学界热议“西政七八级现象”，回顾了你们光荣的历史，在怀旧之余，大家都会把目光对准你们，看看你们还能作出什么无愧于时代的事情出来！

闻听此言，西政七八级同学们，无论在位还是退位的，无不感到责任重大，使命光荣！

有人说，西南政法学院七八级本科生在中国法律界缔造了一个“神话”，撑起了中国法学界的“半壁江山”。我们在收受这些赞美和褒奖时，头脑应当冷静思考，“盛名之下，其实难副”。在那个多变的年代，在那代人的阅历中，由于历史的原因，的确成为我们之后法学教育复制不了也无法抹去的光辉一笔。而这些“神话”或“奇迹”等称谓的背后，都是一个个真实感人的故事、一个个有血有肉的人物构筑和营造的群体。

啊，一切都已经远去了，往事并不如烟。对于七八级的学子而言，无法忘记那片郁郁葱葱的校园、那片如火如荼的岁月，还有那山城泥土潮湿温馨的气息；无法忘记春光乍泄的歌乐山巅，还有山脚下那条伸向遥远天边的沉睡铁路；更无法忘记在各地实习的时候，傍晚天空那些绚丽缤纷的夕阳晚霞，法院、检察院那些厚厚的卷宗和庄严肃穆的法庭，还有仍然矗立的东山大楼、久未谋面的图书馆、资料室、实验室和学生宿舍……

2008 年 10 月 4 日，正逢金秋十月，“改革开放与中国法制建设 30 年论坛既西南政法大学恢复招生 30 周年纪念大会”在母校隆重举行。七八级总班长邓文定在 300 余位七八级同学们面前深情致辞，提议再过十年、二十年、三十年，大家母校重聚首，在场的人们齐声欢呼！

谁都知道，再过若干个十年是个什么光景？七八级同学中究竟有多少人能够轻身简从，步履铿锵，来到母校参加庆典？然而，这个良好的愿景总是令人怦然心动，充满憧憬。

今天，我们逐渐入花甲，更加珍视同学情。这是陪伴一生的财富，它像美酒，存放越久更芬芳。回想大学四年中的那些不足挂齿的小分歧、小摩擦、小竞争、小算计，都成为数年后再相聚时美好、难忘的记忆。

随着时光的推移,多年过后,已经不再年轻的我们再相会,在感叹时光流逝的同时,还会提及当年的"神话"吗?在感叹昔日七八级创造的前无古人的"奇迹"时,是否又多了一份对现实和未来的期盼:再过若干年,七八级老了,人少了,人没了,谁来延续西政精神,谁来创造新的辉煌?

随着年龄的增加,岁数的增大,我们的体力、精力和智力固然不可与当年同日而语,我们可以"低调",我们可以"失声",但是,当社会和外界在审视中国法学教育的过去、现在与未来时,我们在歌乐山下、烈士墓旁创造了"神话""奇迹"之后,为中国法学教育和法治建设带来不同凡响的大小人物们,如今需要面对的不是自己如何发展、进步和变化的问题,而是心系国家的社会主义民主与法治建设应当如何发展、进步的问题。

2016 年正值"十三五"开局之年,当我在母校采访时,惊喜地发现,西南政法大学又开始了新一轮的谋篇布局。客观地说,这些年来,西政的发展取得的成绩有目共睹。比如,成功入选国家教育部、中央政法委员会首批卓越法律人才教育培养基地,成功进入部市共建大学行列,学校规模日益扩大,建成了崭新的渝北校区,新增了宝圣湖校区。这一推动发展的原动力源于何处?这不禁使我想起了 2016 年 6 月 27 日,付子堂校长在毕业典礼上致辞时强调的那一段耐人寻味、催人奋进的话语:"西政的'文化核'就是西政精神。西政精神,是西南政法大学的镇校之宝,是西南政法大学的核心竞争力;是西政人特有的文化品格,是西政人的共同价值选择,也是西政人分享的心灵密码!正是西政精神,感召着一代又一代西政人,举大体不忘积微,务实效不图虚名,博学笃行、厚德重法,历经创业之艰辛,终成西政之美誉!"

为此,作为西政校友,我们应当有信心、有期待,更有乐观的理由和梦想!

CHAPTER 40 ≫

第四十章 青春万岁

前些年,看了电影《致我们终将逝去的青春》之后,对当今大学的校园生活滋生诸多困惑不解,感觉与当年我们的大学生活时光穿越得太过于遥远和不可理喻。尽管极其不赞同影片中反映的一些情节和故事,但有两段台词让我记忆深刻:“正如故乡是用以怀念的,青春就是用来追忆的。当你怀揣着它时,它一文不值;只有将它耗尽后,再回过头来看,一切才有了意义。”“青春是场远行,回不去了;青春是场相逢,忘不了了;青春是场伤痛,来不及了。”

想当年,1978 年 10 月的金秋时节里,西南政法学院在经历了社会的动荡和风雨的洗礼之后,陈旧的校园门口重新迎来了一群风华正茂但又历经坎坷的年轻学子。他们怀着不同的心情、带着各自的故事,带着同一样的梦想与追求,踌躇满志地迈进这座当年全国只此一所政法院校的重点最高学府的标门。多少年过去了,每当想起第一次看到校门口上白底黑字的郭老题写的校牌,一种恍若隔世的晕眩感在我们头脑中泛起,在我们的心中荡漾。在张智辉保存的学生录上,昔日名册上的同学姓名如今念出来足以叩响中国法学界和政法界的一串串传奇声音,他们掀起了改革开放中国法学教育的复兴浪潮,成就了“西政精神”和“黄埔军校”的神话故事,也成为至今依然活跃的为法治建设鼓与呼的一支具有影响力的力量!这对于在入学前曾在部队搞过新闻报道工作的我来说,是一个多么富有意义的绝佳题材!

早年入校之后,我在院内外的报刊上就发表了许多有关七八级故事的报道文章。大学毕业之后,也多次想借此更多地收集资料,把西政七八级的学校生活作为自己的毕生需要完成的一篇作业、一篇论文来写,并且立志不惜任何艰难困苦,一定要写出来。

一个时代固然有一个与时代同行的大学生。我开始琢磨写西政七八级这本书的目的,就是想穿越时空的隧道,连接起黑与白的历史传承、新老校区的脉络与缘姻,折射出我的大学的过去和未来,从中看见母校如何从"稀烂"到"辉煌"、从学院到大学的变幻。眼前不断浮现带给我们的应当属于不断片的全景式记忆:艰苦的复习、绝密的专业、东山的战斗、破旧的校园、寒酸的伙食、团委会的舞会、球场的厮杀,以及令人荡气回肠的毕业典礼、四百多位同窗的足迹与成就……

青春终将逝去,历史必须铭记。正如任何事物都有一个从生到死、从盛到衰、从存到亡的过程一样。我自信,青春是人生最璀璨、最美好的风景,而"西政七八",就是人生风景中闪现在眼中的最靓丽的风景!

从歌乐山到西政校园,几十年来,她伴随着改革开放的风雨前行,西政在默默沉淀的学术浸润中,汇集着可歌可泣的壮美,凝铸着魂牵梦绕的记忆,开创着举世瞩目的伟业。翻开一摞摞的老照片,看到的是"西政"学子谱写的一曲曲时代之歌。对我们七八级每个同学来说,我们把青春时代的痛苦和欢乐、追求和幻灭,都投入、消融于校园,成为我们永远的记忆。改革开放之初,民主的产生,法学的呐喊,汇成了那个时代人的校园记忆。

恢复高考、恢复公平、尊重知识、尊重人才,成为一个国家和时代的拐点,也是凤凰涅槃、浴火重生的一个起点。这一历史意义绝不仅仅局限在高考之内,而更重要的是在高考之外所体现出来的平等、人权(受教育权)、尊重人才的现代理念。从某种意义上说,改革开放之初的思想解放运动,就是乘着恢复高考这个教育科技文化领域的"实践杠杆”撬动的。它不仅对于当时推动确立党的解放思想、实事求是的思想路线，实现十一届三中全会的历史性转折具有重要意义，而且对于目前乃至今后我国改革开放的全面深化也同样具有重要意义。可以说，没有高考的恢复，在很大程度上就没有后来改革开放的新局面。这一定位决定了研究高考恢复之后的先行者、实践者——七七级、七八级学子的现象，了解这批人所积累的丰富人生感悟，探索他们成功的秘诀，思考和展望高等教育改革与发展的未来，无疑是很有价值的。

2015 年 11 月 13 日上午，当我在法律出版社与编辑郑导签订出版合同开车回到家里时，徒然有一种难以言状的感觉：早已习惯于舞文弄墨的人，竟然不知从何落笔？一时间，在母校的许许多多往事历历在目，而回忆最多的莫过于“稀烂”的校园、东山坝上的圆舞曲、口喊“有肉”的“抢饭”狂奔、喧闹而诱惑力无穷的饭堂、“好运来”的小面馆、无所畏惧的夜战川外，永不服输的歌咏比赛……如何用我笨拙的笔，还原一个时代生动的侧影，讲述一群性格各异、表现神奇人的故事，着实不是一件轻而易举的事情。

年华已逝，来者可追。追忆青春，不灭的法律梦愈加清晰；回首往事，难忘的大学生活更显珍贵。每一个法律人理想和事业的构建，恰恰是在大学迈出的那关键的一步，或者在其中构筑自己的学术与思想，或者潜心研磨着自己的意志和信心。“莫许杯深琥珀浓，未成沈醉意先融。”回顾自己在大学的四年，有太多的精彩记忆。如何把七八级同学的故事客观、全面、完整的记录下来，一起追忆那难忘的青春岁月，一起憧憬每个七八级法律人共筑中国的法治理想？

从 1992 年起，随着参与组织北京七八级同学的聚会活动增多，我开始注意收集与西政七八有关的资料与图片。此时，我开始尝试着手写一些回忆文章投寄报纸杂志，但均如泥牛入海。此时，离我们大学毕业仅 10 余年，对于历史经验的总结而言，评论一些特定社会现象的成功还为时尚早，更何况人才的出现与事业的辉煌，也需要时间的反复印证和检验。

1996年夏季,《红岩魂》展览在北京举办,激荡着不少人的心扉,也牵动着我回忆起大学的学习与生活。在此前后,七八级一些同学开始在社会上崭露头角,有的同学陆续进入政界高层,有的同学在学界渐露锋芒,相关报道始见诸报端。作为一个特殊的群体逐渐显现,西政七八级学子的表现引起人们的关注。当我再次将一些回忆文章陆续投向有关报刊时,媒体的反应让我喜出望外。1996年9月,《检察日报》《法制日报》陆续发表了我写的《永不忘却》《烈士墓情思》等回忆大学就学往事的文章。我在其中的一篇文章结尾写道:"每当我们相聚,回忆起大学的生活,都忘不了烈士墓、歌乐山的话题,都会情不自禁地缅怀那块给予我们力量的土地……"但文章见报后,不过如几朵细微的浪花,并没有掀起大的波浪。

1998年,为了纪念入学20年,西政七八级的不少同学回到了母校,举行了一系列讲座、座谈会以及各类文体比赛事宜。就学当年风华正茂的学子们"再过20年,我们来相会",一眨眼便已经人过中年,流逝的时间见证了岁月的沧桑!按贺卫方的话说,如果不是计划生育的话,此时的我们大约也都是"儿女忽成行"了。在杯盏交错之际,大家抚今追昔,不免发生种种感慨,也就是在此时此刻,同学们的一个建议自然而然地涌现出来:我们应当出一本关于我们的集子,每人都写一篇随笔类的文章,可以是对自己大学生活的回忆,可以是对大学后经历的总结,也可以是其他方面的某种体会和见解,内容、体裁不拘一格,但要以体现本级同学风貌为唯一要旨。大家还决定在这个基础上编成一本文图并茂的文集,每位同学提供两张照片,一张读书期间的老照片,一张近期的新照片。同时指定张广兴和贺卫方为纪念文集的编辑人。

事后,陆续收到了一些同学寄来的文章和照片。有些文章写得情真意切,令人动容。大家回顾二十年前的大学生活的场景、人与事历历在目,激情荡漾:那是一个充满青春活力的年代,一个忧国忧民的年代，一个对未来满怀着憧憬和希望的年代，一个对川菜渝腔具有最好胃口的年代。然而，让张总编和贺教授感到为难的是，写来文章的同学实在太少了，巧妇难为无米之炊的苦恼，让每次见到那些写来文章的同学追问起七八级的文集编写怎么样了，他俩都因“真实的谎言”感到无地自容，连跳楼的心思都有了！贺卫方说他那一头白发，就是那时候倏然间“根深叶茂”“雪花纷飞”起来的。

此后，虽经张广兴同学多方催促，但一年过去了，仍有相当一部分“死硬分子”没有动笔。原先承诺负责筹集文集出版经费的李庆同学在感到重重压力的情况下，也为自己的承诺没有落实而焦躁不安。2001 年 8 月 8 日，当一百多位同学在秀丽壮美的黄山顶上再次相聚时，借着酒兴，他大声斥责没有动笔的同学“太忙太懒，殊为憾事”，“世事惟艰，难以写文章”，强烈恳求大家对七八级的“公益事业”高度重视，务必不能再无动于衷了，他甚至声泪俱下地说：“一是向已经供稿的同学有个交代；二是为毕业 20 年之际留点念想；三是乞求那些忙

2001 年 8 月 11 日，西政七八级部分同学在黄山合影留念

且懒的同学看在帮助其解决困难的份上，让其筹措的款项有所施用。”当时李庆的神情真有点儿像《南征北战》的张军长被围困在凤凰岭和沙河一线，面带哭腔地向上方请求支援的“拉兄弟一把”架势了。

经过几位有责任心同学的催促下，又有部分同学提供了纪念文章，编辑文集工作重新启动，办公地点就设在尚公律师事务所内。经张广兴的组织整理，贺卫方的精心编辑，王小燕、张颖等人的细心录入和校对，86 篇文章终于汇集成型，由法律出版社的张波联系印刷，2002 年 10 月 8 日交付发排。2003 年初，一本 212 页名为《遥想当年——西南政法大学七八级忆旧文集》终于问世了！

在这本非公开出版的小册子上，张广兴、贺卫方和李庆都旗帜鲜明地表达了自己的立场和观点。张广兴在《前边的话》中写道：“同学中不乏大智慧、大手笔者，大家一臂之力的内容只能是回忆学校生活中的一件小事，故其体裁只能是小品。它的格调应当是轻松的、温馨的，抑或是诙谐的、幽默的。现如今我们也不算太老，抒发一下当时或者现在的豪情，也是真的自我。看看现在这本册上的先进同学们，没写的同学至少也得汗颜一下子吧？”

贺卫方在《写在前面的话》中写道：“编成之后，感慨之余。大家是否可以将提交文章的范围再扩大一些，甚至可以将记者采写的对各位先进事迹的报道包括进来。不过要更齐全，离不开大家一起动手。另外，文章的内容也可以超越回忆，对于母校传统的总结，对于法律教育以及法律职业等问题的思考，都可以收入文集。未知各位同学意下如何？”

李庆在《后记》写道：“希望明年（2003 年）母校 50 周年大庆时，大家都能完成作业，向母校献上一份像样的礼物。”

客观地说，这本《遥想当年》的小册子装帧普通、厚度不足，但她毕竟是西政七八级毕业之后首次通过诸多文章，真实记载七八级同学当年神采飞扬、激情四射的大学生活。

2003 年 9 月 20 日，西南政法大学组织 50 周年校庆活动时，出版了一套《西南政法大学学子学术文库》。在50部著作50名作者中，七八级同学占了一半。在这些七八级同学中所著的书中，不少人从不同角度谈及了自己的大学生活。2005年法律出版社将这些文集集中编辑成《我的大学》一书出版后，获得好评。有的读者读这本书的许多文章时，不由自主地感叹西政七八级学子的经历确实不同寻常，甚至感动得有一种欲哭无泪的感觉，有的读者希望能够将七八级的故事再次讲给我们当今浮躁的社会、扩招的校园、不思进取的大学生们听一听、看一看。

2008年，为了纪念改革开放30年暨西南政法学院恢复招生30年，七八级的一些同学又开始筹划出一本内容丰满、装帧典雅的纪念文集了。正是在当年春夏之交，不知何故，有关西政七八级的报道瞬间集中出现在《法律与生活》《检察日报》《民主与法制》《南方周末》《法制日报》、新华网等各大媒体上，在披露西政七八级学子当年就学的生活情况时，并冠以“神话”“现象”之称谓，使西政七八级的名气骤然升温！

不久，由张广兴、李卓玉、童志宏等几位热心同学编辑的《歌乐情怀1978—2008》问世了。纪念册共收录了245位七八级同学撰写的回忆文章253篇，其中甲大班（一至五班）121人123篇，乙大班（六至十班）84人83篇，师资班40人41篇。撰写文章的比例占七八级420多人的60%以上。其中一班和四班投稿比例最高，分别为30人，占全班实际人数的七分之六。

总班长邓文定在该册子的序中写道：纪念入学30周年，我们应该向母校敬赠什么礼品？捐款捐助或者整个七八级成就展示，均被否决了。于是，经各班提议并决定：一是建一片“午林”，七八级12个班每班栽一棵桂花树，以喻七八级学子入校正逢金秋送爽、丹桂飘香时节，也喻根系大地，不忘母校恩情。二是出一本“回忆录”，要求423位同学每人写一篇回忆文章，选送当时和现在的照片，以喻文为心声，永结西政情。写吧，西政七八学子，把你在校时的亲情友情爱情，遇到的见到的听到的，感人的动颜的平淡的，欢喜的伤人的恼人的，公开的隐秘的传闻的，一个个、一件件、一桩桩写出来，会有陪你笑陪你哭陪你叫；写吧，把你离校的奋斗迷茫感悟，想做的做了的与没做的，成功的与失败的，喜悦的、忧愁的与骄人的，示人的、内心的无语的，一点点、一例例、一串串都毫无保留地写出来，会有人伴你唱、伴你舞、伴你跳，此谓之“真味是淡，至人乃常”也！我们的回忆，既因是献给母亲的礼物而被母亲翻阅亲吻，也因是自己的故事而被自己自赏自娱，还因是西政人的情结而被西政人吮吸绵延，更因是子孙后辈认宗寻根……

顾培东说过：“一个群体，一段岁月，一脉情缘，一种现象。这就是七八级。那一年，没有谁对歌乐山下的这所学校有通剔的了解，没有谁对‘政法’这个专业的涵义有深透的把握，没有谁对考入这个学校门槛后的意义有明确的认知。420 多个经历各异的人恸生生地把志愿锲入这所学校的栏目中。于是，420 多个人的故事偶然铸成了一

2008 年 10 月，西政七八级邓文定和西政党委书记张国林为七八级全体同学捐助的“戊午林”揭彩

段业已辉煌、必将更加灿烂的历史。”

正在七八级学子们纷纷撰写回忆文章的时候，地处南方广州都市、在师资班有“秀才”之称的舒扬一本记载七八级大学生活的大作《我们的1978——西南政法学院纪事》也由南方日报出版社出版发行了。这是记述西政七八级历史的首部公开出版物（原先的只能算是纪念册子和非正式出版的文集）。

舒扬在这本书中写道：

为了在入校30年这个整数上闹出点可能是最后的一丁点儿响动，借庆典之门拉开的小缝透出的小亮光照一下我的小风头，把本该用去下棋打牌、钓鱼打猎、吹牛皮冲壳子，玩游戏机、老虎机的时间，用来为西南政法学院写些忆旧的文章。写文章有点儿像修房子，曾经走过的日子和当年记流水账一样的日记是深埋地下的基础；从各色人物与事件中派生的传闻与感悟是砖头块；七八级同学结集出版的怀旧文集《遥想当年》，以及西南政法学院50名学人专著中的前序和后记，则是我用来盖房子的钢筋水泥。我同意张武同学的说法，“西南政法学院七八级已经成为一种知识产权，它是我们大家共同拥有的无形资产。”岁月把我们催老，我们毫不吝惜其实也无法吝惜地把青春与少壮之年留给了历史。是西南政法学院把我们这些早先游走于社会、散打于天下的青年，变成了一个名义上的群体，一个法律武装的军团。大学同学一场，也就是值得纪念的一段缘。

作为我自己，诚如贺卫方所言，长期以来，确实有收集七八级同学各种信息资料的雅好。但按照军人的眼光，毕竟七八级的人数不是一个班、一个排，而是一个营，况且还是一个加强营，另有两个班的配属分队（哲学、共运史专业班）。因此，要想搜集各人材料一一采访大家着实困难。七八级同学中多数人性格内敛，早已习惯“默默无闻作贡献，低调做事不张扬”的秉性，这就给我的写书计划带来极大的不便。虽然不断搜集资料和图片，但总觉得火候不够，加上工作繁忙，根本无暇沉静下心来慢慢梳理。于是,有目的、有计划地尽可能多地参与同学各种形式的聚会活动,发现和挖掘许多鲜活的资料和趣闻,成为我一项十分重要的工作。在我看来,400 多位同学的大学经历和自己的回忆记录犹如个个晶莹剔透的珍珠,如果将其有机地串连在一起,随着时光的流逝将会不断增值,甚至可能成为中国法学教育金字塔上光彩夺目的一枚瑰宝!

2012 年 10 月 19 日,北京线装书局出版了一部《歌乐集》。编者为西南政法学院七八级北京校友会,主编张穹,编委李庆、杜万华、张广兴、任贵月、崔建伟,印数为 1978 册,这本古色古香的竖排繁体字线装书,虽然看得我头晕眼花,不胜累眼。但是,张穹的跋则让人用心品味。

今年是我们西政七八级毕业 30 周年,这是一个重要的时刻,用什么作为纪念呢?崔建伟同学曾向我提议出版一本诗集作为纪念,得到任贵月、唐基权、蒋庆等同学的响应,我们在北京的同学成立了一个编委会,先后召开了 5 次会,决定将书名定为《歌乐集》,主要有两层意思:一是《歌乐集》是指歌乐山,母校的校址,本书收集的诗词都是七八级同学撰写;二是《歌乐集》也是指诗歌集,收集的是旧体诗词,自由诗没有选编。从内容上说,无论是抒情、怀古,还是感悟、纪事,都是每位同学的真实情感的自然流露。《歌乐集》所选诗词的时间跨度大,反映了 30 年来祖国、民族发生的许多重大事件;反映了七八级同学个人的成长历程和个人情怀。它从一个侧面反映了我国改革开放 30 年的巨变,反映了西政学子奋斗不息的创业精神。总之,《歌乐集》的出版,是西政七八级同学对毕业 30 年的纪念,也是同学们情感交流的一件喜事。

中华诗词研究院副院长易先行先生在为《歌乐集》所作的序中,也不吝赞美之词:

这是一本令人感动而又令人感慨的诗集。30 多位 30 年前同一天同一个年级走出来的司法工作者——法官、检察官和律师相约,把他们三十年间所写的诗词精选一部分结集出版,作为从西南政法学院毕业 30 年的纪念。而"歌乐"也许就是这些同一天同一所大学走出来的同学的永生不变的情结。

在一般人的眼中,司法工作者总是正襟危坐、面无表情,或用唇枪舌战,或用一锤定音,判死判缓,毫不留情。但这只是他们面对违法犯罪的一面。在法庭外的日常生活工作中,他们也有似水柔情和无限爱心。这本《歌乐集》中的许多诗就是明证!

15 岁就考上大学的纪佃澎,毕业后分配到青岛市公安局,官至处长职位后,毅然决定辞职下海,干起了自由自在的律师。在西政七八级同学中属"小弟弟"的他,并不安分守己,热衷于研究中国制度建设中的一些重大问题,诸如城乡差别的解决、户籍制度的改革,死刑的存废等。他依仗自己的年轻不仅常年到处奔走搞义务讲学,而且对七八级各班聚会乐此不疲,每聚必到。当大家不解其真实用意时,一本《歌乐山下的少年》问世。不久,一本绿皮红字的《西南政法大学 1978 级同学名录》也送到了每个同学的面前。名录中对各个班组、各个同学的姓名、出生年月、1982 年毕业时的工作岗位、曾经主要的工作岗位、现在工作岗位和职务、联系电话(含去世同学的时间)等信息悉数齐全,使同学们联系起来十分便利,大家都夸当年的小纪为七八级同学做了一件功德无量的大好事。他的《光荣与梦想》一文,更是为外界了解七八级同学毕业后的情况和表现提供了一个难得的参考资料。

从 2013 年开始,当我完成《我是大田人》一书后,便全身心地投入到这本书的收集资料、采访调查、研究提纲等写作工作。2015 年春节前后,立即向法律出版社和郑导编辑提交了详细的写作提纲,获得支持后,立即抽出一切空余时间进行写作工作,并数次回到母校采访。在此期间,我真心感谢西南政法大学的付子堂校长的热情鼓励,并欣然为此书作序；感谢宣传部李勇成部长、张治中副部长，校长办公室主任郭增琦及其校友会的王群主任、黄廷孝、杨定惠、张灵春等为本书写作的全力支持，感谢他们为我的调研采访和收集资料提供了许多的便利。衷心感谢曾经给七八级授课的高绍先、张作之、张代荣等老师在耄耋之年还能够接受我的采访，欣然参加座谈会。感谢母校档案馆张建文副主任和杨婵、杨苑梅、焦小琴等的大力协助；同时，要感谢郑导编辑和李戎编辑一同参加调研采访，并对全书的编辑指导思想、文字润色和照片和封面的设计等提出了许多宝贵意见和建议，作了大量编审工作。特别是2015年10月在四川校友会的座谈会上，西南政法大学四川校友会副会长张学军等校友们，对全书出版的意义及其写作的重点等，提出了许多可取的意见和建议。此书能够问世，若没有他们的大力支持，那是难以完成这一堪称为“为七八级立传”的光荣而艰巨的任务！

当然，我也要感谢我的母亲、夫人和女儿。她们三人在此书的撰写过程中作出了难以磨灭的重要贡献。母亲在世期间对我写大学的书全力支持，积极鼓励。2016年1月25日她以其88岁高龄不幸去世之后，在当地“七七”丧事习俗期间，我强烈忍受失去母亲的痛苦，默默地将对老人家的思念化作写作的力量源泉，夜以继日地敲打着键盘，使全书春节过后各章节结构基本成形。夫人王建琴对七八级的许多同学来说，一点儿也不陌生，因为七八级的许多聚会活动她都参加，并投入了相当多的时间和精力协助会务工作，留下了历次同学聚会时的诸多珍贵照片，为此书配图增色不少。我的女儿张菁菁从小多次参加西政七八级的聚会活动，不少同学对她的成长和进步起到了重要作用。

2016年的“五一”前夕，我回母校老校区收集资料，每天在昔日熟悉又陌生的校园里散步细想，当年的情景历历在目，此时的校园绿树成荫，师生稀少，显得十分冷清。远不及四川外语学院这边的校园车水马龙、人流如梭，充满生机与活力。行走在东山大楼的各个走廊过道，因经多次施工改造，往日的模样已难分辨；毕业时召开典礼的学生阅览室兼饭堂旧貌依稀，但门框、窗户、大门已经破损不堪。一把大铁锁把门，已经锈迹斑斑，推门进去，映入眼帘的是堆积如山的课桌椅凳，不少已经发霉腐烂，摇摇欲坠。想当年，它们为我们服务时面目多么光鲜，如今都随着时光的流逝，而如残木一样被岁月席卷而去。在宽敞的校体育馆里，现已空荡荡，除了几个青年人在打篮球外，所有的座位都积满了尘埃，许多黄绿相间的坐椅已经掉漆、散架，体育馆外的四周场地，更是堆满杂木、砖块，杂草丛生，到处都有掉落、废弃的电线、绳索，稍不注意就容易绊一跟头，不禁怅然所失。听说就在我采访之前，新任校领导樊伟书记和付子堂校长带着各部门负责人，来到沙坪坝校区，查看了毓秀湖、校医院、体育馆、干部培训中心、宿舍食堂、东山大楼等，表示要共同管理好、利用好、建设好沙坪坝校区，努力让老同志高兴、让老校友放心、让师生们满意。我顿觉得七八级的校园有望保留下来，并得到更好地维护和传承。

“四年四度歌乐情，一生一世西政人。”正如张穹所言，西政是一

2014 年 3 月 12 日，西政七八级部分同学在约旦沙漠

块圣地，是我们永远的校园。虽然说现在母校搬到了渝北区，但我们的就学经历不在那里，我们青春足迹留在了歌乐山下。能够将那段经历写出来，对七八级的青春足迹做一次探访，从而带出那个年代的历史烟云，让我们的子孙后代记得父辈的青春足迹曾经在这里留驻过，那是我这辈子做的一件最值得庆幸的事情。

请允许我用高绍先老师1988年创作的一首《忆复办》，与本书一起呈献给七八级同学，呈现给母校，也呈现给本书的广大读者们：

晴天一声复办令，校园处处呈欢腾，收拾书箱待重整。犹记取，编教材赤膊上阵，写讲稿沥血呕心。伴过多少寒夜孤灯，听过多少蝉叫蛩鸣，受过多少蝇蚊叮！都只为弥补那一场噩梦，十二年，付刀兵。

师生切磋，牛毛毡斗室生春。恨不得倾尽了平生所学，都付与学子莘莘。惭愧教授清贫，工资不满百，上课无酬，遑论奖金？仅凭着奉献二字，支持起一座学府，培育了数百精英。

想当年东山再起，危楼听课，泳池开会，竹棚练身。踏过多少泥泞路，占过几回日光灯。稀烂二字常领略，到如今，都成了甜蜜回忆，旧梦难寻。

看今日，满园桃李，争艳芳林。或学术泰斗，或法坛将星，或执教学府，或位居要津，或默默奉献，服务基层，或泛舟商海，陶朱经营。

请允许我引用柯汉民同学2008年10月发表在《检察日报》上的文章《西政小事》，作为本书的结尾吧——

一转眼，离开母校西政（西南政法大学）已近30年了。回想四年的大学生活，那歌乐山头的莺飞草长，嘉陵江畔的怒水云涛，杨家山麓的篝火晚唱，毓秀湖边的垂柳晨读，课堂上的谆谆教导，站台上的依依惜别……一景景、一幕幕，竟如同脑海中珍藏多年的老照片，和着无声的旋律，画卷般地在眼前徐徐展开。往事如斯，令人感慨万千。我们这一代西政学子，个人的成长进步正好契合了中国改革开放和社会主义法治建设的进程，可以说，既是这段波澜壮阔的伟大历史的见证者，同时也是亲历者和实践者。按说，那些如火如荼的青春回忆本应是和无数恢宏而严肃的故事联系在一起，但说来也怪，每每回忆起校园生活，记忆里最清晰的，却往往是一些令人忍俊不禁的点滴小事。正是这些回味隽永的小事，记录了我的年轻梦想和学海泛舟的求学历程，也记录了那一代七八级西政学子探索求知、自强奋进的艰苦心路。

聚是一团火，散为满天星；青春真美好，七八情永存！

2016 年 7 月至 8 月统稿于美国加州戴维斯分校
2016 年 9 月 2 日初稿于北京翠微路甲 1 号
2016 年 10 月 24 日完稿于北京海淀区罗道庄
2016 年 11 月 20 日定稿于军办宿舍 4161 室

附录一

西南政法学院七八级学生毕业论文及指导老师一览

姓　名	论文题目	指导老师
一班(36 人)		
王福坤	论社会主义法与共产党的关系	王方仲
	论贪污罪	赵长青
邓文定	论刑事诉讼证据的基本特征	孙洁冰
叶安民	论经济合同的法律效力	邓大榜
白　桦	论刑事诉讼证据的基本特征	孙洁冰
白新潮	试论我国社会主义的离婚制度	邓大榜
丛伟华	试论我国国家所有权的行使	柯瑞清
	论社会主义民法的发展趋向	金　平
李　庆	论孔子的伦理法制观	杨景凡
李少平	论公民的权利能力和行为能力	李开国
	犯罪集团初析	赵长青
李兴淳	试论重证据不轻信口供	李实育
	试论我国继承制度的本质	赵泽隆
李杭明	论经济法人的财产责任界限	李开国
李济亚	对我国民事诉讼代理制度的探讨	周麟惠

续表

姓　名	论文题目	指导老师
李建明	试论重证据不轻信口供	
	试论鉴定结论的证据意义	李实育
邢　伟	试论我国社会主义的离婚制度	邓大榜
吉晋春	试论重证据不轻信口供	李实育
	论我国宪法的最高法律效力	姚登魁
宋晓辉	论共犯的刑事责任(论共同犯罪)	董　鑫
刘天敏	论社会主义法在正确处理人民内部矛盾中的作用	李　权
	论社会主义法对剥削阶级的继承性	薛伦倬
刘开渤	试论汉穆拉比法典及其意义	杨联华
齐文远	试论我国集体经济的法律地位	柯瑞清
	试论哲学上的因果关系在刑法上的应用	
孙　力	论社会主义法与共产党的关系	王方仲
	评述清末的法制改革	杨和钰
毕志英	论社会主义法与共产党的关系	王方仲
杜伯强	试论犯罪概念的特征的辩证关系	
	论共同犯罪	赵长青
杨誉敏	论合议庭在庭审中的主导地位	田有丰
张建魁	审判独立与监督审判	廖俊常
	周礼的性质、作用和对后世的影响	张　警
陈　涛	孔子、孟子、荀子法律观之比较	杨景凡
陈光龙	略论我国民法中的错误	赵泽隆
何叔谋	论数罪并罚	邓又天
余沛时	证据的判断与运用	李实育
	论致人伤残的赔偿原则	金　平

续表

姓　名	论文题目	指导老师
莫澄真	略论我国的出庭公诉制度	田有丰
	论依法办事是加强社会主义法制的中心环节	李　权
彭士翔	试论社会主义法对剥削阶级法的继承性	薛伦倬
	论贪污罪	赵长青
崔建伟	被告人有权获得辩护	廖俊常
	试论我国社会主义道德在婚姻家庭关系中的作用	
梁俊光	试论社会主义法制在实现社会主义现代化建设中的作用	韩天森
	清末的法制改革	杨和钰
曾　科	封建法律的基本特征或论唐律	杨和钰
	试论唐律的立法思想	杨景凡
温建鸣	试论律师在刑事辩护中的诉讼地位	廖俊常
慕亚平	论贪污罪	赵长青
戴进虎	婚姻关系中感情地位与经济发展的关系	
胡俊芳	论故意杀人罪与故意伤害罪的区别	
	论依法办事是加强社会主义法制的中心环节	李　权
二班(36人)		
王卫国	论合同制度	邓大榜
王莹文	对法定继承顺序的探讨	邓大榜
	论经济法人的财产责任界限	李开国
王学沛	试论犯罪概念的特征的辩证关系	
	评资产阶级标榜的“法律面前人人平等”	王明三
王树高	试论正当防卫和防卫过当的界限	
方　向	略论刑法中的因果关系	
	论封建立法、司法与守法关系	张　警

续表

姓　名	论文题目	指导老师
罗　放	论贪污罪	
陈礼虎	试论经济法人的财产责任界限	李开国
叶　青	论故意杀人罪与故意伤害罪的区别	
	试论公证制度	周麟惠
姚成蔚	评资产阶级标榜的“法律面前人人平等”	王明三
张　建	致人损害的民事责任	李开国
	论依法办事是加强社会主义法制的中心环节	李　权
张　毅	试论重证据不轻信口供	李实育
	试论证据的确实充分	王洪俊
张飞舟	论自首	
邱文宽	封建法律的基本特征	杨和钰
	论民事诉讼中的处分原则	常　怡
韩福民	论贪污罪	
李　春	论社会主义法是最高类型的法	薛伦倬
	试论重证据不轻信口供	李实育
李可人	论同过失犯罪作斗争的重大意义	
	审判独立与审判监督	廖俊常
李洪欣	论反革命罪	
佟小鄂	论贪污罪	
	论婚姻与优生	
贺剑强	略论刑法中的因果关系	
	论我国社会主义离婚制度	
宋　丹	试论社会主义法对剥削阶级法的继承性	薛伦倬
	论数罪并罚	邓又天
赵少群	论婚姻与优生	
	试论重证据不轻信口供	李实育

续表

姓　名	论文题目	指导老师
鲁嵩岳	试论犯罪概念的特征的辩证关系	
	试论自首的构成要件	邓又天
胡旭曦	论故意杀人罪与故意伤害罪的区别	
	论共同犯罪	
胡登华	试论社会主义法制在实现社会主义现代化建设中的作用	韩天森
	社会主义法系的探讨	
	论社会主义法是最高类型的法	薛伦倬
肖　敏	论致人伤残的赔偿原则	金　平
梁树声	试论民事诉讼中的举证责任	王锡三
	试论重证据不轻信口供	李实育
殷爱荪	试论社会主义法对剥削阶级法的继承性	薛伦倬
	试论西周礼与刑的关系	张　警
张　武	社会主义法系的探讨——兼谈法系划分的标准	林向荣
周伯强	论农商合同的法律特征	邓大榜
吴跃章	论社会主义法与共产党政策的关系	王方仲
	论间接故意犯罪	康松林
居建平	试论社会主义法制在实现社会主义现代化建设中的作用	韩天森
	试论封建立法、司法和守法	张　警
熊世平	审判独立与监督审判	廖俊常
孙小迎	制订民法典是发展经济建设的需要	李开国
	评述清末法制改革	杨和钰
吴小华	致人损害的民事责任	李开国
	论合同的法律约束力	邓大榜
吴南卫	合同制度对四化建设的作用	邓大榜
	论合议庭在庭审中的主导作用	田有丰
柯穗娃	略论我国的出庭公诉制度	田有丰

续表

姓　名	论文题目	指导老师
三班(37 人)		
赵丽娟	评资产阶级标榜的“法律面前人人平等”	王明三
张晋红	试论我国社会主义离婚制度	
陈大益	试论免予起诉	孙洁冰
谢朝华	试论反革命宣传煽动罪	
	试论公证制度	周麟惠
卢树章	试论犯罪概念的特征的辩证关系	邓又天
余明永	论西周礼与刑的关系	杨景凡
刘会生	略论刑法中的因果关系	
	评资产阶级标榜的“法律面前人人平等”	王明三
周新元	论故意伤害罪与故意杀人罪的区别	
	社会主义法是最高类型的法	薛伦倬
储榕林	论我国社会主义离婚制度	
王惠安	试论我国社会主义离婚制度	
赵　康	试论犯罪概念的特征的辩证关系	
	论共同犯罪	
李卓玉	试论我国公民个人所有权的保护	柯瑞清
阎　欣	试论我国继承制度的本质	赵泽隆
张国平	合同制度对四化建设的作用	邓大榜
刘希贵	略论刑法中的因果关系	
	试论证据的确实充分	王洪俊
赵　钢	试论我国刑法中的数罪罚问题	
	论我国宪法的最高法律效力	姚登魁
韩　政	略论刑法中的因果关系	
	论贪污罪	

续表

姓　名	论文题目	指导老师
郝珠江	试论证据的确实充分	王洪俊
于　安	论故意伤害罪与故意杀人罪的区别	
	试论反革命目的与反革命行为的统一性	邓又天
吴芳玲	论我国宪法的法律效力	姚登魁
蒋　庆	斯大林国家学说批判	卢　云
	孔孟伦理法思想中的人道主义原则	杨景凡
	孔子仁学管见	杨景凡
冯少华	试论我国公民个人所有权的保护	柯瑞清
	论致人伤残的赔偿责任	金　平
张　旭	试论刑事诉讼证据的确实充分	王洪俊
张　辉	略论刑法中的因果关系(论贪污罪)	
黄赤宇	评资产阶级标榜的“法律面前人人平等”	王明三
邱礼平	从云梦秦律看秦代的诉讼制度	张　警
	社会主义法是最高类型的法	薛伦倬
王　海	试论我国经济联合体的特点和法律地位	柯瑞清
李开甫	试论社会主义法制在实现社会主义现代化的作用	韩天森
	试论我国宪法及其最高法律效力	姚登魁
高宽众	致人损害的民事责任	李开国
	论农商合同的法律特征	邓大榜
雷德平	论故意伤害罪与故意杀人罪的区别	
	论社会主义法是最高类型的法	薛伦倬
段洁龙	清末预备立宪	杨和钰
	评资产阶级标榜的“法律面前人人平等”	王明三
周　滨	论婚姻与优生	
杨遂全	对法定继承顺序的探讨	邓大榜

续表

姓　名	论文题目	指导老师
辛俊强	封建伦理与封建法律	林向荣
	试论哲学上的因果关系在刑法上的应用	
尹升平	论故意伤害罪与故意杀人罪的区别	
	春秋决狱的历史意义	杨景凡
李连宁	试论我国经济联合体的特点和法律地位	柯瑞清
	试论我国公证制度的特点	周麟惠
邱　利	关于免予起诉的探讨	孙洁冰
	略论刑法中的因果关系	
四班(36 人)		
梁森宏	被告人有权获得辩护	廖俊常
	试论我国继承制度的本质	赵泽隆
温小莉	试论被告在诉讼过程中的心理态度	田有丰
	论民事诉讼中的处分原则	常　怡
孙国祥	论重证据不轻信口供	李实育
	试论公证的效力	周麟惠
	中国封建社会诉讼制度的异同	杨和钰
罗承智	试论重证据不轻信口供	李实育
陈泽宪	论口供	李实育
宫晓冰	论自首制度	邓又天
邢志来	致人损害的民事责任	李开国
肖义舜	我国法人制度的本质和作用	李开国
	谈谈间接故意罪与过于自信过失罪的区别	康松林
张翔飞	论法人制度	李开国
刘广新	合同制度对四化建设的作用	邓大榜
李全德	试论我国经济联合体的特点和法律地位	柯瑞清
	论经济法人的财产责任界限	李开国

续表

姓　名	论文题目	指导老师
王　丽	合同制度对四化建设的作用	邓大榜
	试论我国社会主义离婚标准	
江明光	试论我国经济联合体的特点和法律地位	柯瑞清
	论经济法人的财产责任界限	李开国
刘善英	试论社会主义法制在实现社会主义现代化建设中的作用	韩天森
	论经济合同的法律效力	邓大榜
朱兴有	周礼的性质、作用和对后世的影响	张　警
	论致人伤残的赔偿责任	金　平
吴中林	从云梦秦律看秦朝诉讼制度	张　警
袁其国	封建专制与封建法律	林向荣
	略论美国违宪审查权的确立、发展及其作用	林向荣
张　伟	封建法律的基本特征	杨和钰
李　锐	从云梦秦简看秦朝诉讼制度	张　警
	春秋决狱的历史意义	杨景凡
张秋亚	儒家的礼教观在唐律中的体现	杨和钰
	论社会主义法是最高类型的法	薛伦倬
张智辉	同过失罪作斗争的重要意义	
陈新华	试论我国继承制度的本质	赵泽隆
朱　屹	试论我国刑法中的数罪并罚问题	
	略谈投机倒把罪	康松林
李　钢	论社会主义法是最高类型的法	薛伦倬
	谈议会制度	林向荣
刘艺乒	论死缓制度	
	试论我国继承制度的本质与特征	赵泽隆

续表

姓　名	论文题目	指导老师
张卫华	正当防卫与防卫过当的区别	
	谈谈如何认定贪污罪	赵长青
张　华	论故意杀人罪与故意伤害罪的区别	
	论数罪并罚	邓又天
孙红旗	论贪污罪(论反革命罪)	
冯亚东	论故意杀人罪与故意伤害罪的区别	
秦家湘	试论反革命宣传煽动罪	
张士杰	试论我国刑法中的数罪并罚问题	
	试论我国继承制度的本质	赵泽隆
史　鸿	谈谈议会制度	林向荣
刘亚平	试论我国刑法上共同犯罪的概念和特征	董　鑫
陈岳宣	试论我国继承制度的本质	赵泽隆
郑小荣	论农商合同的法律特征	邓大榜
杨冀平	试论我国婚姻制度	
五班(37 人)		
崔子廷	证据的判断和运用	王洪俊
郭守宪	试述封建法律中的官当制度	
肖建国	从唐律看唐初是如何提高封建国家统治效能	张　警
	中国封建刑罚特点的探讨	
王　平	制定民法典是经济发展的需要	李开国
	如何掌握离婚纠纷中的感情因素	
程燎原	合同制度对四化建设的作用	邓大榜
	评资产阶级标榜的“法律面前人人平等”	王明三
季　林	论经济法人的财产责任界限	李开国

续表

姓　名	论文题目	指导老师
于玉才	论公民的权力能力和行为能力	李开国
	论致人伤残的赔偿责任	金　平
郑元章	试论社会主义法对剥削阶级法的继承性	薛伦倬
	论社会主义法是最高类型的法	薛伦倬
江必新	试论社会主义民主与社会主义法制的辩证关系	卢　云
	试探中国封建法制形成的道路	
王海萍	试论社会主义法对剥削阶级法的继承性	薛伦倬
	关于免予起诉的探讨	孙洁冰
徐乃斌	论贪污罪	
	评资产阶级标榜的“法律面前人人平等”	王明三
景汉朝	论我国封建法律的基本特征	杨和钰
	试论数罪并罚的原则	邓又天
谢岩军	封建专制与封建法律	林向荣
	从“春秋决狱”看董仲舒的“人性”论	杨景凡
谢胜山	儒家礼教观在唐律中的体现	杨和钰
	试论荀子的隆礼重法思想	杨景凡
张俊英	论死缓制度	
	论社会主义法是最高类型的法	薛伦倬
王敏远	略论刑法中的因果关系	
	中国古代法律思想比较研究	
周圣言,	试论《中华民国临时约法》的性质	杨和钰
王　昕	试论犯罪概念的特征的辩证关系	
	试论婚姻自由原则与社会主义道德的关系	
黄建中	论故意杀人罪与故意伤害罪的区别	
	试论共同犯罪的形式	董　鑫

续表

姓　名	论文题目	指导老师
徐育康	略论刑法中的因果关系	
	略论离婚标准	
邓明球	论我国宪法的法律效力	姚登魁
兰海宁	论死缓制度	
	论合议庭的庭审中的导作用	田有丰
张自民	论证据的确实充分	王洪俊
张　林	论致人伤残的赔偿责任	金　平
周瑞春	略论刑法中的因果关系	
	关于法律格言确定的法律原则	
	关于免予起诉的探讨	孙洁冰
尹鲁先	论故意伤害罪与故意杀人罪的区别	
	评资产阶级标榜的“法律面前人人平等”	王明三
王怀玉	证据的判断与运用	王洪俊
	试论公证制度	周麟惠
贾　沛	论重证据不轻信口供	王洪俊
	论我国继承制度的本质	赵泽隆
侯建中	论公开审判	孙洁冰
	论证据的判断	王洪俊
汪卫国	论公开审判	孙洁冰
吴家如	论证据	李实育
	论社会主义法是最高类型的法	薛伦倬
李庆凌	论被告人有权获得辩护	廖俊常
	试论故意犯罪的预备、未遂与中止	董　鑫
王　剑	论离婚	
杨小军	论检察人员在二审中的地位和作用	

续表

姓　名	论文题目	指导老师
刘心跃	论刑事诉讼证据的判断	王洪俊
倪春南	论反诉(论贪污罪)	
谢瑞生	论农商合同的法律特征	邓大榜
六班(37 人)		
王策来	论重证据不重口供	王洪俊
	刑法理论中“必然因果关系”和“偶然因果关系”的提法值得商榷	邓定一
周国舫	论公开审判	孙洁冰
	论致人伤残的赔偿原则	金　平
顾培东	论口供	王洪俊
李慎斋	论重证据不重口供	王洪俊
黄　武	试论被告人有权获得辩护	廖俊常
	论现阶段我国公民的个人所有权	李开国
廖德功	论公开审判	孙洁冰
	论公证文书的法律效力	周麟惠
谢　艳	论被告人有权获得辩护	廖俊常
唐基权	论被告人有权获得辩护	廖俊常
黄庆华	略论我国的出庭公诉制度	田有丰
	试论我国继承制度的本质	赵泽隆
赵长生	中华法系考	林向荣
	“法在处理人民内部矛盾只是说服教育的辅助手段”质疑	
沈承祖	论故意伤害罪与故意杀人罪的区别	
	略论共同犯罪和构成和犯罪的牵连行为	董　鑫
柯汉民	关于犯罪概念特征间的辩证关系	
	论数罪并罚	邓又天

续表

姓　名	论文题目	指导老师
王　莉	论故意伤害罪与故意杀人罪的区别	
刘竹冬	论故意伤害罪与故意杀人罪的区别	
	论依法办事是加强社会主义法制的中心环节	李　权
陈建军	略论刑法中的因果关系	
裴国智	试论我国刑法中的数罪并罚问题	
王颖辉	关于犯罪概念特征间的因果关系	
	论反革命罪主客观要件的关系及应用	
毕志强	试论民事诉讼中的代理	周麟惠
	论社会主义法是最高类型的法	薛伦倬
张　楷	人民调解制度的优越性	常　怡
	对我国民事诉讼代理制度的探讨	周麟惠
杨伟余	试论刑法中的因果关系	康松林
况　可	论婚姻与优生	
夏　勇	封建专制与封建法律	林向荣
	美国宪法特点初探	林向荣
李春敏	对法定继承顺序的探讨	邓大榜
	论中国封建社会的立法、司法和守法	杨和钰
陈伟强	对法定继承顺序的探讨	邓大榜
	论离婚纠纷产生的社会根源	
刘新熙	对法定继承顺序的探讨	邓大榜
	剖析加害人民事责任的界限	金　平
夏诚华	合同制度对四化建设的作用	邓大榜
	试论教唆犯罪	康松林
王　军	试论国营企业与国家财产的关系	李开国
李晓平	合同制度对四化建设的作用	邓大榜

续表

姓　名	论文题目	指导老师
石慧荣	合同制度对四化建设的作用	邓大榜
	评资产阶级标榜的“法律面前人人平等”	王明三
刘晓星	试论我国经济联合体的特点和法律地位	柯瑞清
	试论农商合同的法律特征	邓大榜
钟启华	试论我国公民个人所有权的保护	柯瑞清
	试论清末法制改革	杨和钰
崔卡娜	试论我国经济联合体的特点和法律地位	柯瑞清
	评资产阶级标榜的“法律面前人人平等”	王明三
王　黎	论社会主义法在正确处理人民内部矛盾的作用	李　权
钱永华	论贪污罪	
周渝波	论共同犯罪	
刘　伟	论社会主义婚姻制度	
张广兴	论民事诉讼中的处分原则	常　怡
七班(37 人)		
周　强	试论我国个体劳动者的所有权	李开国
蒋伍季	论故意伤害罪与故意杀人罪的区别	
	论依法办事是加强社会主义法制的中心环节	李　权
杜　明	试论我国刑法中的数罪并罚问题	
	评资产阶级所标榜的“法律面前人人平等”	王明三
方元龙	论贪污犯罪的处罚	赵长青
房晓东	论我国离婚制度	
李　健	论故意伤害罪与故意杀人罪的区别	
代绍泉	试论我国刑法中的数罪并罚问题	
程　远	略论贪污罪	赵长青
赵晓东	试论我国反革命罪的主观要件	

续表

姓　名	论文题目	指导老师
王云海	论故意伤害罪与故意杀人罪的区别	
孙　林	试论西周礼与刑的关系	张　警
佘宏荣	在刑法学中如何正确运用马克思主义哲学的因果范畴	赵长青
孙如林	评《中华民国临时约法》	杨和钰
	评述清末的法制改革	杨和钰
刘继臣（刘毅）	封建伦理与封建法律	林向荣
	论社会主义法是最高类型的法	薛伦倬
赵明非	从云梦秦律看秦代的诉讼制度	张　警
	我国古代刑法中有关故意罪和过失罪的划分	杨和钰
付鼎生	律师在民事诉讼中的地位和权限	周麟惠
霍宪丹	合同制度对四化建设的作用	邓大榜
	实现社会主义民主与职工代表大会制度	李　权
张治州	试论公民的权利能力和行为能力	李开国
	试论我国继承制度的本质	赵泽隆
张豫生	试论我国公民个人所有权的保护	柯瑞清
	论城镇个体商户的法律地位	李开国
濮正华	试论我国经济联合体的特点和法律地位	柯瑞清
	论经济法人的财产责任界限	李开国
冯武才	试论社会主义法对剥削阶级法的继承性	钮传诚
	论共同犯罪	
杨年合	试论社会主义法对剥削阶级法的继承性	钮传诚
	评资产阶级标榜的“法律面前人人平等”	王明三
朱苏人	论公开审判	孙洁冰
王育君	论我国人民陪审员的职责	田有丰

续表

姓　名	论文题目	指导老师
郭晋涛	论被告人的辩护权	廖俊常
	“法律面前人人平等”与人民主权	王明三
李继杰	西方两大法系的比较与研究	林向荣
	试论日本少年立法的发展及其特点	林向荣
范　忠	论被告人有权获得辩护	廖俊常
	论农商合同的法律特征	邓大榜
刘晓云	试论重证据不轻信口供	王洪俊
	论社会主义法是最高类型的法	薛伦倬
白泉民	试论重证据不轻信口供	王洪俊
	论农商合同的法律特征	邓大榜
张　薇	论公开审判	孙洁冰
	论共同犯罪	董　鑫
林肃娅	论审判独立与监督审判	廖俊常
鲁　昆	评资产阶级法所标榜的“法律面前人人平等”	王明三
梁治平	评资产阶级标榜的“法律面前人人平等”	王明三
张　宏	论我国宪法的法律效力	姚登魁
林耀荣	试论我国国家机关的集体领导原则	高克明
高在敏	试论我国民事诉讼的处分原则	常　怡
秦　鹏	浅论离婚自由	
八班(36 人)		
谢　庄	试论重证据不轻信口供	王洪俊
	试论合议庭在庭审中的主导作用	田有丰
刘　剑	论被告人有权获得辩护	廖俊常
任贵月	论公开审判	孙洁冰
	论致人伤残的赔偿原则	金　平

续表

姓　名	论文题目	指导老师
曹友英	论证据	王洪俊
	论社会主义法是最高类型的法	薛伦倬
邓子奇	关于封建伦理和封建法	杨景凡
刘作明	试论犯罪概念的特征的辩证关系	
	阶级斗争和中国封建社会刑罚	张　警
姬敬武	试论我国国家机构的集体领导原则	高克明
张志愿（张　穹）	论犯罪构成理论中的主客观要件的统一	
	论健全社会主义法制在国民经济调整中的作用	韩天森
	论我国刑法主客观相统一原则	董　鑫
赵国成	试论哲学上的因果关系在刑法上的应用	
	从哲学、立法和司法看刑法中的偶然因果关系	赵长青
夏　蔚	论故意伤害罪与故意杀人罪的区别	
	论教唆犯	董　鑫
赵旭东	论经济法人的赔偿责任界限	李开国
肖　平	论共犯	
孟勤国	论间接证据	廖俊常
	刑事证据分类之管见	廖俊常
陈国亮	论刑法中的因果关系	
	论社会主义法制对于整顿党风的作用	李　权
赵　军	试论我国刑法中的数罪并罚问题	
张　力	审判独立与党的领导	廖俊常
刘　平	对唐律里的伦理思想的分析	杨景凡
吴仁碧	封建伦理与封建法律	林向荣
	评述清末的法制改革	杨和钰
张　猛	对法定继承顺序的探讨	邓大榜
	试论中国封建社会的立法、司法和守法	张　警

续表

姓　名	论文题目	指导老师
杨春献	合同制度在四化建设中的作用	邓大榜
	论农商合同的法律特征	邓大榜
郭梦真	对法定继承顺序的探讨	邓大榜
	论民事诉讼中的处分原则	常　怡
丁志远	试论损害的民事责任	李开国
刘晨华	论经济合同的法律效力	邓大榜
	论数罪并罚	
赵　军	论民事诉讼中的举证责任	常　怡
伍在阳	试论社会主义法对剥削阶级法的继承性	钮传诚
	论民法中的意外事件	邓大榜
肖智川	论健全社会主义法制在国民经济调整中的作用	钮传诚
	论依法办事是加强社会主义法制的中心环节	李　权
夏卫民	试论我国婚姻法中的离婚标准	
	犯罪目的与诸相关概念的联系与区别	邓定一
梁廷婷	试论婚姻之合理性与合法性的辩证关系	
赵可星	论资产阶级标榜的“法律面前人人平等”	王明三
金其高	论证据之确实充分	王洪俊
杨政模	论我国离婚制度	
徐国栋	论我国离婚制度	
孙　波	婚姻自由原则与社会主义道德的关系	
宋有文	我国离婚制度考证	
裴国智	关于免予起诉的探讨	孙洁冰
吴令启	关于免予起诉的探讨	孙洁冰
九班(35 人)		
黄藏勇（黄永维）	论被告人有权获得辩护	廖俊常
	论民事诉讼中的举证责任	王锡三

续表

姓　名	论文题目	指导老师
李　玫	论被告人有权获得辩护	廖俊常
	略论依法办事是社会主义法制的中心环节	李　权
李　伟	论被告人有权获得辩护	廖俊常
	关于免予起诉的探讨	孙洁冰
方晓春	论被告人有权获得辩护	廖俊常
郭志荣	论我国出庭公诉制度	田有丰
	论检察人员在二审中的地位和作用	田有丰
王　凡	试论社会主义法制对剥削阶级法的继承性	钮传诚
	论合议庭在庭审中的主导作用	田有丰
李伯侨	论社会主义民主与社会主义法制的辩证关系	卢　云
	试论反革命目的的特性	邓定一
阎民宪	论社会主义法与共产党政策的关系	王方仲
叶　峰	中华法系研究中的几个问题	林向荣
张鸣起	从云梦《秦律》看秦代的诉讼制度	张　警
	试论唐朝的御史制度	杨和钰
邢泸生	致人损害的民事责任	李开国
	论农商合同的法律特征	邓大榜
裴显鼎	试论我国国家机关的集体领导原则	高克明
赵一民	论公民的权利能力和行为能力	李开国
	经济法人的财产责任界限	李开国
李晓路	试论我国经济联合体的特点及法律地位	柯瑞清
	评述清末法制改革	杨和钰
何建国	试论我国经济联合体的特点及法律地位	柯瑞清
	论农商合同的法律特征	邓大榜

续表

姓　名	论文题目	指导老师
周　农	合同制度对四化建设的作用	邓大榜
	试论我国继承制度的本质	赵泽隆
张奋泉	论公民的权利能力和行为能力	李开国
	美国宪法的弹劾制度与分权制衡	林向荣
赖昌方	合同制度对四化建设的作用	邓大榜
黄　茗	对法定继承顺序的探讨	邓大榜
	论依法办事是加强社会主义法制的中心环节	李　权
曹守业（曹守晔）	对法定继承顺序的探讨	邓大榜
	试论我民继承制度的本质	赵泽隆
尹向兵	试论我国公民个人所有权的保护	柯瑞清
	美国宪法混合结构的特点及成因初探	林向荣
	教会法的人道主义	杨联华
许　江	论故意伤害罪与故意杀人罪的区别	
艾远凤	论死缓制度	
杨忠明	试论正当防卫与防卫过当的界限	
	“法律面前人人平等”与阶级特权	王明三
阮齐林	试论犯罪概念的特征的辩证关系	
	试论证据的确实充分	王洪俊
权东升	论合同不履行的民事责任	赵泽隆
朱孝清	试论民事诉讼代理人的立场	周麟惠
	对我国民事诉讼代理制度的探讨	周麟惠
朱晓武	评资产阶级标榜的“法律面前人人平等”	王明三
张建田	试论军人违反职责罪	邓又天
贺卫芳（贺卫方）	教会法产生和发展原因初探	杨联华
	试论教会法	杨联华

续表

姓　名	论文题目	指导老师
万　涛	关于免予起诉的探讨	孙洁冰
刘海平	中国与西欧封建社会婚姻家庭制度的地位比较研究	
孙万平	论婚姻与优生	
夏　根	我国婚姻法几个问题的探讨	
陆　绮	婚姻初探	
十班(37 人)		
杨宜生	社会主义法与共产党政策的关系	王方仲
	论《周礼》与刑的关系	张　警
吉卫民	社会主义法与共产党政策的关系	王方仲
	试评美国最高法院的违宪审查权	杨联华
王小江	社会主义法与共产党政策的关系	王方仲
	论依法办事是社会主义法制的中心环节	李　权
杨建成	论民法中的死亡宣告制度	李开国
	我国民法是否要法律行为	李开国
张　怡	致人损害后的民事责任	李开国
	论违宪审查	杨联华
徐乐夫	致人损害的民事责任	李开国
翟小云	合同制度对四化建设的作用	邓大榜
张　琦	试论我国国家财产所有权的行使	柯瑞清
	试论滥发奖金对企业财产所有权的侵犯	李开国
申浩然	试论我国集体经济的法律地位	柯瑞清
	论我民民法对个人知识产权的保护	李开国
龙宗智	论国营企业的财产权利	柯瑞清
	论国家与国营企业的财产关系	李开国
郭云香	论违反合同的民事责任	邓大榜
	论农商合同的法律特征	邓大榜

续表

姓　名	论文题目	指导老师
何海侨	封建专制与封建法律	林向荣
	试论儒家伦理思想对汉律的影响	张　警
蒋　平	唐律在中国法制史中的地位和意义	张　警
刘应安	封建法律的基本特征	杨和钰
林菊生	试论反革命目的	邓定一
邓标伦	论死缓制度	
邓甲明	试论犯罪概念的特征的辩证关系	
	试论共同犯罪的范围	董　鑫
郑　军	试论正当防卫	
	论婚姻与优生	
成光海	论反革命宣传煽动罪	
侯国云	略论刑法中的因果关系	伍柳村 王者香
张　曦	论贪污罪	
	试论证据的确实充分	王洪俊
洪绍泉	论故意杀人罪与故意伤害罪的界限	
	评述清末法制改革	杨和钰
韦绍英	论公开审判	孙洁冰
	我国经济合同的特征	邓大榜
颜嘉明	论刑事诉讼证据的特征	孙洁冰
	论我国国家机关的集体领导原则	高克明
刘　涤	论公开审判	孙洁冰
	论违宪审查	杨联华
纪佃澎	论公开审判	孙洁冰
	评资产阶级确立的“法律面前人人平等”原则的两重性	干明三

续表

姓　名	论文题目	指导老师
莫家齐	评资产阶级所标榜的“法律面前人人平等”	王明三
陈　文	论社会主义法是最高类型的法	李　权
巴哈特	论社会主义法是最高类型的法	薛伦倬
王永新	论反革命罪	
张克年	论贪污罪	
黄广雨	论贪污罪	
张　波	论反革命罪	
赵　科	试论我国社会主义离婚制度	
汪　钢	论婚姻与优生	
甘　兰	论民事诉讼中的举证责任	王锡三
黄松有	试论公证制度	周麟惠
师资班(哲学专业)(30人)		
刘吕吉	论实事求是	鲁平珍
刘吕吉	试论德莫克里特哲学的特点	
王雪峰	关于车尔尼雪夫哲学思想初探	
王雪峰	试论人犯错误的认识论根源	杜夫葆
张　弘	论异化的实质——从矛盾转化看异化	杨炳勋
韩德云	论道德与法——兼论社会主义法制建设和社会主义精神文明的关系	文正邦
童志宏	异化、人的本质与孔子思想	
童志宏	论人的本质——兼论人的本质是社会关系的总和	李兴政
何天云	论矛盾问题的精髓及其现实意义	鲁平珍
卢景德	论经济运动的辩证规律	杨炳勋
卢景德	试论侦查假设	阳作洲

续表

姓　名	论文题目	指导老师
宋小平	论洛克的认识论	
	试论毛泽东的军事辩证法思想	李兴政
邓　云	《天问》哲学思想初探	
	《中国革命的战争和战略问题》考	王永成
姚荣茂	论宗教信仰自由政策	胡次林
	论宗教信仰自由与无神论	文正邦
谢良敏	一个被忽视的辩证法的范畴——过程和系统	
	过程学说是唯物辩证法的方法论	王永成
侯建刚	论悲剧的美学意义	
	论卢梭的《契约论》的哲学思想	尹公浦
吕　彦	试论我国产生个人崇拜的社会历史根源	潘伯华
余　平	述评黑格尔论辩证法与诡辩论的本质区别	阳作洲
杜庆国	试论"信仰危机"	杨炳勋
黄　平	肃清封建思想利遗毒和实现四化的关系	杨炳勋
	试论戴震的理欲观	阳作洲
明国辉	论主观能动性在认识论和实践中的意义	胡次林
宋永寿	关于孔子思想再评价	阳作州
	试论王阳明哲学观	刘传彝
龚　毅	论马克思阶级观的形成过程	李兴政
	试论人的本质是社会关系的总和	
左敬军	论斯宾诺莎的"实体"学说	尹公浦
周良超	真理和谬误的辩证关系	
	论实践检验真理的相对性和绝对性	尹公浦
陈　钢	试论科学史中的否定之否定	刘　英
	论科学的起点与实践的关系	刘　英

续表

姓　名	论文题目	指导老师
祖玉琴	试论我国社会主义时期个人崇拜产生的社会历史根源	潘伯华
尹晓霞	论卢梭的辩证法思想	
胡泽君	论在建设社会主义精神文明中充分发挥主观能动性的必要性	胡次林
	孔孟哲学思想对中国社会的影响——兼论孔孟伦理思想对中国封建社会的影响	
刘向东	论统一性和斗争性在事物发展中的地位和作用	
	古希腊早期德谟克利特哲学特点	尹公浦
徐亚文	道德的阶级性和继承性	胡次林
	论人为主义与世界观	胡茨林
杨小平	试论人性	
	毛泽东军事辩证法初探	李兴政
李春茹	试论建设社会主义精神文明的必要性与可能性	胡次林
	论共产主义道德	文正邦
李化德	试论孔子以学为核心的认识论	刘传彝
师资班(共运史专业)(29 人)		
舒　扬	小资产阶级社会主义简析	刘永誉
	试论代表制度	赵威定
李　力	试论《共产党宣言》中的无产阶级专政思想	赵威定
	共运史第一章讲授意见初探	杨永敬
张广博	论无产阶级专政	赵威定
郑　斌	论资本主义过渡到共产主义	李文明
	苏南冲突是南斯拉夫自治社会主义道路的助产婆	刘永誉
游　建	小资产阶级社会主义剖析	刘永誉
刘　勇	试论《黑格尔法哲学批判导言》中的几个观点	杨永敬

续表

姓　名	论文题目	指导老师
王东枝	学习恩格斯关于社会主义基本原理的体会	李文明
屈学武	试论《共产党宣言》中无产阶级专政的思想	赵威定
	共运史第二章讲授意见初探	杨永敬
李　楠	学习恩格斯关于社会主义基本原理的体会	李文明
	共运史第四章讲授意见初探	赵威定
付建民	柏拉图、孔子政治思想比较研究	谢凤钊
	欧洲共产主义的自主原则与当代国际共运	罗新民
钟晓渝	柏拉图“理想国”简析	谢凤钊
	怎样讲共运史第七章	刘永誉
唐忠民	孔子“仁”与“礼”的关系	胡星桥
徐学东	孙中山民权思想浅议	王大舟
杨建吾	试论《汉穆拉比法典》早期佛教的政治思想	谢凤钊
	民主的历史类型	赵威定
曾　恒	伊壁鸠鲁和文艺复兴时期思想家的幸福观比较研究	孙守煌
叶　洪	论巴黎公社的革命原则	杨永敬
宫明海	论修正主义的过去和今天	杨永敬
周正春	战争与革命	刘永誉
胡如葵	论十月革命道路	罗新民
	列宁论帝国主义的垂死性	罗新民
刘　琳	试论共产主义者同盟	覃天云
青　锋	论马克思的“两个转变”	覃天云
	论《莱茵报》时期马克思的政治思想	练冰梧
程国林	评战时共产主义	罗新民
	共运史第五章讲授意见初探	赵威定

续表

姓　名	论文题目	指导老师
郑传坤	试论共产主义者同盟的历史地位	覃天云
	从政治学的历史发展看今天我国政治学研究的主要任务	刘永誉
彭　澎	坚持巴黎公社民主原则反对官僚主义	杨永敬
	试论青年马克思	练冰梧
杨明成	论巴黎公社的民主原则	杨永敬
	共运史第三章讲授方法初探	杨永敬
刘德兴	试论第二国际的破产	罗新民
李郁平	列宁关于把党的工作重点转移到经济建设	刘永誉
周治滨	战时共产主义和新经济政策	罗新民
杜万华	论两派(爱派和拉派)	覃天云
	共运史第六章讲授意见初探	刘永誉

西南政法学院七八级学生毕业论文部分指导老师名单

（根据资料整理）

刑　　法：康松林　伍柳村　邓定一　董　鑫　赵长青　康定芬　李培泽　王者香

刑事诉讼法：廖俊常　王洪俊　孙洁冰　李实育　田有丰

民　　法：金　平　柯瑞清　邓大榜　李开国　赵泽隆　叶清勋　是忠兴　胡　平

民事诉讼法：王锡三　常　怡　周麟惠

宪　　法：高克明　姚登魁　郑全咸　王连昌

法　　理：薛伦倬　王明三　李　权　王方仲　钮传诚　薛国安　高克明　文正邦

婚 姻 法：杨怀英　叶清勋

法 制 史：张　警　杨和钰　林向荣　杨景凡　杨联华

思 想 史：杨景凡　孙守煌　谢凤钊　胡星桥　王大舟

哲　　学：杨炳勋　杜夫葆　潘伯华　胡次林　刘传彝　阳作洲　鲁平珍　王永成　尹公浦　刘　英　李兴政

共 运 史：刘永誉　练冰梧　赵威定　杨永敬　罗新民　李文明　覃天云　杨景凡　孙守煌　谢凤钊　胡星桥　王大舟

说　明

七八级入校不久，学校在八年科研规划的初步意见中，就明确提出，高年级学生要把科学研究作为一项任务，在教师的指导下，写调查报告、学年论文和毕业论文。

1980年10月，学校根据《全国重点高等学校暂行工作条例》关于高年级学生也要积极参加科学研究的有关规定和学院教学计划的安排，明确要求法律、哲学、共运史专业的七八级学生，应当在本学年度开展科学研究活动，写学年论文。学生应当运用所学专业知识，联系实际，提高分析问题和解决问题的能力，进行科学研究的基本训练，写出具有一定质量的学年论文，并于1981年6月8日至20日完成，由指导老师按优秀、良好、及格、不及格四级记分标准评定成绩。论文要求观点明确，理论联系实际，文字简练通畅，书写清楚，每篇论文字数5000字左右。不合要求者应当重写，因病、因事不能按期完成的要补写，无故不写者成绩以不及格论。

1980年11月15日和1980年11月24日，学院教务处印发通知，陆续将七八级法律专业和师资班的学年论文题目（包括学生自拟题目）公布，由年级办公室组织学生选题。选题与登记时间，于题目公布之日起一周内结束后汇总交教务处。同年11日30日，七八级学年论文指导教师名单公布。

1981年10月17日，学院教务处印发《关于法律专业七八级、师资班哲学和共运史专业七八级学生毕业论文的安排意见》。《意见》对毕业论文的命题范围作了规定，仅限于专业基础课和专业课。其中，法律专业七八级的命题范围：法学基础理论、宪法、刑法、刑事诉讼法、民法、民事诉讼法、婚姻法、中外法制史；哲学专业七八级的命题范围：唯物辩证主义与历史唯物主义、中外哲学史、经典著作选读、资产阶级哲学批判、形式逻辑；共运史专业七八级的命题范围：共运史、科学社会主义、中外政治思想史、经典著作选读。

《意见》明确提出，论文题目由指导老师拟定，学生也可以自己拟题，经教研室讨论，主任签署意见，送教务处汇总，报请院长审批后，由教务处统一公布，学生自选，以小班为单位，向有关教研室登记。各教研室拟定的毕业论文题目（包括学生自己拟定的题目），于1981年11月20日前交教务处；11月30日前统一向学生公布。选题与登记时间，自题目公布之日起，10天内结束。

《意见》明确本学年度的毕业论文写作指导工作，由各教研室统一安排教师负责指导任务。指导教师由教授、副教授、讲师担任。指导教师名单由各教研室提出，10月31日前送教务处。

《意见》对成绩考核也作出了明确规定。七八级学生的毕业论文应于1982年6月12日（即1981—1982学年第二学期第18周末）前完成。原规定毕业论文答辩时间两周，但根据1981年10月12日院长办公会议决议："法律专业七八级、师资班学生的毕业论文不搞答辩，改由指导老师成绩评定，由各教研室组织评议小组进行评定"。各教研室必须于1982年6月26日前结束成绩评定工作，经教研室主任审核后，记入学生成绩登记表，一式三份，两份交教务处，一份连同毕业论文稿留教研室备查。此项工作结束后，请各教研室写出书面总结交教务处。

注：本资料来源于学校原始档案记录整理，由于一些同学在论文的选题上先后有所变更，一人存在几个论文题目的情况客观存在。此外，有的同学论文没有指导老师的记录信息。因此，无论是论文选题还是指导老师姓名、论文成绩等，都可能存在错漏之处，望涉及的老师和同学们谅解。在此，谨向当年大学期间辛勤指导我们首次进行专业论文写作的各位老师们表示崇高的敬意。

西南政法学院七八级学生
在校期间部分老师和领导名单
（1978 年至 1982 年按照开课顺序时间）

课程	课时	学期	任课老师	开课学期职称
国家与法理论	120		王明三 李　权 薛伦倬 韩天森 钮传诚 吴光辉 王方仲	讲师
马列主义文风				
基础知识	160	第一学期	高绍先	讲师
现代汉语			邱长乐（女）	讲师
古代汉语			张　警 张紫葛	教授
行政公文				
司法文书			余继志	讲师
政治经济学	160		种明钊	讲师
宪　法	60	第三学期	薛国安 高克明	讲师
外语（英语）	320		杨杜芳（女） 张　竞	讲师
外语（俄语）			肖思辉	讲师

续表

课程	课时	学期	任课老师	开课学期职称
外语(世界语)				
中共党史	160		龙维智 罗运铨	讲师
婚姻法	40		叶清勋 谭向北	讲师
逻辑学	60	第三学期	余久隆 阳作洲	讲师
民　法	100	第五学期	张序九 李开国 赵泽隆 邓大榜 柯瑞清(女)	讲师
刑事诉讼法	90		李实育 廖俊常 孙洁冰(女) 杨和钰(女)	讲师
共运史	110		赵威定 覃天蓉(女) 罗新民 刘永誉	讲师
哲　学	150		杜夫葆 潘伯华	讲师
刑　法	40		邓又天 赵长青 李培泽(女) 康定芬(女) 康松林	讲师
民事诉讼法	42		周麟惠 王洪俊 徐静村	讲师
外国法制史	70		杨联华	讲师
刑事侦察学	90		周应德 肖允中	讲师

续表

课程	课时	学期	任课老师	开课学期职称
公安基础知识	80		阎　培 夏宗素(女) 艾正太	讲师
罗马法	30		张和光	讲师
中国政治法律思想史	40		陈金全 俞荣根	讲师
外国宪法	30		郑全咸	讲师
国际公法	60		罗世英	副教授
国际私法	70		袁成弟	讲师
法医学	40		陈绍蓉(女)	讲师
经济法	110		李昌麒 赖达清	讲师
财政法	20		沈永松	讲师
劳动法	20		汪洪鉴	讲师
司法会计	40		张序九	副教授
资产阶级民法	20			
外国政治法律史	20			
资产阶级法学批判	40		薛伦倬 陈学明	讲师
体育	148		刘博森 雷玉臻 蒋淑筠(女) 张贵云 董大文	教授 讲师 讲师 讲师 讲师
专业实习		1981年5月3日至同年7月5日	21名指导教师(名单略)	
毕业论文指导			指导老师名单略	

续表

课程	课时	学期	任课老师	开课学期职称
学院领导	(按入校任命顺序) 党委书记兼院长　苏明德 张文澄书记(1979 年 11 月 30 日至 1982 年 1 月 21 日) 胡光副院长(1979 年 11 月 30 日任学院院长;1982 年 1 月 21 日起代理院书记) 边保生副院长 王嘉惠副院长 宋子祥副院长 程地迥副院长 李冠吾副院长			
院办主任	吴耀森(1982 年 1 月 21 日任学院副书记)			
宣传部长	高　枫　杨昌纯			
组织部长	徐　德			
教务处长	朱守贞			
总务处长	张廷斌			
学生科长	廖自芬			
年级老师	周棣华　李世本　刘作茂　张　寅　武清芳　杨德常 张作之　张代云　张洪芳　王泽禄　黄绍香			
图书馆长	郭海华			
团委老师	卜永秀　黄廷孝(沙坪坝区人大代表)　高启华			
保卫科长	李　勇			
学报编辑部	雪　犁　高绍先			
院刊编辑部	盛祖贻(女)			

说　明

据资料记载,在校期间给七八级同学上课的老师绝大多数都是讲师职称,只有极个别老师有教授或副教授职称。直至 1981 年 5 月,经四川省人民文教办公室批准,体育教研室的刘博森由副教授提升为教授,确定黄贤俊同志为研究员,提升讲师杨炳勋、种明钊、杨怀英、邓又天、董鑫、林向荣、刘永誉、金平为副教授。

西南政法学院七八级学生在校期间使用的部分教材、讲义

（1978年至1982年）

书　名	作(编)者	出版时间	备　注
法理类(含马列)			
法学通论	(台)林纪东著	1982年1月	
苏联法律辞典(第三分册)国家与法的理论部分	库德利雅夫采夫主编	1957年版	法律出版社
宪　法　类			
宪法教学参考资料选辑(三)(四)	西南政法学院国家与法的理论教研室编	1981年1月	
旧中国反动政府制宪历史	张晋藩等著	1955年第2版	通俗读物出版社
宪法参考教学资料选辑	西南政法学院国家与法的理论教研室编	1980年7月	
刑事法类			
中华人民共和国刑法参考资料(第一辑)	西南政法学院刑法教研室编	1978年2月	内部资料注意保存

续表

书　名	作(编)者	出版时间	备　注
马克思、恩格斯、列宁、斯大林、毛泽东关于犯罪与刑罚问题的论述	西南政法学院刑法教研室编	1979 年 12 月	供内部用
中华人民共和国刑事诉讼法讲义	西南政法学院诉讼法教研室	1980 年 5 月	
刑法总则论文选辑(一)	西南政法学院刑法教研室	1981 年 10 月	内部资料
中华人民共和国刑法分则讲授提纲(初稿)	邓定一　郭榕 赵长青　朱启昌 西南政法学院刑法教研室	1980 年 5 月	
中华人民共和国刑法分则注释	西南政法学院刑法教研室		
中华人民共和国刑法总则案例选编(第一辑)	西南政法学院刑法教研室	1980 年 11 月 1 日	内部资料 注意保存
律师工作知识	廖俊常 徐静村	1981 年 4 月	四川人民出版社
刑法分则论文选辑(一)	西南政法学院刑法教研室	1982 年 4 月	内部资料
中华人民共和国刑法分则讨论案例	西南政法学院刑法教研室	1981 年 1 月	
刑法分则案例选编(第一辑)	西南政法学院刑法教研室 赵长青　朱启昌 宣林泉　黄泽林 康定芬　邓又天 郭裕审订	1982 年 1 月 5 日	内部资料 注意保存
诈骗案例汇辑	西南政法学院刑事侦察学教研室 周应德　黎镇中 代祯辉选编	1980 年 2 月 6 日	内部资料 注意保存

续表

书　名	作(编)者	出版时间	备　注
犯罪心理学专题讲授提纲(初稿)	西南政法学院刑法教研室 邓维鸾参与编写	1981年12月	
民商经济法类			
经济法论文选集	(西南政法学院经济法教研室)	1981年7月	
中华人民共和国民法讲义(初稿)	西南政法学院民法教研室编 张序九　李昌麒 金　平　李开国 戴大奎　胡世湘 赵泽隆　邓大榜	1980年5月	
中华人民共和国民法资料汇编(第一辑、第二辑)	西南政法学院民法教研室编	1980年6月	仅供内部参考
经济法规选编(1977～1982上下册)	西南政法学院经济法教研室	1982年12月	
中华人民共和国婚姻法教学参考资料(案例选编)第三辑	叶清勋　谭向北主编—是忠兴参与选编 西南政法学院民法教研室	1981年9月	
中华人民共和国婚姻法教学参考资料	西南政法学院民法教研室	1979年10月	
涉外婚姻、继承教学参考资料	胡平选辑 西南政法学院民法教研室编	1982年9月	内部资料 注意保存
民法案例100则	西南政法学院民法教研室编	1980年7月	供本科学员讨论用

续表

书　名	作(编)者	出版时间	备　注
经济法讲义	何联升　李昌麒　赖达清　张孝烈　董启培　苏万觉　等编写,张序九、何联升、李昌麒统一修改定稿　西南政法学院经济法教研室	1982年4月	
诉讼程序法类			
中华人民共和国民事诉讼法教学案例	西南政法学院诉讼法教研室　谭兵、王长森编写　常怡审定	1981年8月	
中华人民共和国刑事诉讼法资料汇编(第一辑)	西南政法学院诉讼法教研室编	1980年3月	
中华人民共和国民事诉讼法资料汇编(第一辑)	西南政法学院诉讼法教研室编	1980年10月	
中华人民共和国刑事诉讼法资料汇编(第二辑)	西南政法学院诉讼法教研室编	1980年3月	
思想法史类			
中国法制史名词简释	西南政法学院法制史教研室、资料研究室合编　王锡三　王秉新　王大舟编写,孙孝实、郭海华、孔东升参加讨论	1979年6月	
中国法制史讲义	西南政法学院法制史教研室编　林向荣　杨和钰　杨景凡	1981年印 1979年8月编	

续表

书　名	作(编)者	出版时间	备　注
中国法制史讲义	西南政法学院法制史教研室编	第一分册、第二分册 1979 年 6 月，第三分册 1979 年 8 月	
中国法制史(四分册)	西南政法学院法制史教研室编	1979 年 8 月	
外国法制史讲义(第二、三分册)	中国人民大学编		校内用书注意保存
外国法制史参考资料选辑	西南政法学院法制史教研室编印	1981 年 4 月	
外国法制史教学大纲	西南政法学院法制史教研室编	1981 年 7 月	
中国法制史参考资料汇编(第一辑、第二辑、第三辑)	西南政法学院法制史教研室编印	1979 年 5 月 1979 年 6 月 1980 年 12 月	内部参考
中国法制史教学计划	西南政法学院法制史教研室	1979 年 8 月	
世界政治法律思想史参考材料(第一辑)	西南政法学院法制史教研室编 孙守煌　谢凤钊 肖思辉搜集整理	1980 年 6 月	内部使用
世界政治思想史教学提纲(上、下册)	西南政法学院法制史教研室编	1980 年 6 月 1980 年 12 月	
世界政治法律思想史参考资料(第二辑)	西南政法学院法制史教研室编 孙守煌　谢凤钊 吴国才搜集汇编	1981 年 1 月	内部使用
中国政治法律思想史教学提纲(上下册)	西南政法学院法制史教研室	1981 年 9 月	

续表

书　名	作(编)者	出版时间	备　注
公安侦察类			
人民公安基础知识(试用教材)	西南政法学院公安教研室编	1980 年 7 月	机密
刑事侦察学参考资料(第二辑上、下册)	邹明理　蒋国卿收选　周应德审定 西南政法学院刑事侦察教研室编	1980 年 9 月	
刑事侦察学讲义(上、下册)	刘泽贵、邹明理主编 西南政法学院刑事侦察教研室王成荣、谢仁福、胡学贵撰稿周应德定稿	1980 年 12 月	机密教材用后收回
刑事侦察案例选编(第三辑)	黎镇中主编 西南政法学院刑事侦察教研室	1981 年 4 月	内部资料不得外传
	西南政法学院刑事侦察学教研室	1981 年 7 月	机密教材用后收回
公安工作案例选编(第二辑)机密	西南政法学院公安教研室编	1981 年 5 月	
人民公安基础知识名词汇编	西南政法学院公安教研室编	1981 年 7 月	
刑事侦察案例选编(第一辑、第三辑)	刘泽贵　胡学贵 黎镇中编写 周应德主编 侯建基　赵光全 谢增庆　谢仁福编辑 周应德通审定稿	西南政法学院刑事侦察教研室 1963 年 10 月编印　1979 年 3 月第三版　1980 年 11 月	内部资料不得外传

续表

书　名	作(编)者	出版时间	备　注
法医学讲义	谢仁福　吴光文合编　周应德邹明理审查定稿西南政法学院刑事侦察教研室	1980 年 12 月	内部教材注意保存
法医学	西南政法学院刑法教研室	1981 年 12 月	
国际法类			
国际法论文集	西南政法学院国际法教研室编	1983 年 11 月	
海事案例选编	西南政法学院国际法教研室 罗元良　刘海选编　罗世英审定		
国际私法论文选辑	西南政法学院国际法教研室编	1981 年 11 月	
国际公法参考资料选编(第一辑　第二辑)	西南政法学院国际法教研室选编	1981 年 6 月	内部资料注意保存
其他类			
逻辑资料案例选编(第一辑)	西南政法学院哲学教研室	1979 年 9 月	内部使用注意保存
法律文书概要	余继志主编 西南政法学院语文教研室	1979 年 9 月	内部资料注意保存
法律文书概要(修订本)	余继志主编 西南政法学院语文教研室	1980 年 8 月	内部教材注意保存
折狱龟鉴	王庆西编(周应德审查　黄贤俊审阅)	1980 年 3 月 15 日	西南政法学院图书馆

续表

书　名	作(编)者	出版时间	备　注
司法会计学学习材料	西南政法学院经济法教研室翻印	1981 年 6 月	
外　语　类			
英语(一至三册)	许国璋主编	1979 年重印本	商务印书馆
实用英语语法(修订本)	张道真编著	1963 年版	商务印书馆

相见恨晚

——读《我的大学》一书感想

佚　名

很长时间没有如此投入地看一本书了，就在昨天下班时突然觉得空虚无比，有一种要看书的强烈冲动。21 点回到宿舍，在书架上取下一本书就开始看了，几乎是一口气、一动不动地看到现在。

看书的过程是一种类似于沉睡的"黑甜"，天昏地暗，如果可以选择，我愿意就这样爽死！

相见恨晚啊！《我的大学》！

这是一群西政人为母校 50 周年写的一本学术随笔集。他们都是当前中国法律人中的精英，是现在中国实务和法学界的中流砥柱，是我们这些法学学子无限推崇的老师，是我们这些法律新人引人注目的榜样。这本书记录了他们求学历程和创业过程，以及在此过程中心灵所经历的炼狱和洗礼。其中的精彩让我时而爽朗大笑，时而掩卷叹息，时而潸然泪下。他们的经历和他们对自己经历发自内心的感悟，使我想说，"为什么上大学之初没遇到这本书？若再给我一次机会，我的大学生活可能会在榜样力量的支持下精彩很多。"因此，我第一次体会了"相见恨晚"的心痛与欣慰。

这些文章的作者多是西政七八级、七九级、八〇级的本科生，历史赋予了他们求学和创业时特殊的艰辛与幸运，同时赋予了他们面对苦难时非凡的勇气和毅力，因此成就了他们传奇的人生！

看书的过程中发现他们拥有这些特殊的品质，也许对于迷茫中的我们有所启示。

他们大多对知识有着"狂热"的渴求。江山老师大学时为了写那篇《剥夺政治权利考》,在线装本的古籍中艰难跋涉;为了能看书费尽心思抢占弃用厕所为书房,一驻便是 3 年。舒扬老师对书的痴狂,以至他的文章题目就是《读书的年轮》,读书就是生命的进程。

他们的心中都涌动着学术激情。在书中不止一位作者怀念那个各种思想激荡的年代中,西政校园内那道特殊的风景线——学术大字报、班刊。意气风发、指点江山的激情就像奇异的酒香弥漫在学子中间吸引、陶醉。尽管一些观点和行为现在看来是不妥的,但这种学术激情应是我们当下学术气息日趋淡薄、商业气息日趋浓厚的大学校园应当予以更多关注的精神。

他们对学习机会的珍惜足以令我们今日多数的大学生汗颜。引用黄松有当年在西政求学时写的一首诗来体会他们那种珍惜的心境。他在《早读》中写道:"晨风飒飒,我步态轻盈地到烈士墓早读。墓碑巍巍,鞭促我要以一天等于 20 年的速度。读啊写,写啊读,无止境,战不休。既准备献身于壮丽的民族复兴事业,又岂止是朝朝暮暮?"

他们都具有"坚忍不拔,以苦为荣"的非凡品质。军事法学家张建田在其文章中关于这一品质的肺腑之言让我有一种想哭的冲动:"走出社会,常听人们说起我们 78 级学生赶上好机遇,使之能够成为当今中国民主法制建设的见证者和佼佼者,能够赶上时代的新潮流,支撑起中国法学界的'半壁江山'。殊不知,历史曾给他们的重负和磨难有几多?!记得 1978 年秋我们入学时,各自的生活经历丰富多彩,身份五花八门,年龄差异悬殊(小到 15 周岁,大到 30 多岁,各年龄段的人才应有尽有),我当年 22 周岁,恰好是 78 级学生的平均年龄。这是一群由下乡知青、退伍军人、工人、农民、军人、干部、教员、中学生等构成的特殊群体。当大家从全国各地涌入山城,聚集在东山脚下,蓦然发现虽然来自五湖四海,但经历彼此相同:伴随着共和国的成长，经历了社会的风风雨雨，有着共同的感悟。我们生在新中国、长在红旗下，少儿时期，可谓童稚天真、无忧无虑；在对人生的憧憬中，三年自然灾害给我们留下了深刻的印象；跨进小学、中学校门接受人生启蒙教育之际，'文化大革命'的历史劫难使我们朦胧迷茫；在'祖国山河一片红'的锣鼓声中，在工厂、车间、工地、农田、操场等地方，在北至北大荒、南到西双版纳，在荒山野岭的恶劣环境中再次饱尝岁月的煎熬和磨难……我们有苦有难，有失有得，经历'文革'、上山下乡，获得天降大任之前的磨砺；试手考场，十届学子中漫沙淘金；重入学府，抓住机遇赶上了'末班车'……可以说，作为具有中国特色的特定时期所产生的特殊群体，生活的逆境和挫折磨炼和造就了我们这一代人，也使恢复重建的西南政法学院有了重振雄风的生机和活力。歌乐山下重新聚集的数百名师生，心里明白我们代表着劫难后的中国加强民主的希望，我们将担当起中国法制建设的重任！尽管进校时的条件那么简陋，校园环境那么糟糕，然而'切莫怨东风，东风正怨侬'。与其牢骚、埋怨、彷徨，何不振奋起来，从我做起，立志在脚下踩出一条前行的路呢？'宝剑锋从磨砺出，梅花香自苦寒来'，任何人的成功，不都是建立在扎扎实实的劳动和持续不断的努力之上吗？同学们是这样想的，也是这样做的。"这是怎样的豪情啊！产生这样的豪情又需要怎样的苦难沉淀和坚强灵魂！这是怎样厚重的人生经历，又会激发怎样深沉的人生体会！体味这些深沉时，我的内心有强烈震撼的感觉，有一种想哭的冲动。

他们的大学生活充满诗意，而在当下日益浮躁的大学校园内，应为大学本质元素的"诗意"已经淡化无几。尹田教授在《那些逝去的岁月》中关于西政乐队的描写，让我羡慕不已。大学不应仅仅是学习，对艺术的眷念，由此眷念而生的诗意应是大学生活不可或缺的元素。太羡慕他们对音乐那么痴迷，太羡慕他们的音乐天赋，太羡慕他们拥有发挥天赋的自由空间，太羡慕他们充分享受天赋的快乐。

他们的经历还告诉我们："耐住寂寞，将会让人变得身处逆境时坚定执着,奋斗不懈;深陷逆境时举重若轻,怡然自得;就高事谋位而不骄,处基层工作而不怨;快乐时不自满,黯然时不自卑,在社会千变万化的环境中调整好自己的心态,坚定地走自己认准的路。"对于处在人生的路口迷茫而浮躁的我之类,这些话是天籁之音。

"何谓能力,能,学识、才能也;力,体质、体力也,'能'与'力'相辅相成,合为一体,才有旺盛的生命力和创造力。……你的生命如1,其他诸如金钱、地位、荣誉等,如1之后的0、0、0……将其有机联成一起,将能使其活得气贯长虹,有滋有味;倘若连生命都不复存在了,余下的其他东西还有什么意义?珍惜光阴,奋发向上的精神固然可取,强健体魄,延续你的事业更加可贵。"因一次误诊而阴差阳错地体会了怀疑自己患绝症心情的我,对这些话有着更深刻的体会。发现生命面临危机时,都会深切地体会健康有多重要;倒在病床上任疾病吞噬而自己无能为力时,才会尖锐地感觉到失去健康有多痛苦;如阳光般美丽的生命笼罩了即将逝去阴云时,才会碰触到万念俱灰的冰冷与疼痛——"冬天深夜里的一柄铁器,深深划过胸膛里那颗温暖而柔软的心",就这么冷,就这么疼!所以,我们一定要爱自己,爱自己那古今天地间唯一的宝贵身体!

前辈们的人生体会是我们这些晚辈们宝贵的生命经验,能够读取并吸收这些经验是我们的幸运。所以我有了相见恨晚的心痛与欣慰。

天亮了,终于通宵地看了一本书,并在这种痛快的支撑下写下了上面的文字。

2008年3月31日7时

(《我的大学》梁治平、张建田等著,法律出版社2004年8月第一版)

写在后面(代后记)

2016 年 11 月 20 日,星期天,京城终于落下初冬的第一场雪。洁白的雪花飘逸悠悠,一扫旷日持久的雾霾,空气滋润而清爽,令人心旷神怡,我不由地如释重负,长呼一声:“总算完工了!”

日出月落,寒来暑往,一部记载西政七八级大学校园生活、五十余万字的书稿,终于迎着久违的漫天雪景,订正、校改完了,此时的我,内心的感受真是难以言表!

《歌乐年华》是我的“人生三部曲”中最核心、最重要的一本书,也是我从上大学起就“蓄谋已久”的“小九九”,更是近几年来倾注我大量时间和心血的艰难之作。

为什么要写这本书?放下书稿,撂下电脑,不禁掩卷沉思,浮想联翩:当年的我们,正值风华正茂、年少轻狂,独立独行、挥斥方遒,挑灯夜读,剪烛东山,嬉笑怒骂、吹拉弹唱,乐在“稀烂”读万卷,志在歌乐唱大风……如此这般靓丽而美好的青春,谁曾有过?有这样的一群人,他们有过,他们经历了一个历史转折的特殊年代,他们拥有一个共同的名字——“西政七八”。

毋庸置疑,西政在中国改革开放之后的法学教育中占据着极为重要的位置。

这本书记载的是 20 世纪 70 年代末 80 年代初的大学校园生活往事的甜蜜与美好。当年,正值中国社会发生惊人的变化和万象更新的起始,他们入学前的努力与挫折、动乱时代的终结和历史经验的反思，通过西政七八级同学们娓娓道来的叙述，揭示了他们的艰辛、挫折、碰撞、困惑与坚守，透视了他们在理想与现实、拨乱反正与解放思想的激荡年代里的言行举止与品性，重现了那令人难忘的蹉跎岁月的风云变幻，民主与法治与个人命运遭遇，精神与物质的尴尬与波澜，检讨了大学法科的历史经验得失及其蕴涵的启迪。时至今日，不也是重新进入一个新的历史关键阶段吗？从1978年党的十一届三中全会首次提出加强社会主义民主与法制建设，到2014年党的十八届四中全会作出的《中共中央关于全面推进依法治国若干重大问题的决定》，从邓小平当年言词切切地提出“不搞法制不行”，到现今习近平提出的“法律是治国之重器”，从我党提出民主法制建设方针到现今强调依法治国、依法执政、依法行政共同推进，坚持法治国家、法治政府、法治社会、法治军队一体建设，国家的民主与法制建设发生了多大的变化？幸运的是，西政七八级人一直见证了这个辉煌历史发展的过程，并都不同程度参与了社会变迁的进程。近四十年过去了，联想当年在校园我们所学、所思与所为，珍视过去与现在，坚定我们的信仰，严守我们的底线，使后来者能够接过我们的思索与历史重负，继续为之而努力，该是一件多有意义的事情！

西政七八级同学们都知道，在大学时代，和其他同龄人一样，我只是一个普通的跟随者、见证者和记录者，没有宏篇大作问世，“文采飞扬”不是我的特长。毕业之后能够继续搜集当年就学时的资料，偶尔看看、写写，纯属个人志趣与爱好使然。但是，2015年抗战纪念日期间，看到新闻媒体和历史学家们费心做起西南联大历史资源的抢救、整理和传授工作时，顿感牢记过去的历史责任对吾辈来说是多么的重大，且不说当年给我们授课的许多老师们先后辞世，同学当中也有20余人离我们而去。此时此刻，作为军人的使命感，虽然自感见识短浅，笔触艰涩，更没有那种能够将文学与历史、现实与理想、表象与实质之间有机融合一体的技能，但痛惜许多可亲可敬的老师和同学们驾鹤西去的时候，一种抢救当年史料的工作的必要性显得更加紧迫，能将他们当年的往事忠实地收集和记录下来，对于后人了解这段时期法学教育的发展不无裨益。本书谈及西政七八级当年的校园生活时，虽然引述了许多老师同学们的原话、原文，但不难看出，他们大多围绕自身的际遇和感受展开，看起来更像本人大学生活的回忆篇章，而自己想写出来的“七八现象”、“西政精神”也更多地转化为自己的一孔之见，不乏主观和片面，这本书的优长与缺点、率真与粗糙无疑是并存的。与广大读者的要求相比，想要从中看到细腻、生动、准确、真实的场景或者对历史与现实的深邃的思索的期望，都不可避免地存在一定的差距。读者如果能够从这本书得到有所参考价值的东西，我也就心满意足了。

在这本书的写作中，我给自己定了两条原则，一是注重历史的真实性，外界将西政七八级说成“神话”也好，“现象”也罢，我们的头脑应当清醒，历史就是历史，不应有任何的拔高与缺乏事实佐证的渲染；二是坚持突出以学为主的原则，毕竟我们上的是大学，校园不是游山玩水的地方，更不是夸夸其谈的场所，课堂的传道、授业、解惑、案例讨论、专业考试、论文写作、体育锻炼、文艺活动，这才是我们大学生活的主旋律。在写作中，我力求所有的引述和描写，凡涉及老师和同学们说的人和事，都建立在坚实的史料和原文的基础上，做到有出处，有记载。为此，我反复对书籍、报刊、院刊、网络等发表的文章、论文、档案、日记等，进行仔细阅读和认真梳理，并进行思考和甄别，尽量做到让这本书能够比较完整、准确地记载当年西政校园生活的各个方面。

写作的困难是显而易见的。由于受到资料的限制，这不是一本严格意义的“七八级史”，写作资料来源主要来自各媒介涉及七八级同学们的宣传报道、同学们的回忆文章、短信和微信以及网络等。更何况在 423 位同学中，有相当一部分同学自大学毕业之后，未能见到其有关校园生活回忆的只言片语，已经离世的同学也无法苛求他们再行补正。这就使自己在撰写此类书籍中，只能就已掌握的材料竭尽全力,尽可能地还原当年我们的四年大学生活。在这里,我要衷心地感谢李庆、舒扬、纪佃澎、尹向兵、刘琳、谢庄、李力、霍宪丹、王敏远、温健鸣、李玫等同学,为我提供了许多珍贵的文字和图片资料,弥补了我写作中掌握资料的不足和短板。虽然在写作过程中感到十分艰难和辛苦,但也在艰辛的同时回顾青春的美好,收获了快乐。“白日放歌须纵酒,青春伴我好还乡。”毕竟,青春的样子,彼此嵌在对方的眸子里,看见了他们,也就看见了曾经年轻的自己。毕竟这是为西政七八级立传,也是为自己立传,责任重大,使命光荣。

从1956年出生至今,刚好今年人生走过了一个甲子的轮回。一个甲子周期,一个纪年循环。按中国人的说法,已经迈进了颐养天年的人生阶段,来到了一个新的起点上。60年的时光流逝,云海翻腾,岁月沧桑。当年上大学时,总觉得五六十岁是一个遥远的岁数。弹指间,它就在我们面前一动不动地站立着。“天命”那个节点已经被抛在了身后,我的步履已经跃过了“耳顺”的界限,朝着“古来稀”的目标奋勇向前。丙申、花甲、猴寿,本应热闹一番给自己庆贺一下,那么礼物呢?七八级的同学中,猴子最多,那就写本书作为赠物吧!已知耳顺之年,仍要用年轻时的醉心的方式,来一场青春的欢聚,不负这三十多年来的筚路蓝缕,风雨兼程。为此,抓紧着手,不得再无故拖延了,选择用写书的特别方式来告别青春,铭记历史,无论是近在人间还是远在天堂,都要记住我们当年在那个年代里究竟干了什么?我们是如何走过自己的人生之路履痕?我们是如何抱团取暖、共度时光?于是,便有了眼前这本沉甸甸的《歌乐年华——献给西南政法大学》。

踏遍青山人未老,风景这边独好。在我看来,“西政七八”的纪事既不是一篇充满浪漫情趣的散文,也不是一篇格调严谨的论文。七八级的故事和趣事真多,但真要把革命浪漫主义与现实主义完美结合,把各个方面、各个人都兼顾到,恐难胜任,况且七八级同学中藏龙卧虎、性格各异,辛苦不说,最怕拍砖。好在2008年舒扬在撰写

《1978年——西南政法学院纪事》一书时说过："说好说坏都无妨，静候同学来拍砖，念在一锅吃过饭，如有得罪望海涵。"设想此书如果2018年在纪念我们入校40周年时能够拾遗补阙，充实内容，订正事实，重新修订再版那是最好不过了。

在自己的人生中，能够了却为西政七八级竖碑立传的宿愿是我的幸福。请允许我怀着一种敬畏之心，向母校——西南政法大学，向曾经见证过我们大学生活的歌乐山、向烈士墓、向东山大楼、向青春和人生，致礼！

谨将此书献给：

——西南政法学院七八级的同学们！

——献给西南政法大学的老师和同学们！

——献给一茬又一茬有志于进西政读书的后生者！

2016年11月20日

于北京万寿路寓所

图书在版编目(CIP)数据

歌乐年华:献给西南政法大学/张建田著.—北京:法律出版社,2016.11
ISBN 978-7-5197-0108-6

Ⅰ.①歌… Ⅱ.①张… Ⅲ.①西南政法大学—校史
Ⅳ.①D9-40

中国版本图书馆CIP数据核字(2016)第255063号

歌乐年华
——献给西南政法大学

张建田 著

策划编辑 郑 导 李 戎
责任编辑 郑 导 刘 辉
装帧设计 汪奇峰

开本 710毫米×1000毫米 1/16
印张 37 **字数** 550千
版本 2016年12月第1版
印次 2016年12月第1次印刷
出版 法律出版社
编辑统筹 独立项目策划部
总发行 中国法律图书有限公司
经销 新华书店
印刷 固安华明印业有限公司
责任印制 张建伟

法律出版社/北京市丰台区莲花池西里7号(100073)
电子邮件/info@lawpress.com.cn
销售热线/010-63939792/9779
网址/www.lawpress.com.cn
咨询电话/010-63939796

中国法律图书有限公司/北京市丰台区莲花池西里7号(100073)
全国各地中法图分、子公司电话:
第一法律书店/010-63939781/9782
西安分公司/029-85388843
重庆公司/023-65382816/2908
上海公司/021-62071010/1636
北京分公司/010-62534456
深圳公司/0755-83072995

书号:ISBN 978-7-5197-0108-6
定价:98.00元
(如有缺页或倒装,中国法律图书有限公司负责退换)